新时代大国战略

新时代金融创新战略

吴维海　著

中国城市出版社

图书在版编目（CIP）数据

新时代金融创新战略 / 吴维海著．-- 北京：中国城市出版社，2019. 10
新时代大国战略
ISBN 978-7-5074-3233-6

Ⅰ.①新… Ⅱ.①吴… Ⅲ.①金融改革-经济发展战略-研究-中国 Ⅳ.①F832. 1

中国版本图书馆 CIP 数据核字（2019）第 251906 号

责任编辑：张瀛天
责任校对：赵　菲

新时代大国战略

新时代金融创新战略
吴维海　著

*

中国城市出版社出版、发行（北京海淀三里河路9号）
各地新华书店、建筑书店经销
北京光大印艺文化发展有限公司制版
北京京华铭诚工贸有限公司印刷

*

开本：787×1092毫米　1/16　印张：23½　字数：393千字
2020年3月第一版　2020年3月第一次印刷
定价：**88.00**元
ISBN 978-7-5074-3233-6
（904210）

《新时代大国战略》编委会

序 PREFACE

中国进入建设社会主义现代化强国的新时代。实现全党、全国各族人民的共同梦想，需要前瞻、可持续的发展战略引领。战略问题是一个政党、国家的根本性问题。以习近平同志为核心的党中央、国务院高瞻远瞩，树立全球视野、国际标准，通过实施“一带一路”倡议、京津冀协同发展战略等，积极参与全球治理，促进世界和平与繁荣，较好实现了国民经济中高速增长，并对全球经济发展做出了巨大贡献。

中国地域辽阔，文化多元，地区之间发展不平衡、经济发展不平衡不充分的突出问题亟待解决，发展质量和效益亟待提高，创新能力亟待增强，民生领域的短板亟待解决。需要因地制宜地编制各类规划，明确发展方向，优化资源要素，集中智慧和能量，砥砺前行。各级党委、各级政府和企业家要牢固树立“四个意识”，立足各自岗位，撸起袖子，真抓实干，为实现中华民族伟大复兴的宏伟蓝图而不懈努力。

吴维海同志具有金融央企、工业和信息化部、国家发展改革委等工作经历，有跨域融合的实践研究。该同志汇集国家战略解读、政府规划编制、政企培训、金融信用、国际合作等研究成果，以“新时代大国战略”系列专著形式，分《新时代乡村振兴战略与案例》《新时代强国复兴战略》《新时代区域发展战略》《新时代企业竞争战略》《新时代金融创新战略》等分册，陆续出版发行。涵盖全球治理、强国战略、政府与产业规划、城市品牌、乡村振兴、特色小镇、企业战略、PPP 运营、部委资金申请和金融信用等重点领域，知识面广，应用性强，观点前瞻，值得政府、院校、学者和企业家阅读并借鉴。

（中共中央组织部原部长）

2018 年

前 言 PREFACE

中国进入社会主义强国建设的新时代，需要研究全球局势，把握我国经济需求，进行前瞻谋划。中国改革开放 40 年以来，国家治理和经济发展到达了新高度、新层次，我国成为世界第二大经济体，在国际事务中发挥越来越重要的作用。近年以来，以习近平总书记为核心的党中央统筹国内国际大局，坚持对外开放，积极参与全球治理，立足新形势，确立新战略，积极应对美国贸易霸凌行为，全满构建合作共赢、开放共享的新型大国关系，推动构建人类命运共同体、责任共同体，开启了中国特色社会主义建设新篇章。

习近平总书记在十九大报告中提出，21 世纪中叶，把我国建成富强、民主、文明、和谐、美丽的社会主义现代化强国。为实现这一伟大梦想，需要以新时代的国际视野，研究制定强国战略，发挥大国责任，推动企业转型和金融创新。“一带一路”倡议、京津冀一体化战略、长江经济带战略等国家战略，逐步形成了我国经济发展和对外开放的主旋律。雄安新区建设、大湾区推进、中西部崛起、东北老工业基地振兴、乡村振兴战略等，为我国经济社会均衡、可持续、开放发展提供了新动能。

《新时代大国战略》系列专著之《新时代金融创新战略》共分 6 章，从不同层面对金融创新与信用建设等提出了新观点、新路径。其中：

第 1 章，社会信用，重点阐述了我国社会信用政策、建设现状、主要缺陷、创建架构、参与主体、信用立法，以及社会信用和企业信用效应等。

第 2 章，信用强国，重点阐述了美国发起全球贸易大战的严峻形势下，构建大国信用的意义、大国信用的内涵，倡导设立 WCO，构建信用强国，共建信用全球，以及大国信用的创建路径，社会信用蓝皮书，信用风险的制度性安排和企业信用危机等。

第 3 章，金融创新，重点阐述了我国货币政策、金融监管、文化金融、地方债务、境外投资、信贷管理、区域金融、互联网金融、民营银行、金融租赁、社区银行、同业管理等。

第 4 章，资本市场，重点阐述了资本市场的新三板、四板市场、美国上市、产业基金、IPO、企业债务、信托基金、农业金融，以及专项基金、部委资金申请与项目包装策略等。

第 5 章，PPP 运营，重点阐述了 PPP 运营模式、PPP 市场趋势、轨道交通 PPP、PPP 架构、地铁案例、PPP 项目运营，以及物有所值分析等。

第 6 章，时事点评，重点阐述了财政预算、传统文化、融资风险、行业新闻、健康养老、中美贸易战、虚拟经济、商界热点等话题分析和时事。其中：中美贸易战、实体与虚拟经济、“三会合一”等研究和预判，已经被后来的实践所证实。

《新时代金融创新战略》汇集了吴维海近年在金融信用和融资创新等领域的研究成果、论坛演讲、政府培训、课题精粹等内容，重点研究了以信用强国、信用全球为建设目标的社会信用，以产业转型和开放融合为主线的金融创新，以地方债务和基础设施建设为对象的基金证券，以金融改革为支撑的 PPP 运营，以及国际形势、民生舆情和社会热点等重点领域。

本专著编入了国家部委有关领导、国家级智库学者等研究成果，以及地方政府或卓越企业案例等，在此一并致谢。

希望本专著对国家部委、各级政府、部委智库、行业组织、金融投资机构、高校教授、硕博士和本科生、企业家等，开展部委政策修订、金融创新、投资模式与信用设计，优化地方政府和企业债务，实施精准招商、融资上市及引才引智，创新金融信用新模式、新机制等工作，能够起到精准、前瞻的参考与借鉴。

作者：吴维海

目录
CONTENTS

第1章　社会信用

大国崇尚信用。衡量一个国家是否强大，不看人口规模或GDP，也不看军事实力和航母飞机等数量，而是看社会信用和价值观是否领先，是否赢得国民、全球各国的认可和尊重。没有信用的国家和社会组织将在全球经济等活动中寸步难行，并快速消亡。构建大国信用，对于中华民族的发展和“中国梦”实现，是最重要、最紧迫的战略任务。

社会信用建设是国家执政和发展的基石。党中央、国务院、国家部委高度重视社会信用体系建设，出台了一系列社会信用体系建设的规划、政策文件和行动方案，全国各地创建国家级、省级社会信用体系建设示范城市的试点工作全面展开，各类示范城市、信用典型等层出不穷，有效提升了我国社会信用体系建设的总体水平和国际形象。

1.1 我国社会信用体系建设特征与框架

社会信用建设是提升国家、地区、行业和机构的社会声誉和核心竞争力的重要保障，也是实现依法治国、公平竞争的重要内容。我国近些年在社会信用建设中出台了很多政策措施，推动了社会信用体系的完善，但是，实践工作中还存在一些不足，需要研究和解决。

一、我国社会信用体系建设情况

自20世纪90年代我国提出社会信用以来，我国社会信用体系建设经历四个发展阶段：

一是20世纪90年代初期：起步阶段。以信用评价为代表的信用中介机构的出现为标志。诚信、大公等与企业发债和资本市场发展相适应的信用评估机构开始出现，信用意识逐步被企业和投资者接受。银行积极开展贷款风险管理，引入贷款证管理模式。开始出现了中国经济技术投资担保公司、新华信等专业担保、信用调查、讨债追债等信用中介机构，政府开始对国家重点大型企业、中小企业等进行企业信用和业绩评价的探索，商业银行开展了以控制自身信贷风险为目的的贷款企业信用等级评定试点。

二是20世纪90年代末期：发展阶段。以信用担保为代表的信用中介机构的快速发展为标志。当时，在国家经贸委、财政部和中国人民银行等部门的推动下，济南、镇江、铜陵、深圳、重庆，以及山西、河南等地出现了许多服务中小企业的信用担保机构，中投保、深科投等担保公司也开始为中小企业提供担保服务。民间资本开始涉足信用担保行业。

三是21世纪初期：完善阶段。以政府部门为主体的信用信息披露系统和社会中介为主体的信用联合征集体系的建设为标志，政府和社会各界对市场经济是信用经济的认识逐步统一。上海、北京、广东等地积极试点社会信用体系建设。2001年十部委联合下发信用管理指导意见，2002年国务院启动企业和个人征信立法与实施方案起草工作，2002年财政部、国家经贸委和中国人民银行联手进行全国信用担保机构全面调查，2002年中国人民银行企业信贷登记咨询系统实现全国跨省市联网，中国商业联合会开始组建商业信用中心，工商、证券、保险、税务、旅游以及注册会计师等领域全面推动信用体系建设。华安、华夏、大公、远东、联合、新华信及中国联合信用网、中国企业信用网等社会信用中介机构业务不断拓展，邓白氏、惠誉、科法斯等国外信用机构进入中国市场。

四是 2014 年开始：提升阶段。国务院发布社会信用建设规划纲要，国家发展改革委和中国人民银行积极推动国家级社会信用体系建设试点，商务部等出台行业信用管理办法，中央政府和各地区、各行业全面参与或启动“信用中国”建设，我国社会信用体系建设进入了快速发展的新时代。随着社会信用体系建设的深入推进，联合奖惩机制实施成效不断扩大。截至 2018 年，60 多个部门签署 51 个信用联合奖惩合作备忘录，推出 100 多项联合奖惩措施，出台 26 个领域的红黑名单管理办法。

二、我国社会信用体系建设特征

当前，我国社会信用体系建设特征，主要如下：

（1）社会信用体系尚不完善。经过十几年的探索，各部门、各行业逐渐形成了自己的社会信用体系建设模式。但是，现有社会信用体系主要集中在政府信用记录等显性记载和静态信息上，机构、企业和个人等有关信息记载不全、管理不规范、信息不能共享。大量信用交易资料得不到电子化记录和保存，数据征集难度大、效率低。信息覆盖面窄，影响征信系统的深度开发。数据存放分散，信用数据的开放机制尚未形成，行业管理部门各自建立的信用数据档案系统在部门、行业间分割和相互壁垒，公共信用信息难以共享，信息共建共享机制有待创新。

（2）社会信用激励惩戒机制不健全。国家层面和地方政府、各城市社会信用奖励与惩戒机制落实不到位，某些制度文件已经过时或者需要调整，还没有形成覆盖全社会、可以系统分析的征信系统，各个层面各个领域的社会成员详细的信用记录不完善，政府、企业和个人的守信激励和失信惩戒机制不到位，各领域内的守信激励政策和手段不多，管理操作不规范，政府、企业和个人的失信成本低，全社会信用水平相对不高。

（3）社会信用投入和服务机制差距大。从资金投向看，多数政府和城市喜欢将财政资金和社会募集资金投入生产性重点项目、道路建设等基础设施，对社会信用体系建设的立项和投资不足，对于社会信用基础设施和人员配置不积极，相关服务体系和人员严重短缺，信用服务市场不发达，服务体系不成熟，服务行为不规范，服务机构公信力不足，信用信息主体权益保护机制不健全。

（4）社会诚信环境和守信自觉性有待提高。地方政府和城市社会诚信意识较差，社会信用水平整体不高。一些地方政府、企业和个人的履约践诺、诚实守信氛围不浓，投资环境不好，企业相互之间贸易结算缺少诚信，个人之间缺少信任，整个区域信用环境不好，各领域的守信程度不高，影响了当地经济发展和对外招商引资。社会公众普遍缺乏使用信用信息产品的意识，对信用产品的需求有限，产品市场难以在短期内形成。

（5）失信行为和欺诈事件屡有发生。由于各层面的信用度不高，经常出现由于没有严格执行规章制度和安全生产等监管、弄虚作假而导致的重特大生产安全事故，食品药品安全事件、商业欺诈、制假售假、偷逃骗税、虚报冒领等违法违规行为，现有政务诚信度、司法公信度与人民群众的期待差距较大。如：天津滨海新区化工厂爆炸事件就是商业失信导致的恶性特大事故。

（6）社会信用建设路径有待创新。尽管当前我国各地积极推动社会信用体系建设，国家发展改革委和中国人民银行积极探索社会信用示范城市建设，但是，由于这项工作开展时间短，我国社会信用体系建设起步较晚，国内相关研究成果少，可以参考的实践案例不多，整体来看，国内关于社会信用建设的架构和实施路径仍不完善，有待实践中予以规范和创新。从我国征信市场的运行现状看，目前，我国信用中介服务机构主要集中在北京、上海、深圳等地。市场总体规模小，各机构实力较弱。市场集中度较高，企业和个人对征信产品的需求较小。征信产品单一，同质化严重。盈利模式不清晰，多数企业征信机构盈利性不高，利润率偏低，前期投入较大，发展模式存在诸多挑战。

（7）对中华信用文化挖掘和传承不够。我国是人类文明古国，诚信是千百年来的优良传统，儒家文化等如何与社会信用体系紧密衔接，如何形成引领全球社会信用领域的地位，研究不够。模仿学习西方信用的习惯性思维突出存在，信用文化自信不够。

（8）对国家“一带一路”倡议和“大国信用”探索不够。中国作为“一带一路”倡导者，儒家文化走向了世界，但是其内容、深度和方式方法还存在很多问题和不足。儒家文化等倡导的诚信如何与“一带一路”倡议融合，如何形成东方文化引领的国际信用标准？如何突破对西方信用体系的依赖和全盘西化？如何构建大国信用和东西方文化的包容、分享，如何将中国的信用文化传播到全球和“一带一路”沿线国家？如何推动中西方政府和公众的民心通、信用文化相通……有待研究和大胆创新。特别是在美国特朗普政府全面发起全球贸易战，原有国际商贸规则和信用体系面临巨大的破坏和冲击的环境下，我国信用体系如何构建，如何在全球信用建设中发挥更加积极、主动的作用，推进构建信用全球和相关规则，考验决策者的战略定力与智慧。

三、“大国信用”路线图和实施架构

基于对我国和全球社会信用体系建设的实践研究，结合我国社会信用建设的政策与趋势分析，首次提出“大国信用”建设的路线图，并倡导和推动“信用强国”“信用全球”等长远目标的实施。

推进“大国信用”与“信用全球”的建设路线图[①]，具体见图 1-1：

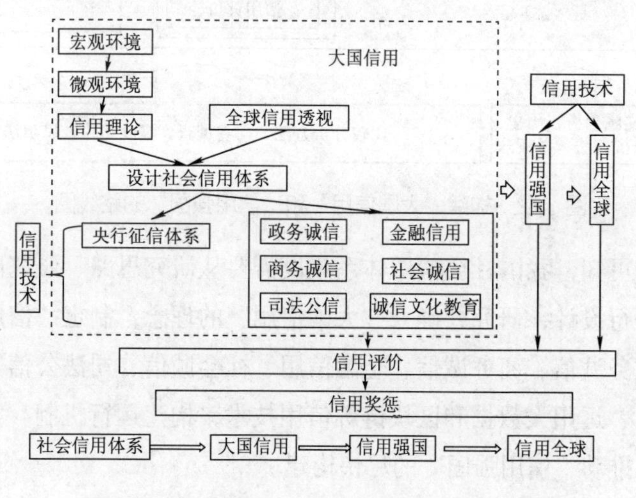

图 1-1 “大国信用”与“信用全球”建设路线

① 吴维海．大国信用——全球视野的社会信用体系建设 [M]. 北京：中国计划出版社，2017.

基于以上的创新性思维，我国社会信用体系建设应该从宏观环境分析和研究出发，进行各地社会信用体系建设的基础研究，搜集有关资料，并从全球透视的角度，分析社会信用体系建设的思路和目标，确立央行征信体系，研究分析政务诚信、商务诚信、司法公信等实践操作，积极推动我国各方面的积极因素，倡导和推动构建“信用强国”，引导和确立全球信用体系建设的路线，具体见图 1–2①。

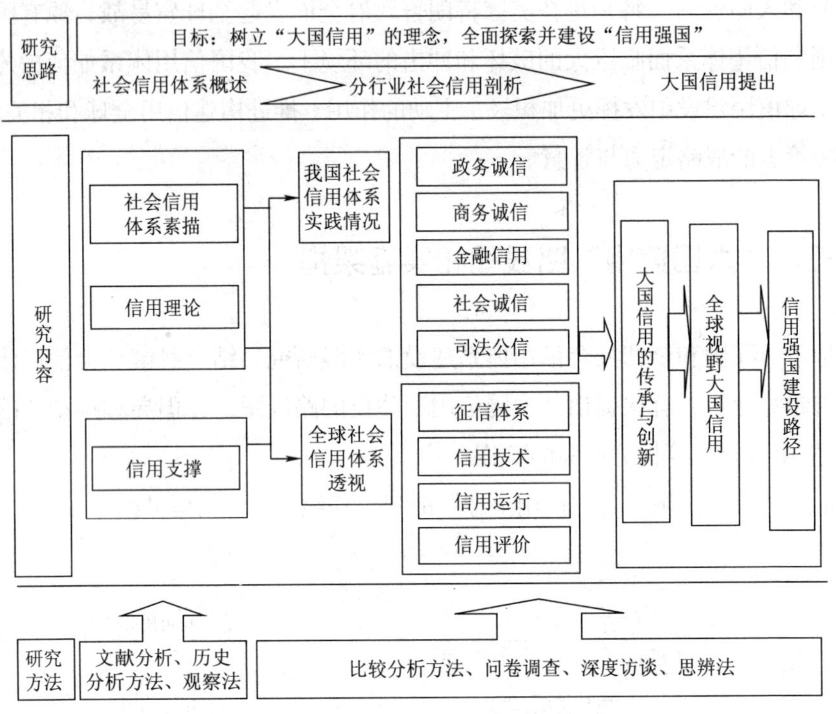

图 1–2　构建“大国信用”和“信用强国”的路线图

从图 1–2 可知，我国社会信用体系建设需要从研究思路、研究内容和研究方法三个层面进行设计，研究并确立“大国信用”的理念，制定“信用强国”的建设目标，从政务诚信、商务诚信、金融信用、社会诚信、司法公信等方面，积极确定征信体系、运用大数据和区块链等信用技术，构建运行机制，实现“大国信用”的创新，推动“信用强国”的尽快构建。

① 吴维海．大国信用——全球视野的社会信用体系建设 [M]. 北京：中国计划出版社出版，2017.

1.2 国家社会信用体系建设示范城市的架构、理论与实施路径

社会信用体系建设是我国经济社会发展最重要的影响因素，城市是我国经济活动和社会发展的基础，是社会信用体系建设的主体之一。研究落实国家发展改革委和中国人民银行联合推动的社会信用体系建设示范城市的架构、理论及路径，有助于全面推动政府和城市参与创建国家级社会信用示范，推动全国社会信用体系建设的完善和逐步成熟，为国家部委深化社会信用体系改革提供实践指导和案例。

人无信不立，国无信则废。社会信用体系建设是立身之本，立国之源。当前，我国全面推动经济全球化，积极打造开放、诚信、包容、共享的政府、城市和企业形象，通过社会信用体系建设，赢得全球尊重，赢得市场和客户，推动我国经济社会的快速、持续、健康发展。

如何引导地方政府参与和创建国家级社会信用体系建设示范城市，不断完善社会信用体系，推动区域经济增长方式的不断转变，实现科学发展，成为党中央、国务院、国家部委和地方政府需要系统考虑和统筹解决的重大管理课题。

一、我国社会信用体系建设的现状

（一）我国政府高度重视社会信用体系建设

加快社会信用体系建设是落实科学发展观、构建和谐社会的重要基础，是完善社会主义市场经济体制、创新社会治理的重要手段，对增强社会成员诚信意识、营造优良信用环境、提升国家整体竞争力、促进社会发展和文明进度有重要的意义。

建立健全社会信用体系，是规范我国各地区、各城市经济社会秩序，改善市场信用环境、降低市场参与要素的交易成本、防范经济风险的重要举措，也是减少政府行政干预、完善社会主义市场经济体制的迫切要求。

十八大以来，特别是十八届五中全会以来，我国进入了经济和社会全面改革的攻坚期，经济发展面临新的形势与挑战。各级政府积极推动社会信用体系建设，

完善信用交易环境，促进我国市场经济向信用经济方向转变，实现市场交易方式从以原始支付手段为主流，向以信用交易为主流转变。

十八大提出“加强政务诚信、商务诚信、社会诚信和司法公信建设”，十八届三中全会提出“建立健全社会征信体系，褒扬诚信，惩戒失信”，《中共中央国务院关于加强和创新社会管理的意见》提出“建立健全社会诚信制度”，《中华人民共和国国民经济和社会发展第十二个五年规划纲要》提出“加快社会信用体系建设”的总体要求，都为我国建设社会信用体系指明了行动方向和目标要求。

（二）国务院、国家发改委等出台相关政策文件

为全面落实党中央、国务院的重要指示，深入推动我国社会信用体系建设，国务院公布实施了《征信业管理条例》，出台了一系列信用体系建设的规章和具体标准。2002 年住房城乡建设部下发《关于加快建立建筑市场有关企业和专业技术人员信用档案的通知》，加快建立建筑企业、中介机构和个人的信用档案。2007 年商务部关于印发《商务领域信用信息管理办法》的通知，积极推进我国商务领域信用体系建设，促进商务领域信用信息的公开和共享，规范信用信息的管理。2007 年，发布《国务院办公厅关于社会信用体系建设的若干意见》，积极推进社会信用体系建设，加快建立与我国经济社会发展水平相适应的社会信用体系基本框架和运行机制。

2014 年 6 月，国务院颁布《社会信用体系建设规划纲要（2014—2020 年）》提出：“到 2020 年，社会信用基础性法律法规和标准体系基本建立，以信用信息资源共享为基础的覆盖全社会的征信系统基本建成，信用监管体制基本健全，信用服务市场体系比较完善，守信激励和失信惩戒机制全面发挥作用。政务诚信、商务诚信、社会诚信和司法公信建设取得明显进展，市场和社会满意度大幅提高。全社会诚信意识普遍增强，经济社会发展信用环境明显改善，经济社会秩序显著好转。”国务院下发《国务院关于促进市场公平竞争维护市场正常秩序的若干意见》（国发〔2014〕20 号）等文件，提出了维护市场公平竞争的具体要求。2015 年，《中国保监会、国家发展改革委关于印发〈中国保险业信用体系建设规划（2015－2020 年）〉的通知》提出：到 2020 年，保险业信用制度体系、信用评价基本规则

和标准体系基本建立。2014 年 12 月，为贯彻落实《社会信用体系建设规划纲要（2014—2020 年）》，加快推进社会信用体系建设，国家发展改革委和中国人民银行联合发布《社会信用体系建设规划纲要（2014—2020 年）任务分工》和《社会信用体系建设三年重点工作任务（2014—2016）》，提出“开展地方信用建设综合示范。推动示范地区率先对本地区各部门、各单位的信用信息进行整合，形成统一的信用信息共享平台，依法向社会有序开放。推动示范地区各部门在开展经济社会管理和提供公共服务过程中，强化使用信用信息和信用产品，并作为政府管理和服务的必备要件。”国家发展改革委和中国人民银行 2015 年组织国家级社会信用示范城市的申报和验收。《国家发展改革委、中国人民银行关于同意沈阳等 11 个城市创建社会信用体系建设示范城市工作方案的复函》提出：“原则同意沈阳、青岛、南京、无锡、宿迁、杭州、温州、义乌、合肥、芜湖、成都等 11 个城市创建社会信用体系建设示范城市工作方案，请认真组织实施。”为我国全面建设社会信用体系提供了实践参考。

2015 年 11 月，国家发展改革委和国家工商总局牵头，中央文明办、最高人民法院、教育部、工业和信息化部、公安部、司法部、财政部、人力资源社会保障部、国土资源部、环境保护部、住房和城乡建设部、交通运输部、水利部、农业部、商务部、文化部、卫生计生委、中国人民银行、国资委、海关总署、税务总局、质检总局、新闻出版广电总局、安全监管总局、食品药品监管总局、林业局、旅游局、国家网信办、银监会、证监会、保监会、铁路局、民航局、邮政局、文物局、全国总工会就工商总局提出的针对失信企业开展各部门信息共享、协同监管和联合惩戒措施达成一致意见，并出台《失信企业协同监管和联合惩戒合作备忘录》，明确了协同监管和联合惩戒的范围、工商行政管理部门对当事人采取的市场准入和任职资格限制、工商行政管理部门与各部门的协同监管措施、各部门对当事人采取的联合惩戒措施、协同监管和联合惩戒的实施方式。国家发展和改革委等部门制定《法人和其他组织统一社会信用代码制度建设总体方案》，确立了包括社会组织在内的各类法人由多码向统一社会信用代码转换，为各地建立社会信用惩戒机制和规范信用管理指明了方向。

2016 年 11 月 1 日，中共中央总书记习近平主持召开中央全面深化改革领导小组第二十九次会议并发表重要讲话。会议审议通过《关于加强政务诚信建设的指导意见》《关于加强个人诚信体系建设的指导意见》《关于全面加强电子商务领域诚信建设的指导意见》。会议强调，加强政务诚信、个人诚信体系和电子商务领域诚信建设，是社会信用体系建设的重要内容。要大力弘扬诚信文化，将建立诚信记录、实施守信激励和失信惩戒措施作为诚信建设的主要方面，以重点领域、重点人群为突破口，推动建立各地区各行业个人诚信记录，强化应用，奖惩联动，使守信者受益、失信者受限。要加大对各级政府和公务员失信行为惩处力度，将危害群众利益、损害市场公平交易等政务失信行为作为治理重点，发挥政务诚信对其他社会主体诚信建设的重要表率和导向作用。要加强电子商务全流程信用建设，完善市场化评价体系，强化信用监管，营造诚实守信的电子商务发展环境。

中央全面深化改革领导小组等重要会议多次对社会信用工作进行重大部署，体现了我国社会信用体系建设已经进入了全面深化推进的新时代。

（三）各级政府和社会各领域开展了社会信用的实践探索

为全面推动社会信用体系建设，国务院建立了社会信用体系建设部际联席会议制度，统筹推进信用体系建设。中国人民银行和各金融机构积极参与和推动建立全国集中统一的金融信用信息基础数据库，各级政府推进和建设小微企业和农村信用体系；各级政府部门开展信用信息公开，组织行业信用评价，实施信用分类监管，社会信用公开程度和诚信水平显著提高；金融、公安、环保等各行业开展诚信宣传教育和诚信自律活动，北京、天津、山东等各省市地区探索建立综合性信用信息共享平台，促进了信用信息整合和实践应用；社会各界对社会信用服务产品的需求不断增加，信用服务市场规模扩大。

目前，我国社会信用体系建设初步形成了政府和市场“双线推动”或“双轮驱动”的格局。各级政府在推进社会信用体系建设中，注重发挥本地政府的主导和引导作用，提高各类重大决策的透明度和政府公信力，积极实施政务诚信示范、引领社会诚信建设的发展策略，同时，发挥市场的决定性作用，探索和构建我国社会信用体系，形成社会化的信用激励约束机制。

为深化长三角地区社会信用体系建设合作，共同打响“信用长三角”品牌，为区域经济社会发展营造健康环境。2019 年，上海市、江苏省、浙江省、安徽省共同制定《长三角地区深化推进国家社会信用体系建设区域合作示范区建设行动方案》，提出：到 2020 年，全面完成深化推进区域信用合作示范区的各项任务，有效支撑区域经济社会健康有序发展。“信用长三角”成为反映区域高质量一体化发展的重要品牌，长三角地区成为国内信用制度健全、信息流动通畅、服务供给充分、联动奖惩有效、信用环境优化的地区。浙江省在 2019 年社会信用建设工作中，围绕推进实施数字化转型信用“531X”工程，加快构建以信用为基础的社会治理体系。以信用业务全面协同为目标，推进政府权力运行、行政执法和公共服务领域应用，构建省、市、县全贯通的信用监管和联合奖惩体系；以“全覆盖、无死角”为目标，迭代完善企业、自然人、社会组织、事业单位和政府机构五类主体公共信用评价体系；通过“信易 +”系列应用场景，在全社会打造“守信受益、失信受限”的社会诚信体系。

二、我国社会信用体系建设的理论基础

（一）古典经济学理论

古典经济学理论是经济学问题研究的源头。17 世纪以后，随着资本在生产中地位的上升，使银行、企业间的借贷更加频繁。古典经济学派的经济学家，多数著作着眼于信用的狭义理解。当时的银行信用发达，在民商法中确立了“债”的概念，信用大多被理解为“信贷”或者“借贷”。19 世纪是古典经济学的鼎盛阶段，这时期经济学家对“信用”的研究比较集中。如熊彼特在《经济分析史》提到：“桑顿将信用定义为‘信任’。这个定义是很贴近生活的，但作为一个经济学概念则显得很不严格。”

古典经济学家中，最早关注信用和人类经济行为关系的学者是亚当·斯密。《道德情操论》中，亚当·斯密指出经济活动是基于社会习惯和道德的基础之上的，如果离开习惯和道德，人们之间的交易活动就会受到重大影响，会动摇交易的基础。他认为一方面人是“经纪人”，具有利己的特点；另一方面人是道德人，具有同情心、守信、利他的特点。在亚当·斯密的经济理论中蕴含重要的信用思想：在市场经济中，一切经济行为都是自由的过程，人们必须按照公平和信用的

原则，方能与他人发生经济交往，并从中获取自己的利益。否则，如果普遍存在商业欺诈行为，既不利于商人自己，亦不利于社会公益。亚当·斯密认为，判断任何人的行为是否正当和遵守信用，符合经济交往的原则，不仅要从行为动机上，还要从行为后果上进行判断。这种方法在实际运用时，还必须与判断者的经验相联系，即判断者本人也应是行为正当及遵守信用的[①]。

古典学派对国家信用地考察，主要局限于对于公债理论的论述。代表作如休谟的《论社会信用》、斯密的《论公债》、李嘉图的《公债基本制度》等。休谟认为，公债过度会使社会信用丧失。斯密认为，举债开始时期完全凭信用，信用的担保是银行，如果信用失效后，政府举债就需要以特别资源抵押，在通常情况下，是以国家的特定收入来担保债务的偿还。李嘉图主张建立偿债基金，即从政府公共收入超过公共支出中取得，以保证政府的信用。

（二）马克思、恩格斯关于信用理论

从马克思主义经济学的角度看，信用是以社会信任为基础，与商品生产、货币经济相联系的经济范畴，是商品货币经济矛盾发展的产物，是商品价值、交换价值的运动形式[②]。马克思和恩格斯认为，信用不是狭隘的“借贷”信用，而是建立在信任基础之上的信用制度。恩格斯认为：“现代政治经济学的规律之一为：资本主义生产越发展，它就越不能采用作为它早期阶段的大市场手段，因为那已经不合算了，那里时间就是金钱，那里商业道德必然发展到一定水平，其所以如此，并不是出于伦理的狂热，而纯粹是为了不白费时间和劳动。”[③]

（三）契约经济学理论

契约指几个人之间达成交易的某种协议。现代契约经济学中最核心的两个概

① （英）亚当·斯密．国民财富的性质和原因的研究：上卷 [M]. 北京：商务印书馆，1983。

② 韩冰．信用制度演进的经济学分析 [D]. 长春：吉林大学，2005：22。

③ （德）马克思、恩格斯．马克思恩格斯全集：第 22 卷 [M]. 北京：中央编译出版社，1991：368。

念是逆向选择和道德风险。信用是一种契约关系，它存在契约关系中所产生的一系列问题。如果每个经济主体都能遵守信用契约关系，那么整个社会即不存在所谓的逆向选择和道德风险问题。但现实生活中每个经济主体都从自身的成本效益情况考虑对信用契约关系的遵守。如果遵守信用契约即自身最优选择，会减少社会的非对称信息，契约签订的成本会降低，社会效率会提高。反之，如果不遵守信用契约是经济主体的最优选择，这样会造成每个经济主体隐瞒自身的真实信息，加重社会的非对称信息状况，提高契约签订、履行的成本，导致社会经济效率的降低。契约有可能是不完全的，不完全契约是相对于完全契约而言的。完全契约指的是在最大可能程度上明确规定未来所有状态下契约各方的责任和权利，将来各方都无需对契约进行修正。不完全契约指契约中包含遗漏、缺口（哈特，1998）。

（四）信用经济学理论①

社会信用体系理论的经济学基础是“信用经济学”。信用经济学基础理论研究主要集中在两个领域：一是关于信用工具研制、投放和流通的理论；二是关于信用信息对市场交易的影响。

宏观信用经济学的理论基础是信用投放和流通理论。其原因是学者们看到货币的本质是信用，且向市场投放信用后会影响对国民收入的预测。德国旧历史学派经济学家布鲁诺·希尔布兰德（Bruno Hild ebrand, 1812—1878）最早提及了信用经济的问题。他依据交易方式的不同，把社会经济发展分为三个阶段：第一阶段是以物易物交换方式为主的自然经济时期，第二阶段是以货币作为交换媒介的货币经济时期，第三阶段是以信用交易为主导的信用经济时期。在这三个阶段中的每一个阶段，其他交易形式依然存在，但不是主流的交易形态。瑞典经济学家克尼特·魏克赛尔（Knut Wicksell, 1851—1926）全面采用希尔布兰德的“信用经济”概念，在此基础上发展了“纯现金经济”“简单的信用经济”“有组织的信用经济”“纯信用经济”四个概念，并对每种形态下的经济做出系统说明。经济学

① 林钧跃 . 社会信用体系理论的传承脉络与创新 [J]. 征信，2012（1）：1-12。

的信用体系包括信用主体、信用活动、信用制度及执行主体、信用信息服务机构等要素的系统①。

（五）博弈论和信息不对称理论

博弈论为经济学对信用理论的研究提供了理论依据。

博弈论中典型的“囚徒困境”理论是经济学家研究信用关系的起点。在市场经济条件下，市场行为主体间一次性交易的囚徒困境游戏不会导致合作结果的出现，因为背叛构成市场交易游戏双方的纳什均衡。但市场行为主体之间的交易如果多次重复，导致针锋相对的游戏双方产生合作的结果。信用被认为是解决囚徒困境的重要途径：在重复博弈过程中，博弈主体之间会产生自发的信用机制，例如声誉机制、互惠机制等合作机制。

信息不对称理论主要研究信息在交易双方的不对称分布给市场交易行为带来的影响，以及由此而产生的逆向选择、道德风险等市场运行效率问题，分析了在不确定、不对称信息条件下如何寻求一种契约和制度来规范交易双方的经济行为。征信体系建设，作为一种重要的制度安排，让潜在授信人了解受信人的信用历史，有效减少信息不对称。一方面，征信通过建立信息共享机制，可以增加信息供给量，降低授信人做决策时的信息成本，提升授信人对受信人的了解程度，降低逆向选择的概率；另一方面，征信使得交易双方的一次博弈变成受信人与整个社会在未来的重复博弈，减轻授信后对对方的监督成本，约束了受信人获得信用机会后的失信冲动，避免道德风险问题的发生。

信息不完全理论指市场经济本身不能生产足够的信息并对信息进行有效配置，博弈参与人掌握的信息复杂且不对等。信息不完全是市场机制本身无法克服的弊端，需要依托经济、法律、科技等手段不断改善。通过加强我国社会信用体系建设，构建系统的、技术化、规模化的信息处理系统，显著降低各类机构和个人自身调查信息的成本，提高获取信息的广度和深度，解决客户接收和处理信息的限制和困境，帮助目标人群有效使用信息，开展管理经营决策，改善市场参与

① 孙磊．信用体系演化的经济学分析 [D]. 成都：西南财经大学，2008：12。

者的各种信息环境。

（六）我国儒学的诚信理论

诚信是中华民族的传统美德，是儒家倡导的道德规范。儒家把诚信作为为人处事的准则，强调诚信等伦理道德在个人、社会生活中的主导地位，重视诚信文化引导，鼓励个人承担道德义务、遵守社会道德规范。儒家提倡的“仁义礼智信”，把“信”摆在了很高的位置，儒家倡导诚实、信守诺言。诚是信的内心态度，信是诚的外在表现。《孟子》中说：诚者，天之道也；诚之者，人之道也。“信”建立在“诚”的基础上。儒家把经济关系看作道德关系的表现和延伸，在逐利的商业领域，要倡导诚信，重义轻利。孔子认为，“道之以政，齐之以刑，民免而无耻。道之以德，齐之以礼，有耻且格”，儒家思想强调个人自觉遵守道德规范，强调个体利益服从群体利益，提倡利他、诚信和礼让，反对利己、侵争和分化，鼓励通过沟通情感协调各种复杂的利益。这对于当前我国社会信用体系建设很有借鉴意义。

（七）党中央和国务院关于社会信用建设理论

党中央、国务院高度重视社会信用体系建设工作。党的十七届六中全会提出，“把诚信建设摆在突出位置，大力推进政务诚信、商务诚信、社会诚信和司法公信建设，抓紧建立健全覆盖全社会的征信系统，加大对失信行为惩戒力度，在全社会广泛形成守信光荣、失信可耻的氛围”。十八大提出“倡导富强、民主、文明、和谐，倡导自由、平等、公正、法治，倡导爱国、敬业、诚信、友善，积极培育社会主义核心价值观。”

党的十八届三中全会审议通过了《中共中央关于全面深化改革若干重大问题的决定》，提出“全面深化改革的总目标是完善和发展中国特色社会主义制度，推进国家治理体系和治理能力现代化”，并对经济体制改革、政治体制改革、文化体制改革、社会体制改革、生态文明体制改革和党的建设制度改革进行了全面部署，其中，国家治理体系建设包含了社会信用体系建设的内容。

党的十八届四中全会指出，依法治国，是坚持和发展中国特色社会主义的本质要求和重要保障，是实现国家治理体系和治理能力现代化的必然要求。信用法律法规体系规范和引领社会信用体系建设，推进信用立法有助于完善信用法治体系，构建社会信用体系建设领域的基本规则，助推国家治理体系和治理能力现代化。

从我国经济社会发展的实践看，加强诚信体系建设，是完善我国社会主义市场体系、全面深化改革和建设中国特色社会主义的必然选择。诚信作为伦理道德，属于上层建筑，需要适应经济基础，随着社会发展而动态优化、发展。

从当前的治国理念来看，包括社会信用体系在内的制度体系建设在我国的国家治理中带有根本性、全局性、稳定性和长期性。现代国家治理体系是一个有机的、协调的、动态的和整体的制度运行系统，西方发达国家的治理体系虽然各不相同，但都以制度体系现代化为特征。为此，党中央和国务院提出以国家治理为体系建设的制度体系重要思想，对于我国社会信用体系建设和纵深化改革、发展指明了方向，并且具有重要的实践指导作用。十八届三中全会着重强调了强化各级政府权力运行制约和监督体系，“坚持用制度管权管事管人，让人民监督权力，让权力在阳光下运行，是把权力关进制度笼子的根本之策”，这是提高政府官员个人信用度的前瞻部署。

习近平总书记高度重视社会信用体系建设，积极倡导儒学思想和诚信价值观，推动包括“诚信”在内的社会主义核心价值观。2016 年 1 月，习近平总书记在第十八届中央纪委第六次全会上发表重要讲话，提出了加强党的建设五点要求：“一是尊崇党章，严格执行准则和条例。二是坚持坚持再坚持，把作风建设抓到底。三是实现不敢腐，坚决遏制腐败现象滋生蔓延势头。四是推动全面从严治党向基层延伸。五是标本兼治，净化政治生态。”2019 年 2 月 25 日，中央全面依法治国委员会第二次会议提出：要用法治来规范政府和市场的边界，尊重市场经济规律，通过市场化手段，在法治框架内调整各类市场主体的利益关系。要把工作重点放在完善制度环境上，健全法规制度、标准体系，加强社会信用体系建设，加强普法工作。这表明了我国社会信用体系建设已经上升为国家治理层面。

三、我国社会信用体系建设的主要缺陷

尽管我国各地政府社会信用体系建设取得了一定进展，但与我国经济发展和社会需求仍不匹配，主要有六个方面的不足：

（一）社会信用体系尚不完善

在吸收国外经验的基础上，经过十几年的探索，中国逐渐形成了社会信用体系建设模式。尽管我国各级政府、金融投资系统、公安系统、商贸流通系统等开始推动社会信用体系建设，但是，主要聚焦在纳税、诈骗案件、违章记录等显性记载和静态信息上，机构、企业和个人等更多工作、生活和有关信息记载不全、管理不规范、信息不能共享。大量信用交易资料得不到电子化记录和保存，数据征集难度大、效率低。信息覆盖面窄，影响征信系统向纵深开发。数据存放比较分散，信用数据的开放机制尚未形成，行业管理部门各自建立的信用数据档案系统依然在部门、行业间分割和相互壁垒，公共信用信息难以共享，信息共建共享机制有待创新。

（二）社会信用激励惩戒机制尚不健全

目前，社会信用奖励与惩戒机制仍不完善，现有一些相关制度过时或者需要调整，整体来说，没有形成覆盖全社会的征信系统，没有形成覆盖各领域社会成员的信用记录体系，政府、企业和个人等守信激励和失信惩戒机制缺失，各层面守信激励政策和手段较少，日常操作不规范，政府、企业和个人等失信成本低，导致社会信用水平整体偏低。

（三）社会信用投入和服务机制差距很大

从国家和各省市、各城市来看，多数政府和城市习惯于将资金投入生产项目或城市绿化、道路建设等领域，一些政府决策者对社会信用体系建设的立项和投

资意识不强，对于社会信用基础设施和人员、团队配置不积极，支持不大，造成了一手硬（工程和项目投资热情高）、一手软（社会信用建设投资不足）的现状，相关体系和人员严重不足，影响了社会信用服务市场发育，行业运行机制不规范，服务机构自身公信力不足，信用信息主体权益保护机制缺失。

（四）社会诚信环境和守信自觉性有待提高

从全国信用领域暴露出的问题和案件看，一些地方政府和企业对社会诚信自律不强，社会信用建设投入不足，自觉性不够。少数地方政府、企业等履约践诺、诚实守信氛围不浓，造成了投资机构不敢投资，企业相互之间拖欠严重，个人之间缺少基本的信任，区域信用环境不好，影响了经济发展和招商引资。同时，社会公众普遍缺乏使用信用信息产品的意识，产品市场难以在短期内形成。

（五）失信行为和欺诈事件屡有发生

从全国来看，由于社会信用水平总体不高，经济社会领域经常出现弄虚作假、坑蒙拐骗等现象，乃至引发重特大生产安全事故、庞氏骗局等。商业欺诈、制假售假、偷逃骗税、虚报冒领等案件屡有发生，涉及面广，地方政府、企业或个人财产安全市场受到侵害。如：互联网金融领域的诈骗案件、保健品领域的各种欺诈，以及 2019 年发生在河南省南阳市“加水就能跑的神车”引发的政府投资损失、技术真假争论与各种负面声音等。

（六）社会信用建设体系架构和实施路径有待创新

尽管当前我国各地积极推动社会信用体系建设，国家发展改革委和中国人民银行等也在积极探索社会信用示范城市建设，但是，由于这项工作开展时间短，我国社会信用体系建设起步晚，国内相关研究少，可参考案例不多，整体来看，国内关于社会信用建设的架构和实施路径仍不完善，有待实践中创新。

四、建设国家级社会信用示范城市的总体架构

基于已有研究和分析，结合我国经济、社会需求，在对北京、山东、贵州、河北等省市进行抽样调研基础上，提出我国地方政府和重点城市创建社会信用体系建设示范城市的框架。

（一）创建社会信用体系建设示范城市的框架

研究全球信用趋势、国家政策文件和地方实践，提出构建我国地方政府建设社会信用体系和创建社会信用示范城市的基本架构，主要包括社会信用组织保障和社会信用制度保障两方面，具体包括：建立组织和制度保障，推动重点领域的社会信用体系建设，推动政务诚信、商务诚信、社会诚信和司法诚信，建立健全全社会、全方位、全过程的社会诚信体系和运行机制等主要内容。

社会信用组织保障建设包括：完善组织领导、出台优惠政策、推动创新示范三项工作内容；社会信用制度保障包括：信用奖惩机制、信用标准体系、完善运行机制三项工作内容。

在落实组织和制度保障的基础上，积极推动政务诚信、商务诚信、社会诚信和司法诚信等重点领域的信用体系建设，提升地方政府和重点城市社会信用体系建设的规范性、系统性、前瞻性和严肃性。

在各重点领域中，又可以细分各个行业，如：政务诚信的建设需要推动依法行政、探索政府诚信示范、完善政府诚信守诺机制和强化公务员诚信教育考核等方面，可以制定实施细则。关于司法诚信，可分为法院公信、检察公信、公共安全领域公信、司法公正和从业人员信用，以及司法公信的制度建设等方面。

（二）创建国家社会信用城市的实施路径

我国地方政府和城市创建国家级社会信用示范城市，需要研究当前问题和可能缺陷，优先实施如下的创建路径：

1. 思想重视，组织有力

强化思想认识。人是做好社会信用工作的第一要素。通过政策学习和培训教育，增强各级政府、各类企业和个人的信用意识，提高政府、企业决策者的重视程度，将社会信用体系建设作为提高本地区、本城市、本企业和个人形象，以及城市品牌的核心工作来抓。同时，加强对政府工作人员、企业员工和社会工作的信用引导与教育，增强全社会参与社会信用体系建设，创建社会信用示范城市的自觉性和主动性，形成诚信光荣、失信可耻的社会氛围。

完善组织领导。加强社会信用体系建设和创建社会信用示范城市的组织领导。成立推动小组和创建办公室。地方政府要成立创建国家级社会信用示范城市领导小组，根据职责分工，制定具体实施方案。各企业成立信用体系建设领导小组，明确专门人员负责企业相关信息体系建设和信息输入、分析等工作，定期部署和自我检查、完善，确保社会信用体系建设工作的落实到位。社会信用服务机构应结合社会需求，创新服务内容，完善社会信用体系服务网络。

2. 加大投入，规范流程

强化资金资源投入。贯彻落实国务院、国家发展改革委、各部委和地方政府有关精神，完善本地社会信用体系，强化财政投入，采用PPP等模式实现信用体系建设项目的落地。同时，引导社会信用服务机构到本地投资或设机构，完善本地区的社会信用产业价值链，增强本地区社会信用体系建设、评估和自我修正的能力。在人员编制和政策支持上，增加社会信用体系建设的人员或部门，增加土地和办公场所等投入，为社会信用体系建设提供物质和政策支持。

规范管理流程。研究国内外经验，结合国家和部委政策文件，规范跨部门流程和社会信用体系传统流程，构建适合现代信用体系建设的制度和操作办法，减少跨部门的重复劳动、相互扯皮、数据割裂或信息孤岛等现象。

3. 方案引领，工程推进

制定社会信用建设行动计划。重点深化行政许可、政府采购、招标投标、劳动就业、社会保障、科研管理、干部选拔任用和管理监督、申请政府资金支持等领域的信用信息和信用产品使用，培育信用服务市场发展。推动并建立全市信用联动工作机制，选择金融企业进行金融信用体系建设创新示范。

开展社会信用建设示范工程。实施重点企业或个人示范工程，选择和建设部分示范乡镇或街道、示范企业、示范村和示范农户，积极推动这些示范乡镇和村庄率先对所辖信用信息整合，形成统一的信用信息共享平台，依法向社会有序开放。推动示范单位使用信用信息和信用产品的自觉性。加强金融信用体系建设，发挥信用网站作用，做好信用信息数据、行政许可和行政处罚信息、联合惩戒信息等“三个公示”，开展地方政府、人民银行和部委信用周、信用承诺、热点聚焦等“三个活动”。加强个人、政务、电商、中小企业和农村等重点领域信用建设，发挥人民银行等社会征信机构作用，培育和发展各类征信市场，鼓励民间资本等进入征信业，强化信用信息服务与产品的应用，培养守信示范单位和诚信典型城市、典型企业。

以政府信用建设为起点，推进企业诚信、公民诚信和司法公信建设。政府诚信建设重点清理不作为、乱作为、滥作为和庸俗、懒惰、散漫现象，全面推进服务型政府、政务公开、依法行政等政府诚信体系建设。企业诚信建设以市场为突破口，推进企业信贷、纳税、合同、质量、价格、环境保护、知识产权保护等诚信体系建设。公民诚信建设以宣传教育和主题实践活动为重点，全面推进政风、行风评议活动；探索诚信社区、诚信单位、诚信家庭等创建活动，发挥各级商会、协会的作用，促进行业守信自律。以社会信用中介机构为主体，通过依法整理、搜集和分析个人信用资料，为社会和目标客户提供个人信用证明材料，帮助客户判断和控制信用风险，提高全民信用意识和守信自觉性。

4. 奖惩考核，业绩挂钩

划分政府、企业和个人三个层级，完善社会信用评价标准和日常操作实施办法。优化完善信用评价、信用档案、红黑名单三类通用型信用产品，提高信用产品质量，完善红黑名单制度，依法依规开展认定和管理工作。建立健全社会信用奖惩联动机制，适当奖励守信者，严格惩戒失信者，及时处罚违法违规行为，弘扬守信的典型机构和个人。建立公务员诚信档案，依法依规将公务员个人有关事项报告、廉政记录、年度考核结果、相关违法违纪违约行为等信用信息纳入档案，将公务员诚信记录作为干部考核、任用和奖惩的重要依据。

加强社会公众的个人信用管理。完善各种法律法规，将社会公众和一般个人的信用评估体系与个人身份证信息数据库紧密衔接。如果个人违背社会制定的个人信用规章制度，此纪录在一定时期内保留、记录在个人身份证信息查询系统内，达到规定年限后方撤销，形成某种法规震慑与行为约束。

研究推动行政许可、政府采购、招标投标、劳动就业、社会保障、科研管理、干部选拔任用和管理监督、申请政府资金支持、金融等重点领域，率先使用信用信息和信用产品。

组织对社会信用体系建设工作成效进行评估，纳入政府各部门业绩考核。对于企业或个人失信的，建立黑名单制度和责任追究制度，完善信用信息侵权责任追究机制，制定信用信息异议处理、投诉办理、诉讼管理制度及操作细则，落实失信经济、行政或刑事处罚，不断形成全社会守信的良好氛围。加大对国家部委、人民银行等工作交流和沟通，尽快达到国家级社会信用示范城市的建设标准。

1.3 创建社会信用体系建设试点城市

以根据党的十八大提出的“加强政务诚信、商务诚信、社会诚信和司法公信建设”、《中共中央国务院关于加强和创新社会管理的意见》提出的“建立健全社会诚信制度”、《中华人民共和国国民经济和社会发展第十二个五年规划纲要》“加快社会信用体系建设”的总体要求，《社会信用体系建设规划纲要（2014—2020年）》、国家发展改革委、中国人民银行《关于印发〈社会信用体系建设规划纲要（2014—2020年）任务分工〉和〈社会信用体系建设三年重点工作任务（2014—2016年）〉的通知》等政策文件为依据，研究制定本地区社会信用体系建设方案，确立社会信用体系建设的指导思想和基本原则，优选一批重点支撑项目，明确年度工作任务，制定保障措施，提出社会信用体系创建的提升措施等。

一、全面构建社会信用体系建设架构

社会信用体系建设示范城市的创建总体架构，如图 1-3 所示。

到某个时期，社会信用制度和标准体系初步建立，全市统一的“一网三库

一平台”的公共信用信息系统基本建成，信用网站进一步完善，信用服务市场体系初步完善，守信激励和失信联合惩戒机制初步形成，全社会诚信意识普遍增强，基本建立与经济社会发展水平相适应的社会信用体系基础框架与运行机制，达到社会信用体系建设试点城市的基本要求。企业信用信息数据覆盖率、信用服务机构信用档案覆盖率、公务员信用档案覆盖率分别达到一定百分比，社会诚信满意度力争超过一定百分比（案例：由华夏金标（北京）国际投资咨询有限公司提供）。

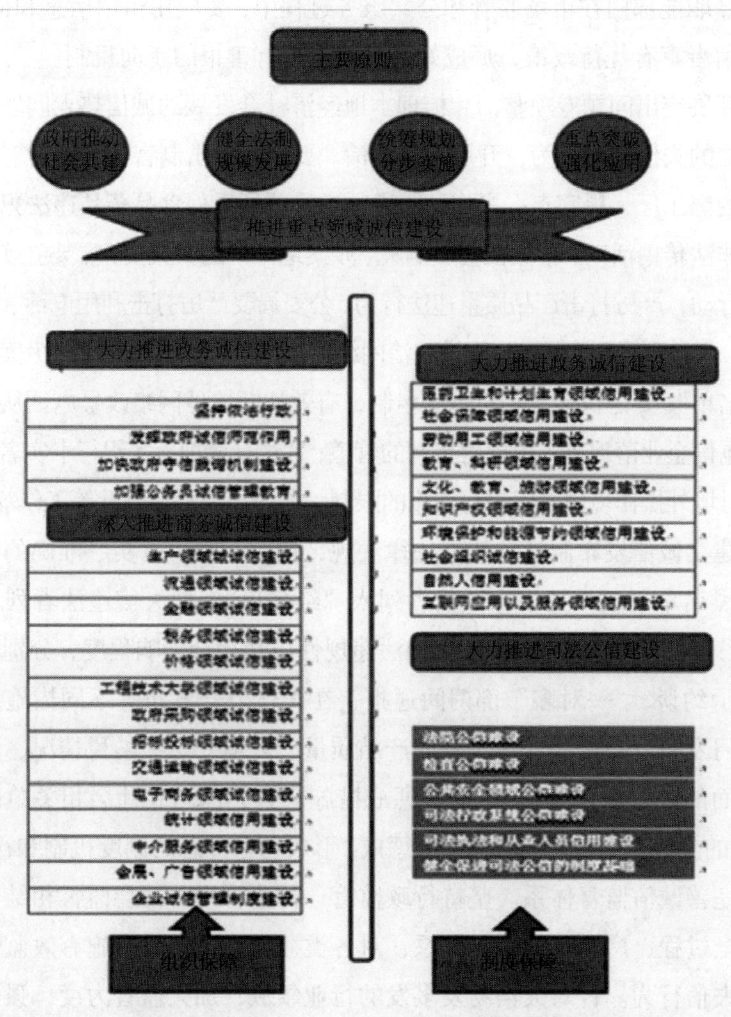

图 1-3　社会信用体系建设示范城市总体架构

二、建立信用奖罚机制

一是形成褒扬诚信的政策导向。在确定经济社会发展目标和发展规划、出台经济社会重大政策和重大改革措施时，要把讲社会责任、讲社会效益、讲守法经营、讲公平竞争、讲诚信守约作为重要内容，形成有利于弘扬诚信的良好政策导向、利益机制。在制定与公民现实利益密切相关的政策措施时，要注重经济行为与价值导向的有机统一，建立完善政策评估和纠偏机制，防止具体措施与诚信建设相背离。职能部门在市场监管和公共服务过程中，要应用信用信息和信用产品，使诚实守信者享有优待政策，形成好人好报、善有善报的正向机制。

二是开展突出问题专项整治。梳理本地经济社会发展的诚信热点问题、人民群众普遍关注的失信败德行为，开展专项整治。要严厉打击制售假冒伪劣、有毒有害食品药品的黑工厂、黑窝点、黑作坊、黑渠道，严惩重处食品药品违法犯罪，严厉打击各种非法传销活动，狠抓社会影响大、涉案地区广的大案要案；要扎实推进“质检利剑”行动，严厉打击产品质量违法行为；公安局要严厉打击利用电话、网络诈骗犯罪行为，保护群众财产安全；推进整治网络谣言专项行动，抓一批重大案件，列出一批“黑名单”；要尽快落实手机卡实名制，有效切断境外网络改号电话从国际端口以及各地电信企业落地进入境内程控网的管道；各银行要把落实银行卡实名制作为重点，推动对境外操作境内网银进行转账的限制、快速异地冻结赃款等工作落实。

三是建立诚信发布制度。依据法律法规，按照客观、真实、准确的原则，建立诚信红黑名单制度，把恪守诚信者列入“红名单”，把失信违法者列入“黑名单”。对于列入“黑名单”的，根据违法违规性质和社会影响程度，分别采取“一对一”警示约谈、“一对多”部门间通报、在媒体公开发布等不同措施。继续会同有关部门发布食品药品安全、企业产品质量、环境安全、纳税情况、债务偿付情况等方面的“黑名单”，发布失信惩戒措施。有关部门和社会相关单位对列入“黑名单”的失信者，要共同依法实施惩戒，形成扬善抑恶的制度机制和社会环境。

四是完善诚信监督体系。坚持行政监管、行业管理、社会监督相结合，构建多层面、全过程、广覆盖的监督体系，对各类社会信用主体实施有效监管，从源头上遏制失信行为。针对失信易发多发的行业领域，加大监管力度，强化风险排查，提升诚信监管效能。邀请各级人大代表、政协委员，到生产企业、服务窗口和公共场所明察暗访，提出意见建议。推动行业协会商会更好发挥自律作用，加强管理和服务，对行业成员形成监督约束。建立健全有奖举报制度，鼓励群众举报失信违规行为，对举报问题及时查处。大众传媒要开展建设性舆论监督，营造守信光荣、失信可耻的舆论氛围。对借舆论监督之名，实施敲诈勒索的假新闻、假媒体、假记者，要及时发现、及时查处，提高媒体公信力。

附：国家级社会信用体系建设示范城市申报要点

一、编制申报方案

二、提交省人行、省发改委（经信委），联合提交国家发改委、人民银行总行

三、申请材料：《关于上报某市创建社会信用体系建设示范城市工作方案的请示》。创建工作方案为附件。

四、创建要点：总体要求和重点工作部署，主要包括如下：

（一）规定动作

1. 贯彻《规划纲要》

2. 新建立信用记录、网站、平台互通、数据库等

3. 网上公开等

4. 统一社会信用代码制度

5. 建立工作体系和运行机制，落实人员和经费

6. 使用信用产品和记录

7. 建立惩戒机制

8. 开展教育和创建活动

（二）自选动作

1. 特色

2. 经验

3. 任务

4. 措施

5. 时间进度

6. 其他等

在审批 3 年后组织第三方验收。

1.4 社会信用与企业信用效用研究

效用理论是领导者进行决策方案选择时采用的一种理论。决策往往受决策领导者主观意识的影响，领导者在决策时要对所处的环境和未来发展予以展望，对可能产生的利益和损失做出反应，在决策问题中，把领导人对于利益和损失的独特看法、感觉、反应或兴趣，称为效用。效用实际上反映了领导者对于风险的态度。高风险一般伴随着高收益。

社会信用体系是一种社会机制，旨在建立一个适合信用交易发展的市场环境，保证国家的市场经济向信用经济方向转变，即从以原始支付手段为主流的市场交易方式向以信用交易为主流的市场交易方式的健康转变。

一、全球信用环境①

（一）全球信用环境

1. 基本概况

全球经济形势依然严峻，美国发起全球贸易关税战争，严重影响全球信用和各国之间的信用承诺，世界经济步入重构阶段，各国之间经贸活动充满不确定性，受此影响，全球信用环境整体恶化，国家主权信用级别重心下移。

2. 全球信用状况的特点

美、日、英、加、澳等信用状况有所弱化，其中：美国发起全球贸易战，美国国家信用严重受损。

欧洲方面：以德国、丹麦和荷兰为代表的北欧表现良好，但信用状况有所弱化；以西班牙、意大利、葡萄牙和希腊为代表的南欧高福利国家信用环境恶化。

其他国家。以中国、俄罗斯、印度和巴西为代表的新兴经济体信用状况较好。由于内部结构调整和转型压力。外部面临经济再平衡和资本外逃的风险，经济增

① 吴维海.《社会信用与企业信用效用研究》，河南焦作、辽宁盘锦等政府培训，2017 年，内容有所修改。

速放缓。

3. 社会信用体系建设模式及特点

美国模式：完全市场化运作模式，但国家信用受到特朗普政府等对外政策的严重影响。

日本模式：会员制社会信用管理模式。

欧洲模式：以政府和中央银行为主导的模式。

（二）中国信用环境

中国的诚信文化历史悠久。中国有五千年的文化，是人类文明的发源地之一。数千年来，我们的祖先创造了诚信的人类文明，并在全球信用体系演变过程中，创新和发挥了独特的、不可替代的引领作用。中国是全球信用体系建设的鼻祖和诞生地，中华文明是全球信用文化的起源，它赋予了信用深厚的文化内涵。我国社会信用体系建设思路。信用是强国之源。

（三）国家信用政策

1. 政务诚信

党的十七届六中全会强调要建立社会主义征信体系，把政务诚信放在了第一位，充分表明了党中央对建立政务体系的高度重视。党的十八大报告明确提出加强政务诚信、商务诚信、社会诚信和司法公信建设。2013 年 7 月，国务院就要求重点推进行政审批等九个重点领域信息公开重点工作。2014 年国务院通过《社会信用体系建设规划纲要（2014—2020 年）》，要求依法公开在行政管理中掌握的信用信息，提高决策透明度，以政务诚信示范引领全社会诚信建设。2016 年 12 月国务院关于加强政务诚信建设的指导意见，进一步提升政府公信力，推进国家治理体系和治理能力现代化。

2018年，国家发展改革委为推动信用惠民便企，启动了“守信激励创新行动”，公布了包括“信易贷”“信易租”“信易行”“信易批”“信易游”等在内的“信易 +”

项目，建立守信激励创新产品与服务合作机制，授予杭州市、厦门市等 30 个城市守信激励创新奖。

2018 年，信用立法纳入全国人大常委会立法规划。第十三届全国人大常委会第五次会议表决通过的《中华人民共和国个人所得税法（2018 修正）》第十五条规定，有关部门依法将纳税人、扣缴义务人遵守本法的情况纳入信用信息系统，并实施联合激励或者惩戒；第十三届全国人大常委会第七次会议修订通过的《中华人民共和国公务员法》第四章第二十六条第四款规定，被依法列为失信联合惩戒对象的，不得录用为公务员。

2. 商务诚信

党中央关于政务诚信的相关政策。党的十七届六中全会强调要建立社会主义征信体系，把政务诚信放在了第一位，充分表明了党中央对建立政务体系的高度重视。党的十八大报告明确提出加强政务诚信、商务诚信、社会诚信和司法公信建设。

国务院关于政务诚信的相关政策。2013 年 7 月，国务院就要求重点推进行政审批等九个重点领域信息公开重点工作。2014 年国务院通过《社会信用体系建设规划纲要（2014—2020 年）》，要求依法公开在行政管理中掌握的信用信息，提高决策透明度，以政务诚信示范引领全社会诚信建设。2016 年 12 月国务院关于加强政务诚信建设的指导意见，进一步提升政府公信力，推进国家治理体系和治理能力现代化

国家发展改革委和中组部政务诚信的相关政策。在国务院新闻办公室举行的新闻发布会，国家发展和改革委员会副主任连维良在回答《经济日报》记者提问时表示，政务诚信是全社会信用建设的关键，国家发展改革委将努力做好“出意见、建记录、搞预警、追责任、树典型”，对政府和官员在诚信方面形成“强约束”。

3. 社会诚信

国务院关于社会诚信的相关政策。2014 年国务院印发《社会信用体系建设规划纲要（2014—2020 年）》提到全面推进社会诚信建设社会诚信是社会信用体系建设的基础。2016 年 6 月国务院印发《关于建立完善守信联合激励和失信联合惩戒制度加快推进社会诚信建设的指导意见》，提出构建政府、社会共同参与的跨地区、跨部门、跨领域的守信联合激励和失信联合惩戒机制。

国家发展改革委关于社会诚信的相关政策。2015 年，国家发展改革委和中国人民银行日前联合发文，将沈阳、青岛、南京、无锡、宿迁、杭州、温州、义乌、合肥、芜湖、成都等 11 个城市列入首批全国创建社会信用体系建设示范城市。2016 年 4 月国家发展改革委、中国人民银行联合发文，厦门市与北京海淀区、上海浦东新区、深圳市、大连市、武汉市等 32 个城市（城区）入围全国社会信用体系建设示范城市名单。为激发地方开展信用体系建设的积极性、创造性，国家发展改革委组织上述 43 个城市开展示范城市创建工作，支持基础较好的城市先行先试，积极探索，为全国信用体系建设积累经验。以创建示范城市为契机，进一步提高城市文明诚信程度，为地方经济社会发展营造良好的信用环境，提升城市的综合竞争力、品牌度、美誉度。

4. 司法诚信

国务院关于司法公信的相关政策。2014 年国务院印发《社会信用体系建设规划纲要（2014—2020 年）》，提到司法公信是进行社会信用体系建设的重点领域。2017 年 3 月陕西省政府网站日前公布的《陕西省“十三五”社会信用体系建设规划》提出，诚信与否将成为公务员考核、任用的重要依据。

最高法关于司法公信的相关政策。2010 年最高法院与 19 个中央和国家机关联合发布了《关于建立和完善执行联动机制若干问题的意见》（法发〔2010〕15 号），初步构建了综合治理执行难问题的工作格局。2016 年，最高法院发布《关于防范和打击虚假诉讼的指导意见》，通过明确虚假诉讼构成要素、归纳多发虚假诉讼特征、建构多维度打击机制，遏制民事商事审判领域存在的虚假诉讼，引导当事人诚信诉讼。2016 年 7 月最高法发布了《关于防范和打击虚假诉讼的指导意见》通过明确虚假诉讼构成要素、归纳多发虚假诉讼特征、建构多维度打击机制，剑指民事商事审判领域存在的虚假诉讼现象，进而引导当事人诚信诉讼。

（四）信用中介概况

1. 总体概况

总的来看，中国信用行业在短短的十几年时间里经历了，从无到有，从简单到复杂，行业逐渐细分，行业职业水平逐步提高，市场信用机构逐步完善的过程。

中国信用行业的现状，可以用四句话来描述：市场日趋成熟，市场规模不断扩大；信用机构的业务集中度越来越高，进入门槛越来越高；信用信息环境有了很大改善，但信息透明度仍然不高；信用政策环境无实质变化，亟待各政府部门大力改善。

2. 细分市场

（1）资信调查和征信

资信调查业是信用行业中最基础的行业，现阶段中国从事征信业的公司估计不下200余家，目前有40多家，以新华信商业风险管理有限公司、华夏国际企业资信咨询公司和上海中商征信有限公司等公司为代表；第二类是外经贸系统、国家统计系统和国家工商管理系统以及各商业银行系统所属的专门提供企业资信调查服务的有关机构；第三类是已进入中国的外国征信公司，如邓白氏公司、台湾的中华征信所、香港城市顾问有限公司等，这些公司，均已在中国大陆设有分支机构，并提供企业资信调查服务。

主要特点：市场化运作模式已经基本形成；市场集中度逐步提高；机构规模普遍较小、从业人员素质不高。

（2）资信评估

中国的信用评估行业的发展起源于20世纪80年代后期，当时，在国内债券市场不断发展以及货币借贷关系（间接融资企业）趋于频繁的形势下，社会信用管理的需求日益高涨，一些地方的人民银行分行纷纷设立了内部信用评价部门。从此，中国的信用评价机构从无到有、逐步成长。

主要特点：信用评估业务不断拓展；信用评价业的制度建设已具备一定的基础；信用评价方法和指标体系初步建立。

（3）信用担保

信用担保业在中国是新兴行业，是改革开放和发展市场经济的产物。信用担保机构是社会化的中小企业发展促进体系的重要组成部分，也是目前政府促进中小企业发展的主要政策手段，中国中小企业信用担保机构约占全部担保机构的90%，主要是以地方经贸委会同财政、银行等部门共同组建，担保资金主要是地方政府预算拨款。

主要特点：从面向中小企业的融资担保开始起步并迅猛发展；信用担保法律体系已经初步建立；资本不足是中国担保业发展的制约因素。

二、社会信用体系建设路线

（一）总体路线图

1. 实践价值

社会信用体系是市场经济体制中的重要制度安排，是一项覆盖全社会的诚信系统工程。

社会信用体系主要功能有三种：

社会信用体系具有记忆功能，能够保存失信者的纪录；

社会信用体系具有揭示功能，能够扬善惩恶，提高经济效率；

社会信用体系具有预警功能，能对失信行为进行防范。

实现社会信用体系三大功能，需要构建广义的社会信用体系。

2. 我国社会信用体系建设过程中存在的问题

社会信用体系尚不完善：现有社会信用体系主要集中在政府信用记录等显性记载和静态信息上，机构、企业和个人等有关信息记载不全、管理不规范、信息不能共享。

社会信用激励惩戒机制不健全：目前，国家层面和地方政府、各城市社会信用奖励与惩戒机制落实不到位，某些制度文件已经过时或者需要调整，还没有形成覆盖全社会、可以系统分析的征信系统。

社会信用投入和服务机制差距大：从资金投向看，多数政府和城市喜欢将财政资金和社会募集资金投入生产性重点项目、道路建设等基础设施，对社会信用体系建设的立项和投资不足。

社会诚信环境和守信自觉性有待提高：很多地方政府和城市社会诚信意识较差，社会信用水平整体不高。

失信行为和欺诈事件屡有发生：由于各层面的信用度不高，经常出现由于没有严格执行规章制度和安全生产等监管、弄虚作假而导致的重特大生产安全事故，食品药品安全事件、商业欺诈、制假售假、偷逃骗税、虚报冒领等违法违规行为。

对中华信用文化挖掘和传承不够。模仿学习西方信用的习惯性思维突出存在，信用文化自信不够。

对国家“一带一路”倡议和大国信用的探索不够。中国作为“一带一路”倡导者，儒家文化走向了世界，但是其内容、深度和方式方法还在很多问题和不足。

3. 我国社会信用体系建设的总体思路

我国社会信用体系建设的总体思路，如图 1–4 所示。

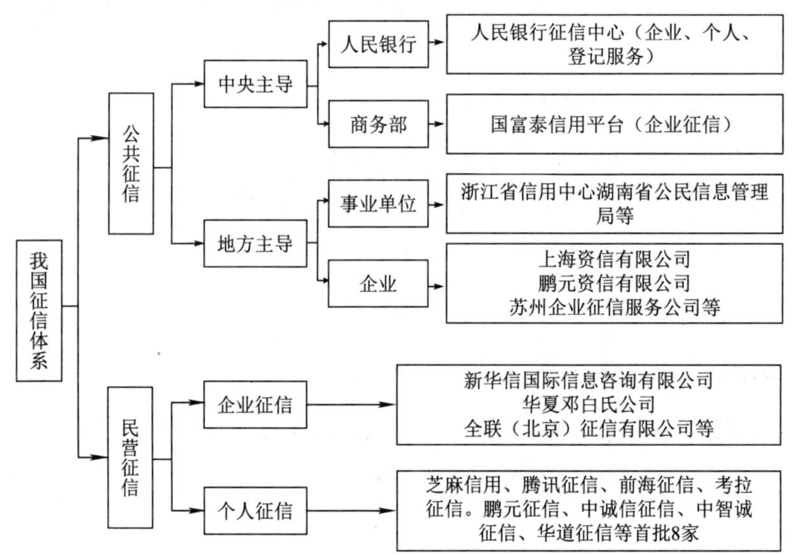

图 1–4　我国社会信用体系建设的总体思路

根据总体架构和设想，重点做好如下工作：

第一，推进重点领域诚信建设。国务院印发社会信用体系建设规划纲要（2014—2020 年）中提出要推进重点领域诚信建设：加快推进政务诚信建设；深入推进商务诚信建设；全面推进社会诚信建设；大力推进司法公信建设[①]。

① 吴维海．大国信用——全球视野的社会信用体系建设 [M]. 北京：中国计划出版社，2017。

第二，加强诚信教育与诚信文化建设。诚信教育与诚信文化建设是引领社会成员诚信自律、提升社会成员道德素养的重要途径，是社会主义核心价值体系建设的重要内容。

第三，加快推进信用信息系统建设和应用。健全社会成员信用记录是社会信用体系建设的基本要求。发挥行业、地方、市场的力量和作用，加快推进信用信息系统建设，完善信用信息的记录、整合和应用，是形成守信激励和失信惩戒机制的基础和前提。

第四，完善以奖惩制度为重点的社会信用体系运行机制。运行机制是保障社会信用体系各系统协调运行的制度基础。其中，守信激励和失信惩戒机制直接作用于各个社会主体信用行为，是社会信用体系运行的核心机制。

第五，建立实施支撑体系。如强化责任落实；加大政策支持；实施专项工程；推动创新示范；健全组织保障等。

4. 社会信用的构建、评估与优化框架

我国社会信用体系构建、评估和优化路径，如图 1-5 所示。

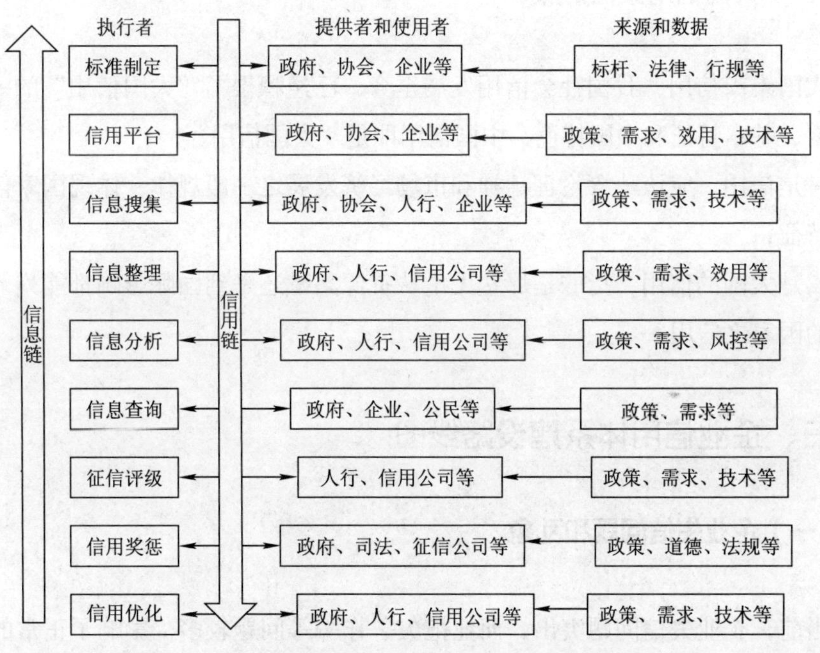

图 1-5　我国社会信用构建、评估和优化路径

（二）三层次模型在我国实践

完整的信用体系由一系列必不可少的部分或要素构成。按照广义社会信用体系，可以将我国社会信用体系划分为逻辑层、基础层和应用层，具体如图 1-6 所示。

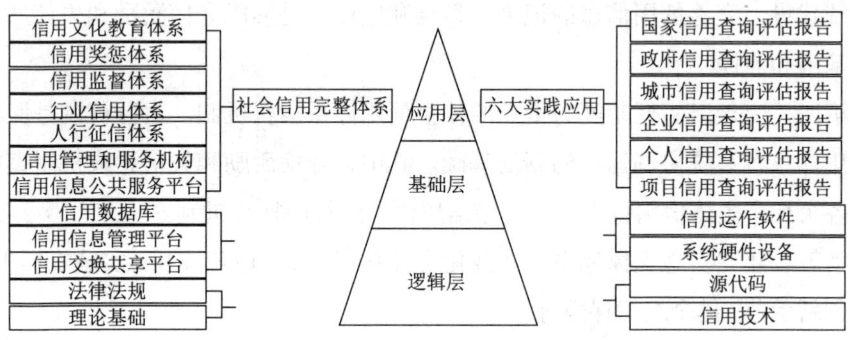

图 1-6　我国社会信用体系建设层级

（三）大国信用架构初探

大国崇尚信用，我国社会信用发展至今，已经积聚了“大国信用”的一些基本要素、基本特征和中国特色，中国信用即是“大国信用”。

一是信用，应该蕴含伦理精神和市场经济发展之一般规律，体现国家信用之本质特征；

二是大国的信用，指的是那些无论从资源禀赋还是到国际影响都能列入大国范畴的国家之信用。

三、企业信用体系建设路线图

（一）企业失信问题和乱象

当前，企业失信问题突出，商业拖欠、诈骗等问题较多，影响了正常的商务活动和经济运行，需要积极清理和引导。

（二）企业失信的后果

企业为什么要讲信用？信用是企业采购与销售业务完成，确保正常经营的基础；企业互信是维护市场秩序的基本条件；恪守信用是企业的社会责任和法律的规范要求：民法、刑法、宪法、反欺诈法等。

（三）企业信用的价值

企业的信用转化为利润。诚信是企业核心竞争力。诚信是企业塑造品牌形象的基础，如图 1–7 所示。

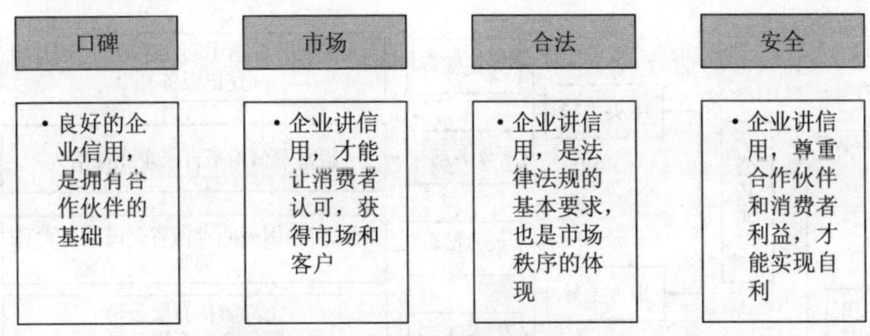

图 1–7　企业信用价值分析

（四）企业信用档案对信贷业务的风险管理参考

企业信用档案是政府信用管理的重要内容、风向标和重要依据，见图 1–8 所示。

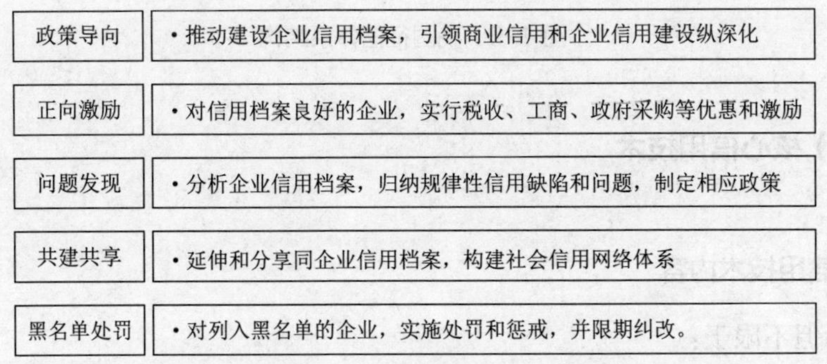

图 1–8　企业信用档案的功能

（五）构建企业信用的路线图：构建企业信用长效机制

优化企业信用环境，强化企业社会责任，严格市场退出机制。

四、社会信用体系建设技术与模型

（一）我国征信体系

征信的核心问题是建立“守信激励、失信惩戒”机制。我国的征信体系结构如图 1–9 所示。

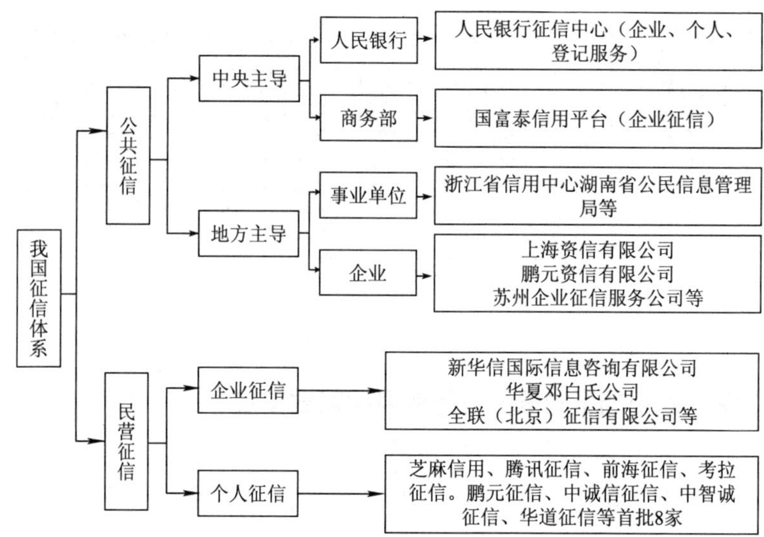

图 1–9　我国征信体系结构

（二）核心信用技术

1. 信用技术内容

包括但不限于：

大数据技术，数据抽取、转换和加载技术 ETL，数据匹配技术，信用调查技术，信用评分与模型检验技术，信用评级技术，内部信用增级，信用网站，数据挖掘，区块链技术等。

2. 信用技术发展趋势

高速、大容量。通信和计算机将来速度越来越高、容量越来越大。

综合化。包括业务综合以及网络综合。

数字化。数字设备是单元式的，设计简单，便于大规模生产，大大降低成本。数字化发展迅速，如数字化世界、数字化地球等主要优点是便于大规模生产和综合。

个性化。可移动性和全球性。一个人在世界任何一个地方都可以拥有同样的通信手段，可以利用同样的信息资源和信息加工处理的手段。

（三）企业追求“用信”，将信用转化为利润

通过塑造信用品牌，建设良好商业关系，提高盈利，具体如图 1–10 所示。

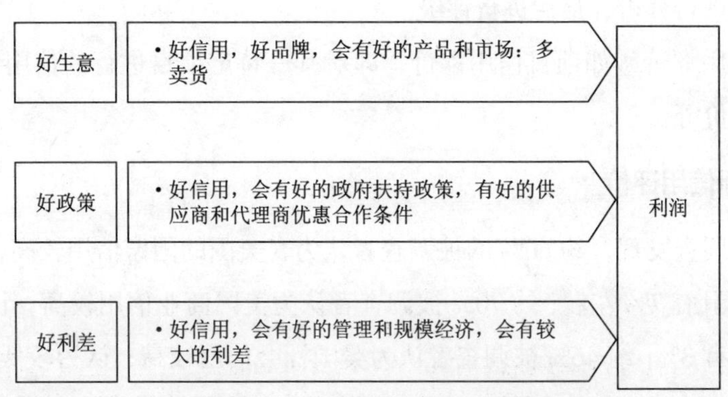

图 1–10　企业信用转化为利润路径

第三方信用评级报告对信贷业务参考的风险价值。第三方信用评级报告对信贷业务的风险监测具有补充、优化和促进等作用。

五、我国社会信用蓝皮书

（一）总体信用评价

1. 信用评价的分类

企业信用评价。包括工业、商业、外贸、交通、建筑、房地产、旅游等企业的信用评价及商业银行、保险公司、信托投资公司、证券公司等各类金融组织的信用评价。

证券信用评价。包括长期债券、短期融资券、优先股、基金、各种商业票据等的信用评价。

国家主权信用评价。国际上流行国家主权评级，体现一国偿债意愿和能力，主权评级内容广，除了要对一个国家国内生产总值增长趋势、对外贸易、国际收支情况、外汇储备、外债总量及结构、财政收支、政策实施等影响国家偿还能力的因素进行分析外，还要对金融体制改革、国企改革、社会保障体制改革所造成的财政负担进行分析，最后进行评级。

其他信用评价，如项目信用评价，即对其一特定项目进行的信用评价；对行业的信用评价等。

2. 国际信用评价

美国。调查发现，约 60% 的被调查者认为，美国的国家信用较高，认为较低或特别低的只有 7% 左右；约 70% 被调查者认为美国商业信用较高，认为较低或特别低的仅有 3%；约 46% 被调查者认为美国社会信用较高，认为较低的只占 5% 以下。约 80% 被调查者认为美国司法信用较高，认为较低或特别低的只有 2%。如图 1-11 所示，这除了与美国的司法制度和信用体系较严谨、规范之外，也与美国对外影视和品牌宣传等有关。

总体看，完全市场化运作模式的美国四大领域的信用度较高。

欧洲各国。总体看，欧盟五大领域的信用度较高且满意度普遍高于美国。如图 1-12 所示。对欧盟国家信用、商业信用等评价高于美国，可能的原因是欧盟国家的整体信用形象和负面宣传等较少，影响了被调查者的评价。

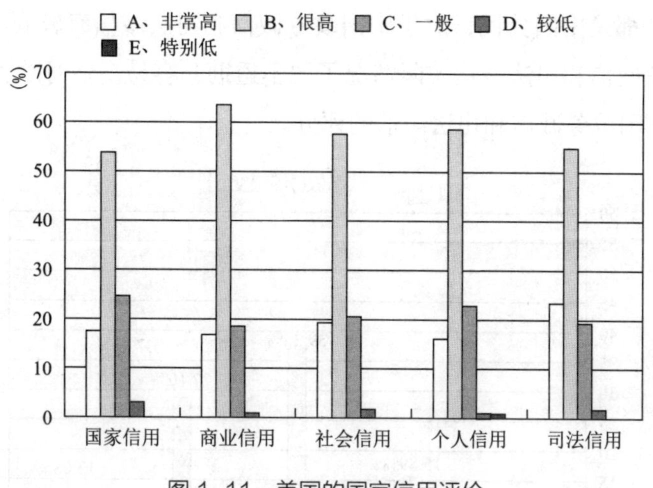

图 1-11　美国的国家信用评价

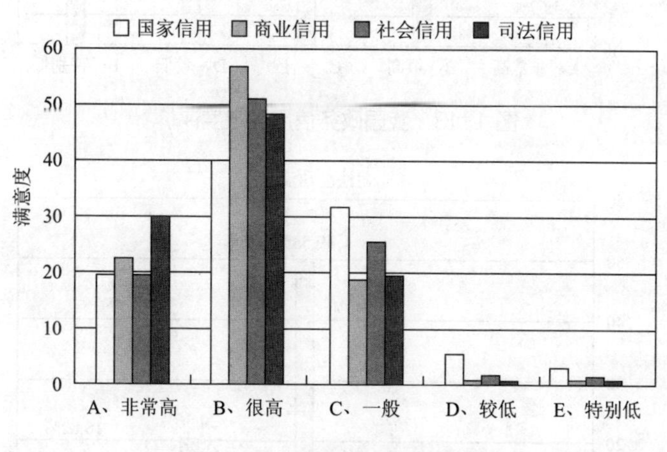

图 1-12　欧盟社会信用调研

从欧盟社会信用的调研分析看，国家信用、商业信用、个人信用和司法信用的评估结果总体很好。

关于我国政府信用满意度的社会调研和分析，如图 1-13 所示。

中国，从调研数据看（图 1-14），我国政务信用评价较高的比例仅 20.56%，加上“一般”的比例，仅为 59.81%，还不及格（60 分）；我国司法信用评价较高比例仅 13.08%，加上“一般”的比例，仅为 62.61%，勉强及格。主要原因：问卷表明，被调查者对我国的政府信用和司法信用的满意度较低，我国政务信用和司法信用与欧美国家比较，还存在很大差距，各级政府需要做的工作还很多。同时，由于被调查者都是中国公民，对于中国政务诚信和司法诚信有较高的期待；对欧美国家的政务诚信和司法诚信实际情况了解不透彻，容易高估对欧美国家的信用评价，低估我国政务诚信和司法诚信的评分。

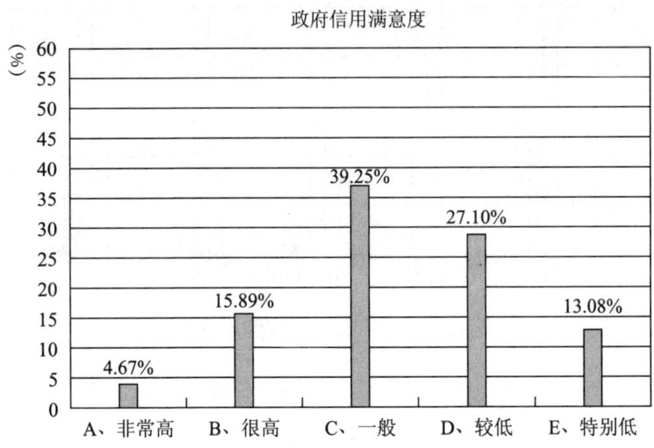

图 1-13　我国政务信用满意度评价

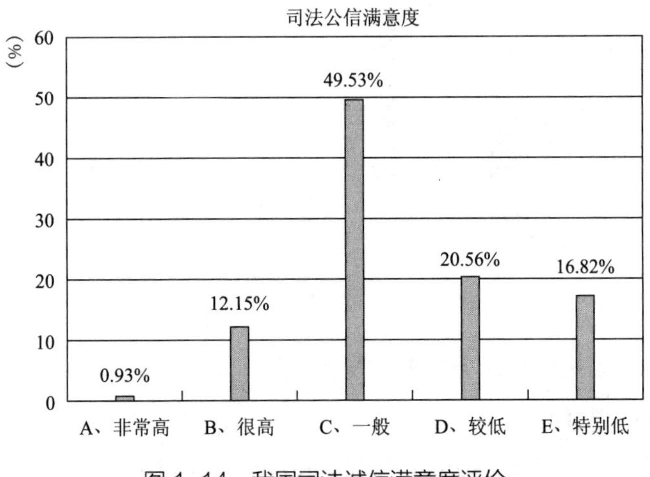

图 1-14　我国司法诚信满意度评价

（二）城市信用评价

采用互联网信息采集与数据挖掘技术，监测各城市的四类行为主体——政府部门、企业、社会组织、司法机关在政务诚信、商务诚信、社会诚信、司法公信四个方面的信用信息，据此分析城市信用状况。通过对各城市在信用事件监测、信用制度完善程度、信用信息公开程度、信用任务落实情况、黑名单记录情况、重大失信事件及其政府反馈、重大诚信事件八个方面情况的综合评价，形成城市的信用综合指数并排名（表 1–1）。

部分城市信用排名　　**表 1–1**

信用排名	城市名称	综合指数
1	北京市	91.20
2	上海市	89.40
3	重庆市	87.32
4	杭州市	87.00
5	广州市	86.20
6	南京市	85.89
7	深圳市	85.81
8	沈阳市	85.40
9	成都市	84.89
10	厦门市	84.49

（三）信用行业评价

从对我国政务信用、司法信用、商务信用、金融信用、社会信用和个人信用的评估看，金融信用得分值最高，司法信用的比值较高，社会信用和个人信用的分值很低，有待采取措施尽快予以提升（表 1–2）。

重点行业信用评价　　**表 1–2**

行业	信用评估得分	信用度
政务信用	61	一般
司法信用	78	较高
商务信用	65	一般
金融信用	85	较高

续表

行业	信用评估得分	信用度
社会信用	57	较低
个人信用	58	较低

注：本表采用特尔非法，对 120 名被调查者的调研结果进行了统计。45 分及以下为极低；46~59 分为较低；60~75 分为一般；76~85 为较高；86~100 为极高。

社会信用、司法信用、金融信用等评估，如图 1–15 所示。

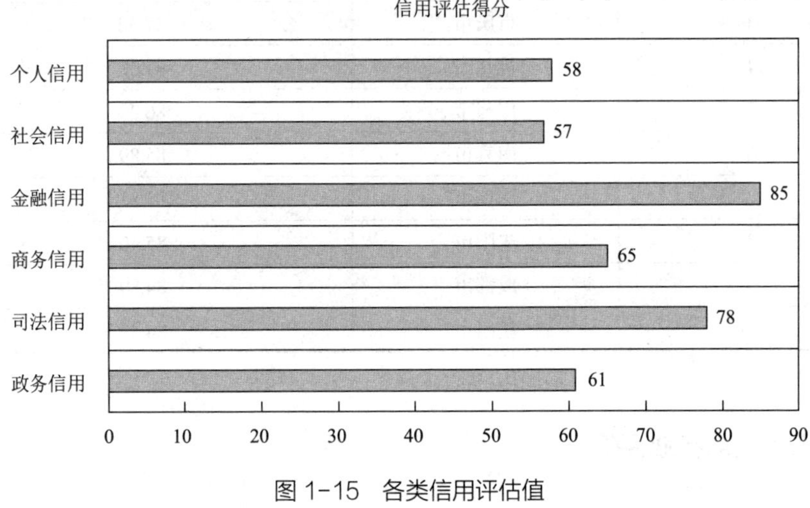

图 1–15　各类信用评估值

调研可知，当前，我国社会信用水平总体不高，其中：社会信用和个人信用的信用度较低；政务信用和商务信用评价处于一般水平；金融信用相对略高。因此，信用体系建设任务艰巨。

（四）商务信用和社会信用评价

我国商务信用满意度较高的比例仅 5.6%，加上“一般”的比例，仅为 55.13%，尚不及格；我国社会信用满意度较高的比例仅 11.21%，加上“一般”的比例，仅为 55.14%。

主要原因：问卷表明，被调查者对我国的商务信用和社会信用的满意度较低，总体不及格。这表明，我国商务信用和社会信用的整体建设水平不高，远远达不到经济发展对其需要。同时，从媒体报道和实践看，我国当前商务信用中大量存在欺诈、相互拖欠，以及各种不诚信现象。造成这一现状，既有企业和社会组织自身的原因，也与近几年实体企业融资难、原材料等价格波动大、市场不稳定，实体经济盈利能力弱，履行合同困难等外部因素有关。必须多策并举，不断提升商业信用和社会信用，推动我国从经济大国向信用大国，向“信用强国”转型。

六、“大国信用”蓝图与策略

（一）“大国信用”框架

“大国信用”有两层含义：

一是中国作为一个人口 14 亿、经济总量世界第二的发展中国家，要实现“中国梦”的宏伟蓝图，就需要建设良好的国家信用、政府信用、企业信用和社会信用等。

二是在国际竞争全方位的开放形势下，信用标准和信用水平的竞争也是国家之间竞争的重要领域，是国家软实力的体现。“强国”奉行“诚信”“正义”。大国并不是拳头大，强国更包含互利、互惠、合作、共赢。

“大国信用”的三大特征，如图 1-16 所示。

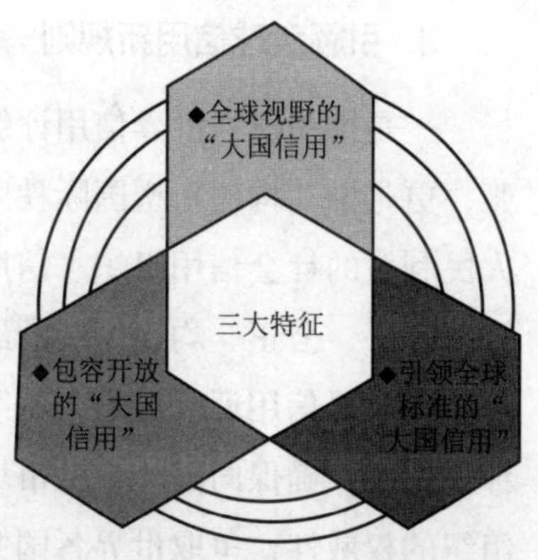

图 1-16 “大国信用”的基本特征

（二）信用强国体系

1. 构建全球信用新架构

信用体系建设需要创新，更需要从全球的视野进行研究、分析和重新构建。我国社会信用体系要依据于相关信用理论体系，放眼全球，充分研究和借鉴欧美等国家信用体系建设的实践，主动发现和剔除其糟粕，创新和融合中华民族优秀的文化基因和包容的信用理念，持续修订、反思、创新和完善社会信用体系和架构。要顶层设计，规划引领，系统推动，确保在全球布局、国际视野、行业布局、同业竞争、战略融合等方面，做出大国应有的担当，以及积极地、全新地探索与改革，尽快构建全球信用的新架构、新平台、新机制。

2. 探索“信用全球”新路径

以我国社会信用体系建设为基础，提出和推动“信用全球”的全球治理战略，引导各个国家、各类机构积极关注和参与，经过十年左右的时间，整合国内资源和各方面的力量，逐步实现社会信用体系建设的阶段性目标，完成国务院确定的社会信用建设目标，积累经验，进而引导和凝聚全球各国、国际组织和信用专业机构的共识，逐步在全球交流和推广我国信用体系建设的实践经验，共同探索建设“信用全球”的全球治理之路。

3. 引领全球信用新规则

一是推动建立世界信用评级组织。和平发展、合作共赢是全球治理的中国主张，更是推动构建新型国际秩序的中国行动。通过构建代表全世界大多数国家和人民利益的社会信用组织、信用评级机构和信用公共服务平台，有助于尽快形成全球和平、公正、均衡发展的经济新秩序、运行新机制、信用新规则。引导和参与建设世界信用评级组织，持续研究全球信用风险的演进规律，制定科学的风险评价标准，确保向国际金融市场提供信用评级信息的权威性。构建世界信用评级组织的权威性，争取世界各国共同授予的特许发布权，遵循独立性、公正性、公平性、科学性和非竞争性等基本原则。

二是完善全球治理。全球经济治理（包含信用治理）应该以平等为基础，更好反映世界经济格局新现实，增加新兴市场国家和发展中国家代表性和发言权，以信用重构为目标，创新机制和规则，确保各国在国际经济合作（包括信用评估和规则利用）中权利平等、机会平等、规则平等。

三是优化和重塑国际信用规则。以重塑全球社会信用评估机构和服务架构为目标，进行我国社会信用评估中介组织的扶持和优先推动，联合全球各国，特别是发展中国家，打造公平、开放、包容、竞争的国际信用评价组织机构，构建纠纷解决的机制与体系，重建国际信用新秩序。

4. 建设“信用强国”

一是首提信用强国。“信用强国”建设是未来十年乃至更长时间我国的最高建设目标之一。中国是负责任的大国，要增强人类命运共同体的责任意识，敢担当，主动作为，积极倡议，加强与国际组织、现有信用规则实施的国家和机构，以及发展中国家的理论研究、观点交流和实践融合，引导和达成共识，增进各国互信和全球经济贸易互信，增进全球各国、各类组织的交流和合作，以共建美好人类和生态地球村为愿景，共同构建包容、联动的全球发展治理格局。

二是实施信用“强国战略”。创新和全面制定建设“信用强国”的五年规划、中长期规划，并一步一个脚印地贯彻执行，确保在不久的将来，中国标准成为全球通用标准之一，中国信用成为全球各国学习和借鉴的标杆，中国成为“信用强国”和全球最文明、最富强、最包容、最开放的社会主义现代化国家。

以“信用强国”推动“信用全球”的构建，如图 1-17 所示。

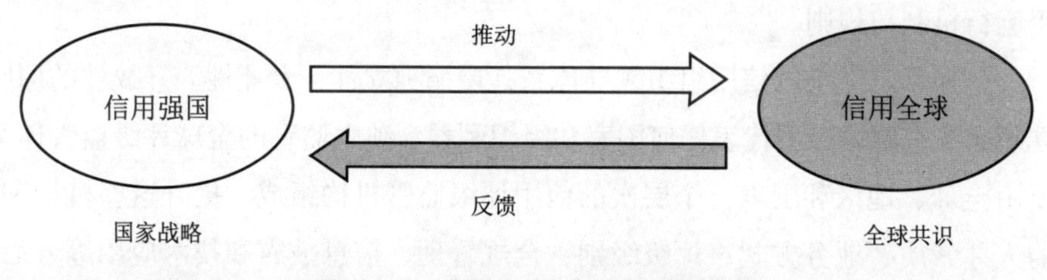

图 1-17　“信用全球”的构建路径

（三）建设“信用全球”

1. 全球社会信用体系建设

一是发挥我国参与全球治理的“四位一体”（利益攸关方、关键行动者、议程设计人、“变革领航员”）的独特功能，积极做好全球“变革领航员”。以构建中国为先导的大国信用为阶段性目标，经过 5~10 年的发展，基本建成国内较为规范、系统、公开、透明、开放、共享的国家社会信用体系标准和实施规则，显著提升我国各级政府、各类机构、社会公众和海外政府、相关机构等之间的合作机制与信用水平，逐步形成中国的“信用强国”品牌。

二是尊重各国信用风险形成规律，在评级一致性原则指导下，充分考虑债务国由其政治、经济、金融、法律、文化、生产力发展水平，确定全球各国通用和普遍认可的全球信用标准体系，构建相应的组织机制和决策流程。

三是以“一带一路”倡议为契机，实施信用政策的“互联互通”，构建全球信用标准化体系。制定世界信用评级标准。建立评级符号、评级标准和评级数据标准等一致、规范的、通行全球的信用风险衡量标准。

经过10年左右的努力，逐步达成等各国、各民族的共识，赢得更多国家和机构的参与和认同，进而推动“信用全球”的构建，最终形成全球信用体系和顶层架构。

2. 全球社会信用运行机制

一是以中国逐步成熟和发展的社会信用体系与实践为蓝本，借鉴和吸收西方先进信用经验，融合我国传统信用文化和诚信基因，完善和发展全球视野的国际信用运行机制与规则。

二是探索设立全球信用组织领导体系，遵循独立性、专业性、开放性的原则，建立超越主权国家，不代表任何国家和组织利益，独立监管的全球评级监管体系，主要由全球、地区和国家三个层次的信用评级监管机构组成，提升这些机构和组织的人才素质、业务方式、评级级别、合规管理、信息披露和技术应用等方面的能力建设。

三是制定“信用全球”战略目标和行动愿景，探索并成立全球信用标准建设、信用管理、体系运行、规则修订和考核奖惩的专业委员会、联合国产业联盟等全球性组织机构和公开的、公正的信用专业运行平台，逐步构建符合全球经济发展需求和服务全球人民的信用运行机制和游戏规则。

3. 全球信用惩戒考核管理

一是以构建全球信用体系为目标，以成熟的社会信用运行标准为基础，以重塑公开、公平、开放、共享的全球信用体系为行动的方向，加强和联合国的紧密配合，主动沟通联系各国际组织和联盟，逐步建立统领全球的信用规划、信用交流和标准构建专业机构。

二是积极推动创建全球社会信用体系建设示范国家、示范城市等示范试验。

三是吸收各国政府和专业机构、专家等参加，探索和建立对各国政府、各类机构的监督、评价、考核和惩处的信用规则和考核办法，完善规范区域性和针对成员国的信用奖惩处罚实施规则。

四是将信用体系建设纳入全球治理范畴，与全球金融规则、全球贸易规则等统筹规划，同步部署，同步考核，并逐步成为各国统一的意志、行动标准和人类较高的道德准则。

4. 融入“一带一路”倡议，推进信用全球建设。

未来几年，围绕“一带一路”倡议，学习贯彻习近平总书记重大部署，积极增加有效供给，推动世界经济再平衡，实现产能输出、基础设施建设、各国经济发展和民心相通，具体如图 1-18 所示。

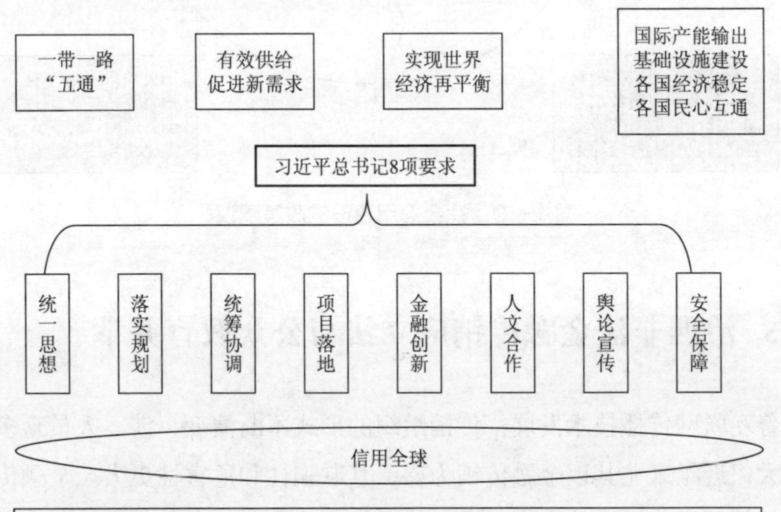

图 1-18　习近平总书记的战略要求

（四）构建社会信用的机制体系

对于政府、企业、社会媒体和中介机构来说，应立足各自的岗位，做好社会信用体系建设和自身信用水平提高工作，具体如图 1-19 所示。

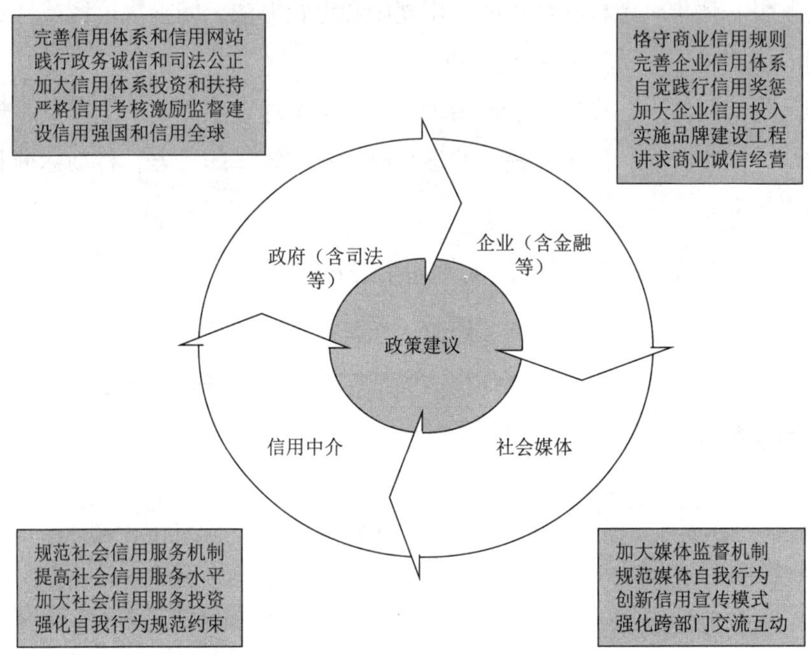

图 1-19　社会信用建设的政策建议①

1.5　治理非法金融传销应立法与公众教育并举

随着互联网传播技术发展，传销组织的形式不断演变，涉案人员众多，涉案金额巨大，近年来尤其以金融传销为盛，其欺骗性和危害性更大。金融传销是一种新型的传销模式，由传统的以产品传销模式为主向以所谓资本运作诈骗方式为主。金融传销的参加者普遍具有高收入、高起点、高投入的特点，更具欺骗性和危害性。与传统的传销方式相比，微信传销、网络传销等新兴传销模式花样多变，

① 吴维海 . 大国信用 [M]. 北京：中国计划出版社，2017。

扩张速度快，隐蔽性强，出现了虚拟性、跨地域性、金融性和更具欺骗性等新特点。非法传销组织披着互联网金融的外衣，呈现“多元化”特点，是多种类型交叉或者结合的模式，其运作模式违背价值规律，资金运转难以长期维系，一旦资金链断裂，投资者将面临严重损失。本文拟研究金融传销的运作过程和社会危害，对防范金融传销骗局提出建议。

一、金融传销类型和特点

随着虚拟经济、金融创新日益活跃，借助互联网金融平台开展的传销活动越来越多，已有上百个这种模式的资金盘出现问题，数百亿元的资金被骗，严重扰乱了市场经济秩序。

（一）假借各类投资或基金的名义

金融传销是多层次金字塔式高利贷集资链条，将民间资金与众多担保公司联结成一个金融链条。投资概念的金融传销将原本投资门槛几百万上千万的 PE 基金，降低到几千元几万元的投资门槛，并承诺有保底收益、固定分红，以高额回报诱使投资者购买，所谓的多层次信息网络营销模式也是监管部门发现最多、查处最难的，以被查处的“善心汇”为例，在短短一年内以“扶贫济困，均富共生”为名采取拉人头的方式吸引注册会员超过数百万人，发展速度惊人。但其传销的本质没有改变，募集资金模式依旧是传销式，要求投资人发展下线开拓“市场”，并以投资提成的形式对资金筹集的下线予以“经济奖励”。

（二）借用互联网金融的概念

互联网平台不仅让人们享受到前所未有的便利，也给传销提供了新的土壤和平台。相比传统传销，金融传销发展速度更快。一般打着“电子商务”“网络投资”“原始股投资”“基金发售”为诱饵，利用部分人群渴望成功、一夜暴富的心理，从而达到发展会员进行金融传销的目的。传销人员甚至不用担心口才不好，只需把编辑好的虚假项目资料发给他人，甚至不用将资金转来转去，只要会上网就可以完成操作，实质是不法分子利用互联网“电子商务”“投资基金”等概念实施的非法集资活动。

（三）打着“虚拟货币”特别是比特币的幌子，使人相信虚拟货币迅速升值

有的传销活动场所与财务、核心资料数据管理场所分离，遇到紧急情况可以立即通知关闭服务器，毁灭证据；有的设立两套财务账，开设多个个人账户，用于收取传销经营款、支付会员奖金和隐匿违法资金，规避执法机关检查。一些传销组织还不断修改计酬制度，通过降低入门费用、发放高额奖金（有的奖金发放比例为经营额的 70%）、缩短会员奖金结算时间（每周结算改为每日结算）等手段，增强诱惑力和欺骗性，刺激其传销网络迅速扩大。

（四）涉案地域更广、参与人员更多

互联网连接了人与人，金融传销是借助互联网的便利性更轻易地发展下线和洗脑，激发对所谓成功的欲望，互联网则降低了这个成本，广告宣传完全在网上进行，声称公司为国际知名跨国公司或其分支机构，经营项目为电子商务、外汇交易等高收益高风险项目，且公司拥有专业投资团队，可有效降低风险等。先进入传销组织的人能更低成本地介绍新人加入，其成功发展下线的关键在于继续拉入亲朋好友的能力，动辄涉及多个省市，数千甚至上万人员，案值几千万元至十几亿元。

（五）资金往来依靠电子转账和网上支付

由于此类网络集资、传销的经营过程全网络化，使经营者隐藏很深，一旦公司出现问题可以轻易地携款潜逃。还由于我国尚未实行完全的网络实名制，网上非法集资者很容易隐藏其真实身份，捏造不实信息和资料，给监管取证带来很大的难度。

（六）没有改变靠拉人头赚钱的传销本质

与传统传销相比较，金融传销更具迷惑性，通常有静态、动态两种收益。静态收益是指参与者投资后可以“守株待兔”，传销组织会通过拆分新投资者的钱给原投资者利息回报；动态收益也就是“拉人头”，利用层层发展下线来获得提成，静态收益能够在短期内实现虚假的“增收”，掩盖其诈骗行为，而动态收益才是真正的资金来源，反映出传销的本质，表明金融传销的社会危害性并不亚于传统传销，同样会成为影响社会稳定的严重隐患。

（七）承诺高收益率是金融传销组织拉人头的主要方式

从金融传销来看，假设投资 60 元 ~6 万元，满 15 天可提现，日收益 1%，月收益 30%，年收益 23 倍，无手续费。此外参与者发展他人加入还可获得推荐奖（下线投资额的 10%）、管理奖（根据会员等级确定相应比例）等额外收益，发展人员无上限、返利无上限，具有非法集资和传销的共同特征。

（八）传销途径以电子商务为幌子从面对面演变为利用微信、网络发展成员

此类传销目前尤为猖獗。以“互联网 +”“国家政策支持”“投资前景巨大”为宣传点，成本极其低，价格特别虚高，以维持层层返利。

（九）传销介质呈现载体虚拟化的趋势

由以往的传商品、传实物，逐渐演变为纯“拉人头”式传销。此类传销巧立名目编造传销骗局，以投资理财、原始股投资等高额回报诱骗人员自愿参与传销活动。无任何产品，纯粹以传销方式拉人头形成上下级金字塔式的所谓纯资本运作。传销案件中参加的人员普遍素质较高，有文化界名人、也有国家机关处级、厅局级领导职务的退休人员推波助澜，营造从众心理让更多人陷入其中。

实际上，识别金融传销是有依据可循：一是看否需要交纳费用取得加入资格；

二是否需要发展他人成为下线，形成层级网络；三是否以直接或间接方式通过发展人员的数量或销售业绩为依据计算报酬、奖金，参加人员所获得的收益并非来源于销售业绩或服务等所得的合理利润，而是他人加入时所交纳的费用，只要符合以上三个特征就可以断定属于非法金融传销。

二、金融传销对经济和金融秩序的主要危害

金融传销打着经济发展的幌子，营造新的投资模式，编织五花八门的商业盈利模式，传销和诈骗的手段日益高超，营造出的商业氛围甚至超出了正常人的认知。虽然我国改革开放已近 40 年，但相当部分社会公众的经济和金融知识匮乏，很容易被新概念蛊惑，也孕育了传销组织的生存土壤。而中国是一个人情社会，在“挣快钱”的理念蛊惑下，金融传销通过人情发展下线，完全失去了经济和金融活动的基本常识，稍具现代金融常识的人对于此类金融传销骗局应该很容易识别。但为何会有那么多人上当受骗呢？究其原因，追求短期过高收益心理是造成此类骗局屡禁不止的重要原因，其中不乏具有金融知识的人群，大多抱有侥幸心理，觉得在自己这一棒不会出现资金链断裂并期待获得更高收益。然而由于没有资产端，在资金流转过程中一旦出现任何小差错就会造成资金链断裂的后果，社会危害极大。

（一）对参与者的精神心理伤害极大

参与者及家庭的危害不仅是经济上的损失，而且还有精神、心理以致名誉上的伤害，影响家庭成员之间的关系，参与者一步步丧失正常的理性分析能力，善良的人格就此被改变被扭曲，对身心造成极大的影响，绝大多数参与者在经济上损失钱财，在精神上对传销组织的“短平快”暴富理念产生心理依赖。

（二）对社会诚信体系造成巨大损害

由于传销人员发展对象多为亲属、朋友、同学、同乡、战友，其不择手段的

欺诈方法导致人们之间信任度严重下降，引发亲友反目成仇，父子相向甚至家破人亡。

（三）传销组织底层的大多数会员都是组织者的敛财工具

组织者假借“资本运作”“网络营销”之名，把交高额的入门费说成是投资，一两年就能成为百万富翁，而且参与人员低龄化，一些人深陷其中不能自拔，传销扭曲的价值观、成功观、就业观、财富观成为贻害广大青年的毒瘤；有的传销组织恶意丑化政府和执法人员，夸大社会阴暗面，人为激化社会矛盾。

（四）扰乱经济和金融秩序

金融传销违法活动伴随着非法集资、非法买卖外汇等大量违法行为，不仅违反国家禁止传销和变相传销的规定，还违反国家税收、市场秩序管理、金融监管及外汇管理等多个法律规定，是集资诈骗、精神控制、非法聚集为一体的违法犯罪行为，已经引发大量复杂的社会问题。

三、加强打击非法金融传销的建议

金融传销有“去产品化”特征，其通过吸收民间资本形成资金池，但其本质还是传销，利用承诺的高收益甚至天价收益进行诈骗，违背了金融本质和金融业务发展的基本规律，必然会威胁到金融安全和社会稳定。许多金融传销案投资者在初期会短期获利，无人愿意报案，相关部门很难调查，当资金链出现断裂，操盘手销毁证据一走了之。导致监管难度很大，许多金融传销机构尚难以完全“除根”，还需要从法律和制度层面研究治本之道。应当指出，预防和打击新形势下的金融传销犯罪，完善立法、提升监管、加强预警是关键。

（一）需要尽快对金融传销司法定性，扩大法律保护范围

目前金融传销的监管存在软肋、盲区和真空地带，各有关监管部门间没有完全形成合力，同时立法的不足或不完备影响了有关部门的执法依据导致无法可依，同时由于财产损失大，极易引发群体性事件。传统的金融立法尚没有涵盖金融传销，也没有授权监管部门实施专门监管。有关部门应会同人民银行、中国银监会等金融监管部门对“金融传销”做出具体法律法规定性，依法加大打击力度。

（二）与时俱进升级监管技术

金融传销主要通过网络社交平台完成，如微信等社交平台对及时发现和制止传销犯罪的发生、发展有得天独厚的技术优势，对金融传销负有不可推卸的自我审查和自我管控责任。应当完善举报者权益保护机制，完善必要的奖励和激励措施。投资者不能盲目相信所谓的高收益的承诺，即便有具体的投资项目也需要进行信息核实，认真研究其投资的具体产品，了解行业发展情况、项目业务模式、风险点以及合法合规性等。对于监管机构而言，通过监管资金流向来防范金融传销是目前较为有效的方式之一；此外提高犯罪门槛、整肃行业纪律同样势在必行。鉴于目前对金融传销的定性打击比较困难，公安部门及信息安全部门应开展联动整治行动，利用大数据对资金的流动、流向进行检测，不能仅仅是对在线的网址 ID 等进行封锁，还应在线下展开调查，对涉案人员进行追查，很多投资者往往对政府权威机关发布的信息比较信任，只要有关部门及早介入才会尽可能减小投资者的损失，阻止更多投资者加入。要创新监管方式并逐步完善相关法律法规，以零容忍的态度对其严抓严打，不给非法传销组织留有任何滋生空间。

（三）建立预警机制，提高公众防范意识

正常的借贷行为是将资金投向产生收益的用款方，并向投资者支付利息，传

销平台的资金根本没有投向生息资产，实质就是庞氏骗局。金融传销的参与者既有农民、下岗工人，也有白领、公务员、离退休老人甚至金融从业者，数目庞大。对普通投资者来说要有防范意识、风险意识，要加强学金融、懂法律的教育，尤其是提高投资者素质，树立“天上没有馅饼，天上也不会掉馅饼”的基本意识，同时需要通过各种渠道和方式教育民众提高对金融及各种网络传销的识别防范能力，提高社会公众的风险意识，避免踏入“庞氏骗局”。要树立正确的价值观和财富观。无论传销的形式如何花样翻新，认识其仍是以发展下线人员、拉人头组成层级，以下线人员“业绩”作为获利依据的实质。对于政府监管来说，预防和打击金融传销必须“早发现、早预警”，及时建立预警机制，更多普及防范金融传销的相关知识。

（四）适时研究制定民间融资相关法律法规

面对“互联网 +”新型传销违法行为的出现和快速蔓延，政府监管部门和执法部门更需要在打击传销的机制、思维和举措等方面与时俱进，提供有效的社会防护性保障，降低交易成本和法律隐患。

（五）加强金融牌照审核与管理

目前需要金融监管部门审批和备案的金融业务资质有三十多种，包括银行、保险、信托、券商、金融租赁、期货、基金、基金子公司、基金销售、第三方支付牌照、小额贷款、典当等。金融监管是按照监管部门将各金融业态进行分类，各部门负责各自领域牌照的发放和备案。现有金融业态是从传统金融机构各项业务衍生而出逐渐发展壮大，从而形成各项新兴金融业务，其中有些已被纳入监管范围如采用牌照制或备案制监管，有些则还在野蛮生长。随着金融监管趋严，要加大依托互联网开展金融业务的企业违约成本，对任何金融属性的投融资活动都要纳入监管，监管要全覆盖，强调金融创新不能偏离实体经济的需要，加大力度把金融乱象减下来，包括非法集资、乱加杠杆、乱做表外业务、违法违规套利等，对所有金融机构和非银行机构都需要实现持牌经营并纳入金融监管范围，更好地服务实体经济。

1.6 金融要为乡村振兴战略做贡献

2019 年 1 月 15 日由国家发展改革委国际合作中心主办，国合华夏城市规划研究院等承办的“新时代 新远景 新作为——国家乡村振兴战略暨创新成果研讨会 · 2019”在京顺利召开。全国工商联九届副主席、中国西部研究与发展促进会理事长程路参加论坛并发表演讲，题目是《金融要为乡村振兴战略做贡献》。以下是程路副主席的演讲（“国家乡村振兴战略暨创新成果研讨会”论坛系列演讲之三）：

2020 年是党中央提出来的总体和全面脱贫最关键的一年，也是到期的一年，这是党中央在全国人民面前立下的军令状。党的十九大提出乡村振兴战略，2018 年 1 月 4 日中央政府提出乡村振兴战略的安排，事实上这都是为我国 2020 年全面脱贫之后在农村工作上一个战略领域的衔接。所以 2020 年全面脱贫工作非常之重要，如果没有 2020 年的全面脱贫顺利的完成，乡村振兴开头这几步就没有搞好，往下走也是非常困难。乡村振兴战略是 2020 年全面脱贫之后在农村工作上的一个战略领域的衔接，作为经济的命脉的金融要为农村的乡村振兴做出自己的贡献，通过金融的支持使绿水青山能够更多地转化为金山银山。

2018 年是很困难的一年，总体而言稳中有进，稳中有变，但是稳中有忧。当年银行四次降息，向市场释放的流动性不可谓不多，其中金融贷款 16 万亿（元），这些并没有缓解农村甚至企业资金周转的问题。从 2018 年 12 月份到现在仅仅一年左右的时间，国家发展改革委审批了 1.2 万亿元的项目，这些投资能不能更多地来倾向乡村振兴？特别是贫困地区。2018 年积极的财政政策和宽松的货币政策，由于 2018 年四次降准，今年又降了一次，这样共有五次降准，今年这次降准力度太大，过去降准都是 50 个基点，而今年是 100 个基点，1 月 25 日还要降准。1.5 万亿的资金到市场当中会引起相当大的变化。那么这些资金能不能够更多地流向乡村，流向西部，流向“一带一路”的这些重要的地区。因此，特别要向西部的金融机构输送更多的优惠政策，这次降准 1.5 个亿，实际长期资金 8000 亿元，对普通银行的利好，通过中期借贷便利，会对相关的银行释放 200 多亿元的利息，这些现在并没有到西部及农村，也没有到乡村的乡镇银行和金融机构，希望这个政策能够尽快地通过我国的政策传导机制，为西部和农村的，以及“一带一路”上的农村商业银行和金融机构做一些倾斜。

我们（国家）的金融工作，我们的金融货币政策要向农村，向贫困地区，向三农来倾斜，因为农村是一个金融领域的洼地，要把这方面的活水、清水有效地引进这些贫困的地区。从这个角度来讲，金融的支持工作力度（目前）并不太够，应该把有效的资金，把相关的优惠政策，更多地向乡村领域倾斜。在乡村振兴方面要大力提倡绿色金融，通过绿色债券的发行，通过金融的支持使西部的绿水青山能够更多地转化为金山银山。

同时，我国西部的振兴、“一带一路”的发展，金融要在乡村振兴中起作用，也要为乡村振兴的金融行业提供人才，特别是对中小企业、乡镇企业和民营企业提供一些更加优惠的政策，使这些人才能够留得住，在这些相对比较落后的地区，为乡村振兴发挥更大的作用。现在区域的发展已经完全超越了简单的城市之间的竞争，实际是区域的竞争，一个区留不住人才的话，则实现振兴是很困难的。需要给人才一定的优惠条件、工作机制，使人才能够实现自己人生价值的种种优势的环境来留住人才，因此，人才对乡村振兴是非常重要的。

民营企业、私营企业、小微企业占全国所有企业的 98%，而且制造业只有 10% 是国企，90% 都是私企和外国企业。民营企业在企业的发展及推动乡村振兴方面，最渴望找到的、最希望解决的，也是最困难的问题就是融资难、融资贵的问题，今年还是要执行积极的财政政策和稳健的货币政策，但是要有灵活性，在这方面能够更多地向民营企业倾斜，使民营企业在乡村振兴，在西部脱贫，在“一带一路”的发展中起更大的作用。

1.7 设立“一带一路国际离岸中心”

党的十九大报告、APEC 会议宣言为我国推动金融领域改革开放，创新新时代发展模式提供了新机遇，也为我国金融创新提出了新标准、新目标。因此，探索并推动设立“一带一路国际离岸中心”，是我国新时代强国战略的历史选择，是国家大事，千年大计，功在当代，利在千秋①。

首先，厘清国际离岸金融中心的概念。一般来说，国际离岸金融中心指由某个国家主管部门审批并设立，通过提供低税或免税政策，鼓励和吸引国际自然人，或者法人，在特定领土或区域从事离岸业务，相应推动本国或区域经济的快速发展。

当前形势下，倡议设立"一带一路国际离岸中心"，主要背景和依据如图 1–20 所示②。

这是新时代的要求。探索设立"一带一路"国际离岸金融中心，能够引进和聚集国际资本，促进我国未来 30 年两个阶段性目标的全面实现，这是新时代的国家战略，也是国家部委和金融行业贯彻落实十九大报告提出的金融体制改革、建设小康社会、建立社会主义现代化强国的战略要求与实践探索。

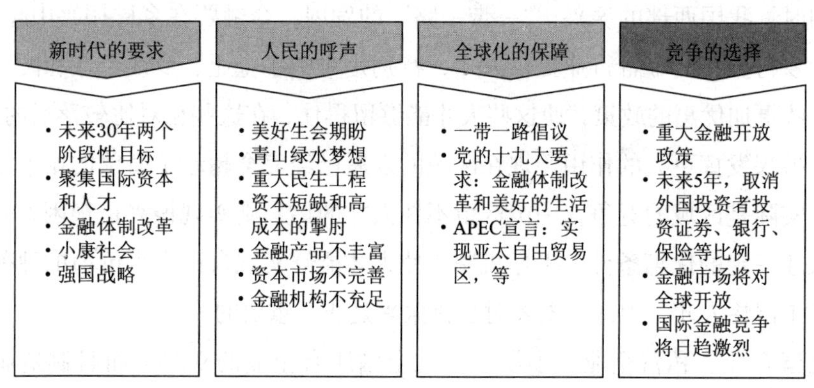

图 1–20 "一带一路国际离岸中心"设立的四大背景和依据

这是人民的呼声。在新时代，各级政府、企业都在积极探索和拼搏，以各种方式踏上发展和改革的新征途。人民向往美好生活，期盼经济发展，呼吁民生改善，期盼国富民强。而资金短缺、融资成本过高等已成为制约我国经济转型和民生工程实施的重大障碍。与此同时，国内金融产品不够丰富，资本市场不够完善，金融中介机构不够开放等矛盾尖锐，需要通过设立"一带一路"国际离岸中心等金融改革，逐步解决上述的问题和矛盾。

这是全球化的保障。未来 30 年，国家将继续推进"一带一路"倡议，强化

---

① 2017 年 11 月 21 日，吴维海在 2017 国际产能合作论坛暨第九届中国对外投资合作洽谈会上的嘉宾发言。

② 此文 2017 年 11 月 21 日在人民网的财经频道发表。

全球金融改革和资金融通。刚刚结束的 APEC 宣言提出：按照 2030 年可持续发展议程，推进经济、金融和社会包容，在 2030 年前打造包容、人人享有、可持续、健康、坚韧的 APEC 大家庭。致力于全面系统推进并最终实现亚太自由贸易区，深入推进区域经济一体化进程。实现上述宏伟的蓝图，就要主动探索并构建国际离岸中心，推动各国之间的资金流动，强化各个国家、跨地区的产业链延伸，为实现“一带一路”倡议的“五通”提供高效率、低成本的资金保障。

这是竞争的选择。为适应全球经济一体化的外部环境，我国最新出台了重大的金融开放政策，未来 5 年，将取消外国投资者投资证券、银行、保险等领域的投资比例，金融市场将对全球开放，国际金融竞争将日趋激烈。必须未雨绸缪，提前进行大布局、大创新，并选择金融基础较好的城市或经济区、自贸区等，进行国际金融离岸中心的改革试点，为更加开放的金融竞争和全球金融共享提供发展的借鉴与准备。

基于以上的战略思考，选择合适的城市或经济区、自贸区，设立“一带一路国际离岸中心”，是国家大事，千年大计。它可能是我国金融史，乃至推动强国战略新征程上、重大的、历史性的转折和强大的原动力。

国际离岸中心的设立和运行，应重点做好愿景战略、组织架构、选址评估和风险防范等四项重点工作，如图 1-21 所示。

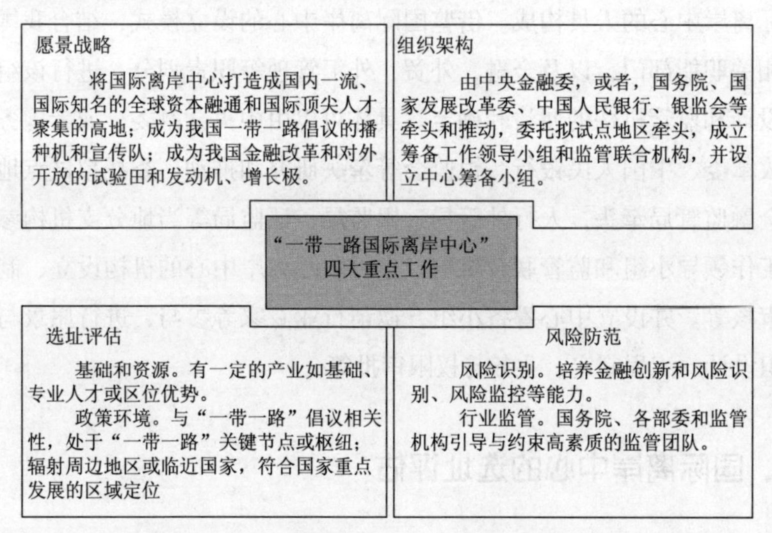

图 1-21　国际离岸中心的设立的四大重点工作

一、国际离岸中心的愿景战略

国际离岸中心的愿景。在党中央、国务院，国家各部委、各级金融监管机构的参与、推动和指导下，经过海外案例分析、实践探索与融合发展，逐步将国际离岸中心打造成国内一流、国际知名的全球资本融通和国际顶尖人才聚集的高地；成为我国一带一路倡议的播种机和宣传队；成为我国金融改革和对外开放的试验田和发动机、增长极。

国际离岸中心的战略。我们倡导设立的国际金融离岸中心，既不同于现有的国内金融试验城市、自贸区或国家级新区，也不同于海外现有的国际离岸中心，它将更体现我国经济和金融特色，扎根于中国经济发展新模式和对外开放的基本需求，更能代表现代金融基本规则和全球产业融合的最高水平。

二、国际离岸中心的组织架构

国际离岸中心的行政边界。倡导设立的国际离岸中心可与现有自贸区、国家级新区等行政职能相重叠，实行一套人马，两块牌子；也可以在现有新区、自贸区或行政区内设定特定的金融功能区，作为国际离岸中心的办公场地。

国际离岸中心的人员构成。借鉴国际离岸中心的设立模式，结合我国“一带一路”相关职能部门，以及金融、外贸、外汇管理等职责划分，进行该组织机构的部门设计和监管机构的厘清和确定。具体可以由中央金融委，或者国务院、国家发展改革委、中国人民银行、银监会等牵头研究和推动，委托拟试点地区的地方政府金融监管局牵头，人行外管局、银监局、证监局等当地分支机构参与，成立筹备工作领导小组和监管联合机构，进行国际离岸中心的机构设立、制度制订与业务审核等。并设立中心筹备小组，邀请行业专家等参与，进行愿景与战略定位、组织设计、流程制定、业务与权限审批等。

三、国际离岸中心的选址评估

主要考虑如下的两大要素：

一是国际离岸中心的基础和资源。要有一定的产业如基础、专业人才或区位优势。建立“一带一路国际离岸中心”，需要有一定的经济基础、产业积累、资金需求、行业人员，需要在交通相对发达的城市或国家级新区、自贸区等园区。

二是国际离岸中心的政策环境。建立“一带一路国际离岸中心”，选择的城市或地区应与“一带一路”倡议有较强的相关性，或者处于“一带一路”的关键节点或枢纽；或者，能够辐射周边地区或邻近国家，符合国家重点发展的区域定位，如广州南沙市，有国家级新区和国家级自贸区等政策优势和交通发达等硬件条件，也有广州市的高端人才等专业基础，同时，周边自然环境良好，国家在积极推动大湾区整体建设。另外，与深圳、香港、澳门、珠海等经济和金融发达城市的距离很近，与周边国家如：东南亚国家的海外交通、国际经济贸易和人员往来较频繁，便于形成跨区域、跨国家之间的金融聚集、国际资本流动和国际影响力。

四、国际离岸中心的风险防范

主要做好两项基本的工作：

一是国际离岸中心的风险识别。中心的设立和运营，应该注重培养当地的金融创新和风险识别、风险监控等能力。建设“一带一路”国际离岸中心，是一项新生事物，涉及我国政治、法律、经济、金融、外汇、外贸、人文等各个方面，各种风险聚集，规则需要借鉴、研究、创新和实践探索。

二是国际离岸中心的监管。国际离岸中心的选址和建设，涉及各类新业务、新制度、新模式和新规则，需要专门机构或团队去借鉴、去创新、去融合，需要国务院、各部委、当地政府和监管机构的引导与约束。需要构建和引进高素质的金融创新能力、国际操作经验、金融风险分析与控制等能力的专家队伍，需要培养和提升相关部门和人员的离岸业务风险识别、监督检查和违规处理等运作与机制，以确保离岸中心相关业务的风险评估、监控、转移和合理规避。

期盼“一带一路国际离岸中心”早日设立，并发挥在“中国梦”追寻过程中无可比拟的资本聚集和国际影响力。

第2章　信用强国

从“信用强国”到“信用全球”。十九大报告提出，当前我国经济工作的主要任务是，满足人民群众对美好生活的更高需求与不平衡不充分的矛盾，而社会信用水平偏低是当前人民群众的最大关注。这决定了建设“信用强国”是国家治理和经济发展的核心目标，也是实现“中国梦”的保障。从“信用强国”到“信用全球”，是中国更多地参与全球治理、履行大国责任的更高目标和历史责任[①]。

① 吴维海，张晓丽．大国信用 [M]. 北京：中国计划出版社，2016。

2.1 大国信用是立国之本

国家发展需要良好的信用环境。国与国之间的经济、政治、军事交往需要较高的信任和保障机制。中国经济处在转型期和全面开放的新阶段、新高度、新时代，构建大国信用，提升国际竞争力，是提升我国社会信用水平和国际影响力的重要支撑。笔者基于国际化视野，撰写出版了《大国信用——国际视野的社会信用体系建设》专著，对我国构建大国信用、信用强国，引领“信用全球”等发展路径，提出了独到、前瞻性的建设思路和设想。

大国崇尚信用。衡量一个国家是否强大，不看人口规模或GDP，也不看军事实力和航母飞机数量，而是看其社会信用和价值观是否先进，是否赢得国人和世界的尊重。没有信用的国家将在全球政治、经济交往中寸步难行，并快速消亡。构建大国信用，对于中华民族生存发展和中国梦的实现，都是最重要的、最紧迫的战略任务。

中国的诚信文化历史悠久。中国有五千年文化，是人类文明的发源地之一。数千年来，我们的祖先创造了诚信的人类文明，并在全球信用体系演变过程中，创新和发挥了独特的、不可替代、引领作用。中国是全球信用体系建设的鼻祖和诞生地，中华文明是全球信用文化的起源，它赋予了信用深厚的文化内涵。

诚信是立国之本。国无信则亡，人无信不立。诚即天道，天道酬诚。自古至今，讲真话，做实事，是中华民族推崇的美德，是实现国家战略、政府使命、组织愿景和人生目标的基础。

大国须有信用。社会信用发达程度与国家或民族的政治、经济和文化环境紧密相关。全球化时代，每个国家、每个公民都受到全球政治、经济、军事、文化等诸多因素的广泛影响。各国政府、社会组织和个人处在复杂的国际环境、法律和道德的约束之下，受到各种利益的诱惑，对信用的认知差别很大，容易出现与诚信规范，甚至道德、法律相悖的言行。在一个国家内部，不同城市、地区和民族对诚信的理解也不相同。在政府、企业、社会公众等政治、经济和人际交流活动中，普遍存在与诚信价值观相背离的现象，各类欺诈、抢劫、恐怖袭击或合同违约等案件或事故时有发生，既违背了诚信的社会规则，也对所在国、本地区经济发展和生活造成了不良影响，是有为的政府、有良知的公众和社会规范所不容许的。一个国家要想强大，必须有信用、敢担当。

从“信用强国”到“信用全球”。我国是社会主义国家，为人民谋福利，为全人类谋发展是中国共产党和我国政府的历史使命和崇高目标，这决定了建设“信用强国”是国家治理的长远目标，也是实现“中国梦”的保障。从“信用强国”到“信用全球”，是中国更多地参与全球治理、履行大国责任的更高目标和历史责任。社会信用建设是国家执政和发展的基石。党中央、国务院、国家部委高度重视社会信用体系建设，出台了一系列社会信用体系建设规划、政策文件和行动方案，全国各地创建国家级、省级社会信用示范城市的试点全面展开，示范城市、个人典型层出不穷，极大提升了我国社会信用整体水平和国际形象。在我国经济新常态和全球一体化的背景下，如何传承和发展优秀的中华诚信文化，如何解决中西方文化冲突、如何规范社会信用体系，如何引领和推动全球信用标准制定与提升等，是需要认真研究和创新性解决的重大国家战略和全球治理问题。因此，树立“大国信用”的理念，探索并建设“信用强国”，倡导并呼吁、创新和探索“信用全球”，是笔者的创新提法，也是我国参与和引领全球治理的现实选择和较高目标。

为解答我国信用体系建设中的困惑，笔者经过探索和创新，集各方面的智慧与大成，逐步形成了全球视野的“大国信用”架构，围绕我国社会信用体系建设、理论和实践，优化了创建国家级社会信用体系建设示范城市的路径，独创并提出“大国信用”的目标、体系架构、建设模式和行动路线，探索了中华诚信文化对我国和全球信用体系建设的领先性、独特性和融合性。从国家战略和全球治理的高度，明确倡导“大国信用”架构之下的“信用强国”愿景。通过实施“信用强国”战略，确立我国在全球信用领域的领先地位，与国家“一带一路”倡议相呼应，让全球治理楔入更多中国印记，尽快建设东西方文化融合的国家信用标准、全球信用标准和全球社会信用体系，进而实现“信用强国”和“信用全球”的宏伟蓝图。

2.2 设立 WCO 倡导“信用全球”

2017 年 8 月 19 日，笔者在第二届社会信用高峰论坛（北京）上，做了《设立 WCO，构建信用全球》主题演讲。倡导设立世界信用组织，WCO（world credit organization），建设“信用强国”，建设“信用全球”。以下是演讲内容[①]。

构建信用强国与信用全球

CCTV 证券网 2016-12-12

一、大国需要信用

（一）信用是立国之本

信用就是生产力。我国几十年的经济发展得益于良好的国家信用。“十三五”时期，我国经济持续增长，GDP 增幅度预计达到 6.5%，高于全球平均水平。我国对全球经济增长的贡献率 33.2%。

我国已成为全球治理的倡导者和引领者，需要关注全球信用问题。世界经济处于国际金融危机后的修复期，国际贸易需要国家信用支撑。

全球信用环境。受到全球经济危机、英国脱欧、美国特朗普实施美国优先等因素影响，世界经济结构步入重构时期，受此影响，全球信用环境有所恶化，美、日、英、加、澳等信用状况变得不稳定，中国、印度和巴西等新兴经济体信用状况较好。

社会信用体系建设主要有三种模式：① 美国模式。完全市场化运作模式。完全交由从事信用评级、征信、商账追收、信用管理等业务的信用中介服务机构运作。② 日本模式。会员制社会信用管理模式。日本“帝国数据银行”占有 70% 以上的日本征信市场，有亚洲最大的企业资信数据库 ，对个人信用信息的保护有具体的法律规定。③ 欧洲模式。以政府和中央银行为主导的模式。中央银行建立信用局，银行依法向信用局提供信用信息，中央银行承担主要监管职能，信用透明度较高，企业征信与个人征信结合。

---

① 吴维海在第二届社会信用高峰论坛的演讲，2017 年 8 月 19 日，国家发展改革委宏观经济管理编辑部主办，地点为全国人大会议中心。

我国社会信用体系建设存在的问题。覆盖全社会的征信系统尚未形成，社会成员信用记录严重缺失，守信激励和失信惩戒机制尚不健全，守信激励不足，失信成本偏低；信用服务市场不发达，服务体系不成熟，服务行为不规范，服务机构公信力不足，信用信息主体权益保护机制缺失；诚实守信的社会氛围尚未形成，商业欺诈、制假售假、偷逃骗税、虚报冒领、学术不端等现象屡禁不止，政务诚信度、司法公信度离人民群众的期待还有差距等。

（二）信用是强国之源

我国信用市场和潜在需求：信贷信用、个人信用等。我国社会信用体系建设水平不高，国际信用标准参与度低，制约了全球化进程和更快发展。

我国社会信用体系建设存在的问题：诚信意识不强、信用法律不健全、信用监督不够、信用中介少且无品牌、失信违约成本低等，有待通过构建“信用强国”予以解决。

美国和欧盟凭借穆迪、标准普尔、惠誉国际等信用评级机构垄断了全球国家信用和企业信用评级市场，占据了金融和资本市场的话语权，拥有了超额“垄断”利润。

德国、法国等经过多年探索，已经构建了良好的社会信用体系，初步形成了较好的信用品牌，有助于其全球商业活动和国际经贸合作。

庞氏骗局如传销诈骗、电信诈骗等：近期的天津传销案、虚拟币传销、“善心汇”、“巴铁”骗局等，扰乱了金融秩序，造成财产乃至生命损失。

我国信用中介。中国信用行业经历了从无到有，从简单到复杂，行业逐渐细分，行业水平逐步提高，市场信用机构逐步完善的过程。中国信用行业的市场日趋成熟，市场规模不断扩大；信用业务集中度越来越高，进入门槛越来越高；信用信息环境不断优化，但信息透明度仍不高；信用政策环境有待改善。

（三）信用是发展之魂

孔子《论语·为政》强调：“人而无信，不知其可也。”

我国社会信用体系建设蓝皮书（2016—2020 年）核心要点。

蓝皮书分五章：包括但不限于总体信用评价、信用城市布局、信用行业布局、商务和社会信用等。

从社会信用满意度得分看，金融信用总分较高，司法信用次之，社会信用和个人信用相对偏低，有待引导和提升。

蓝皮书认为：我国社会信用水平总体不高，其中：社会信用和个人信用度较低；政务信用和商务信用处于一般水平；金融信用略高。我国社会信用体系建设任务艰巨。

蓝皮书认为：未来 5 年，信用领域可能出现 5~10 家的信用评价企业占据信用评估的较大市场。海外信用评估机构在我国信用市场的竞争将更加激烈。

蓝皮书认为，中国信用成熟度较高的区域主要分布在东南沿海地区。

主要原因：市场经济就是信用经济，信用度越高的地区，社会分工和市场交易就越活跃，市场经济增长也就越快；同时，经济越发达的地区，对信用的要求也就越高。

监测各城市的四类行为主体——政府部门、企业、社会组织、司法机关在政务诚信、商务诚信、社会诚信、司法公信四个方面的信用信息，对信用事件监测、信用制度完善程度、信用信息公开程度、信用任务落实情况、黑名单记录情况、重大失信事件及其政府反馈、重大诚信事件八个方面的综合评价，形成城市的信用综合指数并排名。

2015 年 8 月，国家发展改革委和中国人民银行联合发文，将沈阳等 11 个城市列入首批全国创建社会信用体系建设示范城市。2016 年 4 月 6 日，国家发展改革委、中国人民银行联合批复 32 个城市创建全国第二批社会信用体系建设示范城市工作方案。

欧盟信用满意度调查分析，如图 2–1 所示。

关于日本信用满意度的调查评价，如图 2–2 所示。

对欧盟国家信用、商业信用等评价高于美国，对日本国家信用评价低于欧美，可能的原因：一是美国和日本近年来与我国存在明显的政治矛盾和贸易摩擦，特朗普上台的政策不确定性，日美军事同盟等影响了与我国的经济合作和政治互信；二是欧盟国家的整体信用形象和负面宣传等较少（表 2–1）。

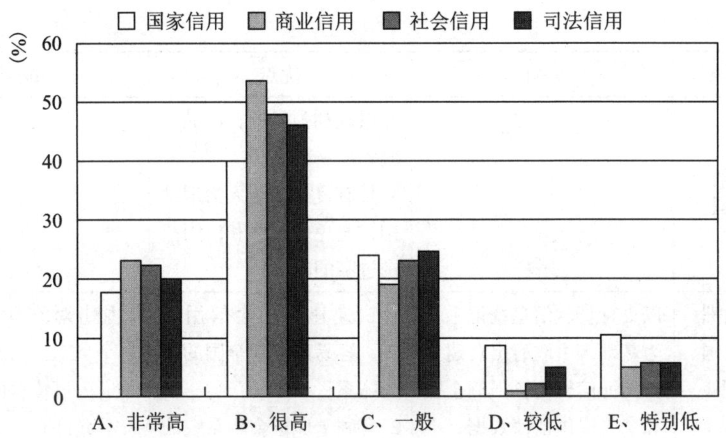

图 2-1　欧盟信用满意度调查结果汇总

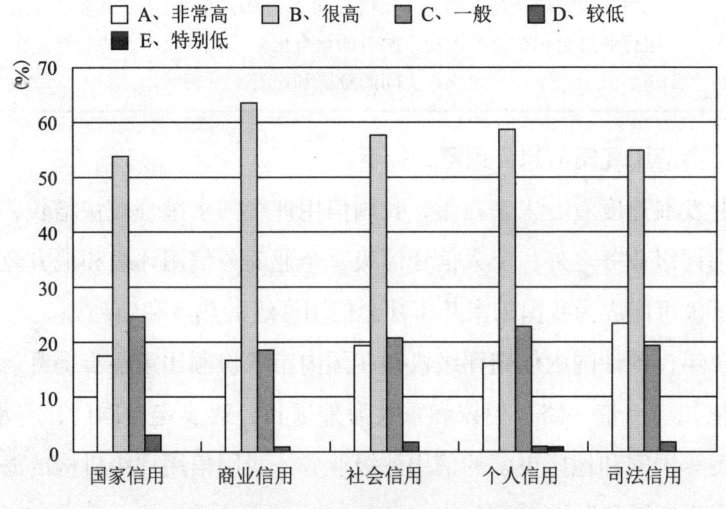

图 2-2　日本信用满意度调查结果汇总

欧美社会信用体系模式比较　　表 2-1

模式	国家	特征	优点	缺点
市场化	美国	实现市场经济法则和运作机制，形成行业性自我运营模式，政府负责立法和监管	1. 属市场投资行为，无政府财政负担； 2. 信用服务品种多，信用交易额度大；	1. 发展缓慢； 2. 易造成重复投资和资源浪费； 3. 对立法和执法要求较高

续表

模式	国家	特征	优点	缺点
市场化	美国	—	3. 以赢利为目的，产品和服务质量较高； 4. 具有良好的法人治理结构，避免低效率和信用范围过窄的问题	—
央行主导	欧洲（法国、德国、意大利等）	以央行贷款信息登记系统为基础，由政府出资建立公共征信机构，强制企业和个人提供征信数据，不以赢利为目的	1. 快速建立社会信用系统，容易建立起全国的信用体系； 2. 有利于保护金融系统的安全和个人隐私	1. 服务对象为金融机构； 2. 个人征信数据库容量小，人口覆盖面不完整； 3. 只允许有一个大系统支持社会征信服务
社会化	日本	银行业协会与商业性征信公司共同主导，是市场与银行业协会相结合的产物	协会是民间组织，而商业征信公司多为私营企业，两者的组合更多是代表民间的意愿和声音	1. 信息仅对会员内部开放； 2. 商业性征信公司对银行业协会补充作用有限

我国社会信用规模与趋势预测，如下：

从行业发展速度看，未来几年，我国信用评级需求呈现较快增长，除了信贷类机构信用评级业务之外，个人信贷评级、企业商务信用评级和地方政府政务信用评级等，也可能成为我国未来几年社会信用评级的热点和新趋势。

未来几年，预计国内信用评级机构在国内市场份额比重逐步提升。国内信用评级机构依托“一带一路”倡议和重大海外项目，逐步走出国门，将承担亚洲、非洲和拉美等国家和地区更多的信用评级业务，我国信用评级机构的海外信用评级市场将逐步拓展和形成。

未来 5 年，随着我国经济全球化和“一带一路”倡议的持续拓展，我国信用评级机构将在国际信用市场有更多话语权，全球信用规则和信用评级流程将可能得到优化，将更加多元化和具有包容性，我国信用评级机构将逐步成为全球信用评级体系的组成部分和重要参与者（图 2–3）。

关于个人信用市场预测。初步预测，2020 年前后，该市场规模将达到千亿级。

关于金融信用评估标准与分类，如表 2–2 所示。

一级指标	二级指标
经济实力	地区经济发展的基础条件
	经济发展水平
	经济增长潜力
财政实力	财政体制和税收政策
	财政收入规模及结构
	财政支出弹性
	财政收支平衡程度
	债务规模
	债务结构
	偿债指标
	政府再融资能力
	政府可变现资产
政府治理水平	政府信息透明度
	财政和债务管理情况
	政府诚信度
	政府发展战略可行性
外部政府的水平	支持地方政府信用水平
	政治重要性
	经济重要性
	道德风险
	历史支持记录

图 2-3　政府信用评价指标

金融信用评估标准与分类　　表 2-2

等级	释义
AAA	信用极好，履约能力极强，几乎无风险
AA	信用很好，履约能力很强，基本无风险
A	信用较好，履约能力较强，风险较小
BBB	信用上课，具有一定履约能力，有一点风险
BB	信用欠佳，履约能力不稳定，有较大风险
B	信用较差，履约能力不稳定，有很大风险
CCC	信用很差，履约能力很差，违约可能性很大
CC	信用极差，履约能力极差，违约可能性极大
C	完全丧失履约能力
NR	信用评价关键资料显著缺失，不予评价

政府信用指政府依法执行权力和履行职责的程度，表明地方政府在自身权力限制范围内对公众的实际履约状态。

蓝皮书构建了政府信用评价指标，具体从经济实力、财税政实力、政府治理水平、外部政府水平等 4 个一级指标，21 个二级指标，10 个评级等级来考察政府信用状况。

根据指标设置，通过专家打分，公众调查等方式，对我国各省、直辖市和自治区进行政府信用评级。其中：北京、江苏、浙江、上海信用等级最高，其次是山东、安徽、广东等地区。一个地区的政府信用状况与经济发展程度、政府治理水平高度相关（表 2–3）。

企业信用评价指标　表 2–3

一级	二级指标
企业素质	领导群体素质
	职工队伍素质
	综合能力
企业素质	管理素质
资金信用	全部资金自有率
	定额流动资金自有率
	流动比率
	呆滞资金占压率
	流动资金贷款偿还率
	贷款支付率
经营管理	产品销售增长率
	一级品率
	新产品开发计划完成率
	合同履约率
	产品销售率
	成品库存适销率
	全部流动资金周转率

续表

一级	二级指标
经济效益	全部资金利税率
	销售收入利润率
	利润增长率
发展前景	市场预测
	发展规划及措施
	管理手段

“大国信用”有两个要素：一是信用，应该蕴含伦理精神和市场经济发展之一般规律，体现国家信用本质、特征；二是大国的信用，指那些无论从资源禀赋还是国际影响都能列入大国范畴的国家信用。

大国信用的三大特征：

一是全球视野的“大国信用”。世界任何一个国家和民族，都不可能独立封闭的生存。全球化是个渐进的过程，全球经济一体化与区域经济一体化是一个互相协调、共同促进的过程，它需要构建规范、开放、公平、共享的信用体系予以支持和推进。

二是包容开放的“大国信用”。习近平总书记在 2013 博鳌亚洲论坛年会强调：“人类只有一个地球，各国共处一个世界。共同发展是持续发展的重要基础，符合各国人民长远利益和根本利益。我们生活在同一个地球村，应该牢固树立命运共同体意识，顺应时代潮流，把握正确方向，坚持同舟共济，推动亚洲和世界发展不断迈上新台阶。”中国应以开放、包容的心态，参与和制定信用准则，引领国际信用标准和信用规则。

三是引领全球标准的“大国信用”。树立文化自信、制度自信以全球的视野、大国的责任、开放的心态、包容的机制，研究和创新社会信用体系建设的顶层设计、架构、机制和路径。要与“一带一路”倡议紧密结合，创新思路，归纳经验，提出未来 5~10 年区域性、国家信用建设的思路和机制。设立专项基金，创新信用实践，并开展建设“双十信用机构”活动。优化国际信用合作机制，建设全球一流的信用架构和运行机制。

“信用强国”的五大建设路径：宏观到微观、国内到全球、技术到产业、理论到实践、示范到推广。

建设“信用全球”的五大路径：

第一，全球社会信用体系建设。积极发挥我国参与全球治理的“四位一体”（利益攸关方、关键行动者、议程设计人、“变革领航员”）的独特功能，积极做好全球“变革领航员”。

第二，全球社会信用运行机制。以中国逐步成熟和发展的社会信用体系与实践为蓝本，探索设立全球信用组织领导体系，制定“信用全球”战略目标和行动愿景。

第三，全球信用惩戒考核管理。积极推动创建全球社会信用体系建设示范国家、示范城市等示范试验。将信用体系建设纳入全球治理范畴，探索和建立对各国政府、各类机构的监督、评价、考核和惩处的信用规则和考核办法。

第四，全球信用公共服务平台。引导扶持构建服务全球信用体系建设和信用咨询的中介服务机构，推动全球范围的“红黑名单”制度。

第五，融入“一带一路”倡议，推进信用全球建设。“一带一路”倡议的实施，需要借力沿线各国的信用环境建设，通过构建良好的国家政治互信，形成诚信的商业环境，依赖于各国金融信用体系建设，进而促进“信用全球”的各国共识和共同繁荣。

二、建设“信用强国”

（一）构建“信用强国”新架构

我国发挥了全球经济振兴的“压舱石”和“稳定器”作用。

1. 逻辑层

逻辑层构成。社会信用体系建设既要有一定的理论支撑和法律依据，也要有社会信用信息系统和数据库的源代码、信用技术等逻辑支撑等，这就构成了社会信用体系建设路线图的逻辑层。

理论支撑和法律依据。中国古代诚信理论：孔子把“信”与“恭”“宽”“敏”“惠”并列为五德之首；董仲舒把仁、义、礼、智、信概括为“五常之道”。同时，还有古典经济学理论、信用供给机制、信用经济学、博弈论以及企业信用管理理论等。

国家政策。党中央国务院、各部委都相应出台政策全力支持社会信用体系建设。如《社会信用体系建设规划纲要》，各省也颁布相应的《省社会信用体系建设方案》等政府规章和文件。

信用技术。信息技术主要用于管理和处理信息所采用的各种技术的总称。它主要是应用计算机科学和通信技术来设计、开发、安装和实施信息系统及应用软件。它也被称为信息和通信技术（Information and Communications Technology, ICT）。主要包括传感技术、计算机技术、通信技术和控制技术。

2. 基础层

基础层构成。构建数据库、信用信息管理平台、信用交换共享平台，以及信用系统运行软件和硬件设备等，这就构成了社会信用体系建设的基础层。

实践情况。各地政府为推动全社会信用信息的共享与应用，积极投入到信用体系建设中，全国各省区市已建成了信用信息共享平台，通过建立公共信用信息数据库和应用系统，实现法人、个人信用信息关联和深度应用，平台广泛应用于政务、商务、社会和司法公信建设领域，其他地区也正在加快推动信用信息共享平台的建设。

3. 应用层

应用层构成。通过构建信用信息服务平台、构建信用文化和教育体系、信用奖惩制度、行业信用体系和信用管理服务机构，为政府、行业、企业和个人提供国家信用、政府信用、城市信用、企业信用、个人信用和项目信用等查询评估报告，实现社会信用的经济发展和社会交往的保障、指导与风险预警等基本功能。

（二）“信用强国”的“三步走”战略

通过三步走战略，基本建成“信用全球”的总体架构和运行体系。

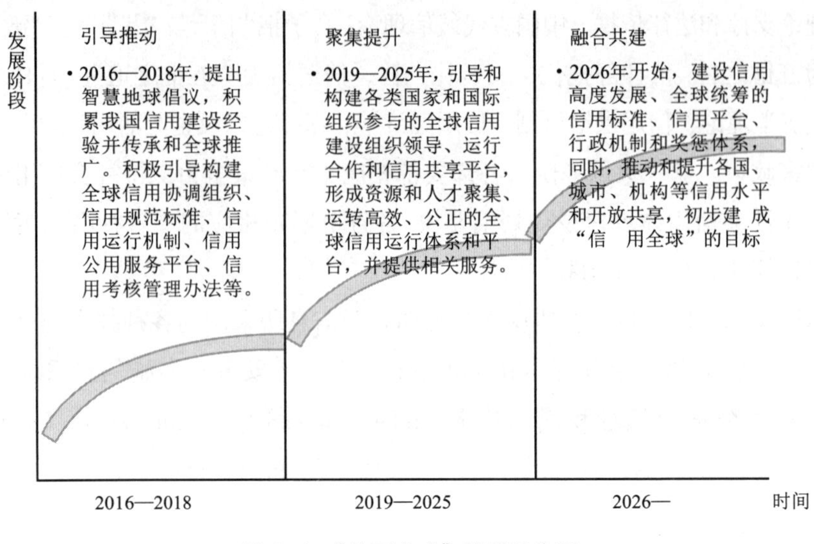

图 2-4 “信用全球”的建设步骤

（三）引领全球信用新规则

1. 传承与借鉴相结合

小智治事，大智治制。中国倡导（全球信用）新机制、新倡议，不是为了另起炉灶，而是对现有国际机制的有益补充和完善，目标是实现合作共赢、共同发展。

2. 推动建立世界信用评级组织

和平发展、合作共赢是全球治理的中国主张，更是推动构建新型国际秩序的中国行动。通过构建代表全世界大多数国家和人民利益的社会信用组织、信用评级机构和信用公共服务平台，有助于尽快形成全球和平、公正、均衡发展的经济新秩序、运行新机制、信用新规则。

3. 共同完善全球经济治理

全球经济治理（包含信用治理）应该以平等为基础，更好的反映世界经济格局新现实，增加新兴市场国家和发展中国家代表性和发言权，以信用重构为目标，创新机制和规则，确保各国在国际经济合作（包括信用评估和规则利用）中权利平等、机会平等、规则平等。

4. 优化和重塑国际信用规则

以重塑全球社会信用评估机构和服务架构为目标，进行我国社会信用评估中介组织的扶持和优先推动，联合全球各国，特别是发展中国家，打造公平、开放、包容、竞争的国际信用评价组织机构，构建纠纷解决的机制与体系，重建国际信用新秩序。

5. 依托国际合作机构

整合各国资源，建立健全国际信用组织，发动各国参与和互动，与全球发展的趋势和阶段相结合。

三、倡议“信用全球”

（一）从“信用大国”走向“信用强国”

“信用大国”是阶段性建设目标，“信用强国”是较高创建目标，社会信用是“大国信用”建设的核心内容和基础。

（二）“信用强国”到“信用全球”

各个国家和地区推动信用强国建设，必将推动信用全球建设目标的更快实现。“信用全球”的建设，离不开各个国家的“信用强国”建设。“信用强国”是“信用全球”的基石和体现。

1. “信用全球”的组织体系

一是发挥我国参与全球治理的“四位一体”（利益攸关方、关键行动者、议程设计人、“变革领航员”）的独特功能，积极做好全球“变革领航员”。以构建中国为先导的“大国信用”为阶段性目标，经过 5~10 年的发展，基本建成国内较为规范、系统、公开、透明、开放、共享的国家社会信用体系标准和实施规则，显著提升我国各级政府、各类机构、社会公众和海外政府、相关机构等之间的合作机制与信用水平，逐步形成中国的“信用强国”品牌。

二是尊重各国信用风险形成规律，在评级一致性原则指导下，充分考虑债务国由其政治、经济、金融、法律、文化、生产力发展水平，确定全球各国通用和普遍认可的全球信用标准体系，构建相应的组织机制和决策流程。

三是以“一带一路”倡议为契机，实施信用政策的“互联互通”，构建全球信用标准化体系。制定世界信用评级标准。建立评级符号、评级标准和评级数据标准等一致、规范的、通行全球的信用风险衡量标准。

经过 10 年左右的努力，逐步达成各国、各民族的共识，赢得更多国家和机构的参与，进而推动“信用全球”的构建，最终形成全球信用体系和顶层架构。

2.“信用全球”的运行机制

一是以中国逐步成熟和发展的社会信用体系与实践为蓝本，借鉴和吸收西方先进信用经验，融合我国传统信用文化和诚信基因，完善和发展全球视野的国际信用运行机制与规则。

二是探索设立全球信用组织领导体系，遵循独立性、专业性、开放性的原则，建立超越主权国家，不代表任何国家和组织利益，独立监管的全球评级监管体系，主要由全球、地区和国家三个层次的信用评级监管机构组成，提升这些机构和组织的人才素质、业务方式、评级级别、合规管理、信息披露和技术应用等方面的能力建设。

三是制定“信用全球”战略目标和行动愿景，探索并成立全球信用标准建设、信用管理、体系运行、规则修订和考核奖惩的专业委员会、联合国产业联盟等全球性组织机构和公开的、公正的信用专业运行平台，逐步构建符合全球经济发展需求和服务全球人民的信用运行机制和游戏规则。

3.“信用全球”的惩戒体系

一是以构建全球信用体系为目标，以成熟的社会信用运行标准为基础，以重塑公开、公平、开放、共享的全球信用体系为行动的方向，加强和联合国的紧密配合，主动沟通联系各国际组织和联盟，逐步建立统领全球的信用规划、信用交流和标准构建专业机构。

二是推动创建全球社会信用体系建设示范国家、示范城市等试验。

三是吸收各国政府和专业机构、专家等参加，探索和建立对各国政府、各类机构的监督、评价、考核和惩处的信用规则和考核办法，完善规范区域性和针对成员国的信用奖惩处罚实施规则。

四是将信用体系建设纳入全球治理范畴，与全球金融规则、全球贸易规则等统筹规划，同步部署，同步考核，并逐步成为各国统一的意志、行动标准和人类较高的道德准则。

4.“信用全球”的公共服务平台

一是引导和扶持构建服务全球信用体系建设和信用咨询的中介服务机构，探索建设由国际信用组织牵头，各国政府普遍参与的全球信用公共服务平台，将各国政府信用网络和各类信用数据逐步纳入本平台，分级管理，依“法”（国际信用法规、条例等）分享，授权使用，逐步实现全球信用、国家信用、企业信用、机构信用、行业信用、公众信用等的全覆盖、全流程、全监督和公开化。

二是推动全球范围的“红黑名单”制度，强化对全球各国政府、各类组织、各类企业、各行业、公众人物等实行全过程的信用管理、监督和奖惩考评，让世界人们在合法的权限和规则下，对每一个国家、每一个机构和个人的信用，有知情权、监督权和考核权。

三是以信用体系的全球化、公开化、公平化、正义化和规范化，引导一国政府、机构、企业和领袖人物等塑造自身的全球信用，实施符合人类发展需求和正能量的决策和行为，推动全球的经济繁荣、政治文明、社会民生改善和全球治理水平的不断提高，逐步构建全球信用体系的融合化、开放化、标准化和公正化，推进世界各国，乃至全人类的更加诚信、更加繁荣、更加富裕，更加和平和更加友好。

四是使“信用全球”成为各个国家、各个政府、各个民族、各个组织的共同愿景和行为规范，成为减少跨国诈骗，消除全球贫困，提高全球经济发展和世界人民生活水平的强劲动力，成为人类文明的根本保障。

（三）从"一带一路"到信用全球

"大国信用"到"信用强国"，到"信用全球"，具体如图 2-5 所示。

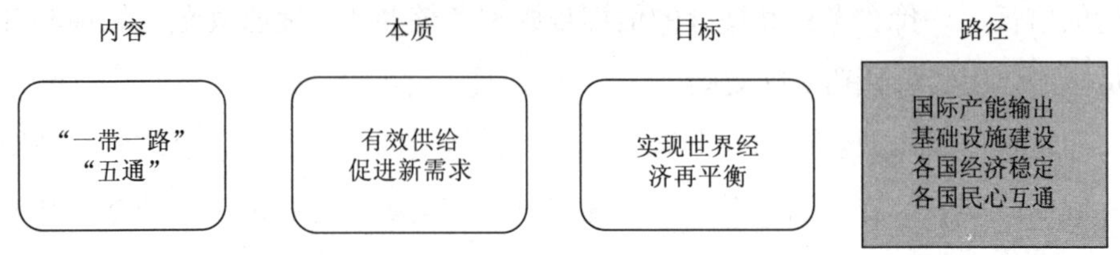

图 2-5 阶段示意图

"一带一路"倡议的实施，需要建设"信用强国"，优化各国信用环境，构建国家政治互信、商务诚信的国际环境，需要深化各国信用体制改革，促进"信用全球"机制构建、各国共识和共同繁荣。

四、"信用全球"展望

展望一："信用强国"走向"信用全球"是必然趋势（图 2-6）。

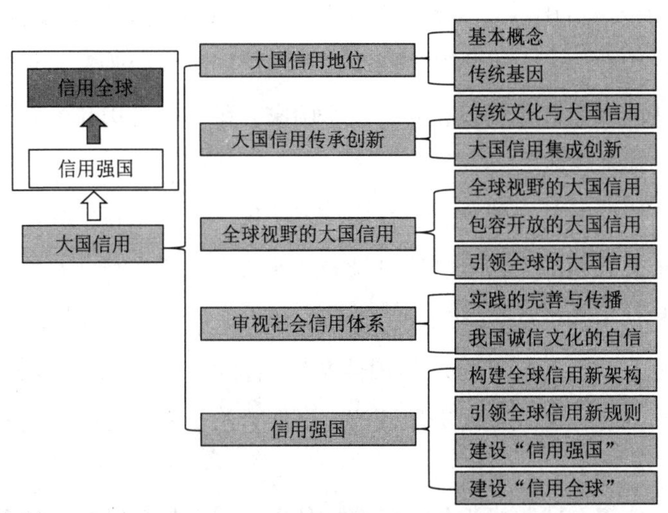

图 2-6 "信用全球"的建设内容

展望二：中国有责任引领"信用全球"：设立 WCO（国际信用组织）。

和衷共济、和合共生是中华民族的处世之道，和平发展、合作共赢是全球治理的中国主张。

建立超越主权国家，不代表任何国家和组织利益，独立监管的全球评级监管体系，主要由全球、地区和国家三个层次的信用评级监管机构组成。

制定“信用全球”战略目标和行动愿景，探索设立全球信用组织（WCO:world credit organization）成立全球信用标准建设、信用管理、体系运行、规则修订和考核奖惩的专业委员会、联合国产业联盟等全球性组织机构和公开的、公正的信用专业运行平台，逐步构建符合全球经济发展需求和服务全球人民的信用运行机制和游戏规则。

“信用全球”成为各个国家、各个政府、各个民族、各个组织的共同愿景和行为规范。

以中国诚信文化和信用实践，融合“一带一路”倡议，引领和推动全球信用体系建设。

展望三：“信用全球”能够化解和规避战争风险，促进世界和平与繁荣。

“信用强国”是中国参与全球治理、赢得世界尊重和信任的基础。“信用全球”是“信用强国”的升华、延伸、辐射和融合。

“信用强国”到“信用全球”，有助于增进各国互信、提高经贸往来，构建互信、和平、繁荣、共享、开放的新规则、新世界，共同构筑人类的“世界梦”。“信用全球”是“中国梦”的升华与融合，更是“世界梦”的支柱（图 2-7）。

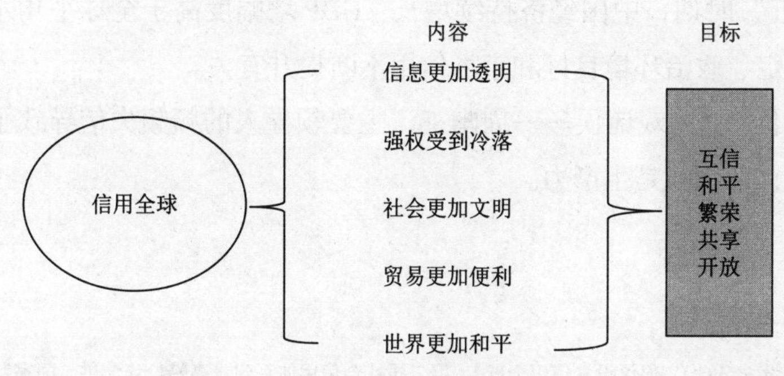

图 2-7　信用全球的目标导向

2.3 构建“信用强国”与“信用全球”

“信用强国”和“信用全球”是笔者在信用领域首创，并提出的、面向世界标准的全球信用建设目标，也是我国社会信用体系建设工作中应积极推动的。2017 年 9 月份，厦门召开的金砖国家会晤，协商一致通过《金砖国家领导人厦门宣言》，鼓励金砖国家会计准则制定机构和审计机关加强协调与合作，同意在充分考虑各国法律和政策的同时，探讨债券发行领域的会计准则趋同和审计监管领域的合作，为金砖国家债券市场互联互通奠定基础。构建一个更加高效、反映当前世界经济版图的全球经济治理架构，增加新兴市场和发展中国家的发言权和代表性。这与笔者倡导的构建“信用全球”倡议的方向相吻合。从某种意义上说，以建设信用强国为基础，构建“信用全球”体系，是新时代下的国家战略①。

一、“信用全球”建设三大理由

（一）信用是立国之本

我国经济发展持续稳定，GDP 年均增速在 6.5% 以上。

世界经济处于国际金融危机后的修复期，政策措施的有效性下降，新的增长动能尚未确立，将维持“低利率、低通胀、低增长、高负债”的“三低一高”态势，复苏乏力。

“十三五”时期，中国经济持续增长，GDP 增幅度高于全球平均水平。这与我国政策稳定、政治环境良好和市场信用不断提升有关。

失信示例：烽火戏诸侯——周幽王，主要领导人的频频失信导致了周朝的灭亡。因此说，信用就是生产力。

---

① 吴维海的《设立 WCO，倡议设立信用全球》。第二届社会信用体系建设高峰论坛演讲，国家发改委宏观经济管理杂志社主办，北京，2017 年 9 月。

（二）信用是强国之源

国家强大，靠什么？战争带来了什么？死亡、破坏、饥饿、萧条……

海湾战争：1991 年 1 月 17 日 ~2 月 28 日，以美国为首的多国联盟在联合国安理会授权下，为恢复科威特领土完整而对伊拉克进行的局部战争。

美国入侵南联盟：美国为首的北约凭借绝对优势的空中力量和高技术武器，以大规模空袭为作战方式，对南联盟军事目标和基础设施进行了连续 78 天轰炸。北京时间 1999 年 5 月 8 日，北约战机用导弹袭击了中国驻南联盟大使馆，3 人死亡，制造了世界外交史上罕见的重大事件，严重侵犯了中国的主权。

阿富汗战争：1979 年 12 月，苏联入侵阿富汗导致长达 10 年的战争。这次入侵被认为是苏联对外政策的重大失败。

2001 年 10 月 7 日，美国盟军占领阿富汗，抓捕基地组织首领本·拉登。

伊拉克战争：以英美军队为主的联合部队在 2003 年 3 月 20 日对伊拉克发动的军事行动，美国以伊拉克藏有大规模杀伤性武器并暗中支持恐怖分子为由，绕开联合国安理会，单方面对伊拉克实施军事打击。莫须有的理由开战。

叙利亚战争：美国对全球石油资源进行争夺的战略布局。

良好的信用、和平的环境是国家繁荣的基础。

军事霸权只会带来杀戮，带来对人类发展的破坏。

（三）信用是发展之魂

《旧约·箴言》："说实话的唇舌永垂不朽，说谎话的舌头瞬息即逝。欺诈的唇舌为上主所深恶，行事诚实的才为他所喜悦。"

德国：诚信从娃娃抓起：德国家长普遍遵守的原则是："教育孩子诚实守信，家长必须做出榜样。"

我国最早文献资料上关于"信"的记载出现在《易传》中。"人之所助者，信也。"

孔子《论语·为政》："人而无信，不知其可也。"

社会信用是党中央、国务院和各部委全面推动的重大战略部署：创建国家级社会信用示范城市。

二、“信用全球”建设三大路径

（一）构建全球信用新架构

习近平总书记在杭州G20会议上提出：今天的中国，已经站在新的历史起点上。这个新起点，就是中国全面深化改革、增加经济社会发展新动力的新起点，就是中国适应经济发展新常态、转变经济发展方式的新起点，就是中国同世界深度互动、向世界深度开放的新起点。

二十国集团（G20）杭州峰会核准了《二十国集团迈向更稳定、更有韧性的国际金融架构的议程》。

新形势、新思维、新架构。“加强全球治理、推动全球治理体系变革是大势所趋。”这是习近平总书记在中央政治局第三十五次集体学习时，着眼国际力量对比消长变化和全球性挑战日益增多，做出的重要论断，这为我国信用体系建设和引领“信用全球”建设指明了行动方向。

和平发展、合作共赢是全球治理的中国主张，更是推动构建新型国际秩序的中国行动。中国是世界第二大经济体、第一大贸易国和第一大外汇储备国，近年来，中国对全球经济增长的贡献率每年都在25%以上。在全球经济复苏中，中国发挥了全球经济振兴的“压舱石”和“稳定器”作用。在全球治理体系中，中国承担了“三位一体”的角色。信用全球建设呼之欲出。

（二）实施信用建设“三步走”战略

通过三步走战略，尽快建成“信用全球”的总架构和运行体系。

（三）引领全球信用新规则

1. 传承与借鉴相结合

小智治事，大智治制。中国倡导的（全球信用）新机制、新倡议，不是为了另起炉灶，更不是为了针对谁，而是对现有国际机制的有益补充和完善，目标是实现合作共赢、共同发展。

2. 推动建立世界信用评级组织

和平发展、合作共赢是全球治理的中国主张，更是推动构建新型国际秩序的中国行动。通过构建代表全世界大多数国家和人民利益的社会信用组织、信用评级机构和信用公共服务平台，有助于尽快形成全球和平、公正、均衡发展的经济新秩序、运行新机制、信用新规则。

3. 共同完善全球经济治理

全球经济治理（包含信用治理）应该以平等为基础，更好反映世界经济格局新现实，增加新兴市场国家和发展中国家代表性和发言权，以信用重构为目标，创新机制和规则，确保各国在国际经济合作（包括信用评估和规则利用）中权利平等、机会平等、规则平等。

4. 优化和重塑国际信用规则

以重塑全球社会信用评估机构和服务架构为目标，进行我国社会信用评估中介组织的扶持和优先推动，联合全球各国，特别是发展中国家，打造公平、开放、包容、竞争的国际信用评价组织机构，构建纠纷解决的机制与体系，重建国际信用新秩序。

三、“信用全球”建设三大关系

（一）“信用大国”和“信用强国”的关系

“信用大国”是阶段性建设目标，“信用强国”是较高创建目标，社会信用是“大国信用”建设的核心内容和基础[①]（图 2–8）。

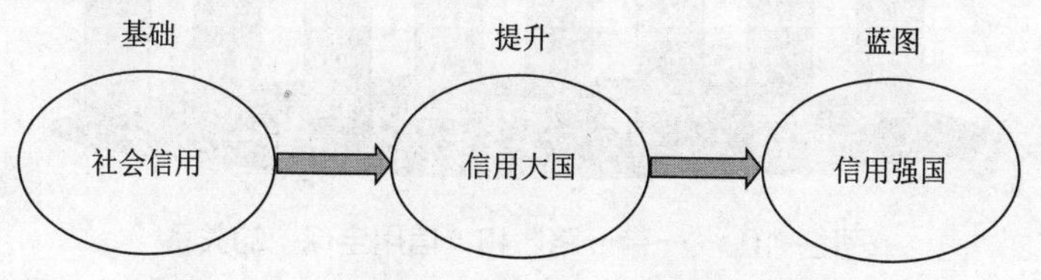

图 2–8　“信用大国”和“信用强国”的关系

① 吴维海，张晓丽 . 大国信用——全球视野的社会信用体系建设 [M]. 北京：中国计划出版社，2017。

（二）“信用强国”和“信用全球”的关系

各个国家和地区推动信用强国建设，必将推动“信用全球”建设目标的更快实现。“信用全球”的建设，离不开各个国家的“信用强国”建设。

“信用强国”是“信用全球”的基石和体现（图 2–9）。

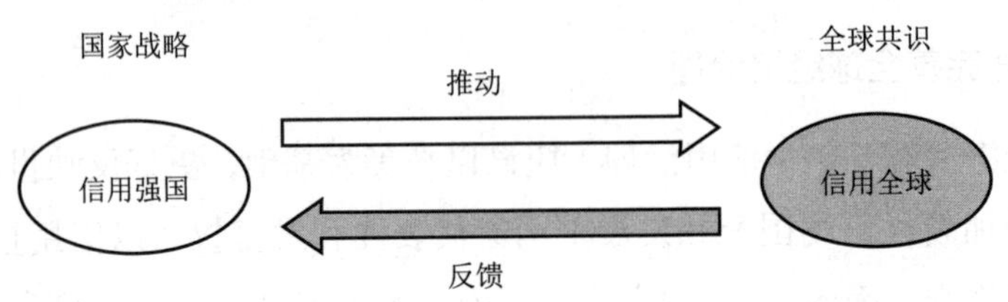

图 2-9 “信用强国”和“信用全球”的关系

（三）“一带一路”和“信用全球”的关系

“一带一路”倡议的实施，需要借力沿线各国的信用环境建设，需要构建良好的国家政治互信，需要构建诚信的商业环境，需要深化各国金融信用改革，进而促进“信用全球”的共识和各国共同繁荣（图 2–10）。

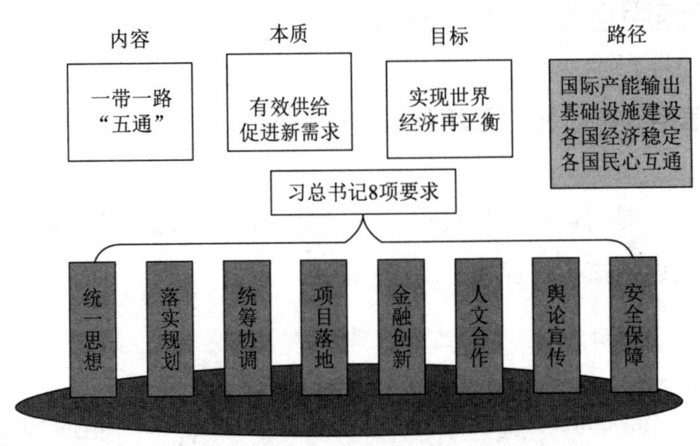

图 2-10 “一带一路”和“信用全球”的关系

四、“信用全球”建设三大展望

（一）“大国信用”走向“全球信用”是必然趋势[①]

（二）中国有责任引领“全球信用”

和衷共济、和合共生是中华民族的处世之道，和平发展、合作共赢是全球治理的中国主张。

建立超越主权国家，不代表任何国家和组织利益，独立监管的全球评级监管体系，主要由全球、地区和国家三个层次的信用评级监管机构组成。

制定“信用全球”战略目标和行动愿景，成立全球信用标准建设、信用管理、体系运行、规则修订和考核奖惩的专业委员会、联合国产业联盟等全球性组织机构和公开的、公正的信用专业运行平台，逐步构建符合全球经济发展需求和服务全球人民的信用运行机制和游戏规则。

以中国诚信文化和信用实践，融合“一带一路”倡议，引领和推动全球信用体系建设。

（三）“信用全球”将化解战争风险，促进世界繁荣

中国通过“信用强国”建设，可以增进政治互信、经济合作和“一带一路”倡议的全面实施，提高国际影响力[②]。

建设“信用全球”，是笔者倡导的社会信用体系建设的重要内容，重点探索和构建“大国信用”的应有地位，推动“大国信用”传承与创新，树立全球视野，不断构建完善的社会信用体系，建设“信用强国”，倡导“信用全球”（图 2-11）。

---

① 吴维海，张晓丽．大国信用——全球视野的中国社会信用体系建设 [M]. 北京：中国计划出版社，2017。

② 发改大讲堂 2016 暨第 3 届人大管理评论演讲，北京，2016 年 12 月 10 日。

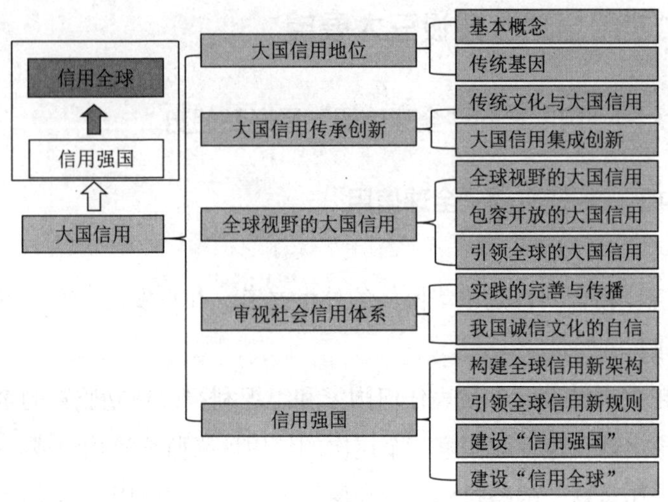

图 2-11 "信用全球"建设内容

2.4 以全球视野构建"信用全球"

当前，我国社会信用体系建设处于初级阶段。随着我国经济实力提高和我国参与全球治理的程度加快，我国社会信用体系建设的高度和标准也应该相应提高。与此相适应，我国应该积极建设信用强国，大力倡导构建"信用全球"的新规则、新机制，提高我国在全球信用体系建设中的话语权。

2016 年 12 月 10 日，主题为"全球治理和大国信用"的"发改大讲堂 · 2016 暨第 3 届人大管理评论"在京召开。该论坛由中国计划出版社、华夏金标（北京）国际投资咨询有限公司、《中国市场》杂志社、《中国企业报》集团共同主办[①]。

论坛旨在顺应当前复杂的国际国内形势，致力打造全球化、跨部委、跨学院、政研企等官员、专家和企业家聚集与交流的高端智库和开放平台。解放军海军航空工程学院原副院长、海军少将吴方臣，《中国企业报》集团社长、总裁吴昀国在论坛上致辞。多单位领导及专家学者、企业界人士共 100 余名嘉宾出席了本次论坛活动。

① 发布时间：2016 年 12 月 13 日，来源：中国企业报。

图 2-12　信用大国建设助推强国梦圆桌会议

本届论坛发起设立了“发改大讲堂”，论坛围绕“全球治理与大国信用”主题展开讨论，论坛由浅入深，从国内国际视角对“大国信用”进行了深入解读，并且对未来信用体系建设进行了探讨。

与会嘉宾一致认为，全球治理是世界和平共处和繁荣的重大话题，国家信用建设是国与国之间经济贸易的基础。

与会嘉宾指出，信用是立国之本，是大国发展的灵魂，中国快速发展基于国际良好信用和政府企业比较好的信用环境。真正的大国必须是信用强国，中国有责任引领全球信用。

与会嘉宾建议，构建国家信用建设，要以各级政府来主导，建立有效可行的信用奖惩机制，积极加入各类国际组织，完善全球经济治理，引导全球建立信用新规则。中国要不断提升信用评级能力和公信力，引领行业标准，提升在全球的话语权。

与会专家学者分别从各自专业和视角谈了信用建设的思路和建议。

国家发展改革委国际合作中心执行总监、研究员吴维海在发言中提出了建设“信用强国”三大路径。他认为，中国应在引领和推动全球信用标准制定与提升，建设信用大国、信用强国的过程中发挥重要作用。

国家发展改革委宏观院科研管理部主任高国力从实施“一带一路”倡议和信用体系保障的关系角度谈了自己的观点。他认为，“一带一路”下一步能不能顺畅推进，取决于我们国家“走出去”过程中能不能妥善处理好一系列重要的关系。这跟中国信用程度、信用体系的完善是密切相关的。

中国工商银行总行城市金融研究所副所长殷红表示，金融是中国参与全球治理，承担大国责任，发挥大国作用的重要抓手。但当前中国的社会信用环境仍有待进一步改善。

绿盾征信（北京）有限公司董事长王端军认为，当前国内征信服务企业还面临起步晚、起点低、政府支持力度不够、社会认知度不高等问题。

河北省保定发展改革委产业处处长葛占雷认为，从整体来看，中国的信用信息体系建设取得了积极成果。但信用危机还是中国迈向市场经济过程中最严峻的挑战之一。葛占雷从创新改革推动社会信用信息体系建设方面提出以下建议：成立征信综合管理部门，整合社会信用信息资源；建立符合中国国情的信用信息评价制度；加强信用体系的标准化建设。

2.5 中国社会信用蓝皮书

社会信用体系是有效的社会机制和基础设施，以道德为支撑、产权为基础、法律为保障，为社会信用制度的建立提供技术、环境和设施方面的支持。建设社会信用体系，是完善我国社会主义市场经济体制的客观需要，是整顿和规范市场经济秩序的治本之策，是落实政府职能转变、简政放权的重要举措，也是深化国际合作与交往、梳理国际品牌和声誉、降低对外交易成本，提升国家软实力的迫切需要。这是针对中国社会信用体系建设的蓝皮书。

课题组在原有基础上深入研究洞察，明确各领域信用发展趋势和方向。同时，中国信用成熟度分布和信用评价也填补社会信用体系研究空白，在信用研究领域中扮演里程碑式的作用。

受全球经济危机、欧洲主权债务危机、美国财政悬崖和债务上限问题以及全球不平衡的逆转等多种因素的影响，世界经济结构步入重构时期，导致世界经济改善步伐缓慢，充满不确定性，受此影响，全球信用环境整体恶化趋势，国家主权信用级别重心下移。

中国的诚信文化历史悠久。中国有五千年的文化，是人类文明的发源地之一。数千年来，我们的祖先创造了诚信的人类文明，并在全球信用体系演变过程中，创新和发挥了独特的、不可替代、引领作用。中国是全球信用体系建设的鼻祖和诞生地，中华文明是全球信用文化的起源，它赋予了信用深厚的文化内涵。2014年6月27日，国务院印发了《社会信用体系建设规划纲要（2014—2020年）》，这是国家首次对加强社会信用体系建设做出的专项规划与部署，是未来几年加强社会信用体系建设、建设诚信经济社会环境的顶层设计。

《中国社会信用体系建设蓝皮书（2016—2020）年》是对中国社会信用体系重点领域如政务诚信、商务诚信、社会诚信和司法公信建设，全方位的数据化呈现。人们对待四大领域诚信建设的态度是怎样的？我国城市信用建设的总体布局是怎样的？信用评价的指标该如何设置？如何构建大国信用？《蓝皮书》将逐步解读。

一、政府信用评价指标

关于政府信用评级的方法和观点，业内有一些探索和实践，但是，国内还没有形成统一、普遍认可的行业评价标准。秉承指标选取系统、可行、充分考虑公众关注的热点问题、符合当地的实际发展情况等原则，蓝皮书构建了政府信用评价指标，具体从经济实力、财税政实力、政府治理水平、外部政府水平等4个一级指标，21个二级指标（表2–4），10个评级等级来考察政府信用状况（表2–5）。

政府信用评价指标　　表2–4

一级指标	二级指标
经济实力	地区经济发展的基础条件
	经济发展水平
	经济增长潜力
财政实力	财政体制和税收政策

续表

一级指标	二级指标
财政实力	财政收入规模及结构
	财政支出弹性
	财政收支平衡程度
	债务规模
	债务结构
	偿债指标
	政府再融资能力
	政府可变现资产
政府治理水平	政府信息透明度
	财政和债务管理情况
	政府诚信度
	政府发展战略可行性
外部政府的水平	支持地方政府信用水平
	政治重要性
	经济重要性
	道德风险
	历史支持纪录

信用等级标识和释义 **表 2-5**

等级	释义
AAA	信用极好，履约能力极强，几乎无风险
AA	信用很好，履约能力很强，基本无风险
A	信用较好，履约能力较强，风险较小
BBB	信用上课，具有一定履约能力，有一点风险
BB	信用欠佳，履约能力不稳定，有较大风险
B	信用较差，履约能力不稳定，有很大风险

续表

等级	释义
CCC	信用很差，履约能力很差，违约可能性很大
CC	信用极差，履约能力极差，违约可能性极大
C	完全丧失履约能力
NR	信用评价关键资料显著缺失，不予评价

政府信用指政府依法执行权力和履行职责的程度，表明地方政府在自身权力限制范围内对公众的实际履约状态。因此评价地方政府信用就是按照一定的标准和程序对地方政府职能目标的实现程度以及公众对政府工作的满意度做出评价的过程。政府对自己职能目标的实现程度越高，公众对政府工作越满意，那么政府的信用程度也越高。

根据指标设置，通过专家打分、问卷调查等方式，对我国 32 个省自治区直辖市进行政府信用评级。其中，北京、江苏、浙江、上海信用等级最高，其次是山东、安徽、广东等地区。从分布图可以看出，一个地区的政府信用状况与经济发展程度、政府治理水平高度相关。

二、企业信用评价指标

目前国内外常用的企业信用评价方法很多，大致有专家评价法、经济分析法、数理模型分析法等大类。企业信用的评价可以从企业素质、资金信用、经营管理、经济效益和发展前景 5 个一级指标，23 个二级指标予以研究和评价（表 2–6）。信用等级可参考政府信用等级标识。

目前国内评级机构数量逐步增加，包括中诚信国际评级有限公司、大公国际资信评估有限公司、联合资信评估有限公司、上海新世纪资信评估投资服务有限公司等。根据国金证券研究所对部分行业的调查研究发现，受行业生存环境恶化、盈利能力持续恶化等因素的影响，近年来主体评级下调次数增加。主要行业分布如图 2–13 所示。

我国信用等级经常被美国为主的国际评级公司下调等级，影响了我国经济发展、国际贸易、海外融资和国际信用等。其主要原因如图 2–14 所示。

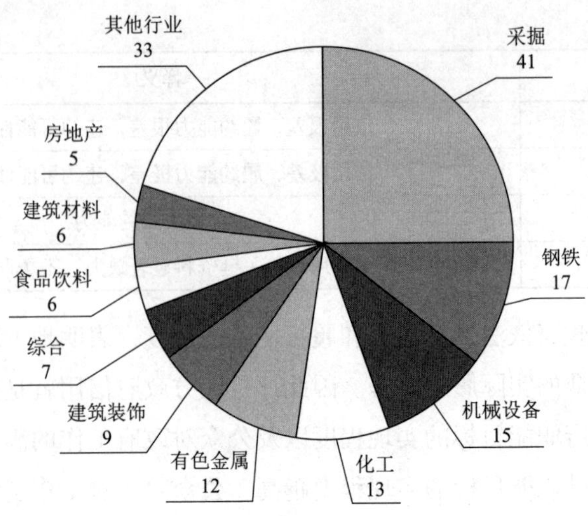

图 2-13　主体信用评级下调发布人行业分布

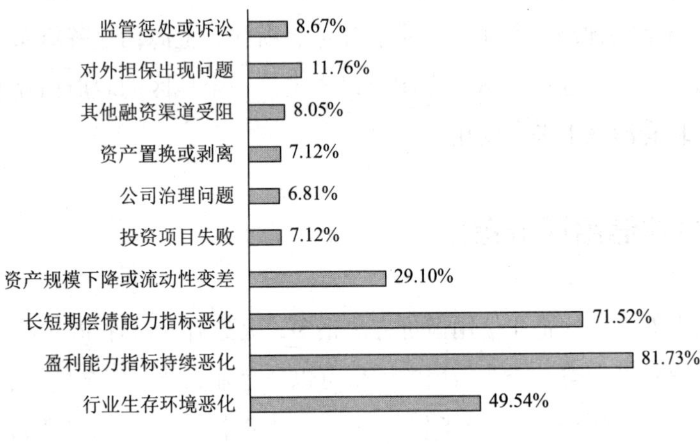

图 2-14　我国评级下调的原因比例

三、个人信用评价指标

个人信用评价以前多用定性分析，凭个人的经验和直觉判断。自 20 世纪 50 年代以来，统计方法和数学模型被逐渐运用起来。但由于个人信用评价的具体项目多且繁杂，加之其中许多同于非量化的指标，统计和数学计量模型的应用受到较大限制。目前，信用积分制仍然应用广泛。包括主观判断法、信用记分制、模型评价法等。个人信用评价一级指标分为自然情况、职业状况、资产状况、信用情况、稳定性情况。其中，个人自然情况主要考察个人的年龄、性别、受教育程度、健康状况、婚姻家庭等因素。

个人基本情况评分表　　表 2–6

项目	0 分	1 分	2 分	3 分	4 分	5 分	6 分
年龄	—	16~20 岁	21~25 岁	26~30 岁	31~40 岁	41~55 岁	56 岁以上
性别	—	—	女	男			
受教育程度	—	初中及以下	高中	专科	本科	硕士	博士
健康状况	差	—	一般	—	良好	—	—
家庭负担	重	较重	—	一般	较轻	轻	—

个人职业状况评分表　　表 2–7

项目	–6 分	–4 分	–2 分	0 分	2 分	4 分	6 分
单位	无	—	临时工	—	企业（含个体）	事业	政府
职务或职称	—	—	—	无	初级	中级	高级
工龄	—	—	—	0~1 年	2~5 年	6~10 年	10 年以上

对个人资产状况进行评级的参考指标，如表 2–8。

个人资产状况评分表　　表 2–8

项目	1 分	2 分	3 分	4 分	5 分	6 分
年总收入	1 万元	1 万 ~1.9 万元	2 万 ~3.5 万元	3.6 万 ~5.5 万元	5.6 万 ~9.9 万元	10 万元以上
固定资产	1 万元	1 万 ~5 万元	6 万 ~20 万元	21 万 ~30 万元	31 万 ~50 万元	51 万元以上
住房	其他	无	租赁	自有（一般）	自有（好）	自有（豪华）
保险及拥有的抵押品	1 万元	2 万 ~3 万元	4 万 ~7 万元	8 万 ~12 万元	13 万 ~20 万元	21 万元以上
存款及有价证券	1 万元	2 万 ~5 万元	6 万 ~10 万元	11 万 ~15 万元	16 万元以上	—
负债（月还款额占收入比）	70%	50%~70%	40%~50%	30%~40%	20%~30%	20% 以下

对个人信用情况进行评级的参考指标，如表 2–9 所示。

个人信用情况评分表　　表 2–9

项目	–6 分	–4 分	–2 分	0 分	2 分	4 分	6 分
违信纪录	5 次以上	3~4 次	2 次	1 次	–	无	–
受处罚纪录	2 次及以上	–	1 次	无	–	–	–

个人稳定性情况评分表　　表 2–10

项目	–4 分	–2 分	0 分	2 分	4 分
行业前景	差	较差	一般	较好	好
个人潜力	小	较小	一般	较大	大
工作流动性	大	较大	一般	较小	小
居住时间	–	–	0~1 年	2~5 年	6 年以上
监督的便利性	–	不方便	一般	方便	–

从上表评分来看，每项都有标准分，依据个人的信用情况，得出个人信用评价总分，得分越高，信用风险越小。经小样本调查，信用较差的个人得分集中在 10~25 分，信用一般的得分集中在 25~35 分，信用较好的得分集中在 35~55 分。信用得分很高或很低的人占少数，可能的原因是信用极差的人因申请贷款无望或故意隐瞒，未如实填表；信用很好的个人因收入高，无须贷款，无法统计。因此，可以中间分 30 分为授信标准，高于该标准的给予一定的信用额度，低于此标准的则不予授信。

上述分析来看，目前我国社会总体信任度不高，人与人之间的信任减弱。不同群体、不同阶层之间的不信任感存在，社会矛盾增多。政府信用、企业信用和个人信用共同构成了社会信用体系。

在政府信用方面，提高地方政府信用水平，必须推进政府法治化进程，加强政府权力监督与滥用权力的惩戒，营造和谐诚信的文化氛围，同时，鼓励公民在提升地方政府信用过程中发挥积极作用。

企业和个人信用方面，目前我国个人和企业的信用主要记录了银行贷款的还款记录和信用卡使用记录等，这不能满足社会发展的需要；央行出具的征信报告无法体现商业银行以外的信贷违约记录，企业销售劣质产品，开发商不按期交房或支付违约金等。

建立客观、公正、科学、严谨的社会信用评价体系，对提高社会公众凝聚力，集中力量办大事，加快社会信用体系的研究具有重要的实践价值。

2.6　“油条哥”事件对政府监督的警示

当前，食品安全问题较为突出，群众对此很有意见。报纸、电视和网站等经常报道类似假酒、有毒蘑菇、激素鸡肉、过期猪肉、蔬菜农药超标、地沟油食品等让老百姓餐桌和食品安全无法保障的事件或新闻报道。消费者对于食品安全的呼声很大，这个问题一直没有根治。最近，中央电视台新闻播出了“油条哥”摊前排长队购买油条的新闻，看了这条新闻让人难过，也引发了笔者的深层思考①。

炸油条，使用放心食用油，杜绝地沟油，本来是天经地义的事，是食品摊点和饭店开业的起码条件，近日却上了央视新闻，并且出现数十人排队，而且需要排队等候 1 小时，限量购买油条的局面。

看了这条新闻，电视观众是何等尴尬的心态呢?

人们不禁要问，我国食品安全到底怎么了？“油条哥”新闻，近日还在发酵，它到底抽了谁的耳光?

炸油条，使用放心油，遵守饮食和卫生规则，看似普通的规则，却成了食品行业稀缺和难觅的现象，这难道不是冷幽默?

逆向思考，就会透视，个别政府监管部门和某些主管机构存在不作为或懒政的现象，导致此类问题的普遍存在。

民以食为天。如果“食”都没有主管部门认真监管，其他的事无从谈起。主管部门和相关人员，与其不做事，不如干脆将其裁掉，也省了纳税人的钱。

如果全面建立健全职责明确、公开选拔、渎职严惩的机制与规则，相信食品安全问题就会改观：那些因渎职而被裁官员也会抢着炸油条，自谋出路，自觉使用优质、健康、无公害的“放心油”，才能谋生或得到消费者认可。这样，“油条哥”就不再是央视新闻了。

---

① 吴维海 . 油条哥打了谁的脸？ [EB/OL]. [2012-5-25]. 新浪博客。

相信有一天："油条哥"之类的新闻不再在央视等媒体出现。

"油条哥"新闻报道打了监管部门的脸：希望有关部门切实以人民为中心，不忘初心，自我反省，转变作风，认真履责，切实发挥食品安全监督职责，让老百姓吃上"放心油条"、放心食品。

2.7 防范和化解金融风险的制度性安排

近年来，随着我国金融业的创新和发展，新业务、新产品不断涌现，已对我国金融监管带来了实质挑战。但金融开放与创新通常伴随着金融风险的积累和加剧，新兴市场国家在金融市场开放进程中遭遇了不同程度的金融风险的冲击，引发经济和金融震荡。因此，探讨金融风险问题，研究甄别、防范与应对措施，很有必要。

一、各类金融风险的主要领域

我国金融领域的风险主要集中在房地产、地方政府债务、产能过剩领域形成的银行信用风险和影子银行风险等。我国金融风险点主要集中在金融创新和新业务替代，潜藏着多重风险，企业债务率过高、流动性结构失衡等。

（一）金融创新引发的信用风险

金融创新的实质决定了产品创新在实践中逐步成熟和规范。由于产品设计、交易制度、人员培训、交易对手、法律环境等缺陷，如市场利率、汇率、股票、债券的行情变动，金融产品对客户的利益设定有可能无法兑现，从而承受风险损失甚至引发流动性风险。近年来金融衍生产品、互联网金融、理财产品等野蛮生长，由于其业务复杂和高杠杆性，或信息披露及市场流动性不足，而重创投资者的信心，导致金融风险呈点状发生。

（二）金融产品操作流程不规范导致的操作风险

金融创新是要创造新的金融要素，或对金融要素进行重新配置和组合以提供新的金融服务功能。由于创新产品设计难免存在漏洞，操作人员对产品和流程不熟悉，对信息技术了解不透彻，导致金融风险案件时有发生。

（三）缺乏对风险的识别和控制能力引发的道德风险

任何金融创新都会有主观因素的影响，包括主观故意带来高风险，主观过失带来的风险等。创新主体主观因素而引致的道德风险，与其他风险交织，加剧了金融风险的危害性。

（四）监管政策与法律风险

金融新产品的开发和投入必须打破原有格局，可能受到来自监管部门的约束，或者把许可使用权给了竞争对手，造成开发损失。金融新产品的开发、投入使用等有可能涉及违反某些法律、法规等风险，可能造成资金损失，甚至使金融机构信誉降低甚至倒闭，如民生银行基层行发生的理财诈骗案件等，影响了该行形象。

（五）房地产市场金融风险

房地产是资金密集型行业，产业链较长，有极强的金融关联属性。我国房地产市场泡沫化问题存在，国家房地产政策、信贷政策和市场价格波动等，可能出现较发达的房地产行业的金融风险，甚至系统性风险。

（六）地方政府债务风险

我国宏观经济面临下行压力，地方政府偿债压力加大，加大了财政风险和金融风险。一旦某个环节出现问题，可能形成多米诺骨牌效应，波及金融行业的稳定性。

（七）产能过剩引发的风险

我国大力推动过剩产能调整，生态环保以及经济转型，大量不符合条件的企业转产或破产，企业之间信贷担保、产业链供求关系等影响，可能导致正常经营企业的资金链断裂，形成区域性金融风险或产业风险。融资困难的产能过剩企业可能会向影子银行融资，加大了金融系统的潜在风险。

（八）流动性错配的结构性风险

我国金融运行的突出问题是流动性总量富裕而经济结构失衡，货币信贷存量推动经济增长的边际效率走低。金融资源严重错配导致超额货币在金融体系内空转，进而形成金融风险。

二、完善金融风险处置机制

我国经济进入新常态和深度调整期，经济增速下行的压力很大，长期积累的金融风险有所暴露。同时，金融机构之间的竞争激烈，导致金融企业的优胜劣汰，需要增加金融企业的自有资本、拨备储备，需要完善金融风险处置与退出机制，提前化解和防范金融风险。

2002年巴塞尔委员会发布《高风险金融机构识别与处置指引》，总结了有效处置与退出机制的关键特征，其中包括：一是要及时识别和发现高风险金融机构。各监管当局在日常监管中动态监测金融机构所存在的问题和风险积累程度，分析判断问题的严重程度和风险等级作为分类处置的依据。二是与风险等级相适应的处置手段。广义的处置包括早期纠正措施，如限制金融机构业务开展、要求股东注资、限制股东权利、整改内控制度、更换高级管理人员等，一般适用于风险等级不太高、问题不太严重的情形。对高风险金融机构所采取的措施包括促其重组和撤销清算。三是运用存款保护机制。“购买与承接”是一种效率最高的清算模式，可以减少资产变现与兑付存款的缺口。

三、防范和化解金融风险的制度选择

（一）建立风险监测预警体系

实体经济的风险向金融领域传导路径：一是通过银行体系传导，二是通过影子银行领域的刚性兑付积累。

化解金融风险，要排查金融机构的潜在风险，建立金融中介机构信息披露机制，及时披露并化解金融机构的高风险行为。同时，将影子银行纳入监管，明确金融机构各类产品的法律关系和监管规则，按照“实质重于形式”的原则，将同类金融产品纳入同一监管主体，执行相同的监管标准。

（二）完善监管、处置与退出法规

完善法律法规，清晰界定高风险金融机构的早期发现、分类处置、清算退出、损失分担机制。完善系统重要性金融机构更高的监管标准和处置机制安排，包括资本和流动性要求、股东自救、债权人自救及恢复与处置计划等要素。出台金融机构处置与退出操作规则。

（三）早期实施相关金融风险的必要隔离

我国金融监管已经初步建立了对金融机构的风险评级体系，并探索建立了金融风险的预警体系，应在完善风险评级和预警体系的基础上，进一步细化不同风险等级的早期干预措施。对于风险迅速恶化、接近资不抵债边缘的金融机构要果断采取处置措施，必要时进入退出程序。对监管机构的问责应集中在已发现高风险金融机构但没有及时采取措施导致更高的处置代价，才能真正做到风险的早发现早处置早化解，不至于酿成系统性风险与危机。

（四）提高金融风险处置效率

科学选择金融风险化解与退出方式。对被撤销或解散进入清算环节的金融机构采用“购买与承接”处置方式，签订“购买与承接”合约，明晰清算机构和监管当局的权利和义务以及必要的处置流程和审核程序，确保新买家接手后正常营业。

（五）完善存款保险机制

贯彻落实《存款保险条例》，完善存款保险制度，保护存款人合法权益，增强存款人对金融安全的信心，避免银行风险扩散和转嫁到政府财政领域。

（六）增强资本与债权的损失吸收能力

建立股东和债权人自救机制。股东自救：股东注资、主动的资产出售和分拆安排即恢复机制。减记和转债机制：通过立法规定一般债权人在危机时刻承担损失的机制安排，建立大中型金融机构特有的风险分担补偿机制，防范道德风险。界定政府救助责任与防止动用公共资金救助的具体边界。

（七）完善市场风险约束机制

建立“混业经营、统一监管”的金融监管体制。完善信息披露机制、退出机制、存款保险制度等市场化风险约束机制。对于非银行金融机构，打破“刚性兑付”，加大投资人警示，建立金融风险观，积极应对投资风险。

（八）规范地方政府举债机制

采取风险化解措施，严控地方政府新增债务，防止风险积累，化解风险隐患。设立政府性债务偿债准备金、制订应急预案，将风险控制在有限可控范围内，避免风险跨区域跨领域蔓延。构建以债券为主的地方政府负债融资机制，构建行政控制与规则管理相结合的地方债务管理体制，对不同类型的地方政府债务实行不同的管理办法，防范因企业融资成本高而引发的实体经济批量破产风险，构建多层次金融市场体系，更好地服务实体经济。[①]

2.8 三角债链条紧锁中小企业

三角债自古有之。当今更多。20 世纪 90 年代，国务院、国家部委和金融机构曾经大力清理三角债，并取得较好的成效。在近些年，由于社会信用建设有所忽视，以及经济环境变化等，三角债出现了新的增长趋势，值得警惕，需要研究风险防范措施。对此，中国企业报以“三角债链条紧锁中小企业”为题，做了专题采访和报道[②]：

近期，企业“三角债”抬头风险引起多个部委的密切关注。有消息透露，工信部、银监会、商务部等部委正在对此问题进行调研摸底，形成报告后将上报国务院。

资料显示，此次三角债问题涉及企业范围广泛，几乎涵盖所有类型企业，且中小企业和民营企业更为严重。

专家透露，地方投融资平台和大型基建项目成为三角债的源头之一，债务情况在行业之间呈现很大的差异性，这和企业在产业链中所处的位置有关系。而不容忽视的是，企业经营面临的债务压力已传导至银行。

中小企业被逼借高利贷还三角债

据悉，当前企业“三角债”问题更多表现为“债务链”，即企业间贷款及费用、银企间信贷往来、政企之间款项支付等相互拖欠所产生的逾期应收债务链。

据中国企业家调查系统调查，目前应收账款“高于正常”的中型和小型企业分别占 24.8%、26.5%，资金“紧张”的中型和小型企业分别达到 46.3% 和 51.3%。据广东省工商联调查，私营企业平均被拖欠金额为 260 多万元。为偿还债务，在拆借无路又融资无门时，“缺钱”的中小企业只能转而寻求高价的民间借贷。在产业链联系之外，企业之间又多了一条有形的资金拆借链。

国家信息中心预测部世界经济研究室副研究员张茉楠向记者透露：“近期宏

① 作者：安起雷，中国人民银行总行，有删节。本文观点不代表其工作单位。

② 2012 年 09 月 10 日，中国企业报，记者：王莹。

观经济不景气，外需不足、内需乏力以及企业经营困难的情况下，这种风险实际上是在不断蔓延，尤其现在感觉压力最大的是中小企业。”

在最容易形成三角债的产业链上，大企业在原料、辅料供应中处于上游，如果大企业资金紧张，依附在它周围的中小企业则没有了源头活水，相互之间就开始欠账，原本处于弱势的中小企业，就成为三角债务链资金压力的主要承担者。三角债缠身的中小企业，时刻面临着多米诺骨牌式的资金链危机。在一些地方，大量中小企业资金链不堪重负，因“债”跑路、因“债”停工频现。

政府投资加重企业三角债

对于三角债形成的主要原因，有经济界人士认为，由于此前货币政策的一度趋紧，使得企业的现金流紧张，从而造成还款难的问题。

独立经济学家谢国忠曾表示，三角债的问题主要源于大型国企和央企的大项目和大工程。据悉，2009 年，政府出台“4 万亿”刺激政策，各地纷纷投资大型基建项目，地方政府向银行大量举债。

“4 万亿让大量的资金流向国企，被‘铁公基’项目占用。低效的项目重复建设，造成大量浪费，导致严重的产能过剩。这势必加重企业三角债。”业内人士向记者透露。

20 世纪 90 年代初，中国企业界曾出现三角债让部分企业倾家荡产的问题，政府曾历时两年时间进行治理。但相关业内人士认为，相比上次三角债问题，此次应对将会更加艰难。首先，目前企业资金链的运转主要通过银行及银行系统外的“影子银行”借款来支付；其次是这次涉及规模远远大于 90 年代。银行总贷款余额是 20 年前的 30 倍以上。

工业和信息化部赛迪研究院战略和资本运营研究总监吴维海在接受《中国企业报》记者采访时指出：“企业的信用程度不一，加上现在的三角债企业性质复杂，政府推动市场的手段削弱。同时，企业经营不景气，金融危机的压力增大，企业之间信誉和商业活动的合理性和清理信誉建立困难等，都使得三角债清理困难重重。”

监管部门的数据显示，截至 6 月末，银行业不良贷款余额为 4564 亿元，连续第三个季度上升；不良贷款率维持在 0.9%，与 3 月末持平。去年四季度以来，商业银行不良贷款余额呈现上升态势。据分析，不良贷款增加的原因主要是企业经营管理不善、偿债能力下降，而逾期贷款增加是由于贷款客户资金链紧张，出现还款困难。

应分类化解三角债

谈及目前三角债问题的治理方案，多位专家表示应多管齐下。吴维海认为，可通过如下几个方面对三角债问题进行遏制和治理。他指出，首先是需要金融扶持，发放信用可控的清理类贷款；其次是构建企业信用体系，对钉子户公布黑名单；第三是要对企业家的信誉和道德教育；四是政府应对经营困难的企业提供其他融资和帮助，提高企业还款的积极性和能力；五是对特殊企业和项目要给予财政补助或核销；再有就是银企联动，创新金融产品，探索企业债的融资和保理业务等。

资料显示，我国有 80% 以上的企业深受“三角债”困扰，企业间相互拖欠货款高达上万亿元。掌握债权催收技巧，对客户发生不良债权时，采取快速反应并根据客户具体情形采取相应处理方法，才能更好地将盈利转变为可供支配的现金流，从而把握投资机会和企业发展。

对已经发生的“三角债”要分类处理、分类化解：对于地方融资平台，可通过适当放宽地方政府发债等方式来弱化对银行贷款的依赖，所筹集资本可通过财政注资方式补充平台资本金；对于原来主要依赖政府投资的大型基建项目，应采取严格落实自筹资金、严控超预算项目、强化科学规划和鼓励民间资本参与方式；对于一般制造业企业，政府不宜直接介入处理其债务问题，而应按市场机制、商业原则来处理，可以有针对性地引导企业采取债转股、企业间磨债和行使代位权等过去被实践证明行之有效的清欠措施。

2.9 让诚信成为一种习惯

我国大踏步迈向世界舞台的新时代，研究信用体系问题，意义重大。

信用是立国之本，是“一带一路”推进的基石，是国与国交往的根本保障，也是企业生产经营活动和跨国贸易的前提条件。

信用水平高低，关系到国与国、人与人、企业与企业之间的经贸往来和交易成本，也是一个企业、一个组织、地方政府、一个国家对外形象的重要体现与品牌。大凡世界知名的企业，都有良好的信用，比如：苹果公司、华为公司，海尔集团等，它们以产品质量和企业信用征服了消费者，向社会传达积极、信赖的信息。一个企业、一个组织、一个地区，如果失去了信用，将会成为过街老鼠，人人躲避，它们就无法进行健康有序的经济与交往活动。我国黑龙江、吉林等东北地区，曾经是工业体系最完善，经济活动最发达的区域，改革开放之后，由于该地区产业结构不合理、改革步伐不快，以及体制机制等制约，逐步失去了活力和优势，该地区农业比例较高，工业体系偏重和矿业开采等结构性矛盾没有及时化解，与东部沿海地区的差距不断拉大，区域性经济总量和增速趋缓，当地就业不足、工资水平低和寒冷气候等，导致人口与资金外流，经济转型困难，大量企业亏损甚至破产，影响了当地招商引资政策的落地，政府失信现象较为突出，企业信用也出现下降，国家推动东北振兴战略一段时间之内曾经难以有效实施，一度有“投资不过山海关”的说法。经过近年各方的努力，区域性信用逐步提高，负面影响才逐步消除。从国家之间信用来看，亚非地区的个别国家，由于军事政变、经济动荡等原因，导致政局不稳、物价飞涨，国家信用和偿债能力急剧下降，它们成为最不能履行对外合约的国家，与其有经济、贸易和投资合作的国家或机构纷纷撤资，进一步恶化了这些国家的信用环境，导致民不聊生，经济恢复步履维艰。

由上可知，失信对于一个企业、组织、司法、社会和国家是一种灾难，它造成了相互之间的不信任，加大了社会交易成本，阻断了企业与市场的资金、货物流动，损害了企业生产经营和社会各组织之间的有序往来，严重恶化了社会风气，加大了各种腐败、欺诈，给不法分子带来了暴富的机会，给当权者营造了贪污受贿的环境，最终会毁掉企业，毁掉生产，毁掉贸易，毁掉人性和国格，进而导致企业破产，价值观扭曲和国家衰亡。最近媒体爆出的莆田医院诈骗案、权健保健品事件，以及大量互联网金融公司跑路等都是企业或行业不诚信案例，是失信的极端案例，是社会的毒瘤，它们导致了大量无辜家庭财产损失，破坏了社会正常秩序，毁掉了人与人、企业与企业、社会的信任，其危害极大，必须惩罚，并追究管理者责任。

诚信是企业和经济运行的铺路石，诚信是一个国家的价值观和风向标。要挖掘优秀的诚信文化，倡导诚信守法，弘扬守信精神，让诚信渗透到每一个企业家、每一个公民、每一个政府领导干部的骨髓中，让诚信成为一种常态、习惯和美德，让诚信成为一种品格和做人标准，让失信的人和组织无地生存，寸步难行，让失信官员受到严厉处罚，让失信的地方政府受到社会舆论的监督和谴责，只有诚信成了一种习惯与美德，成为一种必然行动和无二的选择，每个人才会活得开心，才会更有尊严，生产交流活动才有保障，社会才会成为健康、有序的社会，国家才会更加强大，才会有健康、公平、公正的生态。劳动与创造才会成为人民的价值导向，企业和社会往来才更有衡量尺度。当然，要达到这种境界，形成这种氛围，需要国家、政府、企业和人民等各方的持续努力，需要司法、制度和规则等的重塑与优化。

这个美好的生活环境，近乎完美，达到不容易，只有不断努力和靠近。这就是信用的魅力，也是信用强国的较高目标，更是中华民族优秀和强大的基因，是中国受到世界尊重、追随，并成为信用全球的推动者、引领者和实践者的实现路径。这一理想与价值导向，与习近平总书记倡导的“中国梦”，与十九大提出的人民群众对美好生活的更好需求等是高度吻合的，也是新时代赋予每个中华儿女的光荣责任。

幸福是靠每个人、每个企业等的艰辛奋斗和辛勤劳动争取来的，它来不得一点欺诈与拐骗，让诚信成为美好生活和人民幸福的发动机，诚信是我们的理想，也是一种习惯和美德，让我们充满期待，携手努力，且久久为功。

第 3 章　金融创新

金融是国民经济发展的支撑。金融创新是经济转型和民生改善的重要条件。金融监管、产品创新、业务规范化，以及对制造业信贷扶持，是各级政府、人民银行、证监会、银保监会和其他金融机构高度关注与持续研究的重要领域。

我国国家财力不断增强。近 30 年以来，随着国家财政税收体制改革，全国财政收入规模不断增加，收入结构日趋合理。融资创新纵深推进。各级推动供给侧结构性改革，加大基础设施建设投入，全面推动经济转型，并通过加大财政预算投资，强化银行贷款，组织专项发债，设立产业基金等方式，初步实现了国民经济与社会的快速发展。

党的十九大提出：深化金融体制改革，增强金融服务实体经济能力，提高直接融资比重，促进多层次资本市场健康发展。健全货币政策和宏观审慎政策双支柱调控框架，深化利率和汇率市场化改革。健全金融监管体系，守住不发生系统性金融风险的底线。

笔者多年来参与和推进银行实践、金融创新、金融监管等研究，2014 年专题研究了央行独立性和地方金融监管体系，前瞻性创新并提出“三会合一”（银监会、证监会、保监会）的改革思路，此思路超前预测了我国金融监管体系的改革与调整。并提交国家部委决策参考。积极参与中国工商银行等运营管理、贷款审批和品牌建设等实践工作，参与实施了 2007 年民生银行流程银行再造，负责制定了民生金融租赁公司和吉林银行等发展战略，主持实施了北京银行、光大银行等内控制度和监督机制构建等。同时，积极探索和推动与山东省、北京市、广西壮族自治区等地方政府和产业园在融资模式创新、企业融资模式创新，以及产业基金设计与方案实施等方面的课题合作，主动探索金融与乡村振兴、新旧动能转换和实体经济发展的相互关系与产业促进。

3.1 货币政策与金融监管改革

狭义货币政策指中央银行为实现既定的经济目标（稳定物价，促进经济增长，实现充分就业和平衡国际收支）运用各种工具调节货币供应量和利率，进而影响宏观经济的方针和措施的总和。

广义货币政策指政府、中央银行和其他有关部门所有有关货币方面的规定和采取的影响金融变量的一切措施（包括金融体制改革，也就是规则的改变等）。

通过中央银行调节货币供应量，影响利率及经济中的信贷供应程度，间接影响总需求，达到总需求与总供给趋于理想的均衡的一系列措施。货币政策分为扩张性的和紧缩性的两种。

扩张性货币政策是通过提高货币供应增长速度来刺激总需求，在这种政策下，取得信贷更为容易，利息率会降低。因此，当总需求与经济的生产能力相比很低时，使用扩张性的货币政策最合适。

紧缩性的货币政策是通过削减货币供应的增长率，降低总需求水平，在这种政策下，信贷融资较为困难，利息率也相应提高。因此，在通货膨胀较严重时，采用紧缩性的货币政策较合适。

关于货币政策和人民银行的相互关系，笔者进行了专题研究[①]。

中央银行作为国家金融管理与运行体系的核心，担负制定和执行货币政策、加强金融业监管、维护金融稳定等重要功能。货币政策职能与金融监管职能是否集中统一，目前各国有着不同的实践做法。一般来说，集中管理容易造成“金融监管者俘获”，而分散管理不利于避免系统性风险，可能导致监管真空、监管重复和监管套利，甚至弱化货币政策的有效性。从金融监管实践看，历次金融监管改革都是危机推动，问题导向。研究金融监管存在的问题，借鉴全球实践经验，提出具体对策，是我国金融体制改革与发展的首要课题。

---

① 吴维海，车士义．国家部委委托课题，2014 年。

一、当前我国金融监管的主要问题

自从我国改革开放以来，金融监管体制伴随着金融体系改革，进行了适应性的调整与优化。1983 年中国人民银行独立运作，行使金融监管等工作职责。随着我国证券市场的发展，1992 年，证监会宣告成立，主要负责证券行业监管。在我国保险市场逐步繁荣的基础上，1998 年保监会正式成立，专门负责保险行业监管。2003 年 4 月 28 日，银监会挂牌，负责银行业、信托业、融资租赁等的全面监管。中国人民银行按照政策规定，履行央行货币发行等职责，“一行三会”的金融监管模式逐步成熟。这种金融监管模式适应了当时我国金融发展形势，较好地促进了金融业的稳定与健康发展、有效降低了系统性金融风险。进入 21 世纪，尤其是 2008 年全球金融危机以来，我国商业银行和非银行金融机构业务的多元化、综合化、跨行业经营，国际金融形势的变化，以及全球经济与金融竞争格局的变化，对我国现有金融监管体制造成了挑战和冲击，需要重新研究金融市场格局，对现有金融监管体制机制进行评估和优化。

当前，我国金融监管存在的主要问题，主要有：

（一）现有监管体系与综合经营模式产生了冲突

我国现有“一行三会”金融监管体制，是基于银行、证券、保险公司等相互之间的专业化经营。20 世纪 90 年代以来，为了规范金融秩序，我国实行了专业化经营，商业银行取消原有信托、证券、租赁等非银行业务，专注于银行存贷款和结算业务，相继成立了证券公司、保险公司、金融租赁公司等专业化非银行金融机构，从事各自的业务。在专业化经营环境下，银监会、证监会和保监会职责界定相对明确，金融监管的组织结构、职权划分彼此分离，有利于当时金融市场的健康发展。随着经济和金融改革的深化，为了追求规模经济和范围经济，国家逐渐放开了金融专业化经营限制，允许大型银行等开办金融租赁、证券、基金、投行等业务，商业银行业务呈现多元化、跨专业、混业经营。保险公司等也开始涉足银行、基金等业务，类银行金融机构和场外金融产品等影子银行活动大量增加，综合性特大型金融集团相继出现，市场规模迅速膨胀，交叉性金融产品和跨市场金融创新不断涌现，容易导致金融领域的系统性风险。在这种形势下，“一行三会”分业监管的模式难以满足金融业发展的客观需要，各监管机构监管标准不统一问题尤为凸显。移动互联网、大数据、云计算等新一代信息技术发展，互联网金融等新兴金融业态出现，新业务、新模式、新渠道对原有金融监管的边界分割和职责界定带来了新的挑战。现有金融监管体系对新兴金融业态的监管手段匮乏，存在诸多监管空白，现有监管政策滞后等。金融业务综合化经营与“三会”分离的监管体系的冲突，需要系统研究并认真解决。

（二）现有金融监管法律与实践操作存在时滞性

《中国人民银行法》《商业银行法》《反洗钱法》《证券法》《保险法》等明确规定了央行和“三会”的各自监管职责，现有金融监管法规使得“一行三会”自成体系、各司其职，部门利益难以消除，跨部门沟通与合作困难，金融监管法规与监管实践之间存在时滞效应，不利于整合我国的监管资源，有序监控金融风险。监管机构之间跨部门职责不清、协调成本过高，导致了监管部门之间的矛盾与冲突，以及个别监管机构的不作为等；监管准入制度模糊和缺失，造成了多头审批、监管重复等突出问题。我国政策性金融机构的法律地位不明确，缺乏与商业银行差异化的分类监管标准，使得政策性金融机构监管依据不充分。初步断定，现有法规的某些条款和内容已经不能适应金融改革与发展的需要，必须进行修订调整。

（三）现有监管体系“套利”冲动导致了职责交叉和监管空白

在缺少制度协调与硬性约束的前提下，分业监管模式必然导致各监管机构之间的权利与业务竞争，从而诱发各个监管机构为了壮大自属领域和影响力，而纵容、保护行业不规范行为等“套利”后果，也就是“屁股决定脑袋”。我国“三会分离”的监管模式与按照地域、专业划分监管范围的金融监管体制导致了金融市场的职责交叉、监管空白和监管套利等，现有金融监管体系已经不能适应金融业改革的深层次需要，主要表现在：一是我国金融监管业务交叉现象明显，如：人民银行、银监会、证监会、国家发改委等分别参与不同类别公司信用类债券的审批与监管，导致了证券市场多头监管。其中：国家发改委负责企业债发行和管理；人民银行负责短期融资券、中期票据、中小企业集合票据等非金融企业债务融资工具的发行管理，以及债券登记清算系统；证监会负责公司债、中小企业私募债发行和管理，造成同类业务多部门交叉管理，职责难以界定；二是我国金融监管存在空白和某些漏洞，如：小额贷款公司由地方金融管理部门（一般是省级金融办）审批与监管，“重审批、轻监管”现象非常突出，由于地方金融管理办公室缺乏监管经验和专业人才，各级银监会等缺少对其监管职责，小额贷款公司业务基本处于管理无序或监管不到位的状态，有着较大的、潜在的、不可控风险；我国“影子银行”等非正规金融机构或民间借贷业务，由于缺少规范的、有效的监管约束，近年来借款人“跑路”等案件频发，导致了一系列负面的社会矛盾。信托业务由于监管滞后导致少数金融机构利用监管政策的空隙，进行监管套利的违规违法行为时有发生，并且已经出现了信托违约和风险失控事件。

为改变上述局面，国务院 2013 年 8 月批准《中国人民银行关于金融监管协调机制工作方案的请示》，同意建立由人民银行牵头的金融监管协调部际联席会议制度，银监会、证监会、保监会、外汇局为会议成员单位。但是，由于联席会议架构缺乏立法程序和实施细则等，对各监管主体缺乏有效约束力、缺少有效争端解决及外部监督机制等，在运作中难以解决金融监管问题，甚至出现利益冲突外部化的现象。

（四）现有监管体制削弱了央行的货币政策制定与执行能力

中国人民银行作为中央银行，核心职责是制定、执行货币政策，促进充分就业和稳定经济增长，同时承担维护金融稳定的职能。中央银行发挥货币政策功能的前提条件是，全面跟踪和系统掌握我国金融市场与金融机构的运行信息。但是，现有监管模式没有赋予央行对金融机构的现场监管权，削弱了央行对金融机构的影响和约束力，现行金融信息统计体制分割，使得央行难以获得高质量、全面的金融数据和决策依据，央行金融信息统计工作难以保证其实效性、准确性、全面性和权威性，央行据此制定的货币政策易失真或偏离，极易出现货币政策与监管政策目标的冲突，使得货币政策传导机制复杂化，降低了货币政策执行的有效性，损害了我国经济健康发展，使得央行无法在最佳时机介入化解出现的金融危机，影响了央行的最后贷款人功能发挥，增大了维护金融稳定的成本。如，2014 年 6 月，平安银行小额消费贷款资产支持证券在经银监会批准之后，绕过业务资产证券化主管部门人民银行，拟直接在上海证交所发行，由于发债程序和托管机构未经人民银行报备，最后时刻被央行叫停。根据行政许可及“三定方案”，资产证券化的行政许可在央行。而发行场所和托管机构的业务管理都在央行，央行在资产证券化管理方面有着绕不过的地位。中债登没有履行报备程序的根源在于中债登的财务管理权归属财政部，业务管理单位是央行，人事任命权在银监会。该事件反映出人民银行的权威性乃至法定职责在监管部门乃至市场主体中没有得到应有的重视，对于央行履行货币政策和金融稳定职责造成严重影响。

（五）现有监管体系无法实现宏观审慎的逆周期监管

在现有监管体制下，我国金融监管聚焦于微观审慎监管层面，对系统性风险关注较少。这种监管模式往往认为只要确保单个微观金融机构健康发展，金融体系就正常发展。实际上，在全球化的金融环境下，个体健康的总和并不一定等于总体健康，甚至有时针对个体机构监管的加强，可能因顺周期性加剧宏观金融体系的不稳定。为适应全球金融开放，监管当局研究、关注我国金融经营模式的变化、金融行业的关联性、宏观经济对金融体系的影响，以及金融风险的特点，将金融体系视作整体而不是相互分割的不同领域，运用宏观审慎监管理念和方法，优化与整合现有金融监管组织，完善宏观金融监管系统和运行机制，出台可行的约束政策，以央行为核心，强化和逐步构建宏观审慎的逆周期监管体系，进而应对各种可能出现的复杂情况，有效防范我国金融行业的系统性风险。当前分业监管体制下，各监管部门偏重于对本机构监管的金融细分行业的发展，以利于扩展自己的监管地盘，从而导致"重发展、轻监管"的倾向。比如，目前对银行等金融机构的监管不是致力于合规性和审慎性的监管，而是对金融机构的具体业务进行管理，导致金融机构的产品、业务资格都需要审批。另外，为做大金融机构规模，监管部门一度鼓励中小型银行跨地区发展，金融机构过于注重扩张规模，而不是注重提升效益和风险管理。各个监管部门对中央银行作为最后一道防火墙的作用过于依赖，甚至有人民银行对金融风险进行风险兜底的预期，加强了监管的逆向选择和道德风险，可能导致系统性风险累积。

（六）现有监管体系导致监管机构重设与资源不均衡、不协调

现有金融监管模式下，央行与"三会"、地方金融办各自分散监管，基本形成了省、市、县等各层级、各地区、各部门条块分割和重复设置，如：中国人民银行普遍设立了总行、省、市、县四级（尽管部分地方改革后形成了跨省的区域性一级分行），证监会、保监会等地市级没有全部设立，县级机构设立较少。银监会、证监会等不同的监管机构各自监管的金融企业和业务差异性大，工作强度和专业差别大，造成了大量的人力、物力、精力的重复设置与浪费，出现了各地区的监管力量不均衡；同时，各监管机构的部门割裂和利益冲突，影响了跨部门

业务合作与资源共享，导致了整体监管成本高，部分金融机构、部分地区与业务的监管空白，导致了监管质量低等，严重影响了我国货币政策的执行与金融政策的落实。这一现象需要尽快研究和制定有效的改革措施，逐步予以解决。

（七）监管改革思路不清导致金融监管自由化倾向

近年来，在全球化思潮影响和金融改革的探索阶段，我国监管思路不甚明朗，各种海外势力和自由思潮的传播，使得国内少数专家、学者等以市场自由化为借口，随意散布金融监管无用论，甚至提出取消金融监管。该观点表面看似有理，却没有关注金融行业的高风险、系统性本质，容易被有恶意用心的国家和机构利用，将对我国金融改革带来一定的负面影响。2008 年源于美国的金融危机证明了金融的自我创新、自我循环和自我膨胀，将造成金融的严重泡沫甚至全面的金融危机。市场有缺陷，市场也有失败。金融市场的健康发展，需要旗帜鲜明的反省和反对金融监管自由化错误言论和思潮，充分释放市场活力、强化市场决定性作用，同时，也要凸显以金融监管为核心的市场纪律与约束，逐步形成宽严结合、放权适度的金融监管运行机制。在金融管制与金融监管关系处理上，既要继续放松金融管制，尽快解决和减缓金融压抑的状况，使金融发挥更好的功能，支持实体经济的发展；又要吸取金融危机的教训，维护金融体系的安全，强化和完善金融监管。

由于意识到金融监管改革的必要性，2012 年第四次全国金融工作会议提出“总结经验，建章立制，加强监管，防范风险，积极稳妥推进金融业综合经营试点工作”。为推动金融监管体系改革，十八届三中全会在《中共中央关于全面深化改革若干重大问题的决定》中提出：“改革市场监管体系，实行统一的市场监管，清理和废除妨碍全国统一市场和公平竞争的各种规定和做法……落实金融监管改革措施和稳健标准，完善监管协调机制，界定中央和地方金融监管职责和风险处置责任”，这为我国金融监管体制改革指明了具体方向。

二、国际金融监管的经验借鉴

欧美发达国家的金融监管伴随金融行业的经营方式转变而调整。20 世纪 80 年代以来，混业经营逐渐成为国际社会金融行业的普遍业态。发达国家监管体制机制经历了多次变革，混业监管手段不断加强。2008 年全球金融危机以来，欧美各国及新兴经济体为了完善金融市场，在监管体制、监管政策、监管操作等方面进行了一系列改革，对于研究中国金融监管改革具有重要的借鉴意义。

（一）扩大监管对象和监管范围，强化全面监管理念

2008 年国际金融危机后，为了恢复信心和防止新的金融危机，国际社会对监管制度、监管标准、监管规则进行了重大的改革。

2010 年 6 月 25 日 G20 多伦多峰会首次明确国际金融监管的四大支柱：一是强大的监管制度，确保银行体系依靠自身力量能够应对大规模冲击，采用强有力的监管措施强化对冲基金、外部评级机构和场外衍生品监管；二是有效的监督，强化监管当局的目标、能力和资源，以及尽早识别风险并采取干预措施的监管权力；三是风险处置和解决系统重要性机构问题的政策框架，包括有效的风险处置、强化的审慎监管工具和监管权力等；四是透明的国际评估和同行审议，各成员国必须接受国际货币基金组织和世界银行的金融部门评估规划（FSAP）和金融稳定理事会的同行审议（Peer Review），推进金融监管国际新标准的实施。

第三版巴塞尔协议提出了构建全球新的资本和流动性的监管标准，以及宏观审慎、微观审慎监管相结合的监管框架。影子银行、金融衍生品的交易、金融消费者保护等，纳入新的监管制度框架之内。

世界各国在强化央行监管职责的同时，加强对混业经营监管、扩大金融市场和监管对象的监管范围，如：美国出台《多德—弗兰克法案》，其中重要内容是加强对金融控股公司和金融业并购的监管，包括完善资本充足性管理、限制可能造成集中度过高的大型金融兼并活动、对关联交易和内部交易进行限制、提出“沃尔克规则”（The Volcker Rule）、禁止银行从事自营性质的投资业务（Proprietary Trading）、对银行投资对冲基金和私募股权基金规模进行限制。美国政府拟将监管范围扩大到所有可能对金融稳定造成威胁的企业，银行控股公司、基金公司、保险公司等都被纳入美联储的监管范围。欧盟认为，混业经营的银行体系脱离实体经济发展需要的自我膨胀，应对此次金融危机承担主要责任，必须强化对所有金融机构的监管，欧盟建立欧洲金融监管系统（ESFS），

全面升级了原欧洲银行、保险和证券监管委员会，统一合并权力为欧盟监管局（ESA）。英国强化对具有系统重要性批发金融市场，尤其是证券和衍生品市场的监管。

G20 多伦多峰会、第三版巴塞尔协议等监管改革思路，规范了全球的金融监管体制，减少了特定行业或金融市场监管失效而对全球造成的灾难性冲击，有助于全球金融市场的健康发展。

（二）设立独立金融监管机构，加强对系统性风险的监管

全球金融危机的教训表明，金融监管制度安排与经济周期存在时滞性，金融机构的自我救助机制失效容易导致金融市场的风险传递，造成金融行业的巨大破坏。金融监管机构之间缺少联动和跨境处理机制，易诱发金融危机。为克服金融危机暴露的监管机构权力和职责分散、系统性监管缺失问题，美国设立了金融稳定监督委员会，对防范系统性金融风险承担最终责任，针对有系统重要性金融机构和非银行金融机构，在金融稳定监督委员会授权下由美联储具体实施监管。英国新设金融政策委员会，为宏观审慎管理和维护金融稳定的最高决策机构。欧盟主要依靠欧洲系统性风险委员会应对系统性金融风险，该委员会主要由成员国央行行长组成。德国成立金融稳定委员会，负责识别和监测系统性金融风险。

美国、欧盟等国家与地区通过设立独立的金融稳定监督委员会或系统性风险管理委员会的形式，进一步明确了各自国家对于系统性风险的监管责任与控制机制，强化了本区域的系统性风险和宏观审慎管理的基本理念，对我国未来的金融监管独立性研究和机制体制改革也是重要的借鉴。

（三）扩大央行的金融监管授权，加强宏观审慎监管

2008 年全球金融危机的教训表明，中央银行被排除在金融监管体系之外，专事货币政策职能的制度安排不利于防范系统性风险和实施宏观审慎监管。为避免监管部门分立导致的偏重微观审慎监管，欧美国家强化央行的监管权，从而加强

宏观审慎监管。美联储成为“超级监管者”，除了继续负责对大型复杂金融机构的监管外，还承担新设立的金融稳定监督委员会的大部分职能。欧盟委员会2012年提出了新的改革路线图，拟在欧洲央行、欧洲银行管理局和各国监管当局现有架构的基础上建立欧洲银行联盟：一是建立欧元区统一的银行监管机制，赋予欧洲中央银行对欧元区所有银行的日常监管职责；二是建立统一的处置与救助机制，授予欧洲央行履行对欧元区信贷机构的审慎监管权力。英国赋予英格兰银行宏观审慎管理和微观审慎监管权。德国赋予央行宏观审慎管理权，金融监管局负责微观审慎监管。法国、俄罗斯、韩国等通过修改法案赋予央行维护金融稳定的职责，央行成为防范系统性金融风险最终责任者。2013年俄罗斯总统普京签署法案，宣布组建隶属于中央银行的统一大金融市场监管机构，中央银行将取代联邦金融市场局对证券商、保险公司、小金融组织、交易所投资和养老基金等所有金融机构的经营活动实行全权统一监管。建立统一大金融市场监管机构，目的在于提高金融市场运作的稳定性和监督效率，消除各类联邦法律机构职能重复、政出多门的现象。

相比金融监管机构专注个体金融机构风险和微观审慎层面监管，中央银行负责货币政策职能，更能根据宏观审慎原则控制经济金融体系中的系统性风险。欧美、俄罗斯和韩国等强化央行监管权，目的是更好地体现金融监管的宏观审慎原则，提高市场运作的稳定性和监督效率。同时，通过制度安排，尽量消除金融监管的时滞性影响。这是我国在金融监管改革中要研究和借鉴的管理实践。

（四）加强监管部门之间的分工协调，提升金融监管有效性

实践表明，基于独立金融机构的审慎监管难以识别金融控股集团或金融市场整体的风险状况。为打破监管部门之间的行政分割，提升监管的有效性，主要经济体普遍依托专门委员会落实各监管主体职能分工和协调，降低监管部门的沟通协调成本。美国的金融稳定监督委员会、英国的金融政策委员会、欧盟的欧洲系统性风险委员会、德国的金融稳定委员会都负有协调国内所有监管主体职能分工的职责。这些专门委员会实质上是金融监管协调机制，旨在明确各监管主体在防范系统性金融风险的责任分工，解决监管空白和监管重叠并存问题，促进监管政

策间的标准衔接性和一致性，防止监管套利的产生。

世界主要经济体通过专门委员会实现监管主体的职责分工与协调，强化金融监管的跨部门合作，降低了沟通成本。我国金融监管应该借鉴这一做法，近期内重点发挥金融联席会议的协调与沟通作用；中长期要探索建立央行与“大金融监管局”“1+1”监管模式的可行性、有效性。

（五）金融监管从顺周期监管向逆周期监管转移

目前国际上普遍认为，银行监管资本的顺周期性具有加剧宏观经济趋势的作用，金融监管难以及时采取有效措施，预警和防范金融危机的发生和扩散，而缺乏逆周期缓冲措施以及顺周期效应造成的市场波动，加剧了金融危机后果。自 2008 年国际金融危机爆发以来，巴塞尔委员会先后发表了三个重要的监管指南，都与调整金融监管从顺周期监管向反周期监管转移有关。为避免银行业产生较大的外部性和风险聚集性，国际监管机构对商业银行经营业绩的评价体系以美国的骆驼评级体系为代表，通过资本充足率、资产质量、管理水平、盈利水平和流动性等五项指标来评价商业银行的经营业绩，包括经济资本（EC）、经济增加值（EVA）和经风险调整后的资本回报（RAROC）等资本绩效指标，较好地避免对银行短期经营绩效进行监管导致的顺周期监管行为。

国际金融改革实践研究表明，完善逆周期监管措施成为全球金融监管的重要趋势。这也是我国金融监管思路和目标改革的重要借鉴之一。

三、规范货币政策与金融监管的关系

（一）强化金融统计与行业监测，提高货币政策决策的权威性

以国家金融改革精神为指针，坚持市场配置资源的导向，遵循“统一的市场监管”原则，正确处理放松金融机制与严格金融监管的关系，明确央行与三会、与地方金融办的职责权限，明确金融信息强制提交与定期通报制度，将各类小贷公司、融资租赁公司、地方政府发债、金融衍生品的交易、金融消费者保护等全

部纳入金融统计范围之内，做到全覆盖，全统计，不留死角。

修订《中国人民银行法》及相关法规，加强对综合经营机构的统计监管。明确信息采集范围，统一采集标准与管理办法，推动金融信息统计系统的联网，自动采集数据，逐步实现金融数据信息共享的规范化和常态化，建立以央行为主导，覆盖全面、标准统一、信息共享的金融业综合统计体系。建立金融信息共享平台，各金融监管机构向中国人民银行报送行业数据信息，央行对金融信息集中处理，并协调解决监管机构发现的风险与问题。增强金融体系的监测、分析能力，促进金融风险的预测、判断、评估和防控，维护金融体系稳定。

强化地方金融监管部门对自己职责范围内的地方金融机构、金融衍生品等的规模与数据统计，实行央行归口管理、统一口径、集中采集、分析反馈。加强央行对地方债券和地方金融的动态跟踪、规模监测与合规引导。加强金融统计专业人才培养与引进，提高金融统计工作的专业性、权威性和全覆盖。通过完善金融数据和信息统计体系，提高央行货币政策决策与执行的权威性和可靠性。

（二）推动金融监管体系改革，推动监管的公正透明、严谨高效

贯彻十八届三中全会关于完善金融监管协调机制的有关部署，推动监管运行从弱透明、不稳定，向公正、透明、严谨、高效予以转变。稳妥探索与推动央行独立性改革，有计划、有步骤地推动不同金融监管机构与专业人才的优化重组，发挥央行货币政策制定与监管协调的职能，发挥银监会、证监会等监管机构的作用，强化对系统性风险的有效监管。

强化金融联席会议的作用，逐步提升联席会议规格和责任部门，发挥央行在宏观审慎管理中的主导作用，提升货币政策的独立性和决策权，规范不同金融市场监管标准，完善跨行业、跨市场、跨境金融风险测评机制。借鉴海外经验，以“大监管体制”为改革的最终目标，探索并制定未来5~10年的中长期监管体系改革与整合行动方案，分解到年度和地区，确立几个试点行业或单位，先行先试，积累经验，全国推开，采取积极稳妥的模式，制定改革路线图和时间表，提报中央全面深化改革领导小组和国务院审批下达执行，确保我国金融监管改革的纵深化、科学性，提高金融监管的公正透明、严谨有效。

（三）构建宏观统一协调和微观审慎监管相结合的监管体系

由中国人民银行牵头，银监会、证监会、保监会等联合，邀请地方政府金融办代表参加，研究并制定年度货币信贷政策和金融监管工作计划，逐步完善系统性金融风险监测评估框架，建立统一协调、宏观为主的风险预警体系，推动国际监管标准在各类金融机构的实施。转变现有监管方式和监管理念，遵循审慎监管的逻辑，回归审慎监管。加强市场制度和基础设施建设，推动金融产品创新，促进不同金融市场联动；以金融行业和地区划分为基础，整合与优化金融监管组织架构，制定详细的工作方案和运作机制，逐步形成层次清晰的系统性风险处置机制和清算安排，建立逆周期监管调控机制，完善逆周期资本缓冲制度，加强对系统重要性金融机构的监管，强化综合化经营的风险隔离，防范业务交叉和行业渗透带来的系统性风险。

（四）完善中央和地方分层监管的运行体制

贯彻落实中央有关“界定中央和地方金融监管职责和风险处置责任”的改革要求，强化中央金融监管部门对全国金融业的统一管理。出台地方金融监管立法，清晰界定中央、地方金融监管的各自职责与业务范围：中央监管部门主要监管跨区域的系统重要性金融机构，地方金融监管部门主要监管本区域内非系统重要性金融机构。通过金融立法的形式，明确地方金融管理部门在统一监管目标与监管标准下对地方性金融机构的监管职责，规范地方政府对金融机构出资人的职责，避免对金融机构商业性经营过度的行政干预，确保地方金融发展和监管并重，强化日常监管和区域性金融风险防控。明确地方政府对小额贷款公司、融资性担保公司、典当行和区域性股权市场的职责，使其更好地支持小微企业、“三农”和县域经济发展。推动民间借贷规范化、阳光化。提高省市金融管理部门的独立性，降低地方政府对本地金融机构的持股比例，减少地方政府对地方中小金融机构经营行为的干预。加强资金流向和运用的监测、引导和管理，形成不同金融机构和渠道协调促进、风险隔离的市场体系。

贯彻国务院对十个省市下放发债审批权改革文件精神，加强地方政府发债总额的跟踪监管与产业分析，强化货币政策影响的基础性研究。重点监管和跟踪地方政府突破总规模的大额发债、民间融资等超常规行为，避免地方融资过度、随意借债、民间融资崩溃等监管困局，减少干扰国家经济与货币金融政策，损害国家战略和全局利益的金融无序或失控行为。

（五）放大监管体系改革的“红利”，实现监管资源聚集与共享

整合与释放金融资源聚集和共享改革的“红利”，出台金融监管改革试点方案，从重点业务和部分金融机构试点入手，边改革边完善，边试点边推广，不断推动监管重心从偏重市场规模发展，向强化监管执法，规模、结构和质量并重转变，监管模式从碎片化、分割式监管，向共享式、功能型监管转变。监管手段从单一性、强制性、封闭性，向多样性、协商性、开放性转变。对各金融机构推出的金融产品由“买者自负”向“卖者有责”转变，明确金融中介机构有责任将适当产品卖给适当的投资者，约束金融机构的不当销售与欺诈行为。采取央行窗口引导和体制内市场决定的双重手段，逐步引导、强化和推进专业人才、金融监管资源的集中、聚集、整合与合理流动。立足防范风险、创新改革、提升经济的宗旨，落实金融监管改革具体方案，强化政治素养学习，树立大局观，通过创新机制和顶层设计，逐步推动“三会”、央行、地方金融办等人才合理流动和业务代理、监管委托与平台整合，逐步实现监管资源的深度融合，跨部门协同，不断释放与放大金融改革的“红利”。经过几年的探索与改革，逐步实现监管人才、信息、渠道、实践等共享。

（六）建立与宏观金融环境和经济周期挂钩的监管安排

以“大金融监管体制”为中长期改革目标，逐步建立适合我国金融改革需要的监管制度安排，弱化金融体系与实体经济之间的正反馈效应；加强系统重要性金融机构的动态监管，实施更严格的资本和流动性监管标准，提高监管的强度和有效性。建立“自我救助”机制，加强监管当局之间对特大型金融机构的信息共享和联合行动，建立并完善跨境危机处置安排，降低风险的跨境传递，规避我国

金融风险。优化货币政策体系，突出价格稳定目标，处理好促进经济增长、保持物价稳定和防范金融风险的关系，继续创新和丰富货币政策工具与金融监管手段，运用市场化的货币政策手段，提高货币政策的传导效率，着力优化信贷资源配置，保持合理的社会融资规模，控制市场风险与金融风险。

（七）建立规范统一的结构化金融监管措施

成立由央行牵头，银监会等“三会”参与的金融监管改革小组，研究日益复杂的组织体系和业务结构，跟踪资本市场风险传导机制，实施央行与银监会等金融监管机构主导的结构化监管措施，如：建立防火墙安排，降低银行体系对资本市场的依赖性；严格限制商业银行资本投资，降低金融机构之间的相互关联性，提高银行实行混业经营门槛与资本充足率等。

未来 5 年，持续研究并逐步推动“1+3”监管的职责明确和跨行业融合与协同，逐步向“1+1”监管模式（央行 + 金融监管局）的深层次改革，通过实施结构性监管改革，提高监管的效率和质量。

注：本研究成果在 2014 年率先提出“一行三会”的金融监管改革体系，这一思路与 2017 年习近平总书记倡导的金融改革思路（成立国务院金融稳定发展委员会、银保监会）有较高的一致性、预判新。从这一实践改革看，该研究成果有超前性、敏锐性和操作性。

3.2　如何建设文化金融合作试验区

中国人民银行和文化部联合出台的《关于深入推进文化金融合作的意见》（文产发〔2014〕14 号）提出，为探索金融资源与文化资源对接的新机制，引导和促进各类资本参与文化金融创新，建立文化金融合作发展的长效机制，文化部、中国人民银行择机选择部分文化产业发展成熟、金融服务基础较好的地区创建文化金融合作试验区，探索建立地方政府、文化、金融等多部门沟通协作机制，通过创新地方政府资金投入方式，引导和促进金融机构创新金融产品和服务模式，搭建文化金融服务平台，完善文化金融发展政策环境，集中优质资源先行先试，探索符合本地区特点的文化金融创新模式。关于文化金融合作试验区的建设，主要设计思路，如下：

一、研究产业政策

重点研究文化金融试验区建设的政策环境、经济环境、技术环境和市场参与者等。

二、产业环境

主要分析全球文化产业现状、主要发达国家的文化产业政策、主要发达国家文化产业金融支持模式、海外国家文化金融的主要借鉴、中国文化产业现状和中国重点地区文化金融创新与借鉴等。

三、发展基础

主要分析全球文化金融趋势和基础、地区文化产业基础当地政府的文化金融支持等。

四、愿景与长期目标

主演研究和确定创建文化金融试验区的指导思想、长期目标、战略布局等，如：设立产业聚集区，构建创新平台，实施重点工程，建设重点产业链等。

五、重点产业链

主要分析现有产业基础，构建产业链，包括：重点建设出版产业链、文化产业人才服务产业链、创意设计产业链、民间工艺品产业链、文化艺术品交易产业链、文化旅游开发产业链等。

六、产业聚集

重点推动文化创意聚集区、文化旅游聚集区、文化会展聚集区、文化金融聚集区等。

七、重点工程及重大项目

针对特定地方政府的产业基础和发展潜力，调研并探索推动：

（一）建设文化创新聚集项目

包括：建设文化金融博物馆、重点文化产品品牌整合、地区传统文化产品培育等项目。

（二）建设金融服务聚集项目

包括：传统金融产品创新、金融服务机制改革等。

（三）文化旅游区建设项目

包括：文化旅游资源整合、特色文化街开发等项目

（四）国家级广告产业园开发项目

包括：广告产业园策划、工业设计、新兴产业策划项目。

（五）传统文化挖掘提升工程

包括：中医药文化开发等探索和培育项目。

八、平台建设

主要搭建文化金融专业服务平台、金融创新支持平台、文化艺术品交易平台和文化产业运营平台等。

九、运行机制

包括：完善领导机制、成立创新研究院、完善政策激励机制、构建文化金融创新机制、探索文化金融融资机制和交易机制等。

十、行动保障

包括：加强组织领导、完善试验区扶持政策和管理办法、优化产业服务、创新服务体制机制等。

3.3 地方政府债务及融资创新

政府债务（亦称公债）指政府在国内外发行的债券或向外国政府和银行借款形成的政府债务。具体指政府凭借其信誉，政府作为债务人与债权人之间按照有偿原则发生信用关系来筹集财政资金的一种信用方式，也是政府调度社会资金，弥补财政赤字，并借以调控经济运行的一种特殊分配方式。政府债务是整个社会债务的重要组成部分。

政府债务分为中央政府债务和地方政府债务。中央政府债务即国债，是中央政府为筹集财政资金筹措的债务。地方政府及地方公共机构的对外借款，就是地方政府债务。

政府债务按不同的分类方法，通常划分为以下类别：

按偿还期限划分，可分为短期、中期和长期公债。一般来说，1年以内到期的债券为短期公债，1~10年到期的为中期公债，10年以上到期为长期公债。其中，中期公债在各国政府发行的公债中占有较大比重。

按发行地域划分，可分为内债和外债。其中：

政府内债指国家在本国境内发行的债券。一般来说，政府内债以本国居民和企事业单位认购为主，内债的发行及还本付息以本国货币为主。政府也可以用外币发行国内公债。

政府外债指政府在国外借款及发行的公债。外债的债权人多为外国政府、国际金融组织和外国公民。外债发行及还本付息以外币支付。

融资模式创新是扩大地方政府负债，优化融资结构，满足经济发展和民生改善的基础保证，也是政府的一项重要职能。

一、我国政府融资模式及案例

根据融资渠道的不同，分析政府融资模式及案例。

（一）直接融资模式及案例

直接融资指融资过程在没有金融中介机构参与的情况下，资金需求方从资金供给方直接满足资金需求。在一定时期内，资金供给方通过直接与资金需求方签订协议，或在金融市场上购买资金需求方发行的有价证券，将货币资金提供给需求方。企业或政府发行股票和债券等均属于直接融资。

融资模式：财政拨款、上级专项资金、政府基金、政府债券、股票上市、信托计划、项目融资（PPP、BOT、BT 等）、增资扩股、政府购买服务、使用者付费融资、社会公众融资、社会捐赠等。

融资主体：地方政府部门或机构、国有独资或政府控股企业、融资平台、财政补助事业单位。

融资对象：以基础设施项目、新兴产业等为服务对象，进行融资。

一般规模：根据地方政府的财力、项目大小，以及不同融资模式和项目情况，融资规模从几千万到几十亿，甚至百亿级以上（百万元级的项目相对少）。

融资成本：上市融资等直接融资成本一般低于间接融资。融资成本随着银行基准贷款利率、汇率、通货膨胀率、货币发行量、市场竞争程度等的变化而变化。

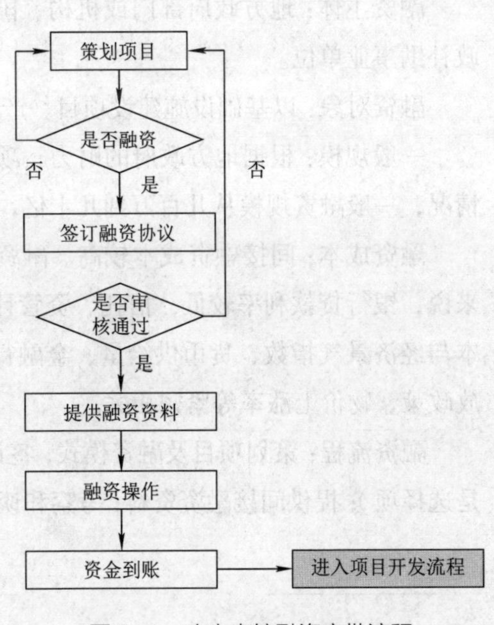

图 3-1　政府直接融资审批流程

融资流程：策划项目及融资模式；签订融资协议；出具政府会议纪要

（此步骤是选择项）；提供相关融资资料；考察和谈判；直接融资操作；资金到账。

建议的融资类型：财政拨款、政府基金、政府债券、项目融资如 PPP 等[①]。

专栏 1 我国政府直接融资典型案例

财政资金案例：杭州市出台土地流转扶持资金；政府基金案例：朝阳区城乡接合部产业引导基金；政府债券案例：14 穗热电债；PPP 融资案例：北京地铁 4 号线的 PPP 模式；上市融资案例：京东商城美国上市（以上案例参见附件 2）。

（二）间接融资模式及案例

基础设施项目、新兴产业资金需求方等，通过银行等中介组织，获得资金融通的活动。资金供给方（如存款人）将闲置资金提供金融机构，再由银行等金融机构发放贷款给需求方。

融资模式：银行贷款、外国政府贷款、打捆贷款、捆绑式组合融资、融资租赁、国际金融组织贷款等。

融资主体：地方政府部门或机构、国有独资或政府控股企业、融资平台、财政补助事业单位。

融资对象：以基础设施建设项目、产业投资项目等为融资对象。

一般规模：根据地方政府的财力、项目大小，以及不同融资模式和具体项目情况，一般融资规模从几百万到几十亿，甚至百亿级以上。

融资成本：间接融资成本较高。融资成本根据不同融资类型有所差异，一般来说，银行贷款利率较低，信托、资管计划和融资租赁等模式利率较高。融资成本与经济景气指数、货币供给量、金融行业竞争程度、汇率、利率、国际资本开放政策、物价上涨率等紧密相关。

融资流程：策划项目及融资模式；签订融资协议；出具政府会议纪要（此步骤是选择项）；提供间接融资资料；考察和谈判；实施间接融资；收到资金。

---

① 来自：吴维海，地方政府委托金融研究课题．

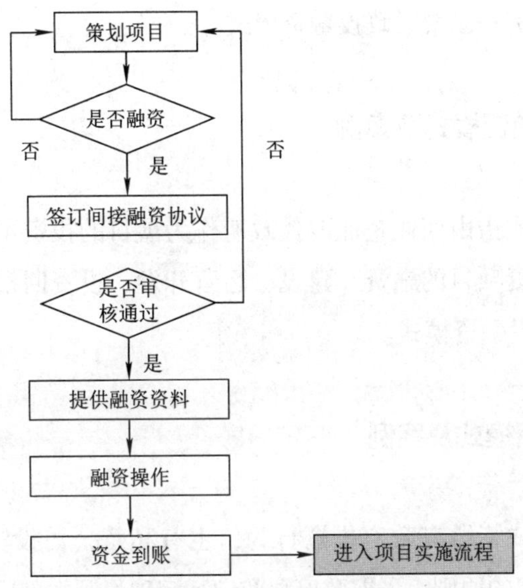

图 3-2　我国政府间接融资审批流程

建议的融资类型：银行贷款、融资租赁、信托计划等。

专栏 2　我国政府间接融资典型案例

银行贷款案例：A 市旅游产业的银团贷款；融资租赁案例：中信公司电解铝融资租赁；信托计划案例：飞鸿的信托计划（以上案例参见附件 2）。

小结：

我国政府融资模式由传统的财政拨款、银行贷款等模式为主，逐步转变为政府基金引导、财政资金等补贴或者扶持，通过推动融投资模式创新，以政府引导基金和 PPP 融资等模式为手段，吸引更多的社会资本参与城市基础设施建设和产业转型等重点项目，进而满足城市建设和经济发展需要的资金。

二、国外政府融资模式及案例

（一）政府财政融资模式及案例

政府财政投资指由政府作为投资主体，主要利用政府财政资金，统一协调和使用资金。典型案例是巴黎财政投融资模式。

（二）商业投融资模式及案例

商业投融资模式指由商业企业取代政府作为项目的投资主体，并且采用商业原则进行经营，负责项目的融资、建设、运营开发、投资回报与还本付息等。典型案例是香港商业投融资模式。

（三）混合融资模式及案例

混合投融资模式指既有政府投资行为，也有私营公司投资行为，遵循国家、地方和私人共同分担的原则，采取政府财政向特定项目开发部门提供补贴、减免税收或提供低息融资的方式。日本城市轨道交通的建设经营是这种模式的典型代表。

（四）市政债券融资模式及案例

市政债券，又称市政证券，指各级政府及其授权机构或代理机构发行的证券。市政债券大体可分为两类，一般责任债券和收益债券（或收入债券），以美国为主要代表（参见附件2）。

（五）国库公司债券模式及案例

债券是一种金融契约，是政府、金融机构、工商企业等直接向社会借债筹措资金时，向投资者发行，同时承诺按一定利率支付利息并按约定条件偿还本金的债权债务凭证。以澳大利亚为代表，实行州政府发债为主的融资模式。

（六）公私合伙制融资模式及案例

公私合伙制（PPP）指政府机构与私营部门主体之间的合同约定，允许私营部门更广泛地参与从事公共基础设施项目，参与合作的私营部门需承担一定风险和管理职责。以英国为代表，形成公私合营 PPP 的投融资模式。

小结：

欧美等经济发达国家的金融工具相对广泛，融资创新走在全球的前列。各国金融工具的使用条件和范围各有差异。总体来看，政府基金、企业债和 PPP 等融资模式已经成为这些国家城市基础设施建设和产业开发的重要渠道，值得研究和借鉴。

三、地方政府债务管理

政府债务风险新规。2016 年 10 月，《国务院办公厅关于印发地方政府性债务风险应急处置预案的通知》（国办函〔2016〕88 号）提出：政府债务实行分级负责：省级政府对本地区政府性债务风险应急处置负总责，省以下地方各级政府按照属地原则各负其责。国务院有关部门在国务院统一领导下加强对地方政府性债务风险应急处置的指导。跨省（区、市）政府性债务风险应急处置由相关地区协商办理。

关于债务分类处置，文件规定：

地方政府债券：对地方政府债券，地方政府依法承担全部偿还责任。

对政府债券形式的存量政府债务：对非政府债券形式的存量政府债务，经地方政府、债权人、企事业单位等债务人协商一致，可以按照《中华人民共和国合同法》第八十四条等有关规定分类处理：

（1）债权人同意在规定期限内置换为政府债券的，地方政府不得拒绝相关偿还义务转移，并应承担全部偿还责任。地方政府应当通过预算安排、资产处置等方式积极筹措资金，偿还到期政府债务本息。

（2）债权人不同意在规定期限内置换为政府债券的，仍由原债务人依法承担偿债责任，对应的地方政府债务限额由中央统一收回。地方政府作为出资人，在出资范围内承担有限责任。

对于存量或有债务：

（1）存量担保债务。存量担保债务不属于政府债务。按照《中华人民共和国担保法》及其司法解释规定，除外国政府和国际经济组织贷款外，地方政府及其部门出具的担保合同无效，地方政府及其部门对其不承担偿债责任，仅依法承担适当民事赔偿责任，但最多不应超过债务人不能清偿部分的二分之一；担保额小于债务人不能清偿部分二分之一的，以担保额为限。

具体金额由地方政府、债权人、债务人参照政府承诺担保金额、财政承受能力等协商确定。

（2）存量救助债务。存量救助债务不属于政府债务。对政府可能承担一定救助责任的存量或有债务，地方政府可以根据具体情况实施救助，但保留对债务人的追偿权。

对于新发生的违法违规担保债务：

对2014年修订的《中华人民共和国预算法》施行以后地方政府违法违规提供担保承诺的债务，参照3.3.3第（1）项依法处理。

关于债务风险事件级别，文件规定：

按照政府性债务风险事件的性质、影响范围和危害程度等情况，划分为Ⅰ级（特大）、Ⅱ级（重大）、Ⅲ级（较大）、Ⅳ级（一般）四个等级。当政府性债务风险事件等级指标有交叉、难以判定级别时，按照较高一级处置，防止风险扩散；当政府性债务风险事件等级随时间推移有所上升时，按照升级后的级别处置。

政府性债务风险事件监测主体为省级、设区的市级、县级政府。经济开发区管委会等县级以上政府派出机构的政府性债务风险事件按照行政隶属关系由所属政府负责监测。

对于Ⅰ级（特大）债务风险事件，是指出现下列情形之一：

（1）省级政府发行的地方政府债券到期本息兑付出现违约；

（2）省级或全省（区、市）15%以上的市县政府无法偿还地方政府债务本息，或者因偿还政府债务本息导致无法保障必要的基本民生支出和政府有效运转支出；

（3）省级或全省（区、市）15%以上的市县政府无法履行或有债务的法定代偿责任或必要救助责任，或者因履行上述责任导致无法保障必要的基本民生支出和政府有效运转支出；

（4）全省（区、市）地方政府债务本金违约金额占同期本地区政府债务应偿本金 10% 以上，或者利息违约金额占同期应付利息 10% 以上；

（5）省级政府需要认定为 I 级债务风险事件的其他情形。

各级政府要研究上述政策文件，严格控制本级政府的债务风险。

3.4 金融租赁产业趋势预测

金融租赁指由出租人根据承租人的请求，按双方的事先合同约定，向承租人指定的出卖人，购买承租人指定的固定资产，在出租人拥有该固定资产所有权的前提下，以承租人支付所有租金为条件，将一个时期的该固定资产的占有、使用和收益权让渡给承租人。

20 世纪 50 年代，全球第一家融资租赁公司在美国成立，融资租赁行业经历了快速发展。北美洲、欧洲和亚洲成为全球融资租赁市场的主体。2015 年，三大洲合计占全球市场份额的 90% 以上。从我国金融租赁市场看，1981 年 4 月，我国第一家融资租赁公司成立，表明我国融资租赁业的开端。同年 7 月，首家金融租赁公司成立。从 1999 年开始，我国陆续实现了融资租赁法律框架的基本建设，2007 年 3 月修订的《金融租赁公司管理办法》允许合格金融机构参股或设立金融租赁公司。2016 年末融资租赁合同余额 53300 亿元，较 2007 年增长超过 200 倍，年均复合增长率 82%。到 2017 年 6 月，我国金融租赁公司 63 家，累计注册资本 1864 亿元。其中：银行系金融租赁公司 45 家，占比为 71%。

金融租赁是现代租赁的一种基本形式，其主要特征：

金融租赁涉及三方当事人，需签订两个或两个以上的经济合同。金融租赁涉及出租方同承租方的租赁关系，以及出租方同供货方的供应关系。要求出租方与承租方签订租赁合同，由出租方同供货方签订供货合同。特殊情况下，还需签订其他经济合同。

承租人对租赁物和供货商具有选择的权利和责任。金融租赁设备和生产厂、供货商均由承租方选定。出租方只根据承租方要求出资购买租赁物。承租人对设备的质量、规格、数量及技术检定验收等负责。

租赁设备的所有权与使用权分离。在租赁合同期间内，租赁物的所有权属于出租人，承租人在合同期内交付租金只能取得对租赁物的使用权。

金融租赁是融资和融物相结合的交易，融通资金起主要作用。

承租人要分期支付租金以偿付本息。金融租赁是一种信用方式，这就要求承租人必须按照合同约定分期支付租金，以保证出租人在租赁期届满，收回购买设备的价款和该项资金租期内应收的利息及一定的利润。

金融租赁合同是不可随意撤销的合同。一般情况下，当事人无权取消合同。

租赁期内设备的保养、维修、保险和过时风险均由承租人负责。

租赁期满，设备的处理一般有三种选择：续租、留购、退租，选择的方式一般在合同中注明。

关于我国金融租赁产业的发展趋势，笔者接受《首席财务官》杂志采访，做出了基本的判断。

金融租赁的第三次浪潮

2010-04-13 14:59　来源：叶龙招《首席财务官》

3月初，在信贷紧缩预期愈加强烈的背景下，银监会对银行系租赁公司颇有些意外的二次“开闸放水”，农业银行、光大银行、兴业银行一同审批通关，同时获批的还有中石油。

日益壮大的银行系金融租赁公司队伍，以及长长的排队待批的商业银行名单，无疑证实了中国金融租赁市场广阔的前景和金融租赁的巨大诱惑力。然而回顾两起两落的国内金融租赁市场发展脉络，新一代银行系金融租赁公司将如何实现各方期待的金融创新使命，激活沉疴已久的金融租赁市场，仍然有待时间的检验。

为此，记者专访了国资银行中的代表性租赁企业——工银金融租赁有限公司（以下简称“工银租赁”）CFO陶梅、股份制银行中的代表性租赁企业——招银金融租赁有限公司（以下简称“招银租赁”）副总裁兼CFO刘卫东，以及业内的知名专家、中国人民大学企业管理协会首届会长、民生金融租赁公司筹备咨询项目经理吴维海博士，全面梳理银行系金融租赁公司的前生来世，力图为本土CFO运用金融租赁工具提供实战思考。

一、后来居上

金融租赁是 20 世纪 50 年代兴起于美国的新型租赁方式，这种租赁具有融物与融资双重功能，其交易形式主要有：直接融资租赁、售后回租、联合租赁；交易性质从《会计准则》角度分为融资性租赁和经营性租赁。

在发达国家，融资租赁业已成为与银行信贷、证券并驾齐驱的三大金融工具之一。目前中国的租赁渗透率约 4% 左右，低于西方欧美等发达国家 20%~30% 的水平，也低于亚洲平均水平（亚洲平均约 8%）。据资料显示，2008 年中国全社会固定设备投资总额为 10.99 万亿元，租赁额只有 550 亿元。不过，如果要想达到发达国家的平均渗透率，我国的租赁规模应在 1.6 万亿元左右。从这个角度来说，中国租赁业的现状与全球第二的 GDP 经济总量是严重不匹配的。

事实上，在近 10 年时间里，国内融资租赁业一直处于停滞不前的状态。融资租赁业的“两起两落”一度把中国的租赁市场搅得“混乱不堪”。受 1997 年亚洲金融危机影响，中国金融租赁业遭遇了行业的第一次危机，融资租赁因银行债务问题进入萧条时期，政府强令要求银行退出金融租赁公司。其根本原因均是因为租赁公司并没有真正专注于租赁业务本身，而是被金融牌照诱惑，企图多元化经营，乱投资、炒股票、炒房地产和高息揽存等违规业务，甚至变相吸收公众存款。2001 年民营企业纷纷入主金融租赁公司，但未及两年，因大多运营不够规范，使原本期待脱胎换骨的金融租赁业陷入第二次危机。

直到 2007 年，银监会颁布出台了《金融租赁公司管理办法》修改稿，允许银行入主金融租赁公司，融资租赁业得以“重生”。有金融专家指出，修改稿的目的，是为了让金融租赁公司真正回归融资租赁的本业，而不是借着金融牌照胡作非为。而国内大批完成改制上市的商业银行也当仁不让地对租赁、信托等非银行业务显示出浓厚的兴趣。很快工行、建行、交行、民生和招行先后组建了金融租赁公司，国开行也收购了一家租赁公司，拉开了银行系金融租赁公司全面登场的大幕。

凭借雄厚的资金优势和庞大的客户资源，银行系金融租赁公司迅速地成为租赁行业中的领头羊。

目前，国内银行租赁业务市场三分天下。由于主管部门不同，市场上形成了由银监会监管的金融租赁公司，商务部主管的外资、合资金融租赁公司，以及内资租赁公司三大板块。在五家银行租赁公司获批之前，中国已有的三类租赁公司共128家。银监会管理的金融租赁公司有12家，其中7家在运营，2007年末资产也只在218.5亿元左右。商务部主管的外资、合资租赁公司90家，内资租赁公司试点26家。而自我国银行系金融租赁公司开业以来，他们的发展速度明显高于原有的租赁公司整体水平。中国银行业协会金融租赁专业委员会近日发布统计显示，截至2009年末，国内12家金融租赁公司租赁资产余额总计达1507.3亿元，全年实现营业收入77.79亿元，利润总额22.36亿元，分别比2008年增长120%、80%和61%。

“预计2012年前后，我国金融租赁业务规模将超过1万亿元。”吴维海对新格局下金融租赁行业的发展前景非常乐观。

不过，困扰金融租赁市场的难题很多，以前遗留的老大难问题有待破冰，未被开发的市场还需拓展。与发达国家和我国经济发展的实际需求比较，我国租赁市场实处初级阶段，规模过小，目标客户也过于集中。吴维海认为，国内小型租赁公司资产质量不高、专业化能力较低、资金来源匮乏、市场定位模糊、国家税收优惠政策较少等多重因素制约着租赁市场进一步发展。

二、掘金富矿

2007年底，作为国务院批准设立的首批银行系金融租赁试点单位，工银金融租赁、建信金融租赁、交银金融租赁携巨额的注册资本成功闯入融资租赁领域。紧接着的2008年初，与之同时获批的民生金融租赁、招银金融租赁、国银金融租赁，也相继成立。

2007年11月28日，也就是注册资本金高达20亿元的工银租赁的开业当天，身为工商银行全资子公司的工银租赁便取得“开门红”，与海航集团签订飞机租赁协议，并同中远集团签署了与船舶租赁相关的协议。

“机船业务是工银租赁的特色业务。”工银租赁CFO陶梅表示，工银租赁几乎是开创了国内银行系金融租赁公司拥有飞机船舶所有权的历史。成立的第二年，工银租赁便为我国租赁业摘得国际大奖——《欧洲货币》2008年度亚太飞机交易奖。目前，工银租赁共拥有45架飞机和57艘大型船舶。

2008年3月，招商银行设立的全资子公司—招银租赁以20亿元的资本金，落户上海。

充足的银行资本投入也为稍后成立的招银租赁的规模化经营奠定了坚实的资本基础，凭借招商银行的信用背景和资本投入，招银租赁把业务重点放在了建筑、电力、采矿、制造、新能源等行业大中型设备上。招银租赁 CFO 刘卫东表示，“这是过去融资租赁行业可望而不可及的业务市场，在设备投资领域，融资租赁成为设备金融的强势金融工具被广大金融市场所关注。”

在航运市场领域，面对全球航运金融危机，招银租赁将市场重点放到疏浚行业的工程类船舶，同时针对中国近海沿海航运和内河航运展开营销，成功躲过了 2008 年金融危机所带来的船价波动导致的弃船、接船风险。

综合业内统计的情况，目前各银行系租赁公司的业务方向聚焦在航空、航运以及其他行业的大型设备上。

“以航空运输为例，未来 5~10 年，中国民航运输业预计将以 8%~9% 的速度增长，到 2023 年预计中国民航增添 2300 架左右的飞机，价值约 1830 亿美元。目前国内各航空公司的飞机有 60%~80% 采用租赁方式通过外国租赁公司引进，保守估计飞机租赁市场容量 1080 亿美元，平均每年新增租赁合同额 54 亿美元。”吴维海一语点出国内金融租赁业务细分市场中的这一“富矿”。

事实上，国家地铁轨道交通和重大能源工程、十大产业振兴规划、西部大开发、振兴老东北，南水北调、西电东输、西气东输等重大工程以及国家经济开发区战略等产业政策，也存在着巨大的融资租赁需求。而凭借商业银行对上述重大项目的天然信贷关系介入，银行系金融租赁公司无疑在整个金融租赁市场内占据着最富有利润的细分市场。

“掘金富矿”的策略很快收到了实效，截至 2008 年 11 月，六家银行系租赁公司的租赁资产规模约为 460 亿元，业绩赶超了 137 家内、外资融资租赁公司 2008 年的全部业务额。

在“掘金富矿”的战略下，资本充足率就顺理成章地变成银行系金融租赁公司的共同挑战。根据银监会《金融租赁公司管理办法》规定，金融租赁公司的资本充足率不低于 8%，即业务发展规模不能超过 12.5 倍。事实上，银行系金融租赁公司大多从事飞机、船舶及大型设备租赁的专业化经营，飞机、船舶单体价值大，并大多集中由大型航空公司和船东运营管理，行业集中度高。显而易见，资本金不足将对业务定位和市场开拓形成限制。

去年9月，工银租赁获得母公司工商银行30亿元的增资金，注册资本金达到50亿元；今年3月15日，交银租赁公司增资申请获批，注册资本由20亿元人民币增加到40亿元人民币；民生租赁也曾公开表示，计划将资本金由32亿元增加到50亿元。

刘卫东表示："作为新生的金融租赁公司，在求规模、谋生存的初级阶段，不可避免的需要快速扩张，提升自己的市场份额，但规模不是招银租赁的最终目标，以专业化的运营机制最终赢得市场是我公司持久追求的方向。"

中央财经大学中国银行业研究中心主任郭田勇认为，金融租赁业务发展的潜力非常大，银行业务的贷款基数也非常大，因此增长率不会有太大变化，而金融租赁业务虽然目前看着基数小，但增长率会不断往上升，增长空间会很大。

自成立以来，工银租赁分别与东航、海航、深航等多家公司签署合作协议，先后出租波音、空客、ERJ等不同类型的14架飞机。去年6月，成立仅一年的招银租赁与中国恒天集团有限公司签订全面战略合作协议，总合作额度为20亿元。

"资本金的扩充，必将引领银行系金融租赁公司向更大更高的方向发展。"吴维海强调说。

三、优势与挑战

与一般的租赁公司比较，银行系金融租赁公司具有品牌和信誉度高、资金实力相对雄厚、可借用的网点多、银行已有风险体系可移植和创新，可挖掘的客户资源丰富、企业处于初创期和没有不良资产包袱等优势。那么，银行系金融租赁企业该如何利用自身的优势来提高核心竞争力?

事实上，租赁业务的快速发展，对"人"提出了更高的要求。"工银租赁做的都是大项目，对技术、经验的要求特别高，可以说，我们在航空航运上的团队云集了各行业的精英。"据陶梅介绍，工银租赁从香港引进了航空航运上的专业人才，还特地从外资银行里聘请了经验丰富的金融人才。陶梅本人此前也在工商银行英国子公司——工银伦敦担任副总经理，熟谙国际金融市场。

刘卫东表示，招银租赁当初组建人才队伍的时候，就特别重视行业的分类，吸纳了不少细分行业的专业人才，如来自船舶公司、航空、机械制造业的人才。

另外，还组建了外部专家团队，专门为员工作培训、指导业务操作和风险控制等。

“人的进取精神非常重要！”陶梅表示，工银租赁有一股很强的奋斗精神。“其实，我国租赁业在监管、法律、税收上都不是很完善，遇到这些问题时，我们都是在不断地探索，这是一个不断推动和说服的过程，”“一切都是‘前无古人’，无处借鉴的，”尽管这一路走得很艰辛，但陶梅仍然感到很欣慰。

事实上，在这张行业的白纸上，走在排头的工银租赁为行业发展做出了探路者的贡献。“在一些管理办法的制定过程中，我们与监管部门进行了密切沟通。”提及工银租赁对于行业建设所起到的作用，陶梅的自豪感溢于言表。

吴维海认为，引进和创新业务管理模式、风险管控体制，构建金融租赁风险管理体系，可以强化业务创新，提升服务能力，“可借助商业银行现有的风险识别、分析能力帮助自身进行风险控制，提高风险管理能力。”

尽管目前国内金融租赁的市场空间非常大，机遇也显而易见，但在外部环境中仍存在着相当大的挑战。

四、行业再造

银行系金融租赁公司的控股股东多是银行，其高管大多来自银行，最为直接的影响就是，银行原有的资产管理体系和资产管理要求将随之带入金融租赁企业，“这种规范和严格的资产管理体系必将给其他金融租赁公司带来学习的标杆和经验，进而会提升整个金融租赁产业的资产质量。”吴维海认为，在中国金融租赁市场陷入困境的条件下，银行系金融租赁企业给中国金融租赁业带来了很大影响。

银行系金融租赁企业就像一件耀眼的“红外套”，吸引着众多人的目光。它们的出现，为中国金融租赁业向现代租赁方向转型提供了强大的推动力。

“此前没有任何可参照的东西，银行系金融租赁公司的经营理念是开放式的，这也为我们创造了许多可以探索的机会。”陶梅表示，“现在市场的竞争不是特别激烈，蛋糕会越来越大，细分市场中还有很多空间。”刘卫东也认为，“未来几年的竞争格局不会很强，对租赁公司来讲，最重要的是找到好的商业模式，走出一条差异化路子，而不是同质化。”

此前，租赁关系链条中的承租企业拖欠租金现象严重，行业的弊病一直难以“治愈”。根据一则数据显示，目前我国承租企业平均欠租比例占其经营总额的15%~30%，严重的已达到60%~70%。银行系金融租赁企业凭借其完善的客户信用体系和高品牌知名度，促使客户增强了守信意识，由此也提高了行业信用度。陶梅说，“至今为止，我们还没有遇到过有拖欠租金的情况。”刘卫东也表示相同的观点，“我们在客户选择上是比较谨慎的，现在我们的客户主要是央企的下属企业、地方国属企业及世界500强企业，信用度比较高。”

尽管银行系金融租赁公司的客户信用水平普遍比较高，但工银租赁还是制定了严格的风险防控措施。陶梅坦言，工银租赁专门设立了风险管理委员会和资产管理部，“有中后台的支持，管理会比较严密。”同时还配套使用对承租人的租前调查和租后的动态管理等方法，关注租赁物的市场流动情况，一直到租赁期结束。

“资产管理能力的要求是非常高的，它包括对资产管理风险的控制和租赁物的管理。”刘卫东强调必须要严格控制好风险，才能为租赁业带来健康可持续的发展。

五、前景广阔

依目前的情况来看，社会对租赁的认知程度并不深，在地域上也有很大的差异。作为把着上海这块“肥肉”的招银租赁，原本以为可以借助地理优势，大举发展业务。“招银租赁在上海的业务其实很少，而中西部倒是比较容易接受。这是一个很奇怪的现象，我一直在思考这个问题。”刘卫东坦言，招银租赁的业务版块主要分布在环渤海、中部以及西部的重庆和成都一带。

曾参与民生金融租赁公司开业前期筹备的战略规划与制度体系建设的吴维海博士以民生金融租赁公司的盈利模式为例谈了自己的观点。他认为，民生金融租赁公司创立初期的“1+3”商业模式很有特色，很有创意，实践证明，实施效果非常明显。关于商业银行的金融租赁业务未来发展思路，吴维海博士认为，商业银行在开展金融租赁业务时，应发挥各自优势，依托银行现有的品牌、资金和客户资源等优势，整合内部与外部的资源与能力，实现相关多元化经营，增加租赁业务收入。

工银租赁迅速地迈出了开辟新业务的第一步。在离2010年还有三天的日子里，工银租赁与武汉城投签署了一单高达200亿元的租赁业务合作协议，成为第一笔银行系租赁牵手城投的业务，超越了工银租赁在工程设备、船舶、航天等传统业务领域。

“未来 5~10 年，随着我国金融租赁市场客户需求的差异和市场竞争的日趋激烈，细分市场的客户需求将成为金融租赁企业研究和跟踪的服务重点，打造某一个或几个细分市场的品牌形象，占据细分市场的较大份额，实行服务差别化、业务个性化和客户细分化，将成为未来的发展趋势。”吴维海对金融租赁市场做出了预测。

如果说过去的融资租赁行业一直在传统的医疗、工程机械、印刷、电子产品等领域开展中小单业务，在银行系租赁公司加盟后，未来的融资租赁市场的触角将向资金密集型的航空、航运、节能环保、大型工程施工设备等大单业务领域突破，并与银行信贷产品抗衡。

随着我国经济的全球化发展，服务客户的业务范围呈现跨境覆盖趋势，金融租赁业务也逐渐全球化，飞机制造、船舶采购、大型设备和技术采购等很大份额在不同的国家和不同客户之间实现，金融租赁业务需要多个国家和地区的企业、银行、金融租赁公司等业务主体相互合作才能实现。目前，已有许多国外大的金融租赁企业，如 IBM、美国国际集团、苏格兰皇家银行、国际航空租赁公司等，都在中国有金融租赁业务。

吴维海认为，银行系金融租赁公司将成为金融租赁业的行业领先者，盈利模式创新者，市场规模的主要构成者，以及中国经济的主要驱动者。“未来五年左右，中国银行系金融租赁公司的品牌知名度、业务规模、盈利能力将显著提升，并在金融租赁市场逐步成为行业领先者，行业内前 10 名的国内金融租赁公司名单将主要由银行系金融租赁公司占据。”吴维海非常看好银行系金融租赁业的发展。

据了解，几家银行系金融租赁之间是互助合作的关系，为此还专门成立了银行系金融租赁协会。陶梅表示：“我们大家都承担着引导金融租赁业健康稳健发展的使命和责任，我期待我们之间能有相互合作的机会。”此前，陶梅在工商银行英国的管理机构——工商银行伦敦分行供职三年，任副行长，熟谙国际金融市场。

随着商业银行的不断介入，银行系金融租赁企业也将逐渐步入高成长的企业行列之中。对未来商业银行发展金融租赁业，吴维海提出了如下建议：一是强化专业团队建设；二是实行差异化、细分化竞争策略；三是构建风险控制的防火墙；四是建立产业联盟和利益分享机制；五是创新商业模式，提高盈利性。

“在多元经营的情况下，如果管理跟不上，法律和监督也跟不上，很容易出问题，形成交叉违约，爆发系统性危机。”在吴维海看来，银行系金融租赁企业的发展任重道远。

3.5 中国企业境外投资路径

境外投资指投资主体通过投入货币、有价证券、实物、知识产权或技术、股权、债权等资产和权益或提供担保，获得境外所有权、经营管理权及其他相关权益的活动。境外投资的投资主体，包括两大类。

一是中国境内的各类法人，包括各类工商企业、国家授权投资的机构和部门、事业单位等，这些机构属于境外投资中国境内的法人机构，受中国内地法律的管辖约束。

二是由国内投资主体控股的境外企业或机构，境内机构通过这些境外企业或机构对境外投资。这些境外企业或机构不属于中国内地法人机构，不受内地相关法律的制约，但境内机构通过这些境外机构向境外投资时，需要按照国内企业投资项目核准的政策规定，履行核准手续。与国际惯例相同，在国内有投资资格的自然人也可境外投资。

适用于境外投资项目核准的投资地区，包括海外国家、我国香港特别行政区、澳门特别行政区和台湾地区。凡在中国大陆地区之外的任何地区进行投资，均为境外投资。

受到结构调整、要素成本上升和“一带一路”倡议等因素影响，中国企业“走出去”的意愿强烈。由于国家外汇管制、供给侧结构性调整等因素约束，2017 年我国境外并购的政策有所调整，预计 2017 年我国对欧美地区的投资增速可能减缓。研究不同时期我国企业境外投资监管政策、市场需求、投资战略和投资趋势，有助于更好地贯彻落实国家投资政策，优化核心资源，推动“一带一路”倡议的实施。

投资模式成发展掣肘，中投海外路径待重构[①]

2013-06-25 中国企业报

自今年（2013年）3月以来，作为中国唯一的主权财富基金，中国投资有限责任公司（以下简称“中投”）董事长一职至今无人接替，一时坊间猜测纷纷。

业内分析指出，中投最大的问题并不在掌舵人空缺，政企不分的身份和撒胡椒面式财务投资模式是让中投公司在国际资本市场上处于“荷戟独彷徨”境地的根本原因。作为主权财富基金，中投应更加看重长期投资收益；未来海外投资方向应选择与国内产业相关的产业以实现产业升级。

有数据显示，中投公司成立五年来境外投资业务累计年化收益率仅为3.9%。

一、政企不分 海外投资受阻

据了解，中投公司有两个主要的子公司，一家是中央汇金公司、一家是中投国际公司。中投公司的海外投资项目由中投国际来承担。目前中央汇金由中投控股，而中央汇金是国开行、工农中建四大行以及多家证券公司、政策性保险公司的大股东，代国务院行使股东权益的机构，虽然中央汇金与中投的经营是基本分开的，但汇金的存在依然令海外市场对中投政企不分的身份心存顾虑。

“几年来，中投公司模糊的身份在国际市场上既没有结下可以信赖的投资伙伴，也没有长远的战略投资目标，这就使得中投公司所到之处，其他金融投资者都会睁大眼睛，保持高度警惕。在这种情形下，只要是中投公司涉足的领域，其他投资人就一定会伺机反向操作。这自然会加大中投公司的风险。”中南财经政法大学廉政研究院院长乔新生称。

二、财务投资模式存疑

“作为财务投资者，中投不寻求通过对企业或行业进行控制，因而其投资比较分散，集中投资的比重较低。”工信部副研究员吴维海在接受《中国企业报》记者采访时称。

① 吴维海．投资模式成发展掣肘，中投海外路径待重构[N]. 中国企业报，2013-06-25。

从2009年年报和2010年年报的数据来看，全球投资组合集中持有的比例在23%到24%，分散持有的比重为77%到76%；2011年境外投资组合集中投资比例为20%，分散投资比例80%。

“在业内，主权基金的投资策略大致有两种，一种是极尽分散，投资股权比例很小，目的并不是为了控制企业，而是为了获得分红和股票溢价，这类归为财务投资。另一些主权基金投资某个企业股权比例较高，目的是控制或改造公司。”吴维海指出，从中投这五年的投资来看，显然属于前者，典型的“撒胡椒面”投资方法。

而从中投的境外投资组合中发现，股权分布的行业主要是金融行业，占19%；其次是能源行业，占14%。长期资产中，对金融、资源能源等周期性行业投资比重较大。

“业绩好不好，很大程度上与中投在能源方面投资有关，2011年在全球初级产品市场行情下行背景下，中投这部分投资拖了收益率的后腿。”商务部国际贸易经济合作研究院研究员梅新育指出，若中投能反周期投资，情况可能要好得多。主权财富基金的本质是追求投资回报。

数据显示，2008年至2011年境外投资回报率分别为-2.1%、11.7%、11.7%和-4.3%。

“中投公司的注册资本金来自于财政部发行的一笔1.55万亿元人民币的特别国债，以此向央行购买等值的外汇储备，约2000亿美元。这一特别国债的票面利息在4.3%~4.5%。运营四年的中投公司盈利尚不足以覆盖其财务成本。”渤海证券内部人士吉昊对《中国企业报》记者指出。

“未来，这样的投资思路和运作模式应该有所改变。”吴维海指出，今后中投应该选择那些与国内产业有关联，但国内发展比较薄弱的产业进行投资，例如在德国可以选择精密制造业、工具业等等，透过投资加强和国内相关产业的对接，从而实现产业升级。

三、海外投资向产业转移

“最初财政部发行特别国债募集，中投公司需要支付每年5%的利息。另外，最近几年人民币兑美元每年的升值幅度接近5%，加上每年5%的利息成本，中投公司的年收益率如果低于 10% 就会陷入亏损。"吴维海博士分析指出。

2012 年年报还未公布，但中投副总经理梁骧曾表示，中投公司 2012 年的海外投资回报率为 10.65%。

"这至少表明，中投开始盈利了。"吴维海博士称。

"从最新的投资动向来看，中投公司投资路径已经发生明显转变。"接近中投人士向《中国企业报》记者说道，"2012 年上半年，中投公司陆续减持全球最大的资产管理公司贝莱德的股份，持有 3 年累计回报率达到 30%。"

海外投资也向产业投资转向。2012 年 9 月，中投造访了澳大利亚的塔斯马尼亚州，对当地数家奶牛场进行详尽调查。"中投与澳大利亚奶牛企业签订了 1.8 亿美元的投资项目。"接近中投人士对《中国企业报》记者说。随后，中投又与新西兰乳业巨头恒天然商洽入股事宜。

一方面，中投牵头国开金融、中信资本和博裕资本组成银团，帮助阿里巴巴完成总额达 76 亿美元的向雅虎回购股份计划；另一方面，中投与加拿大退休金计划投资委员会、新加坡政府投资公司以及亚洲最大的现代物流设施供应与服务商普洛斯共同成立合资公司，以 14.5 亿美元收购巴西公司的物流设施，建立巴西最大的物流平台。

对于中投未来长期发展战略，中央财经大学中国银行业研究中心教授郭田勇表示，主权财富基金作为长期投资者，应更加看重长期投资收益。而衡量中投公司的运营，关键是其未来能否继续坚持长期投资、组合投资、分散风险的理念，在人才培养、项目筛选、风险管理等方面不断增强，以确保我国外汇储备投资的长期保值增值。

3.6 商业银行信贷规模管理

信贷规模（Credit Scale）又称"贷款规模"，是中央银行为实现一定时期货币政策目标而事先确定的控制银行贷款的指标。它包含两层含义：指一定时点上的贷款总余额，也就是总存量；指一定时期内的贷款增量。截至 2016 年末，银行业金融机构资产余额 226.3 万亿元，同比增长 15.8%；全年实现净利润 2 万亿元，同比增长 4%；截至 12 月末，商业银行不良贷款率 1.81%、拨备覆盖率

175.5%，资产利润率0.99%，资本利润率13.2%，资本充足率13.3%，处于国际同业较好水平。

2017年，中国银监会召开全国银行业监督管理工作（电视电话）会议，提出：优化贷款结构，全力支持京津冀协同发展、长江经济带发展和“一带一路”建设三大战略，大力支持西部开发、东北振兴、中部崛起、东部率先的区域发展总体战略。实施差异化信贷政策，有保有压，对于低质低效、无法转型、丧失市场的“僵尸企业”，稳妥有序实现市场出清，对于产能过剩行业中有效益、有市场、有竞争力暂时面临困难的企业，要区别对待继续给予支持。提升绿色金融服务水平，坚决退出环保排放不达标、严重污染环境且整改无望的落后企业。分类实施房地产金融调控。严控不良贷款风险。摸清风险底数，细化信贷资产分类，加大风险隐患排查力度。严控风险增量，加强统一授信、统一管理，严格不同层级的审批权限。加快处置存量风险，提高损失吸收能力。优化风险处置环境，坚决遏制企业逃废债，继续加强与地方政府、司法部门的工作联动和信息共享，加大对失信企业和企业主的联合惩戒力度。严盯流动性风险。提高应急管理能力和负债管理能力，拓展资金来源渠道。提高行业互助能力，建立健全城商行、农商行流动性互助机制，发挥好信托业保障基金作用。严管交叉性金融风险。进一步完善监管规则，确保对同类业务适用同样的监管标准；实施穿透原则，对资金源于银行体系各类交叉金融业务，按照实质重于形式的原则纳入全面风险管理；做实并表监管。严防地方政府融资平台贷款风险，配合有关部门推动地方政府融资平台转型。①

四大行新增贷款同比增两倍

2013-02-06 来源：昆明日报

申银万国发布的最新数据显示，四大行（工农中建）1月前20天新增信贷3400亿元，较2012年12月的1200亿元增长接近两倍，也超过2012年1月四大行全月的3170亿元新增信贷。多家机构预测，1月份的新增信贷规模将出现

① 中国银监会网站，2017全国银行业监督管理工作会议召开2017年1月10日

井喷。

据了解，今年工农中建四大行计划新增信贷分别约为 9000 亿元、7000 亿元、5000 亿元和 8400 亿元，总计近 3 万亿元，同比增速为 10% 到 12%，略快于去年。

业内人士透露，工行今年新增贷款额度在 9000 亿元左右，较去年的 8600 亿元增长 4% 左右，稳定而庞大的存款令其信贷投放相对从容。央行核准建行 2013 年的信贷规模在 8400 亿元左右，信贷增速约为 11.2%。农行今年信贷额度大约为 7000 亿元，较去年增长约 8%。而中国银行信贷始终维持在每年 6000 亿元左右。

分析指出，今年包括国有银行与股份制银行在内，信贷额度只会稳步增长。从今年 1 月份信贷资金投放情况来看，新增的贷款资金并没有能够向实体企业、特别是中小企业倾斜。相反，银行抽贷现象却越来越严重。不仅是抽贷给企业带来压力，利率上浮、以承兑汇票替代现金、高比例的存款保证多以及各种中间费用、公关费用等，也让银行贷款的综合成本居高不下。

"注入流动性引发的通胀将可能发生两种情况：一种情况是慢性通胀。在这种情况下，充裕的流动性引领经济从低谷走出，企业融资成本降低，生产恢复，失业率下降，资产价格上涨，虽然通胀率会缓慢上升，但实体经济也会逐渐复苏；另一种情况是，毫无节制的注入流动性不但没有解救实体经济，反而引发原材料价格大幅上涨从而形成滞胀。"工信部副研究员吴维海向记者表示。

3.7 三亚市金融产业规划

金融业指经营金融商品的特殊行业，它包括银行业、保险业、信托业、证券业和租赁业。金融产业具有指标性、垄断性、高风险性、效益依赖性和高负债经营性的特点。地方政府编制金融产业五年规划和中长期规划，分析宏观环境和产业政策，立足产业基础，确定金融产业发展目标和空间布局，明确主要任务和重点工程，制定未来产业发展的实施路径，并研究形成组织领导、资源匹配和业绩考核等规划保障机制。

一、金融产业规划编制内容

（一）产业环境

包括：全球经济与金融形势、国内金融产业形势与政策、海南省金融产业形势、政策，以及三亚市金融形势与政策，未来产业趋势等

（二）发展基础

主要研究分析海南省，三亚市及周边城市的等金融产业现状、竞争格局、发展优势、存在机遇、劣势与挑战，以及可能发展趋势等。

研究分析三亚市重点金融企业和业务布局与主要特点，市场机会、存在问题，以及区域性特征与格局等。

研究分析三亚市的金融产业链、主要参与者及结构特征等。

研究区位优势、交通、人才资源、企业资源、经济基础等，分析未来的发展潜力和可能的方向。

（三）标杆研究

研究国内外标杆城市和地区的金融产业发展特征，发展策略，以及主要借鉴等。如：香港、上海、深圳等。

（四）规划思路

包括：指导思想、发展愿景、规划目标、产业布局，重点战略思路、行动步骤等。

（五）重点任务

包括：产业选择、区域布局、企业选择、政策优惠、人才引进、重点工程，

主要行动步骤等。

（六）保障机制

包括：组织领导、议事流程、政策扶持、责任分解、资源匹配、重点监督、风险管理、国际合作、机制体系改革、服务平台建设等。

二、规划研究方法

金融产业中长期规划的编制与研究方法，包括但不限于：

标杆分析法、历史比较法、系统工程分析法、专家深度访谈法、产业价值链分析、区位优势分析、层级分析法、案例研究法、SWOT 分析法、产品生命周期、关键因素分析、S-C-P 分析法等。

3.8　马云的互联网金融是旧瓶装新酒

20 世纪 90 年代始出现了网络银行，通过网络系统进行查询、划款、存款和结算信息查询、信息分享等银行业务（网上借款当时没有开通），个个银行设立了电子银行部或网络银行部门。当时，银行管理者就惊呼不久就会出现无人银行，传统柜台业务将极大地压缩，员工要大批失业。随着全球信息通信技术的升级和计算机硬件的快速发展，近年来出现了互联网，部分民营机构如马云的阿里巴巴和其他互联网企业，包括某些官方、半官方和协会等组织越来越多地提到互联网技术的金融功能和网络支付、网上借款等领域，一些企业开始涉足互联网与结算、借款等相关业务。于是行业内出现了一个新的名词：互联网金融。有些相关机构和社会组织、媒体等甚至把“互联网金融”神圣化，仿佛它是全新的业务和新生事物似的。对此，笔者撰写了时事点评“马云炒作的互联网金融，无非是旧瓶装新酒”，呼吁行业主管部门和社会各界要客观、理性地认识和看待互联网金融，不要盲目跟风，也不要放任不管，要注意风险，稳步监督和有序发展[①]。

互联网金融业务近期被互联网企业、少数媒体炒得热火朝天，以阿里巴巴集团马云等为代表的互联网金融企业初具规模，并且发展速度极快。有官员和学者乐观预测，未来互联网金融将替代传统金融成为中国金融业的主导地位。互联网金融，仿佛是一个新生事物，一夜间遍地开花，令人眼花缭乱。

实际上，从金融本质来看，互联网金融不过是10多年前银行领域的老业务，是被某些人和行业有意无意炒作、抬高和重新包装、赋予了新的内涵而已。互联网金融，在某种程度上，是旧的酒瓶装了新酒，而不是完全意义的金融创新。

从我国互联网金融的历程看，互联网金融在短期内替代传统金融是不可能实现的。从长远看，互联网金融和传统金融的融合、互补是产业发展的趋势，未来10年，我国金融业仍将是传统金融业为主，互联网金融为辅的产业形态，越来越多的传统金融企业将更加关注互联网金融，更多投资到互联网金融服务和业务创新，互联网的便利、低成本导致的传统金融客户分流和业务差异化是可能的产业变化。

关于互联网金融，源自20世纪90年代我国出现的网络银行。当时，网络银行的概念在中国银行界被炒作，当时有人担心：网络银行数年内将替代传统银行，银行从业人员可能大量下岗，银行营业网点大量关门，很多人忧心忡忡。笔者当时在金融单位工作，曾发表网络银行的文章，认为：网络银行将逐步替代部分传统银行功能，传统的金融机构将增加网络服务，包括电子银行机构和投入，形成传统营业网点、网络结算等混合式结构。网络银行并不可怕，它会带来金融变革和服务创新，应乐观其成。

事实证明，自网络银行出现在我国金融领域以来，经过了20年的时间。在这些年里，受到计算机技术、网络技术、手机使用等限制，以及金融机构固有的经营理念、发展模式、国家行业监管等制约，网络银行并没有像预想的那样，爆发式增长，而是逐步、缓慢地在部分金融领域得到培育和探索，如电子银行、企业网络银行、网络转账等领域，现有银行和其他金融机构形成了电子银行部等网

---

① 吴维海，马云炒作的互联网金融，无非是旧瓶装新酒，新浪博客文，2012年。

络银行的运营部门。网上融资的功能发展相对受限制。

近年来，智慧城市等为核心的新一代信息技术发展迅速，三网融合和通信技术的升级为网民和手机用户带来了新的消费模式，上网已成为 40 岁以下百姓的日常生活业态，随之而来的是互联网广泛普及，人们生活模式、采购模式和金融理念的持续变化，互联网金融的概念也就出现，并被运营商炒作起来。说到底，互联网金融实际是多年之前网络银行的丰富和变革，是增加了新功能和赋予更多内涵的网上银行，而不是某些人和媒体所说的颠覆式的一种金融创新。

深层次来看，互联网金融并不像阿里巴巴马云等所想象的势不可挡，将其无限放大，它也不是洪水猛兽，而是金融产业发展到一定阶段的必然产物和重要趋势，是中小银行和金融机构的重要商业模式，是满足中小微企业等资金、结算等综合需求的金融服务渠道，是企业管理中长尾理论的金融客户应用。未来的银行、保险、基金等金融机构，可能投入更多资金和人力拓展互联网金融业务，开发各自的金融客户，实现结算和融资的网络化，替代部分金融传统业务模式。同时，随着国家金融改革和金融对民营企业的放开，可能有更多的民营企业凭借互联网金融，进入低门槛的金融服务行业，未来互联网金融的竞争将更加激烈，成功的互联网金融企业总是少数。马云等只是互联网金融的探索者，并且占据了某些政策、渠道和资源优势，未来，传统银行将大力投资互联网金融领域，转变业务模式，构建传统产业和互联网金融的融合互补，传统大型银行资金、技术、信誉等优势是马云和“后马云”不可比拟的。新的金融格局将重新洗牌，但是不太可能让“马云们”占据金融市场的主流和大部分的支付、信贷份额。

互联网金融，对中国金融产业是新的机会，将出现一些金融领域的行业新秀，也会对中小银行等形成冲击。由于历史的原因、机遇和个人奋斗等因素，马云遇到了千载难逢的机会，他及相类似的企业、个人，在互联网金融的发展过程中，目前占据了一些优势和资源，包括渠道和技术，或者有了新的公平竞争机会。新进入的互联网企业竞争将更残酷，传统金融企业和新进入者将形成交叉竞争、多层面竞争、全方位竞争。未来的金融市场，是靠实力和信誉说话。那些有技术、创新与竞争实力，有信誉保障的金融机构将占据市场的领先位置，行业将重新洗牌。

马云进入的互联网金融领域，更像是旧酒瓶装了新酒。将来谁能胜出，就看装的酒好不好喝，客户认不认可，是否愿意掏钱，政府监管政策是否允许。说起来，很简单，也很实际。互联网金融，应关注、欢迎，并积极观察和推动。

3.9 基于模块化核心的流程银行变革

模块化指解决复杂问题时自顶向下逐层把系统划分成若干模块的过程，有多种属性，分别反映其内部特性。模块具有以下几种基本属性：接口、功能、逻辑、状态，功能、状态与接口反映模块的外部特性，逻辑反映它的内部特性。其运行模式包括：

独立的工作运行模式。各个模块可独立工作，即便单组模块出现故障也不影响整个系统工作。

分级启动功能。当每组模块达到满负荷时系统会自动启动另一组模块，从而保证系统的输出始终与实际需求匹配，确保每个模块高效运行，又能节约资源，提高效率。

笔者负责实施了民生银行 2007 年的流程银行变革，并从模块化的视角进行了专题研究。

一、研究背景

流程银行（ process Banks ）理论最早追溯到迈克尔·哈默的企业流程再造（business process reengi-neering）理论和保罗·阿伦的银行流程再造（bankprocess reengineering）理论。银行流程再造的实践开始于 20 世纪 80 年代美国，到 20 世纪 90 年代中期，欧洲主要银行基本都进行了再造活动。中国在 20 世纪末开始实施银行流程再造，但是，中国银行界对流程再造一直没有清晰的理解，流程再造的目标不清晰。受到多年来传统思维和认知水平等限制，相当比例的银行高层管理者只是把流程银行看作简单的业务优化或部门精简，当作“事业部银行”等。这类流程再造只是对银行局部进行优化，并没有导致根本性的变革，中国的商业银行仍是“部门银行”，普遍缺乏核心竞争力、缺乏适应客户需求和市场应变能力。

为解决上述问题，银监会主席刘明康于 2005 年 10 月“上海银行业首届合规年会”首次提出“流程银行”的概念，“流程银行”逐渐成为中国金融界最流行的术语。

“流程银行”概念的提出，为中国银行业的变革指明了方向。为此，深入分析流程银行的本质，探索实现“流程银行”的变革路径，有着重要的现实意义。

二、流程银行的实质是以模块化为核心的银行变革

实行流程银行变革，必须搞清楚流程银行的实质是什么。根据国内外专家、银行高层管理者的实践体会和研究成果，流程银行实际上是以模块化管理为核心的银行变革。

为验证这一观点，我们引用保罗·阿伦关于《银行再造》的阐述：所谓银行再造是指银行为了在成本、质量和反应速度等绩效方面获得显著性的提高，以流程为核心进行的根本性再思考和再设计，这对银行再造做出了精辟的定义。

流程银行是以银行再造为基本内容的银行变革，银行再造就是以客户和银行核心竞争力为中心再造业务流程，以业务流程为中心再造组织流程、管理流程和决策流程，最终在金融市场和银行决策层建立起满足客户立体化、多层次服务需要的业务和服务流程。

以客户和银行核心竞争力为中心，进行流程银行变革，说起来简单，实践中非常复杂，它是个庞大的系统工程。银行如何通过输入客户需求，发挥自身的核心竞争力，整合现有资源，以产品和服务为载体，输出客户满意的经营成果呢？这个问题必须解决（见图 3-3 流程银行变革路径图）。

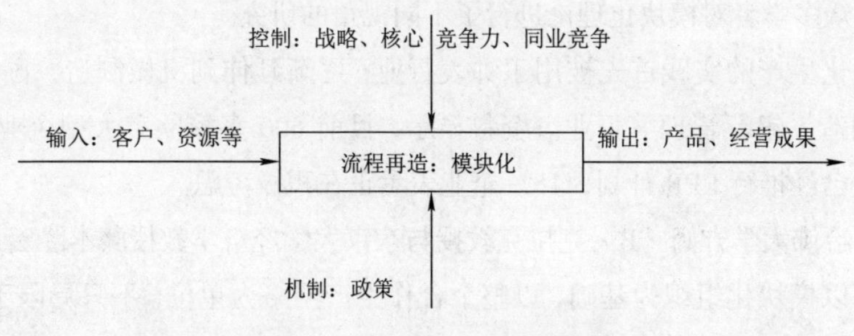

图 3-3　流程银行变革路径图

图 3-3 中，把某银行作为相对闭环的系统，系统从外界输入（Input）客户需求、资源、监管要求等变量，整个流程再造看作一个“黑箱”，用方框代表。方框内是需要完成的流程银行再造的设计框架和实现路径。“黑箱”——流程再造的实现需要外部银行发展战略和核心竞争力等控制（Control），需要一系列的制度体系（机制 Mechanism）保障，通过流程银行变革，输出（Ouput）合适的产品（含服务），最终体现在经营成果上。输入、控制、机制和输出通过流程再造的“黑箱”紧密联结，形成一个完善的流程银行变革体系。这里引用“黑箱”的研究方法，目的是在对流程银行没有统一认识的现实条件下，首先明确流程银行不是孤立的一项活动或一类管理，它与许多外部因素相互联系、相互作用，即使暂时不清楚“黑箱”的内部结构，通过研究它对输入因素的反应— 输出产品（经营成果），也可判定流程银行的优劣。

在流程银行变革的过程中，流程再造的体系化建设起着关键的作用。如何实现流程再造的体系化呢？

模块化（modularity）是实现这一目标的基本变革理念和运作模式。在前面的流程银行变革路径图中，模块化有抽象性，利用模块化方式建立流程银行或对流程银行进行改造，在外部环境得到满足的情况下，输入正确的信息，模块按其功能相应加工产出有效信息。银行再造过程并不需要了解模块内部构成与机制，模块作为有特定功能的相对独立黑匣子存在。

实际上，“模块化”概念最早是 1997 年哈佛商学院吉姆·克拉克与卡利斯·鲍德温在哈佛商业评论发表《模块化时代的管理》提出的。关于模块化的定义很多，普遍认可的是美国教授青木昌彦的定义：模块化是指半自律性的子系统，通过和其他同样的子系统按照一定规则相互联系而构成的更加复杂的系统或过程。国外众多学者对模块化理论进行了不同视角的研究。

模块化生产的实践首先被用于钟表行业，逐渐延伸到机械制造、国防工程、计算机制造、银行管理等行业。资料显示，目前 600 多家欧美大型企业，其中：70% 企业已经推行 EPR 计划，15% 企业表示正在积极考虑。

美国哈佛大学吉姆·B·克拉克教授与东京大学经济学教授藤本隆宏认为：企业经营是以模块化组织为基础，以整个合作生产网络为单位，不只局限于企业内部，要以整个组织协作生产网络为基础，构建企业的知识流的互换和知识联结体系。企业的每个模块化组织或模块化簇群直接对市场需求的变化做出反应，而不是通过科层方式的一系列企业内部的命令对市场做出反应。目前“部门银行”正是由于科层管理导致了客户需求的反应速度慢、内部部门和岗位之间相互扯皮、工作效率低下等问题。

未来的银行管理特征是扁平化的组织结构，矩阵式的网络化体系。而模块化组织是网络化的组织形态或者业务整合的基本单元。通过建立模块化的组织体系或基本单元，银行内部传统协作的中间产品虽仍在内部各业务单元间流动，但采用公开市场定价方法，银行内部传统的内部市场与外部市场融为一体。美国管理学家吉姆·B·克拉克预言：“模块化时代”已来临。

鉴于上面的分析，真正意义的流程银行应是以模块化管理为基础的银行变革，其实质是模块化管理在银行业的全面应用。

三、流程银行变革的基本路径

前文中图 3-3，把流程再造作为“黑箱”处理，主要原因是银行界目前对流程银行的实现方式和路径还没有统一的、完善的认识。这里，我们将打开流程银行再造的“黑箱”，揭示流程银行变革的真实面目和基本路径。

（一）核心概念

建设模块化为基石的流程银行，必须理解两个核心的概念：模块化、流程银行

1. 模块化

模块化的概念前面已经有论述，这里不再重复。

（1）模块化的特点

独立性。各模块通过接口与外界发生联系。各模块设计、制造、调试等有相对独立性。抽象性。模块作为有特定功能的、相对独立的黑箱存在。系统给予模块一定输入，模块按功能相应获得有效输出。

标准性。同一模块化体系内各系统有专门的功能，各模块可有机组合，构成某一系统。系统如果改变，只需在原系统中增加或变化某些模块。

扩展性。模块可以通过特定的组合形成功能、性能覆盖广泛的系统组合。

（2）实施模块化的优势

不同的银行模块组合可创建不同需求的金融产品，满足不同客户差异性需求；实现功能相似性重用，既可重用已有模块或能力要素，也可重用不同产品的营销、审批、服务、监督等资源；

减少产品复杂程度，提高管理质量和服务可靠性。由于实行模块化，模块内部建立了一定规范和标准，模块组合和管理比较容易实现。

提高抗风险能力和竞争力。模块化组合有动态多变和适应性强的特点，可随着市场需求和客户偏好进行相应的模块组合，形成新的模块簇群，更好地适应市场发展和竞争需要。

2. 流程

流程（Process）是一系列相关的人力活动或者操作有意识地产生一种特定的结果，流程的目标指向增加价值链的价值递增。

银行的流程可分为业务流程、管理流程和支持流程。业务流程是流程银行建设的核心，管理流程应确保业务流程目标实现，充分保证业务流程的风险得到有效控制，支持流程应以有效提高业务流程的效率为衡量基准。

3. 流程银行

（1）流程再造

流程银行起源于流程再造。保罗·阿伦等人认为："流程再造"主要是对流程核心进行再思考和再设计。

"流程再造"不同于"流程银行"，流程再造是对某一组织、业务或管理模式局部的重新设计或变革，而"流程银行"是基于客户中心和银行核心竞争力的流程变革，它尽管也以流程为核心，它要涉及战略、组织构架、业务重组、管理优化等各方面，是个复杂的、系统的运营体系。

（2）流程银行的概念

国内学者、专家和银行管理者对流程银行有着不同的见解，这里归纳部分观点如下：

目前我们的银行业仍然遇到一系列问题，如：不遵守已有规则，内部管理规章制度和运营流程在很长时间得不到执行，银行中内部平衡机制失效……

这些问题的存在是由于目前的合规管理仍然是基于“部门银行”而不是“流程银行”——银监会主席刘明康。

通过推荐商业银行采用事业部制来实现从部门银行向流程银行转变——银监会副主席蔡鄂生。

“部门银行”是一种过度看重部门来执行业务和管理的银行；相反，“流程银行”意味着银行的运营组织结构，及其所有资源都围绕着业务流程展开，并完全取决于业务流程的需要，而流程的设计则围绕着客户和市场需要——交通银行。

“流程银行”是一种商业银行管理模式，流程特点是以客户为中心、市场为导向，专注于系统营销，管理和围绕主要的内部业务线路进行统计——光大银行。

上面有关流程银行的解释，所处的角度不同，不同的定义存在一些差异：

银监会主席刘明康着重从监管的角度说明了部门银行和流程银行的差异：部门银行的合规管理主要以部门为主，没有融合到流程管理之中，他从银监会管理者角度阐明了流程银行应实现的目标。银监会副主席蔡鄂生从流程银行的实现路径角度，认为：可以“通过推荐商业银行采用事业部制来实现从部门银行向流程银行转变”。交通银行的流程银行概念比较全面地概括了“流程银行”的起点是客户需求，业务流程是核心，资源和组织构架围绕流程展开。

光大银行认为：流程银行应以客户为中心，按照业务路径、系统营销和管理的核心变革流程银行，这一观点谈到了流程银行实现的路径问题。

综合目前的各种“流程银行”的解释，可以发现：以客户为中心、围绕流程核心、组织架构调整、绩效考核，以及根本性变革等是普遍认可的流程银行的基本要素。客户中心是流程银行构架的基础。以客户为中心再造业务流程，以业务流程为中心再造组织流程、管理流程和决策流程，最终在市场末端和决策高端建立起为客户“量体裁衣”和“一票直达”的业务和服务流程。

为此，给出“流程银行”的定义：流程银行是指围绕客户的需求，通过根本性变革，建立贯穿前中后台，高效、灵活、创新的各类流程，变革组织构架、资源配置与考核体系，体现核心竞争力，并能实现良好经营绩效的商业银行。

（二）流程银行变革

流程银行要解决的核心问题是：流程银行建设应遵循什么样的原则？要达到什么目标？是吸纳穆边的路径是什么？只有解答了这些问题，才能彻底解决银监会刘明康主席谈到的“部门银行”问题，实现流程银行建设的目标。

1. 变革原则

系统性：流程银行建设应围绕客户中心，从银行内外多层次、多角度和全局统筹考虑。

稳定性：流程银行建设要考虑已有业务的稳妥过渡和实施难度，循序渐进。

效益性：流程银行建设既要考虑实施成本，又要评估运营效益，两者不可偏废。

创新性：流程银行建设是动态的过程，既要固化相对稳定的核心部分，又要适时优化、补充。

有偿性：流程银行建设要通过模块化单元的构建，实现各模块、经营单位和流程间依赖市场定价分配各自利益，享有剩余追偿权。

分层性：流程银行建设需划分层次，不同层面的流程有不同的特点和相应的规范、特定实施办法。

传导性：实行自上而下的设计方式，首先着眼于概要设计，由上而下，形成产品的整体设计准则，然后再分项完成。

动态性：流程的设计和规范是动态的，随着市场、客户和需求的变化不断进行完善。

2. 变革的目标

体现流程和发展战略的相对一致。变革后的流程应跨越多部门运行、体现银行未来的战略发展意图。

体现客户中心。变革后的流程应对同一个客户，实现部门间的高度分工合作，提高服务效率。

突出合规部门的地位。变革后的流程应成为基于规则运行的银行，应建立明确的流程边界，形成详细的作业规程和程式化要求，单独设立合规部门。

体现机构扁平化。变革后的流程银行，应确立快捷的业务流程和报告路线，根据流程划分业务模块，配置资源，压缩和精简组织层次。

体现业务垂直化。变革后的银行流程应实现各业务模块的系统内垂直管理和统一核算。

体现流程最优化。变革后的流程应实现客户价值提升、利润导向和风险控制。

实现管理 IT 化。变革后的流程应通过信息技术的全面运用，实现各模块的功能。

体现品牌价值最大化。变革后的流程，应能改善服务效率、服务质量、经济效益、内部管理，提升品牌价值，相应满足客户、投资者、监管和员工各方的利益。

3. 变革的路径

（1）确立模块结构

模块化是流程银行建设的基本指导思想。实现流程银行建设，首先要确立模块化的设计规则，并对现有业务和管理进行模块化切割。

参照鲍德温的研究，流程银行模块结构可分三部分：一是“设计规则”。流程银行建设的设计规则应由总行决策部门制定，采取由上而下的方式推行。在征求下级行的意见（自下而上）后，进行完善和优化。

二是隐形模块。流程银行目标下的模块可划分为：业务执行模块（含业务实现）、资源支持模块和外部联盟模块，在各模块下可细分为下一级子模块。外部盟友模块的选择，应以比较优势，进行科学评估确定。

三是系统集成与检测模块。多个隐形模块被组装成系统后，可协调解决各模块间的部分矛盾与摩擦。设立监管与反馈部门承担系统集成与检测模块的作用，主要解决各模块间的不协调、设计规则没有被执行等问题（各模块间的关系见图 3-4）。

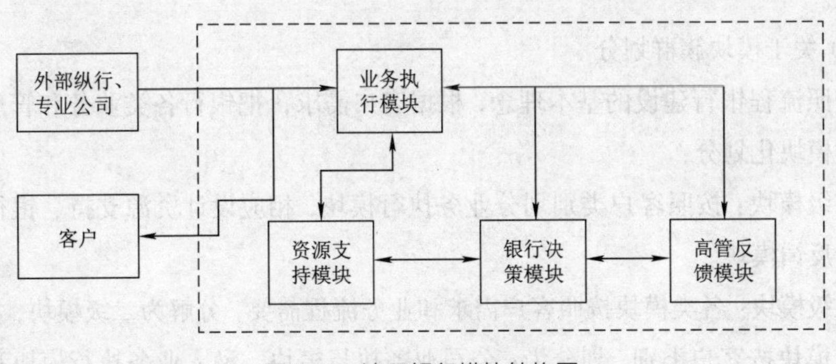

图 3-4　流程银行模块结构图

实施模块化最有利的制度环境是建立分权式的集群。传统的“部门银行”实行集权式管理体制，金字塔式的科层体制容易导致官僚作风和效率低下，而通过实施模块结构，各模块均在设计规则框架内独立运作，

自主行为增加，模块内部各个团队之间展开有效竞争，使银行内部的整个系统有更多的选择权。

（2）变革路径

流程银行的模块化变革，包括：变革路线图、模块簇群划分、业务流程的模块化设计、组织构架重建、资源匹配、变革固化等方面，这里分别阐述：

1）关于变革路线图

流程银行模块化建设，需要有强有力的组织领导，采取由上到下的方式推进，同时要建立规范的实施路线图：

①成立流程银行改革领导小组，统一思想认识，提出变革的日程表，并成立总行行长挂帅的改革办公室，负责流程银行模块化设计、方案审议等重大决策。下设改革办公室，负责具体事宜。

②聘请外部专家和专业咨询公司作为流程银行改革的协助单位，公开竞标，全程参与项目实施。

③制定实施计划，完善总体设计原则、框架、思路和流程，设计过渡性方案和最终实现方案。

④分解改革时间表和具体任务，强化沟通和落实，稳步推进流程银行的模块化改革。

⑤进行阶段性改革成果的试运行和试验，持续改进和完善，以规范的制度体系固化。

2）关于模块簇群划分

按照流程银行建设的基本理念，根据客户需求，把银行各类业务和管理等分层级的模块化划分：

一级模块：按照客户类别划分业务执行模块，相应设计资源支持、银行决策和监管反馈模块。

二级模块：各类模块按照客户需求和业务流程需要，分解为二级模块，如：业务执行模块按客户类别，划分为：公司业务执行模块、私人业务执行模块和零售

业务执行模块三大类二级主模块簇群。

三级模块：各类二级主模块簇群可细分三级子模块簇群。如：公司业务执行模块簇群可划分如下六类子模块簇群：

①延期支付（贷款类）模块；

②投资收益类模块；

③资金移动类模块；

④风险管理模块（如保险、远汇、期货、换汇交易等）；

⑤咨询服务模块（如财务顾问、投行业务）；

⑥数字资讯模块（如网上银行、外汇买卖等）。

四级及以下子模块：按照模块簇群划分原理，可划分为四级或更低级。

3）关于业务流程的模块化设计

可参照波士顿咨询公司的七步法：

①根据业务流程和性质，运用拼组技术，采取添加、拆分、转移、退出或者融合业务板块等多种形式，构建业务模块，形成规范的模块标准化信息库，将产品“端对端”相似产品组合；

②将组合好的流程步骤，对其共同性程度进行评估；

③对共同性业务进行标准化处理；

④将流程步骤组结合，形成流程模块；

⑤评价模型间战略相关性和运作相关性；

⑥深入了解银行信息系统、法律和监管的限制；

⑦为每个流程模块设计特定的信息系统工具。

4）关于组织构架重建

根据以客户为中心的模块簇群，相应建立不同的组织架构，划分各级别相对独立的模块单位。同级的模块单位之间建立契约化的合作关系。不同模块间，按照竞争优势理论，建立公开市场定价的战略联盟，如果某一模块单位需要某一产品或服务，可以评估并筛选组织内外几个模块化单位，每个模块化单位根据自己的技能、交易记录、产品或服务获得难易、竞争动态提出竞价，供使用单位选择确定，从而建立业务或服务外包体制。如：信用卡的信息录入和打卡外包业务，可实行模块化管理机制。

与以模块化为基本理念的流程银行建设相适应的组织架构包括：

总行层面，建立以公司业务、零售业务和私人业务为主体的三大业务条线垂直管理的组织模块簇群；以风险监控和审计等为条线的集中监控的监管反馈模块簇群，以人力资源、结算处理、授信审批等为条线的资源支持模块簇群等。

分行或区域中心层面，根据不同行的规模、管理能力和企业文化等，建立垂直条线或交叉管理的各模块簇群。

支行层面，是否设立各类模块，设立哪些模块簇群，各模块间如何定价，要根据银行的发展战略和客户的需求评估确立。对非核心和不具有竞争优势的保卫、采购、软件开发、呼叫中心等模块，实行系统内跨条线、跨地域或系统外的模块化外包，实现资源优化和整合。

5）关于资源匹配

流程银行模块化，能力和资源的配置是基础保障。如何进行能力要素的配置，是流程银行建设的重要一环。

能力模块存在的理由和目标是客户需求，客户需求的变化引发能力模块的重组。模块化组织中各个能力模块间是相对的客户服务关系，模块间有服务需求或需要提供服务，服务价值由购买服务的客户评价，并商定支付价格。资源和能力的匹配要根据划分模块簇群和不同流程，进行有效的配置。同时，要根据战略规划要求，进行各模块授权管理，赋予各模块簇群相应的管理和利润分配权，进行模块能力要素的最优匹配。

6）关于变革固化

根据流程银行建设划分的各级模块，建立了不同的模块簇群。这些模块簇群之间什么关系？相互之间如何合作？如何进行利益分配？如何实现可持续发展？这都需要完善的管理模式和组织体系、规范的岗位职责和考核制度、严谨的绩效评估办法等予以固化。

根据模块簇群设置和流程银行建设的要求，制定并实施规范的管理制度和操作手册，满足变化了的银行管理变革的需要，相对固化各类流程和管理体系。

按照模块化流程银行设计，建立管理会计核算体系，设定市场价格，全面推行利润考核，授予各模块单位选择合作单位的推荐权和剩余利润的分配权。

关于持续改进模块化管理的流程银行不是静态的，各类模块按照可变性，可分为相对固定和临时组合模块两大类别。目前相对固定的模块，可能随着市场的变化和客户需求的改变而调整，目前的临时性模块，也可能演变成相对固定的模块，这与流程银行的基本特征相吻合。因此，要根据银行发展战略和客户需求变化，适时进行模块优化和变革，不断完善模块化簇群的功能，提升市场竞争力。

3.10 民营银行的发展趋势分析

1996 年，全国工商联牵头成立民营资本为主的民生银行。民生银行于 2000 年 A 股上市，国有资本长期处于银行业主导地位。2014 年，银监会同意批复首批 5 家民营银行筹建，包括：深圳前海微众银行、温州民商银行、天津金城银行、浙江网商银行、上海华瑞银等。民营银行如采用发起设立；发起人为拟设银行注册地所在省（区、市）内纯中资民营企业；持股比例原则上不超过 30%；优先选择单家企业净资产不低于 100 亿元、终极受益人和剩余风险承担者个人净资产不低于 50 亿元的民营企业作为发起人，欠发达地区如西部地区可适当降低要求；发起人的实际控制人为中国境内公民且不得持有绿卡。如采取共同发起设立方式；银行性质为股份有限公司，注册资本最低 20 亿元。

建立民营银行目的是打破商业银行业的国有垄断，实现金融机构多元化。与国有银行相比，民营银行有两个特征：自主性，民营银行经营管理权不受政府部门干涉和控制，完全由银行自主决定；私营性，民营银行的产权结构以非公有制经济为主，防止政府干预行为的发生。

银监会《关于民营银行监管的指导意见》明确了民营银行监管工作的各项要求。未来民营银行如何设立？其发展趋势怎样？值得期待和探索[①]。

随着金融改革深化，各地民间资本申办民营银行渐成燎原之势。

9 月 13 日，根据财经国家新闻网的消息，全国首份地方版《试点民营银行监督管理办法（讨论稿）》已完成报至银监会，并被银监会列为“范本”，成为制定全国版细则的重要参考。

8 月，上海市政府办公厅正式下发《关于贯彻落实〈国务院办公厅关于金融

① 2013-09-17 发表。作者：王莹，来源：中国企业报。

支持经济结构调整和转型升级的指导意见〉的实施方案》，明确提出将积极探索设立民间资本发起的自担风险的民营银行和金融租赁公司、消费金融公司。

政策信号的释放，点燃了众多民资涌入金融领域的激情。

那么，哪些企业获批的可能性大呢？

“首先看民营银行发起人本身的实力，他在金融方面的一些经验或者说本来就有的一些资质，比方他原先就有小贷公司，或者说有控股或者参股银行的经验，这样可能在未来获批的可能性会比较大。”工信部副研究员吴维海对《中国企业报》记者表示，“即使现在地方版细则已出台，但工作执行、进度推进上还存在很多问题。”

“目前，我们还是没有想法赶这第一波民营银行，主要是太费劲，还得走高层路线，不是想做就能做的。具体怎么做，还得一步一步来。”张江小贷有限公司总经理朱卫中接受《中国企业报》记者采访时表示。

3.11 利率对实体经济的影响

利率指借款、存入或借入金额（称为本金总额）每个期间到期的利息金额与票面价值的比率。借出或借入金额的总利息取决于本金总额、利率、复利频率、借出、存入或借入的时间长度。利率是借款人需向其所借金钱所支付的代价，也是放款人延迟其消费，借给借款人所获得的回报。利率通常以一年期利息与本金的百分比计算。利率根据计量的期限标准不同，表示方法有年利率、月利率、日利率。各国运用利率杠杆实施宏观调控，利率政策是各国中央银行调控货币供求，进而调控经济的主要手段。通过央行的降息，显著降低社会资金成本，对于复苏实体经济、促进产业结构的调整和升级将产生积极作用①。降息是对制造业和实体经济的利好消息。

中国人民银行6月7日宣布，即日起下调金融机构人民币存贷款基准利率。金融机构一年期存款基准利率下调0.25个百分点（十万元一年定期存款利息减少250元）；一年期贷款基准利率下调0.25个百分点；其他各档次存贷款基准利率及

① 吴维海.降息是对制造业和实体经济的利好消息[EB/OL].[2012.6-16].新浪博客，2012年6月18日。

个人住房公积金存贷款利率相应调整。这是 3 年半来央行首次降息。

该降息的通知发布，对于制造企业和实体经济来说，是利好消息。本次降息后，预计企业的融资成本将出现降低，这也会对正在遭受成本上涨、利润下滑的制造业的成本支出压力有所缓解。同时，降息是一个导向和指示标，在一定程度上可以刺激投资人的信心，引导他们更多的将资金投入到实体经济当中，从而提振中国的制造业，如：纺织、机械、钢铁、农产品加工等，这将对于稳定经济，增加就业，化解社会矛盾等具有极大的政治意义和现实意义。

降息之后的中国经济，将更加务实和沉稳，政府层面，将更加注重产业结构调整和重点产业扶持，加上近年来，国家发改委积极推进的大项目投资，大的投资和降息，属于财政调控与金融调控的组合拳，这将会刺激新一轮的企业生产效益改善和经济增长，初步消除物价上涨和国际贸易受阻带来的中小企业融资困难，制造企业融资成本高，部分企业亏损面加大等严峻的经济形势，逐步减小上述因素导致的一些负面影响。由于降息带来企业财务费用减少，对资金需求较高的企业有帮助，会对相应的股票起到显著的提振作用。

对房地产企业来说，近年来由于中央政府强力打压和控制房价，导致房地产市场疲软，部分企业由于资金链断裂出现破产和烂尾工程。由于我国整体房地产市场的资金链普遍紧张，贷款利率下调对缺钱的开发商来说是利好的消息，表明从银行贷款的利率更低，融资的成本降低，房企最困难的时段逐步过去，宏观政策利好将在下半年继续刺激刚性需求释放，购房意愿和冲动增强，房地产企业逐步走向春天，新的盈利时代逐步到来。

从我国中央银行和中央政府的经济调整的规律看，央行本次降息是货币政策转向以来的第一次降息，主要针对我国经济增速不断下滑的情况，以达到刺激经济早日企稳的效果，标志着我国已经进入降息周期。

3.12 金融企业社会责任的实施策略

金融企业是我国经济发展的引擎和支柱。金融企业明确和履行社会责任，是一个国家和地区经济发展、社会进步的重要标志，也是衡量金融企业品牌形象和管理水平高低的主要指标。

金融企业的社会责任是指金融企业对社会应负的责任，包括：环境保护、社会道德、公共利益等方面，主要由经济责任、持续发展责任、法律责任和道德责任等构成。研究和推动金融企业的社会责任实施策略是提升金融企业社会公众形象，强化各方沟通，确保业务发展的重要手段，也是提升金融企业的社会责任意识，调整经营行为，体现社会责任，推动经济可持续发展的重要保障。

一、金融企业实施社会责任的依据和必要性

（一）社会责任研究和依据

根据ISO26000的定义，社会责任（social responsibility）指通过透明和道德行为，组织为其决策和活动给社会和环境带来的影响承担的责任。关于社会责任，欧美国家的研究和政策推动起步较早。

美国的佛里德曼、阿奇·卡罗尔、日本伊吹英子等对社会责任进行了相应研究。2010年，国际标准化组织（ISO）公布了社会责任指南标准（ISO 26000），首次提出了社会责任的7个原则，即：公司治理、人权、劳工、环境、公平运营实践、消费者问题以及对社会发展做贡献等。

我国关于社会责任的专题研究和政策依据较少。国务院国资委2008年1月发布了《关于中央企业履行社会责任的指导意见》，要求中央企业定期向社会发布社会责任报告，有力地推动了中央企业社会责任工作的顺利开展。中国工业经济联合会出台了《中国工业企业及工业协会社会责任指南》、中国纺织工业协会出台了《中国纺织企业社会责任管理体系（CSC9000T）》、中国社科院出台《企业社会责任报告编写指南》和《中国企业社会责任报告评级标准》等。

目前，关于社会责任的研究和实施依据主要面向工商企业，对金融企业社会责任如何定义，还没有统一的定论。金融企业可参照一般企业的社会责任要求进行规范化设计。

为落实社会责任，部分中央企业和个别金融企业推出了各自的社会责任专题报告，如国家电网、工商银行、建设银行、北京银行等，内容涉及企业愿景、发展战略、节能环保、就业、捐助与公益等。

但是，总体来看，中国企业社会责任发展指数整体水平偏低，相对于中央企业而言，金融企业对社会责任的重视程度、资源和宣传投入少，工作差距更大。

从金融企业社会责任管理的现状看，目前，金融企业社会责任报告发布的总量较少，编制体系不规范，多数金融企业没有建立社会责任的组织与领导体系，更没有建立规范的社会责任考核激励机制。

（二）金融企业实施社会责任的必要性

由于金融企业涉及千家万户和众多企业，金融企业的价值观和经营行为对社会和经济发展的影响巨大。金融企业的经营理念和社会责任履行情况受到投资人、各级政府、银行客户、各类媒体的普遍关注。前段时间出现的银行乱收费、高收益、高工资等现象得到了客户、金融媒体等的高度重视，并且引起了中央政府的关注。温家宝总理亲自做了重要批示，要求金融机构尽快规范和不断清理乱收费等现象。金融行业信任危机的出现和有关矛盾的积累、爆发，一方面与金融机构业务拓展中存在某些不规范和混乱现象有关，同时，也暴露了金融企业缺乏社会责任意识和危机管理能力，缺少与客户的有效沟通的严重弊端所造成的后果。

毋庸讳言，金融机构近年来在消除全球性金融危机，规避金融风险，支持经济发展，改善结算效率、支持环境保护、增加社会就业等方面，做了大量的积极的探索和创新。但是，由于金融行业对社会责任的规划、管理、推广、宣传和提升等缺乏标准，投入不够，在一定程度上导致了政府、行业监管、客户的不满。

立足金融行业发展的需要，研究、确立和推动社会责任的规划、实施和评估，有助于金融企业更好地宣传企业价值观，沟通经营活动，让各方了解金融企业在节能环保、生产安全、社会就业、赞助与公益，以及稳定和支持经济发展方面做出的贡献。同时，对公众和客户可能关注与容易产生的矛盾和误解进行及时的沟通、反馈、预警、防范和改进，避免和减少社会公众与监管者等方面的误解和不满，消除业务发展中的阻力和问题，改善自身形象，实现预期的发展目标。

二、金融企业实施社会责任的原则和基本内容

（一）金融企业实施和推进社会责任的原则

金融企业实施社会责任管理，应遵循如下的原则：

（1）承担义务：金融企业应对社会及环境负责任；

（2）透明度：金融企业应就其会影响社会及环境决策及活动透明化；

（3）道德行为：金融企业应时刻遵循道德行为规范；

（4）尊重利益相关方：金融企业应尊重、考虑及回应利益相关方所有关注事宜；

（5）尊重法规：金融企业应尊重及遵守法规要求；

（6）尊重国际行为标准：金融企业应尊重国际行为标准；

（7）尊重人权：金融企业应尊重人权及认知其重要性与普及性。

（二）金融企业实施和推进社会责任的重点内容

总体看，金融企业编写和推动的社会责任报告至少应包含：

愿景与价值观、组织体系、责任理念（责任管理）、业务概述（含发展战略、关键绩效指标等）、合规情况、市场绩效（股东责任、客户责任、伙伴责任等）、社会绩效（质量安全、社会公益、公众就业、员工发展等）、环境绩效（相关制度、节能环保、绿色采购、绿色服务、环保培训等）、报告体系、公众反馈（新闻、投诉等）、制度体系等重点内容。金融企业应结合业务发展和管理实际，研究、制定相应的实施计划。

三、金融企业实施社会责任的体系和策略

（一）金融企业社会责任报告的编制体系

金融企业应充分考虑现有业务、行业特点和利益相关方，研究和确立自身的社会责任报告编制体系，具体内容包括：

1. 责任战略

包括但不限于：

（1）愿景与价值

重点介绍金融企业愿景和价值观等。

（2）责任理念

重点介绍金融企业的责任和基本义务等。

（3）业务概述

重点介绍金融企业业务，业务结构，经营业绩，主要指标等。

（4）发展重点和实施策略等

重点介绍金融企业的发展重点，责任定位、责任实施、发展策略、落实路径等。

上述方面是制定和实施金融企业的社会责任专项规划的重点。

2. 责任治理

包括但不限于：

（1）组织体系

重点介绍金融企业组织体系、股东治理结构、专业委员会和议事规则等。

（2）合规情况

重点介绍金融企业制度体系、合规政策、合规手册、合规考核、合规组织体系和专业岗位、合规表现、合规评价等内容。

3. 责任融合

包括但不限于：

（1）责任分解

主要介绍金融企业将社会责任战略与经营活动结合，实现责任分解和逐级落实的机制和体系。

（2）责任管理

重点介绍金融企业结合战略实施和年度计划，推动社会责任管理的运营机制和思路等。

（3）责任考核

重点介绍金融企业的业绩考核和社会责任落实与考核等管理办法和指标体

系等。

4. 责任绩效

包括但不限于：

（1）市场绩效

重点介绍金融企业的市场竞争力、在同行业的经营能力，业务活动中的负债偿还可能性，对客户和供应商等的责任履约能力，以及本企业信用度等，它是社会责任报告的重要内容。

（2）社会绩效

重点介绍金融企业的安全、收费合理性、金融产品和服务质量，对社会弱势群体的实质性捐助、社会产值和财税等贡献、安置员工就业、为企业员工提供的职业发展保障等。

（3）环境绩效

主要阐述金融企业的社会责任规划、社会责任制度、节能减排、低碳管理、服务节能环保、对员工和社区培训等主要工作，体现企业的社会责任和服务意识。

5. 责任沟通

包括但不限于：

（1）报告体系

重点介绍金融企业的社会责任报告编制过程和报告体系等。

（2）公众反馈

重点介绍金融企业的荣誉、新闻报道、负面新闻、客户投诉和社会影响的重大事件等。

（3）内外部沟通

重点介绍金融企业建立的内部社会责任会议、报告思路、专题研讨，以及外部与股东、供应商、消费者等信息和反馈机制、渠道等。

6. 责任研究

包括但不限于：

（1）责任研究部门

重点介绍金融企业社会责任的研究和推动部门，以及相关职责、工作流程等。

（2）责任研究机制

重点介绍金融企业社会责任的研究机制和实现过程，需要条件等。

（3）责任管理策略

重点介绍金融企业责任管理的策略、措施、实施步骤、保障等。

（二）金融企业社会责任报告编制和管理技巧

金融企业社会责任管理和报告发布，对于塑造企业品牌，阐述企业经营理念，向股东、社会公众等传递社会责任履行情况等具有显著的效果，也是金融企业的重要工管理工作。社会责任报告编写，应讲求如下策略和技巧：

1. 以专项规划的形式规范社会责任管理，确保正确的发展方向。

做好充分的调研和事前规划、措施落实等重点工作，制定 3~5 年的适合企业发展和管理需要的社会责任发展规划，确定企业的愿景、使命、价值观和社会责任目标，制定具体的行动计划和实施路线，为社会责任管理和报告编制提供基本的行动方向。

2. 完善责任治理与责任融合机制，为社会责任提供组织保障。

建立健全社会责任组织体系。成立社会责任专业委员会或领导小组，设立环境、经济、员工、社会等专项工作推进小组，具体负责各专业领域的推进工作，通过分类管理，分层推动，实现系统协同。

应将社会责任融入日常管理和重大决策中。在进行重大决策时，综合考虑运营管理对社会、环境、员工等利益相关者或主要因素产生的重大影响，不断增加正面影响，减少负面影响。应将社会责任融入企业运营全过程，制定并实施社会责任执行、监测、衡量和考核等一系列管理办法，确保社会责任理念和发展战略的无缝衔接，与运营全过程和日常管理的动态结合。应成立专门的社会责任部门或岗位，明确部门和岗位职责，明确工作推进步骤，有计划、有步骤地开展社会责任实践与报告撰写。

3. 强化社会责任的企业文化建设，带动社会责任的贯彻落实。

将社会责任融入企业文化建设中，通过建立健全社会责任的企业文化管理体系，确立明确的社会责任口号和发展目标，引导和培养有责任感的员工，树立高度的社会责任感，全面、适时地贯彻和履行关注客户、关注社区、关注民生的社会责任，为构建和谐社会、履行社会承诺做出积极的贡献。

4. 强化社会责任的业绩管理和考核，提升社会责任管理水平。

结合业务实际，建立和完善社会责任的市场绩效、环保绩效、社会绩效等指标体系，强化绩效指标分解和执行，强化社会责任绩效的统计与考核，推动社会责任的全面落实。

制定和完善社会责任管理与考核细则，强化各部门和岗位考核，落实每年度的社会责任考核评估制度。完善社会责任指标的评审、设定、数据跟踪、数据分析、报告撰写、报告评价和改进措施等，强化社会责任指标执行考核和奖惩，提高社会责任的管理水平。

5. 研究社会责任报告编写技巧，提高报告编写质量。

为提高社会责任报告编写技巧和质量，应重点做好如下工作：

强化技巧研究。金融企业应系统研究国内外先进企业的社会责任报告，分析报告编写的基本特点，归纳报告编写技巧，提高金融企业社会责任报告编写的质量和效率，改进社会责任管理能力，提高本企业的社会公信力和品牌形象。

完善编制标准。结合国内外社会责任的管理要求和标准，规范和优化报告编写内容和框架体系，增强报告的规范性、系统性和权威性。

端正编写态度。应端正和优化报告编写态度与思维模式，以中立、客观的态度披露企业的社会责任绩效。加大社会责任管理、风险机遇分析和社会责任规划等内容的披露，增强报告的完整性。

强化综合比较。应强化社会责任的绩效可比性数据和内容披露与报告撰写，突出社会责任指标体系，加强纵向可比性，包括：跨年度绩效对比和绩效实现程度的描述；提高行业内乃至跨行业的可比性。既重视历史绩效指标，也要加强绩效指标预测和承诺，自觉接受社会监督。

丰富展示风格。应增强报告的可读性，研究和完善报告设计，善于利用图片、表格、符号等简洁的展示方式，表达丰富、系统的社会责任报告内容。

引进多方参与。应讲求社会责任报告的严肃性和科学性，应制定明确的报告编写原则，倡导编撰报告的真实性、完整性，不断提高报告的可信性。具体可采用利益相关方评论、第三方评价或审验、数据来源声明等方式，增强社会责任报告的权威性、信用度。

强化撰写创新。突出报告撰写和展示风格等创新性、简约性，具体可以从编写理念、报告结构、报告形式、报告框架等相关方面，发掘报告创新的潜力，增强社会责任报告的创新程度。

6. 强化资源投入和利益相关方参与，提高各方满意度。

加大资金和人力投入，完善社会责任管理的信息管理系统和报告数据的统计、搜集与分析系统。要创新方式方法，拓展信息沟通渠道，形成社会责任专题会议、社会责任管理论坛、社会责任报告研讨、社会责任工作交流会、社会责任报告撰写经验交流会等多种形式，不断完善和丰富社会责任的沟通与反馈机制，逐步实现企业与利益相关方沟通的规范化、程序化，建立相互信任、深度了解和彼此支持。

每年度组织企业经营层与利益相关方探讨社会责任话题或邀请利益相关者参与社会责任议题、参与社会责任报告编写研讨等活动。通过加大社会责任的深度交流和多方参与，进一步明确社会责任报告的内容和核心议题，主动、积极、坦诚反馈利益相关方的期望和核心要求，提升社会责任报告内容的针对性、信息披露的有效性、真实性，增强社会责任核心观点的交流、反馈和利益相关者的参与程度。

通过新闻发布会、座谈会等方式，邀请行业主管、股东、媒体单位对特定事件、特定敏感问题召开专门会议或研讨，澄清各方模糊认识，提高对特定问题或影响的共识，消除不必要的误会和偏见，化解外部不利影响或报道，为金融企业的社会责任管理提供良好的工作环境。

7.　加强与政府部门之间的合作和衔接。

主动做好与投资人、银监会等股东和主管部门的汇报，争取支持和参与，提高社会责任的实施与执行能力。

利用各种渠道和交流工具，积极引导国家有关部门构建出台社会责任标准的法律法规，在公司法的指导下，完善金融企业社会责任实施条例等。

积极推动社会责任监督体系构建。自觉承担和接受社会监督，全面履行社会责任，塑造行业品牌与公信力。

（三）金融企业社会责任的评价指标设计

金融企业结合各自业务和管理实际，可构建适合自身特征的社会责任评价指标体系。

不同业务规模和不同发展阶段的金融企业，可结合各自的管理和宣传重点，对自己的社会责任评价指标进行修订和调整，确立适合企业实际的社会责任评价指标体系，并与实际运营紧密结合，定期规划、实施和颁布，更好地发挥社会责任专项规划与报告对金融企业业务沟通、矛盾化解，以及品牌宣传的引导和提升作用。

3.13 地方金融办公室运作机制

金融办（金融局）是地方政府金融服务（工作）办公室的简称。它是规划地方经济发展的金融大管家、地方金融生态建设的组织者、金融产业布局的掌控人、地方金融监控的防火墙。金融办公室是代表地方政府负责金融监督、协调、服务的办事机构。2015 年政府工作报告提出，创新金融监管，防范和化解金融风险；2016 年政府工作报告要求，加快改革完善现代金融监管体制，提高金融服务实体经济效率，实现金融风险监管全覆盖；2017 年政府工作报告提出，稳妥推进金融监管体制改革，有序化解处置突出风险点，整顿规范金融秩序，筑牢金融风险“防火墙”。从金融创新到加快改革，再到稳妥推进，金融监管体制的创新与改革，持续推进。那么，地方金融办应该构建怎样的运行机制呢？

近年来，小额贷款公司、民间资本管理公司、各类交易场所、互联网金融、电子交易平台等区域性金融机构或类金融机构发展较快，为实体经济提供了有力支持，推动了地方经济发展。但是由于缺乏明晰的金融监管体制，地方金融体系建设参差不齐，不利于其自身发展，还可能导致区域性金融风险。为此，需要依法完善地方金融监管体制。

一、当前地方金融监管的主要特征

经过近些年的持续改革与大胆创新，我国各级政府逐步建立了覆盖各领域、运行有效的地方金融监管体系。

主要特征表现为：

（1）地方金融监管的诞生与发展，适应了特定的环境和实践诉求地方金融办作为地方金融的监管与协调部门，其产生和改革与中国经济环境紧密相关。中国经济经过几十年改革，在增长方式、运行机制等方面逐步成熟，形成了有中国特色的发展模式和实践经验。“一行三会”的金融监管体制对经济发展起到了积极的推动、引领和支撑作用。随着我国经济体制的持续性、自适应性改革，全球经济金融环境的剧变和系统性影响，国内外冲突、壁垒和矛盾显现，现有金融监管模式暴露出诸多问题和缺陷，如央行权威性不足、“三会”职责与业务分割、地方金融办定位不明，创新型金融业务监管空白等。在新的经济形势下，如何分析与研究地方金融办的职能，优化和进行恰当的行业定位，使地方金融办更好地发挥独特的作用，提升金融监管的质量和效率，需要系统研究、科学设计。

（2）地方金融监管由零散设立、议事协调，到覆盖全国大部分地区、相对独立的监管与运作模式地方金融办作为我国金融运行和行业监管的重要组成部分，是我国经济和金融改革的产物，经历了由议事协调，到逐步独立监管的发展历程。21 世纪初，国家对金融监管定位为中央集权为主，“一行三会”垂直监管，地方金融办主要承担议事协调机构的职责。如上海金融办成立时的行政关系不属于政府序列，没有行政审批权，主要任务是联系和配合“一行三会”、全国性金融机构在上海的各项工作。随着金融体系改革的深化，地方金融办的职责不断扩大，如北京市金融办在全国首先升级为金融局，下设银行服务处、证券期货服务处、保险与非银行服务处、金融市场处、金融稳定处等处室，分管不同金融领域，并承担部分中央分配的职责。

（3）地方金融监管成效显著

近年来，为了规范金融监管，中央政府和各地积极推动金融监管体系改革。2014 年《国务院关于界定中央和地方金融监管职责和风险处置责任的意见》（国发〔2014〕30 号），明确界定了中央和地方金融监管职责和风险处置责任。各地地方金融办在培育金融产业、服务中小企业、支持小额贷款、实现农村土地流转等方面进行了积极尝试。2013 年 11 月 22 日，全国人大代表、山东省省长郭树清主持召开省政府常务会议，提出“推动地方金融工作职能由当前服务协调为主，加快向服务和监管管理并重转变”。山东省金融办立足区域特征，探索新的服务与监管模式。2013 年 12 月，山东省政府《关于建立健全地方金融监管体制的意见》，构建上下贯通、条块结合、完整覆盖、运行高效的地方金融监管体系，在山东 17 个市、137 个县市、区均明确独立设置金融工作机构，承担地方金融监管职责，加挂地方金融监督管理局牌子。潍坊市金融办 2013 年 12 月在全国率先成立地市级地方金融监督管理局。全国各地积极行动，推动了本地的地方金融改革与机构设置工作，并且逐步形成了一定的业务规范和工作机制。

二、当前地方金融监管的问题与改革趋势

中国改革开放以来，金融业承担了全社会风险，改革成本很大一部分由金融业承担，这种模式需要通过金融改革予以改变。尽管我国各地金融办发展迅速，创新点不断涌现。但是，地方金融监管中存在的问题和隐患也不少，如各地金融办发展不平衡、跨地区金融办的职责和监管模式差异大、人员专业能力不高、民间金融缺少法律支撑、地方融资过度、地方选择性执行中央政策、中央监管权力过度集中抑制地方金融创新。个别地方已经出现了互联网金融和农村合作社非法集资、携款潜逃等违法案例，这表明当地金融监管部门缺少应有的超前预防与有效监管。

关于我国地方金融办的监管模式，近期争议较多。部分学者认为地方金融办对当地经济贡献大，需要加大放权，甚至可以完全自由化。也有学者认为，当前地方金融监管机制与操作模式缺乏效率，工作质量不高，应该予以撤销。这些论调或观点在一定程度上导致了金融监管改革的方向性困惑，进而影响了金融改革与行业监管的步伐。金融企业不是一个垄断企业，这是一个自由竞争的市场，它

的准入是自由的，可以放松管制。但它的外部效应很强，一旦出现了问题，将会产生非常大的社会效应。笔者认为：从长远来看，地方金融监管是我国金融监管理体系的重要组成部分。地方金融监管与运行模式不能过度放权。未来地方金融办的监管，既不是“一放就灵”的完全市场化，也不是“一统就死”的高度垄断和计划经济，应该宽严结合，实行立法基础上的适度放权与有效集权，强化适度的、统一的行业监督。既要放大地方金融监管的正能量，充分发挥其经济调整、产业推动和融资渠道的作用，同时避免地方政府投融资冲动、监管无序和行业混乱，确保金融监管的高效、全覆盖。

三、地方金融监管的改革思路与建议

关于地方金融监管的改革，笔者提出如下的思路与建议：

一是强化金融立法，统一央行金融信息统计与市场监测体系

出台地方金融市场规范管理条例，规范地方金融政策和信贷投放管理，提高央行的权威性与统领性，全面、完整、及时掌握货币发行、信贷投放和地方借债信息。完善央行金融统计和业务监督机制，加大央行对地方金融数据集中管理，将地方金融纳入全国统一监管体系，避免由于过度放权与放松监督可能导致金融市场和金融秩序失控。

二是依法界定地方金融监管职责和风险处置责任

根据新出台的地方金融立法规定，明确地方政府对新型金融组织、金融活动的监管职责，以及在地方金融风险处置中的责任。强化日常金融监管，减少行政干预，加大对非法金融活动的打击力度，对违规的金融行为要严厉制裁，完善监管手段。

三是及时处置辖区金融业突发事件，改善金融生态

具体可从金融办与央行、与“三会”关系，地方金融办监管范围、追究责任、工作权限、责任考核等方面规范和确定，并与地区金融风险、政府债务等挂钩。同时，规范金融办的职责与权限，明确上下级隶属关系，强化金融办培训、职责界定与责任追究制度，逐步将地方金融办并轨到国务院、央行统一协调的“大监管”口径。地方金融办核心的工作出发点和指导思想统一到国家货币政策与金融

宏观布局的架构中，既发挥融通资金，支持地方经济，规范地方融资的职责，还要遵守国家统一的货币金融政策和行业监管要求。赋予地方金融办适当放权的业务范围和资金监督管理。鼓励社会培训机构开展绿色金融人才培养工作，有针对性地培养绿色金融专业人才。

四、建立绿色金融信息共享平台

从政府、监管机构层面来看，需要建立绿色金融信息共享平台，实现绿色金融项目、企业、商业银行信息共享。建立信息披露、信用评级制度，降低绿色金融发展的信息成本及风险。在信息共享的基础上应实行差别化的绿色信贷政策，对不同企业不同项目采取不同的信贷政策，使商业银行绿色金融业务有利可图、风险可控。同时，取消商业银行绿色信贷规模控制，在风险可控的基础上降低绿色贷款门槛。

3.14 银行系金融租赁业竞争策略

银行系金融租赁公司指由银行作为主要股东或单一股东而发起设立的金融租赁公司，这类金融租赁公司都是由银监会审核后才能设立，由中国银监会进行日常监管。

从银行系金融租赁公司的整体运营来看，我国银行系金融租赁公司近年来发展速度较快，其中：工商银行、建设银行、农业银行、中国银行、民生银行、招商银行、福建兴业银行等都设立了金融租赁公司。这类金融租赁公司在业务连年高速增长的同时，也暴露出粗放式发展的弊端，如自有营销渠道缺失或不健全、主要以“类信贷”业务为主，业务创新力差等突出问题，亟待予以解决。在2007年第一批银行系金融租赁公司设立时，笔者参与了民生金融租赁公司的发展战略、制度体系、人力资源、企业文化和内控架构等研究和策划，撰写了关于金融租赁行业的文章，接受了部分媒体的话题采访。

2007年，银监会批准了中国工商银行、中国建设银行、交通银行、招商银行和民生银行5家银行开办金融租赁业务，这标志着中国金融租赁市场出现了绚丽的奇葩。在金融租赁市场低迷的现实环境下，银行系金融租赁企业的出现，会给中国金融租赁业带来什么影响呢？这些有着特殊背景的金融租赁企业又将如何开展市场竞争呢？人们拭目以待。

一、金融租赁的发展形势

现代租赁业兴起于 20 世纪 50 年代美国，金融租赁是其重要的组成部分，已成为欧美国家仅次于资本市场、银行信贷的第三大融资方式。2007 年全球租赁业务总量达 5791.2 亿美元。其中：欧洲租赁市场增长率达 20.8%，美国和加南大增长率分别为 13.4% 和 19.0%，南美租赁增长率 92.8% 。发达国家融资在设备购买市场渗透率平均 15%~30%。

中国金融租赁业务经历了坎坷的发展历程。1979 年中国金融租赁业诞生后，先后经历了两次行业危机，企业或经营萎缩，或陷入破产境地，目前我国融资在设备购买市场渗透率仅为 1.5%。

为拯救金融租赁行业，更好地支持经济发展，2007 年银监会发布新《金融租赁公司管理办法》，允许银行重新进入金融租赁业，新办法从 2007 年 3 月 1 日起施行。

2007 年，银监会批准工行、交行、建行、民生银行和招商银行设立金融租赁公司，工行租赁已经于 2007 年挂牌开业，民生租赁 2008 年 4 月份正式对外挂牌营业，银行系金融租赁公司以崭新的面貌出现在人们的面前，未来的金融租赁市场面临着新的竞争格局。经济金融全球化日益强化的发展趋势，未来我国经济和社会发展的制度基础、运行机制将发生深刻变革。中国 2007 年国内生产总值（GDP）总量达到 246619 亿元，比上年增长 11.4%，固定资产投资 137239 亿元，比上年增长 24.8%，固定资产投资的持续、快速增长，为租赁业务提供了广阔的市场空间，给中国银行系金融租赁业发展带来了机遇，同时也存在挑战。

二、银行系金融租赁企业的竞争策略

面对中国市场原有租赁业务规模过小，市场管理相对混乱，国外租赁公司在国内开立机构，争夺市场等局面，银行系金融租赁公司如何展开有效竞争呢？

（一）强化经营环境分析，确定经营优势

知彼知己，百战不殆。银行系金融租赁公司作为新加入的租赁企业，渔船同的租赁企业相比，缺少业务经验和管理人才，但是，由于这些金融租赁公司有着银行的背景（控股股东），客户资源和渠道广泛，资金雄厚，这是得天独厚的优势。要发挥这些优势，找准市场定位，必须进行宏观经济环境分析，从政治、经济、技术和社会等因素寻找中国金融租赁业发展的空间。通过优势、劣势、机会和威胁的研究，找到银行系金融租赁公司的业务盈利点。截至 2007 年末，商务部累计批准外商投资融资租赁公司 80 多家，批准内资试点租赁公司 26 家；银监会管理的 5 家银行系、6 家非银行系金融租赁公司。除 5 家银行系租赁公司外，其他数十家金融租赁企业，企业数量有限，行业规模很小。2006 年末，这些租赁公司的账面资产合计 142 亿元人民币，负债 112 亿元，当年共实现税后净利润 1.3 亿元。商务部主管的外资、合资租赁公司 2006 年资产 300 亿元左右。

总体来看，银行系金融租赁公司的优势、劣势、机会和威胁的分析结论如下：

优势：具有控股银行的强势客户资源和市场网络，有充足的资本金，有完善的管理和营销机制，建立了市场化激励与考核体系。

劣势：缺乏专业人才和行业经验，国外同业等在飞机、船舶等领域有着先天优势。

机会：国民经济快速增长，固定资产投资需求旺盛，国内没有强势品牌企业，现有企业竞争力较弱。

威胁：国际金融租赁公司的强大技术、资金优势，银行信贷、担保等替代品的潜在竞争，国内同行业的未来竞争，以及行业信誉偏低。

尽管银行系金融租赁公司在发展的道路上存在困难，但是，总体上占据国内行业优势，发展的潜力很大。2008 年，银行系金融租赁公司将会凭借银行原有的渠道、资金和客户资源，形成强劲竞争优势，行业发展将会呈现诸侯争霸的局面。

（二）确立竞争定位，有效展开市场竞争

鉴于中国金融租赁市场的复苏期已经来临，银行系金融租赁公司应专注金融

租赁业务，确立有较大业务规模、高盈利、高成长性的重点行业、客户或区域作为主要目标市场或客户群体，通过为其提供高附加值的租赁方案，使本企业成为行业的领头羊，实现规模和效益均居行业前列的市场定位目标。

1. 行业定位

银行系金融租赁公司可以结合各自特点，立足控股公司的客户资源，牢牢把握中央经济工作会议精神，确定交通、能源和制造业，国家重点扶持的行业或产业为租赁业务的发展重点。

2. 客户定位

银行系金融租赁公司应根据“效益、风险、规模并重”的三项原则，分别确定公司初创期、发展期和成熟期的客户群体。2008 年重点推进获利能力强、业务规模大、在行业内有较大份额的优质客户（如：单笔 2 亿元以上）。同时，积极稳妥地涉足成长性的中小客户和房屋租赁等业务。

3. 区域定位

银行系金融租赁公司可立足北京、天津、上海、广州等经济发达城市和环渤海经济圈、长江三角洲、珠江三角洲等高速增长的经济区域，以及沿海开放城市，逐步进入国家重点扶持的东北振兴经济区，中、西部开发等经济地带，2009 年开始，逐步进军全球金融租赁市场。

（三）发挥银行优势，确定盈利模式

银行系金融租赁公司最大的优势是客户资源和网点分布。因此，如何利用现有渠道和客户，形成自己的强势盈利模式，是银行系金融租赁公司应抓好的战略性课题。银行系金融租赁公司可建立以蛛丝三副的盈利模式，全面展开市场竞争。

“一主三辅”的盈利模式指：以专营化经营模式为主，确立公司的方向；以千鸟傍鳄鱼模式、利用最优成分系统模式和战略领跑者模式为辅助模式，确定公司的战略实现的方向和方法。

1. 专业化经营模式。它体现了公司使命。银行系金融租赁公司应专注自己擅

长的金融租赁领域，从而降低经营成本，保证工作质量，提高公司信誉，提升资金使用率。该盈利模式体现了公司发展方向。

2. 战略领跑者模式。它是银行系金融租赁公司的市场定位。银行系金融租赁公司应有业务拓展的豪气和霸气，力争做行业的急先锋，快速挖掘与整合控股银行和战略合作者的资源和能量，使自己成为同行业学习的目标。这确定了银行系金融租赁公司的方位。

3. 千鸟傍鳄鱼盈利模式。它是银行系金融租赁公司实现战略领先与专业化目标的重要手段。采取千鸟傍鳄鱼盈利模式，找到与控股银行、其他合作伙伴的共同利益，主动建立战略联盟，将强大的对手转化为依存伙伴，借船出海，实现利润并迅速做大。

4. 最优成分系统模式。它是银行系金融租赁公司实现战略领先与专业化目标的现实路径。通过剖析已建立的销售渠道、产品、服务创新等子系统，找到每个子系统不同获利能力，在保证飞机、船舶、陆路交通租赁等低利润区充分竞争的前提下，尽量向市场竞争不充分的高利润区重点竞争和进攻，最大限度地占领这些子系统的市场份额，实现最大利润。通过构建债权资产包，实行资产证券化和资产转让等手段，分享行业增长的回报，提高经营效益。

（四）完善公司治理，强化运营管理

按照国际惯例和先进的企业管理模式，股东结构相对分散有利于改善经营管理。

处在Ⅰ象限的大股东和高管控制力过强，极易造成“一股独大”和“内部人控制”，股东风险和道德风险加大。

处在Ⅱ、Ⅳ象限是股东或高管控制权过大，公司也面临风险。

处于Ⅲ象限，股东和高管的控制力都较弱，股权结构相对分散，避免了“内部人控制”问题，风险最低。

基于上面的分析，银行系金融租赁公司应该依据能否满足资金、业务渠道和管理需求的原则，积极联系、洽谈和引进新的股东。通过引入新的股东，增加股东人数，优化股东结构，强化股东大会、董事会、监事会和公司总裁的相互制衡

机制，增加资本金，拓展客户资源，提高经营效益。

（五）强化资源整合，构建持续发展能力

在股权结构优化的基础上，银行系金融租赁公司应从人员配备与绩效考核、营销体系、风险控制和企业文化四个维度，全面整合资源，构建可持续发展的能力。

1. 强化人力配置与绩效考核

金融租赁业务是高风险、高收益的业务，银行系金融租赁公司以打破传统观念的束缚，建立有别于银行管理体系的法人治理结构、人力资源配置结构和高管薪酬考核体系。可建立与控股银行的制度安排基础上、独立法人管理体系，保持公司的相对独立运行。

应实行精简高效的核心团队建设，实行扁平化管理，强化员工综合能力和专业能力，通过提高员工素质控制人员数量。实行固定工资、长期激励、效益贡献度与个人收入挂钩的考核办法，建立灵活有效的激励体系，留住和吸引人才。

2. 强化系统化的营销体系建设

利用控股银行的客户和渠道资源，充分挖掘其他合作单位的资源优势，强化营销体系建设。如：工商银行具有全国众多的网点和客户群体，在全国各地设立了分支机构。工银租赁应利用好这一资源，建立与银行内部有效的客户营销和业务整合的体系，对银行客户经理下达租赁业务指导性营销计划，与个人业绩挂钩，做好信贷业务和租赁业务的“打包融资”，提供工行贷款、租赁、企业理财、财务指导等一揽子服务，从客户利益和服务的角度，开展租赁业务的营销，实现客户资源和各类渠道的营销整合。要避免多头营销和各自为政的现象，建立控股银行同意协调和指挥下的统一行动与营销，确保客户满意度。

3. 建立独立运行的风险控制体系

针对金融租赁业务的特点，设立专门的风险控制与业务审核部门，配备足够人员，明确岗位职责，提高员工培训，进行全方位的经营风险、市场风险、操作

风险、法律风险和信用风险管理，确保合规经营。

强化租赁业务的授权管理。明确业务限制与准入的界限，明确限制进入的行业和企业，严格控制单笔、单个客户的融资或投资比例，抓好内部交易、内幕交易和关联交易的风险控制，减少或避免利益冲突的风险传递和违规操作。

强化风险测算与监控体系。按照巴塞尔新资本协议风险管理要求，使用风险价值法（VaR）、风险调整资本收益（Raroc）、全面风险管理法等技术工具，建立测算模型，进行风险控制和业绩测量，确定风险和收益的平衡点，科学评估经营业绩，全面提升风险控制和管理水平。

完善风险控制管理体系。制定金融租赁业务风险控制计划和目标，分工到岗，分解到每笔业务，建立详细的风险控制制度体系，做好内部控制制度化和规范化，通过采用科学的租赁风险识别、预警、评估、防范和转移机制，全面做好风险控制与管理，突出做好租赁业务的市场风险和操作风险控制，确保租赁业务低风险、高收益。

4. 强化开放创新的企业文化建设

企业文化建设是银行系金融租赁公司实现经营目标的重要保证，是企业竞争的“软实力”，为此，要建立积极开放、团结协作、开拓创新的企业文化，公司高层要身体力行，全面贯彻企业文化与理念，并设立企业文化管理部门，明确岗位职责，建立实施方案。

要建立切实可行的检查监督措施，鼓励员工自我学习，不断提高。要运用平衡记分卡法，设计公司发展战略和激励考核体系，实现公司发展和员工等利益相关方的综合平衡，注重短期利益和长远效益的平衡发展，在公司发展的同时，为中国金融租赁业的全面振兴，以及国民经济和企业的发展做出积极的工作。

5. 强化产品与管理创新，塑造强势品牌

金融租赁业务是技术性与操作性结合比较密切的业务。不同的客户有着不同的需求，因此，要求租赁公司应适时推出客户需要的产品和组合，才会满足客户需要。从某种程度上说，产品创新和服务创新是银行系金融租赁公司获得竞争优势和客户业务的基本条件。因此，应建立产品与管理创新机制，强化创新考核与激励，实行代理制等外包的产品开发模式，全面提升创新水平和速度。在创新管

理方面，可建立职能部门或专家队伍，实行矩阵式管理，根据市场和客户需求，提出创新的基础方案，组成专家或项目小组，全力推进创新，为客户提供一系列的产品和服务组合，并在公司内部管理和渠道建设等方面大胆创新，形成特色。

为增强竞争优势，银行系金融租赁公司还应把服务品牌建设作为自己的重要管理内容，制定计划。落实行动，强化激励与考核，塑造鲜明特色的强势品牌，为公司柜内竞争和国际化发展提供信誉“背书”，增强客户认同感和员工自豪感，促进员工自觉、自发的品牌建设参与热情，推动企业内部的部门和员工行动协调，使公司始终处在业务创新、客户沟通、市场营销和品牌形象领先的优势地位。

3.15 社区银行的法律监管

社区银行（Community Bank）概念来自美国等西方国家，其中的“社区”不是一个严格界定的地理概念，可以指一个省、一个市或一个县，也可以指城市或乡村居民的聚居区域。那些资产规模较小、主要为区域内中小企业和居民家庭提供金融服务的地方性小型商业银行都可称为社区银行。社区银行主要为小企业及个人小客户服务，决策简单、灵活，服务较为周到，容易贴近客户，一般发放具有抵押物的贷款，存款利率一般高于大的银行，贷款利率一般低于大的银行，收费一般相对低廉。

我国社区银行在培育过程中的主要建议：

一是强化政策扶持和监督指导，鼓励社区银行稳健发展；二是严格审核股东资格，鼓励股份制设立与规范管理，不能跨区经营；三是社区银行与社区信用社等金融机构相互合作；四是完善社区银行的信贷规模管理、业务统计与合规监管体系；五是注重各类金融机构审批设立的合理性与区域适应性等。

近年来，小微企业民间贷款乱象与民间借贷相关负面新闻层出不穷：“吴英案”、高利贷导致的民营企业老板跑路、自杀案、部分小贷公司违规经营行为等问题频发，而融资难、融资贵等问题仍然是小微企业生存发展的最大障碍。

面对大银行“惜贷”、民间借贷乱象的问题，专家指出，建立真正为小微企业融资服务的银行，是解决小微企业融资难题的一条行之有效的途径。而社区银行规模小、包袱轻、更高效，肯为中小企业服务，又因为同在一个社区里，信息不对称情况较少，是解决中小企业融资重要的环节。

一、积极探索社区银行模式

社区银行的概念来自于美国等金融发达国家，其中的“社区”并不是一个严格界定的地理概念，既可以指一个省、一个市或一个县，也可以指城市或乡村居民的聚居区域。凡是资产规模较小、主要为经营区域内中小企业和居民家庭服务的地方性小型商业银行，都可称为社区银行。

“现在对社区银行的探索集中在三类：首先，大型银行开展的类社区业务，如中信和民生银行都在积极开展布局社区金融业务；其次，城商行银行开设的社区支行，如北京银行已布局十余家左右的社区支行；第三类，村镇银行的社区业务，如小额贷款公司转制村镇银行和社区银行的模式。”中国银行业协会专职副会长杨再平曾指出。

杨再平表示：“就目前而言，具有区域定位优势的小型城商行和村镇银行最有潜力成为社区银行，但由于受到金融管理和产品开发能力的限制，目前很难提供全面的社区银行服务。相比之下，部分城商行的社区支行模式更加接近社区银行的雏形。”

二、法律缺位阻碍社区银行发展

2009 年 6 月，银监会发布《小额贷款公司改制设立村镇银行暂行规定》，规定符合相关条件和标准的小额贷款公司有可能转制为村镇银行。在政策的推动下，各地纷纷推出举措，推动小贷公司转向村镇银行，并进而转向社区银行。

工信部研究院副研究员吴维海表示，小额贷款公司转制村镇银行最大成本是现有股东将丧失对小额贷款公司的控股权。“小贷改村镇银行后，小贷公司交由银行控股及管理，小贷公司的股东只能以参股形式出现，这让许多小额贷款股东普遍不能接受”。

“国家担心银行放开后乱吸储，对新开设银行顾虑重重。”一位多年从事投资的人士对《中国企业报》记者表示，“我认为最主要是担心成立后的不法经营。

银行直面众多散户，担心银行倒闭影响社会安定。一方面，现有银行反对；另一方面，监管管理较为粗放。如果社区银行全部放开，监管难度将加大。”

此外，法律法规的缺位、贷款集中度过高的风险也阻碍着社区银行的发展。

“社区银行准入方面的法律法规不尽完善，试点的村镇银行注册资本就缺乏法律依据，及时出台一部专门针对社区银行的中小商业银行法律十分必要。”吴维海对《中国企业报》记者表示。

三、关键在于监管层的推动

目前小贷公司贷款规模和资本金比例过于接近，利润空间很小，这是转制的内在原因。“小贷公司人员简单，管理并不规范，但社区银行虽然小，毕竟是真正的银行。这就要求小贷公司需要在组织、流程、人员、风险管理控制等方面都进行完善，对企业经营理念、企业文化、对合规的理解程度等方面也需要转变。”吴维海指出。

3.16 构建与区域经济相适应的金融监管体系

金融机构的审批与设立、金融监管运行机制等的构建，是与我国经济发展阶段和社会对金融资本的需求相适应的，也是我国经济发展和社会稳定的基本保障。全国各省市、各地区可以结合各自经济发展现状与监督管理的基础，因地制宜地进行金融体系创新和监管机制改革，以不断构建适合区域经济发展需要的金融监管运行体系。山东省结合当地经济和金融发展需求，积极推动了中国人民银行、银监会、证监会、保监会的机构向县乡延伸改革，产生了很好的主动服务与有效监管的效果。

“2013 年山东金融业增加值已达 2265 亿元，同比增长 13.7%，占到 GDP 的比重达 4.14%，已经成为山东现代服务业的支柱产业。”山东省金融办主任李永健如是说。

在第三届中国公司金融论坛上，济南大学金融研究中心主任孙国茂表示，山东金融改革思路及经验成为金融相对欠发达地区金融改革样本。

而目前，山东金融业发展规划逐渐成型。

健全地方金融监管机构

“山东金改的一个最重要的成就，就是健全了地方金融监管机构。”山东省金融办主任李永健表示，这是下一步山东金融业实现大发展的重要基础。

截至目前，山东省 17 个地级市和 137 个县（市、区）都挂上了地方金融监管局的牌子。

“这在全国是没有的，必须佩服山东领导人的魄力。把省市县三级金融监督体系建立起来，这就为这个产业的发展从组织架构上奠定了坚实的基础。金融业高风险、高回报决定了如果没有健全的组织监管体系，就没法实现持续健康发展。”李永健告诉记者。

“目前大多数村镇银行、小额贷款公司等地方中小金融机构都设在县、乡镇甚至行政村，而‘一行三会’除人民银行在县域有较为完整的机构设置外，三会在地市以下特别是县级及以下区域存在严重的监管真空。”国家发改委国际合作中心宏观经济研究员吴维海在接受《中国企业报》记者采访时指出。

温州金改逾两年，温州的县（市、区）监管体系建设，地方金融监管两级联动的格局并未完全确立。

浙江民营投资企业联合会会长周德文对《中国企业报》记者表示，目前温州仅鹿城、瑞安已成立县级地方金融管理局，尚未在所有县区进行联动。

中国企业研究院首席研究员李锦对《中国企业报》记者透露，目前在山东县级已经开设了金融监管办公室，并有向乡一级延伸的趋势。

“其实可以理解为‘一行三会’的功能向县乡一级传递，这也是极具山东特色的。”李锦表示。

积极探索制度创新

有专家指出，与其他地区相比，山东金融改革需要更多、更大的制度创新。

“从经济结构上，山东金改与江浙地区的金改在起点上不尽相同，另外，不论是长三角、珠三角还是京津唐，都有很强的国际金融中心辐射效应，但山东没有。国家也没有给山东类似温州金融改革试点特殊政策。”孙国茂指出，一个地区的金融发展，首先必须消除金融抑制，而这意味着山东金改需要进行更大的制度创新。

2013 年 11 月 6 日，山东省政府下发《关于鼓励和支持小额贷款公司发展有关事宜的通知》，对小贷公司的准入门槛、融资渠道、经营区域等方面均进行了突破性的调整。

目前，山东省的小贷公司已经有 400 家，2013 年一年内投放额超过了 1100 亿元，其中九成半以上投向了小微企业和“三农”。

在引导民间融资的工作上，山东政府通过清理整顿投资类公司、设立民间资本管理公司等措施，以疏堵结合的方式使民间融资规范化发展。

山东政府积极推动地方金融立法进程，起草完成《山东省金融发展条例》和《山东省民间融资监督管理条例》。

“山东版的民间融资管理条例最早能在今年底或明年上半年出台，其中也将纳入强制备案制度，以此来规范规模达 4000 亿元的地下民间融资。”李永健表示。

下一步工作重点：农村合作金融。

据山东金融办发出的最新消息，山东金融改革的主要方向是发展农村合作金融。

李锦指出，山东金改下一步工作重点在农村合作金融，这与山东农业基础较好和农村合作社数量庞大等现状密不可分。

“其方向就是用农民自己的钱解决生产经营的问题。目前，农村合作金融组织的管理还比较混乱，潜伏着一些风险，要把农村合作金融组织纳入健康发展的轨道。”李永健称，山东正在积极研究农村合作金融改革试点方案，现在已经四易其稿，初步得到了省里各方面的认可，正在征求专家和部委意见，预计年内可以出台。

据了解，目前山东省的农信社已有 40 家改造为农村商业银行，下一步要继续按照股份化银行化的要求，强化服务职能，弱化行政职能，继续推进农信社的改革，争取用三年的时间，把整个现有农信社改造为规范的农村商业银行。

然而，也有专家对农信社转制表示担忧。

“业界对农信社改制方向上仍存争议，如何妥善处理省和县联社、农合行、农商行的关系也要在考虑范围之内，而农村弱势群体金融服务可能出现的空白谁来填补等问题要进一步考量。”吴维海指出。

3.17 国外政府融资模式及案例

研究欧盟和美国等发达国家的融资模式和案例，有助于从国际视野、世界标准看待地方政府融资创新及体系。

（一）政府财政融资模式及案例

政府财政投资指由政府作为投资主体，主要利用政府财政资金，统一协调和使用资金。典型案例是巴黎财政投融资模式。

（二）商业投融资模式及案例

商业投融资模式指由商业企业取代政府作为项目的投资主体，并且采用商业原则进行经营，负责项目的融资、建设、运营开发、投资回报与还本付息等。典型案例是香港商业投融资模式。

（三）混合融资模式及案例

混合投融资模式指既有政府投资行为，也有私营公司投资行为，遵循国家、地方和私人共同分担的原则，采取政府财政向特定项目开发部门提供补贴、减免税收或提供低息融资的方式。日本城市轨道交通的建设经营是这种模式的典型代表。

（四）市政债券融资模式及案例

市政债券，又称市政证券，指各级政府及其授权机构或代理机构发行的证券。市政债券大体可分为两类，一般责任债券和收益债券（或收入债券），以美国为主要代表。

（五）国库公司债券模式及案例

债券是一种金融契约，是政府、金融机构、工商企业等直接向社会借债筹措资金时，向投资者发行，同时承诺按一定利率支付利息并按约定条件偿还本金的债权债务凭证。以澳大利亚为代表，实行州政府发债为主的融资模式。

（六）公私合伙制融资模式及案例

公私合伙制（PPP）指政府机构与私营部门主体之间的合同约定，允许私营部门更广泛地参与从事公共基础设施项目，参与合作的私营部门需承担一定风险和管理职责。以英国为代表，形成公私合营 PPP 的投融资模式。

欧美等经济发达国家的金融工具相对广泛，融资创新走在全球的前列。各国金融工具的使用条件和范围各有差异。政府基金、企业债和 PPP 等融资模式已经成为这些国家城市基础设施建设和产业开发的重要渠道，值得研究和借鉴。

3.18　政府与企业融资模式和案例

政府融资主要依靠政府部门如财政部门、正如融资平台如果有企业等对外融资，主要用于垄断性行业、社会公共服务和重大公益性项目。企业融资包括直接融资和间接融资，主要有银行贷款、融资租赁、发债、上市等。

（一）政府融资模式及案例

政府融资指地方政府或其控股企业为了特定开发或运营目的，采取特定的融资模式，获得一定的资金使用权，用于特定的重点项目或企业经营活动，实现预期的政府管理、项目建设与企业经营目标。

2019 年，央行系统要坚持稳中求进工作总基调，坚持新发展理念，坚持推动高质量发展，坚持以供给侧结构性改革为主线，实施稳健货币政策，加强市场预期引导，继续打好防范化解重大风险攻坚战，深化金融改革开放，进一步稳就业、稳金融、稳外贸、稳外资、稳投资、稳预期，统筹推进稳增长、促改革、调结构、惠民生、防风险工作，促进经济金融持续健康发展。

一是稳健的货币政策保持松紧适度。

二是落实好金融服务实体经济各项政策措施。从债券、信贷、股权等方面引导金融机构加大对民营企业小微企业支持力度。积极推广民营企业债券融资支持工具，鼓励地方政府成立支持民营企业融资基金，推动实施民营企业股权融资支持工具。统筹做好“两权”抵押贷款试点到期衔接工作。

三是切实防范化解重点领域金融风险。

四是稳步推进人民币国际化。

五是全面做好外汇管理与服务。

六是深入参与国际经济金融治理。

七是加快推动金融市场创新发展和金融机构改革。

八是全面提高金融服务与金融管理水平。

九是继续加强内部管理。

全国地方政府债券发行和使用情况。2019 年 3 月，全国发行地方政府债券 6245 亿元。其中，发行一般债券 2335 亿元，发行专项债券 3910 亿元；按用途划分，发行新增债券 4886 亿元（包括新增一般债券 1304 亿元、新增专项债券 3582 亿元），发行置换债券和再融资债券（用于偿还部分到期地方政府债券本金，下同）1359 亿元。

2019 年 1~3 月，全国发行地方政府债券 14067 亿元。其中，发行一般债券 6895 亿元，发行专项债券 7172 亿元；按用途划分，发行新增债券 11847 亿元（包括新增一般债券 5187 亿元、新增专项债券 6660 亿元），发行置换债券和再融资债券 2220 亿元。

2019 年 1~3 月，地方政府债券平均发行期限 7.7 年，其中一般债券 8.5 年、专项债券 6.9 年；平均发行利率 3.35%，其中一般债券 3.37%、专项债券 3.32%。

全国地方政府债务余额情况。经第十三届全国人民代表大会第二次会议审议批准，2019 年全国地方政府债务限额为 240774.3 亿元。其中，一般债务限额 133089.22 亿元，专项债务限额 107685.08 亿元。截至 2019 年 3 月末，全国地方政府债务余额 196194 亿元，控制在全国人大批准的限额之内。其中，一般债务

115559 亿元，专项债务 80635 亿元；政府债券 193043 亿元，非政府债券形式存量政府债务 3151 亿元。截至 2019 年 3 月末，地方政府债券剩余平均年限 4.5 年，其中一般债券 4.4 年、专项债券 4.6 年；平均利率 3.5%，其中一般债券 3.5%、专项债券 3.51%。

政府融资的主要渠道和内容包括财政资金、外国政府贷款、国际金融机构贷款、地方发债、信托计划、银行贷款、PPP 融资、金融租赁、订单融资、资产证券化等，具体请参阅《政府融资 50 种模式及操作案例》专著（图 3-5）。

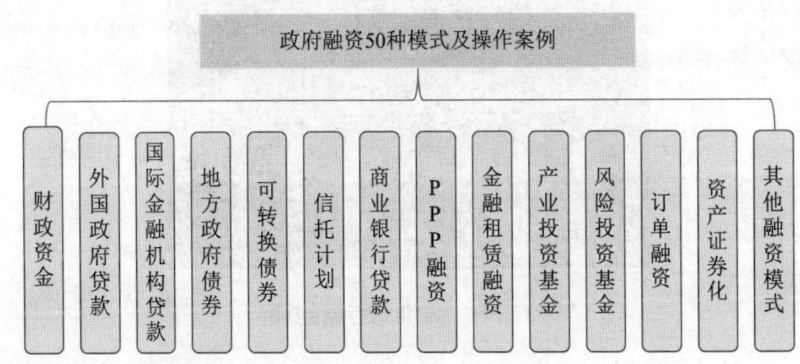

图 3-5　吴维海　政府融资 50 种模式及操作案例

（二）企业融资模式及案例

企业融资是以企业的资产、权益和预期收益为基础，筹集项目建设、营运及业务拓展所需资金的行为过程。企业资金来源主要包括内源融资和外源融资两个渠道，其中内源融资主要是指企业的自有资金和在生产经营过程中的资金积累部分；协助企业融资即企业的外部资金来源部分，主要包括直接融资和间接协助企业融资两类方式。企业融资的方式很多，包括但不限于银行贷款、产业链融资、金融租赁、上市融资等。其中：产业链融资指金融服务机构通过考核整条产业链上下游企业状况，通过分析考证产业链的一体化程度，以及掌握核心企业的财务状况、信用风险、资金实力等情况，最终对产业链上的多个企业提供灵活的金融产品和服务的一种融资模式。

关于企业融资的模式，吴维海在《企业融资 170 种模式及操作案例》专著中进行了详细阐述（图 3-7）。各类融资模式及流程请参阅专著并研读。具体见图 3-6。

图 3-6 吴维海专著封面

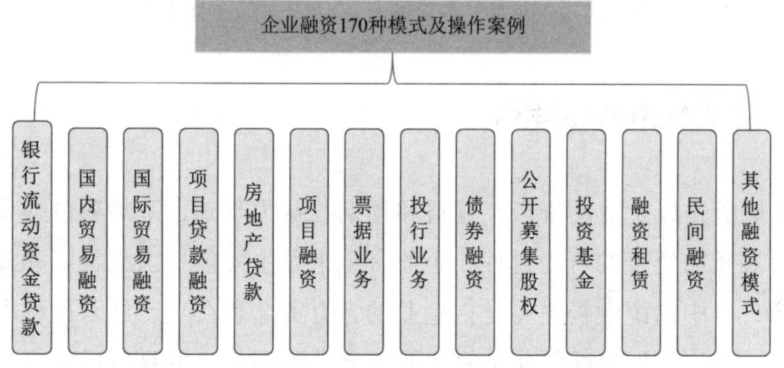

图 3-7 吴维海专著《企业融资 170 种模式及操作案例》

关于企业融资模式，可以根据不同企业的发展阶段、产品特点和业务方向，针对性进行专业策划和模式选择。

3.19 同业业务对银行利润的影响

银行同业指以金融同业客户为服务与合作对象，以同业资金融通为核心的各项业务。具体包括：代理同业资金清算、同业存放、债券投资、同业拆借、外汇买卖、衍生产品交易、代客资金交易和同业资产买卖回购、票据转贴现和再贴现等业务。近年来，商业银行大力发展同业业务，同业业务的规模、收入额、利润额等在业务总额中的占比和贡献不断提高。如果降低同业比例，必然会减少银行利润。但是，如果一味地提高银行同业业务的比例，将会加大实体企业的融资成本，导致大量金融资本的脱实入虚，进而影响到实体经济借用资金成本，不利于实体经济的健康发展。针对此类问题，笔者于 2013 年曾接受媒体访谈，并做了相关预判。

“在之前的风险评估中，我们确实对此缺乏准备，现在的处境十分被动，同业业务很紧张。”7 月 4 日，一家总部位于北京的股份制商业银行同业业务人员向《中国企业报》记者表示。在“钱荒”蔓延的 6 月，这家银行由于在买入返售信托受益权资产期限配置上的过度激进，陷进了流动性窘境。

这家银行的遭遇并非个案。业内人士指出，部分中小银行自身承受流动性风险的能力相对薄弱，而且对同业资金投入长期项目的期限错配风险控制上也较为松懈。随着资金市场利率的飙升，银行同业拆借资金价格攀升，加上同业负债期限普遍较短，现在不得不面临负债成本上升的问题。随着去杠杆的推进，银行同业业务利差趋势性下降，将直接影响银行的利润。

（一）推高同业负债成本

同业负债包括两部分，一部分是在同业拆借市场借钱；另一部分是通过第三方存管资金、银银平台清算资金等获取的资金。“对多数银行来说，同业拆借才是同业负债的绝对大头”。兴业银行信贷部客户经理刘磊向《中国企业报》记者透露。

银行运用自有资金和同业拆借资金购买非标债权资产，把表内贷款转移为同业资产，隐藏贷款规模，这是过去一年中小银行扩张同业资产和业务规模的主要路径。

招商证券统计显示，截至 2012 年末，上市银行同业资产规模 10.5 万亿，较 2010 年末增长 100%；相应的，同业负债 12.1 万亿，较 2010 年末也暴增 72%。

（二）同业结构调整，冲击银行利润

招商证券认为，按增速和价格两方面均下降 20% 的悲观假设，同业业务对银行业今年全年利润的负面影响约为 4.2%。

不过，从目前来看，兴业和民生两家银行目前的调整，都着眼于平衡流动性和保证利润。按其说法，退出的只是低收益的业务。

“随着去杠杆的推进，银行同业业务利差趋势性下降，将直接影响银行的利润。”北京银行同业部业务经理戴小敏对《中国企业报》记者说，业务结构调整之后，银行同业业务将会出现规模萎缩、增速放慢、利差下降的局面，与同业业务相关的衍生业务也会受到影响。多重因素叠加之下，自然会冲击银行的利润，业务结构调整虽然不会使银行的利润产生特别明显的波动，但这一影响可能将是长期的。

去杠杆化后，同业业务去向何处？

据悉，已有监管层人士透露，目前银监会正研究有关同业业务的规范性文件。

一旦货币政策收紧，将加速“去杠杆化”的进程，迫使银行大量收缩同业业务和票据融资，市场的清偿能力和流动性问题将面临严峻考验。那么，银行同业领域的发展方向在何处？

“此次之后央行会加强同业业务管理，控制同业业务的增长速度和资金投向。商业银行会更加注重同业业务带来的流动性压力和利率套利带来的信用传导风险，在风险可控的前提下去做有限的逐步扩张。”银河证券首席经济学家潘向东向《中国企业报》记者表示。

“过于偏重拆解盈利，追求利差或导致银行内部的资产结构和负债比例不合理，盲目扩张形成借款过大，一旦同业资金拆借不足，一些小规模的银行可能出现流动性不足，资本充足率达不到要求，影响偿债能。”工信部研究院副研究员吴维海在接受《中国企业报》记者采访时表示。

吴维海指出，未来银行同业业务，首先需要回归传统的功能定位，即配合计财部门做好流动性管理，同时做好同业间的结算清算，而非过去强调同业业务的盈利属性在传统的功能定位之上。此外，银行同业部门还应加强对标准化买入返售金融资产的运作和管理能力。

而在监管层看来，未来同业新规也应参照 8 号文精神，将同业业务授权权限应该上收至总行。

“央行提出去杠杆化后，银行往哪里走我们也在研究当中。从目前情况看，大体我们要做的比如说进一步考虑同业杠杆率低的新型业务。”民生银行内部人士接受《中国企业报》记者采访时称，7 月 20 日前将对超标非标理财产品清零。

“我们在处理存量买入返售信托受益权等资产的同时，推进其银银平台在互联网金融领域的创新，将会是其同业领域未来一段时期的重点方向。”兴业银行内部人士表示。

第 4 章　资本市场

十九大报告提出：深化金融体制改革，增强金融服务实体经济能力，提高直接融资比重，促进多层次资本市场健康发展。这为资本市场发展和基金证券等业务管理指明了方向。

基金指用于特定目的并独立核算的资金，包括养老保险基金、退休基金、救济基金、教育奖励基金、财政专项基金、职工集体福利基金、能源交通重点建设基金、预算调节基金等。证券投资基金指通过发行基金单位，集中投资者的资金，由基金托管人托管，由基金管理人管理和运用资金，从事股票、债券等金融工具投资。证券是多种经济权益凭证的统称，也指专门的种类产品，是用来证明券票持有人享有的某种特定权益的法律凭证。主要包括资本证券、货币证券和商品证券等。狭义上的证券主要指的是证券市场中的证券产品，其中包括产权市场产品如股票，债权市场产品如债券，衍生市场产品如股票期货、期权、利率期货等。

4.1 产业基金选择

一、产业基金概述

（一）产业基金的内涵

产业投资基金（Industrial Investment Fund）是中国特有的概念，国外通常称为私募股权投资基金（private equity fund）。产业投资基金指对未上市企业进行股权投资和提供经营管理服务的利益共享、风险共担的集合投资制度，即通过向多数投资者发行基金份额设立基金公司，由基金公司担任基金管理人或另行委托基金管理人管理基金资产，委托基金托管人托管基金资产，从事创业投资、企业重组投资和基础设施投资等实业投资。从法律地位上看，产业投资基金是一种投资组织形式，从立法技术看，产业投资基金是区别于证券投资基金的专门基金。

产业投资基金源于美国。20世纪40年代末，美国出现大量新兴中小企业，“创业投资基金”形式诞生；后来，“创业”的概念扩展到“创造新企业和老企业再创业”，出现了“企业重组基金”形式；创业投资基金在80年代传入亚洲后，又出现了专门投资于基础设施项目的“基础设施投资基金”。经过不断演变，形成了现在的产业投资基金概念。产业投资基金具有下列特点：一般针对特定的投资者募集资金，即私募；投资对象主要为非上市企业；投资期限通常为3~7年；积极参与被投资企业的经营管理；投资的目的是基于企业的潜在价值，通过投资推动企业发展，并在合适的时机通过各类退出方式实现资本增值收益。

我国产业投资基金产生的原始动力是中国对经济结构调整的需要。产业基金是特定的金融工具，表现在以下方面：

低运行成本。产业基金主要投资于未上市企业股权，既不需要在证券监管部门登记注册，也不需由公司和有关中介机构申报招股文件。

治理科学。产业基金拥有“双”治理环节：一是基金运营治理环节，二是基金投资治理环节。第一环节中的有限合伙制是典型的产业基金组织形态，其LP（有限合伙人）\GP（普通合伙人）的权利义务结构安排，既有利于资本和管理的分工，又有利于资本和管理的合作，也有利于决策责任的恰当落实。第二环节中，关于分散投资、管理型资本以及“相机”型资本权利（优先股权、可转换债）等制度安排，也起到提升投资对象中基金股权和非基金股权治理效应的作用。

分工和细化。在合伙制形态中，产业基金根据不同主体的资源禀赋，安排有货币资本但无管理技能、无专业投资知识、没有精力涉及管理和投资以及不愿意或无力承担无限责任的投资者担当 LP 角色，而让拥有专业管理团队、人脉广泛、偏好“高风险 / 高收益”的经济主体担当 GP 角色。产业基金也有细化投资者的功能。以获得“投资性”还是获得“流动性”来分，产业基金表现为私募股权投资基金和资产证券化两种。前者是适合于具有货币资本量大、敢于承担风险的富人去玩的游戏；后者则是适合于货币资本有限、风险承受能力较弱的穷人投资的方式。

价值创造。产业基金投资于实体经济，是货币资本、管理、技术、实物资本在实体经济层面的整合，实体经济下资源配置效率的提升正是价值创造的表现形式。

有效降低流动性过剩。产业基金不具有信用创造功能，还有加速货币资本和实体资本结合的功能，不易产生流动性过剩问题。

投资回报较高。产业基金“整合企业”、“再造企业”或“优化企业”的功能凸现。

（二）产业基金在我国发展历程及法律环境

我国 20 世纪 80 年代中期引入“产业基金”，1985 年 9 月中国第一家产业基金公司——中国新技术创业投资公司获准成立，标志着产业基金在中国问世。20 世纪 90 年代国外产业基金进入我国。这一时期我国的产业基金小幅增长，增长速度缓慢，资本金严重不足。

1995 年国务院批准颁布《设立境外中国产业投资基金管理办法》，这是关于中国产业投资基金的第一个全国性法规。

1997 年，原国家计委曾草拟《产业投资基金管理暂行办法》，用于规范境内产业投资基金的设立和运行，但未获国务院批准。

1999 年科技部会同有关部门制定《关于建立我国风险投资体系的若干建议》，对于我国产业基金事业的健康发展起到积极的推动作用。2003 年出台《外商投资创业投资企业管理规定》，到 2004 年中外创业投资产业基金共对 253 家大陆及大陆相关企业进行了投资，投资额总计 12.69 亿美元。

2007 年 3 月《信托公司集合资金信托计划管理办法》，对信托计划的业务门槛进行了重新界定，总体上限制了个人对信托产品的购买，但同时对合格投资人对信托产品的投资放宽了限制。2007 年 6 月 1 日《合伙企业法》，明确了法人可参与合伙，确立了有限合伙制度，增加了有限责任合伙制度，并增设合伙企业破产规定。

2017 年，全国证券期货监管工作会议明确要求，牢牢把握稳中求进工作总基调，以改革为引领，以稳定为底线、以发展为主旋律，协调推进资本市场改革稳定发展和监管各项工作。

2018 年以来，随着 PPP 融资遇到了财务支付能力约束等困境，产业基金快速发展，其在政府融资工具中的占比逐步增大。

（三）产业投资基金的投融资特点

从国外经验来看，产业投资基金主要投资于基础设施行业，包括运输行业（如收费道路、机场、港口和部分铁路）、受监管的公用事业（如供电和天然气网络、供水和废水处理网络）、政府服务业（如学校和医院、卫星等部分国防项目）和其他（如输油管、液化石油气接收站和运输船、合同发电）等。该行业资产均属于社会基础设施，具有稳定、可预测和低风险的现金流，且独立于商业圈之外，通常与本地通货膨胀相关，有能力支撑高负债。

产业投资基金较适合大型建设项目的股本融资。项目主体通过产业投资基金融资，主要有五大特点：一是投资期限较长，一般为 10~15 年；二是投资者一般不要求占控制地位，只要求参股；三是投资者到期后退出，发起人可拥有优先回购权；四是以财务投资者为主，很少参加经营管理但会要求改善和强化公司治理；五是投资者对投资回报要求不高。产业投资基金的融资成本高于银行贷款。

二、产业基金的组织形式

（一）有限合伙制

由基金管理人作为 GP、基金发起人作为 LP 组建有限合伙企业。产业基金采用有限合伙的形式，投资者作为有限合伙人加入合伙，仅承担以投资份额为限的有限责任，对全部投资收益仅负担个人所得税，无论投资额多寡一律不参与日常经营（少数投资者代表将参与投资决策委员会进行核心决策）。基金管理公司作为普通合伙人加入有限合伙产业基金，承担无限责任，负责从立项到撤离的整个投资过程。

2006 年 8 月 27 日，全国人大常委会修订了《合伙企业法》并自 2007 年 6 月 1 日起施行。国务院修订了《合伙企业登记管理办法》。根据《合伙企业法》的规定，合伙企业又分成普通合伙企业与有限合伙企业两类。其中，有限合伙企业由普通合伙人与有限合伙人组成，普通合伙人对合伙企业债务承担无限连带责任，有限合伙人以其认缴的出资额为限对合伙企业债务承担责任，而合伙企业的合伙人包括自然人、法人和其他组织。而合伙企业不作为经济实体纳税，其净收益直接发放给投资者，由投资者作为收入自行纳税，合伙企业的生产经营所得和其他所得，由合伙人分别缴纳所得税。投资者能够以有限合伙人身份投入资金并承担有限责任，而基金管理人以少量资金介入成为普通合伙人并承担无限责任，基金管理人具体负责投入资金的运作，并按照合伙协议的约定收取管理费。

（二）公司型

按照《公司法》组建投资公司（基金），投资者购买公司股份成为股东，由股东大会选出董事会与监事会，再由董事会委任某一投资管理公司或由自己直接来管理基金资产，基金管理人收取基金管理费与效益提成。公司型基金在人数上有限制，即有限责任公司股东数在 50 人以下，股份有限公司发起人数在 200 人以下，具有模式简单清晰、易为各类市场主体接受的优点，但存在资本金缴付安排僵化、增减资表决时手续繁琐、双重税赋使投资者收益出现较大折损、有限公司性质使基金管理人在发生损害时赔偿责任有限等缺陷，降低了投资者对这类组织形式的热情。但《公司法》在人数或公司投资的限制上，都有“法律法规另有规定的除外”的除外条款。

（三）契约型

在契约型组织形式下，基金管理人以理财工作室、投资咨询公司、投资顾问公司和投资管理公司等名义存在，并通过与投资者签订委托协议，为投资者提供委托理财服务，而契约关系后形成多半是依靠关系和信誉来吸引资金。具体又可分为委托资金所有权发生转移和委托资金所有权不发生转移两种。在委托资金所有权发生转移的情况下，基金管理人将资金转入私募基金的指定账户，这是实际上具有了一定的信托特征，但这容易被司法机关认定为非法集资甚至产生刑事责任。在委托资金所有权不发生转移的情况下，委托资金仍在投资者账户中，投资者则授权基金管理人具体操作，该资金并没有形成信托财产，双方也是平等主体之间的民事委托代理关系，这种形式对投资者的收益折损最小，但是在操作上却相对比较复杂。

（四）信托型

信托型基金一般由有特定资质信托公司专营，信托公司一般不负责基金管理，委托基金管理人负责，基金管理人收取管理费和业绩提成。基金采取信托方式，须委托信托公司通过出售资金信托份额实现基金的募集，有私募基金管理人与信托公司签约进行管理。根据《信托法》与《信托投资公司资金信托管理暂行办法》《信托投资公司管理办法》的规定，资金信托的份额不得超过 200 份。根据中国证监会《证券公司客户资产管理业务试行办法》，有资质的证券公司可以从事集合资产管理计划，这也是信托型基金的一种，由于证券公司的特殊性，其不需要委托信托公司，无 200 份份额的限制，故其介于私募和公募之间，但其募集方式受到限制，不通过媒体推广并进行资金强制托管，一定程度上可以避免投资者损失。

（五）产业基金组织形式的选择

公司型基金有独立法人资格，治理规范，管理直接，透明度高等优点；但需承受双重税赋，不可在银行间债券市场发行基金单位，无法实现利润 100% 分红。契约型基金设立简单，便于运作，经批准可以在银行间债券市场发行基金单位，基金收入可全部分配给基金份额持有人，基金不缴纳所得税；但治理困难，对投资者的保护较弱。信托型基金成本相对较高。有限合伙型基金有决策效率高、税收优惠、不受资本金及投资期限约束、清算程序简便、资金安排灵活等优势。

三、产业基金的治理结构

（一）产业投资基金的治理结构

投资基金业存在代理问题和契约不完全的问题，剩余索取权和剩余控制权的不对应是基金合约的显著特征，基金管理人有对基金资产的剩余控制权，不享有基金剩余收入的索取权；基金投资者承担基金运作的所有风险却不拥有对基金的控制权。

基金的操作主体包括控股公司，投资决策委员会及管理公司，分别代表所有权、决策权和执行权。发起人向投资人进行出资成立控股公司，同时，设立投资决策委员会及管理公司。由投资决策委员会执行投资决策，争取奖励报酬。管理公司负责项目开发，尽职调查及投资后管理。投资资产通过委托保管银行作为独立保管方进行保管。

产业投资基金的治理体系包括：

基金公司或基金的治理。公司型基金和契约型基金的治理各不相同。公司型基金参照《公司法》《产业投资基金管理暂行办法》设立，以基金章程为治理法则，最高权力机构为股东会，常设机构为董事会，由董事会制定基金投资原则与投资战略、审定基金管理公司提交的投资方案；同时，设立投资委员会，由各股东按投资比例列席，审查基金管理公司提出的投资方案。契约型基金参照《信托法》《证券投资基金法》设立，投资者通过基金份额持有人大会行使基金资产的所有权、收益权、委托权、监督权和处置权等，对大会审议的事项进行表决。

基金管理公司的治理。基金管理公司根据决策权、执行权和监督权相互分离、相互制衡的原则建立现代公司治理结构，确保公司管理科学与规范；公司董事会下设风险控制委员会，专职负责公司的风险控制，保证基金资产的安全性。在控制风险的前提下，通过对投资项目的筛选、价值评估、投资决策和投资管理，在促进所投产业发展的同时，谋求基金收益的最大化。基金管理公司的责、权和利在基金公司或基金与其签订的委托管理协议中明确。

基金托管人的治理。基金托管人是依据基金运行中“管理与保管分开”的原则，对基金管理人进行监督和保管基金资产的架构，是基金持有人权益的代表。基金托管人的主要职责是保管基金资产，执行投资指令并办理资金往来，监督基金管理人的投资运作，复核、审查基金资产净值及基金财务报告。基金托管人的责、权和利应在基金公司或基金与其签订的托管协议中明确。

（二）产业投资基金组织形式的选择与治理结构

1. 有限合伙型产业基金的治理结构

普通合伙人和有限合伙人之间的关系，是产业投资基金中最重要的基础关系。有限合伙制的特性决定了此种制度成为产业投资基金的主要选择模式。

有限合伙制既有公司制的有限责任安排，又能回避信托需要转移并按约交付资金的义务。以承诺的方式，根据管理人的通知，并由保管人在符合事先约定条件时拨付资金，由普通合伙人承担无限责任，降低了交易成本，增加了信用，提高了决策效率，发挥了专业投资管理经验特长。

选择普通合伙人，还是有限合伙人，是基金发起时需要决策的重要因素，在普通合伙人的团队中要有投资管理和金融、并购、执行、法律和财务技能等各类人才。

信息披露的透明度决定了投资者的信任度。这些信息包括管理团队、普通合伙人的业绩纪录、合伙人关系、经营计划、交易流量、资产组合、风险控制及相关信息以及法律义务。

2. 公司型产业基金的治理结构

自我管理型。基金公司既设董事会，又设管理团队，是由基金公司自己管理基金公司的资产。自我管理型模式的管理构架是在公司内部形成“三权分立”机制，即基金公司的法人财产所有权、经营权和占有权分别由基金公司董事会、内部聘请的管理团队和财务监督部门行使，按照各自职能分别对基金公司董事会负责，尽管理义务。

委托管理型。投资基金公司只设董事会，基金公司委托独立的机构作为管理顾问管理基金公司资产。基金公司设董事会机构对其法人财产行使所有权，经营权转移到独立的管理顾问机构。基金公司的职能由董事会制定基金投资方针、对重大投资项目进行决策和审查管理顾问机构的投资方案等。管理顾问机构负责选择投资项目、评估投资项目、制定投资方案，并在授权范围内决策投资项目。

3. 契约型产业基金的治理结构

契约型基金与公司型基金的治理结构的区别在于：契约型基金本身并不具有公司法人形式，基金持有人根据其持有的基金份额分享基金的资产和收益，以其持有的基金份额为限对基金承担责任。基金依据基金契约向投资者募集资金，基金管理人根据基金管理协议进行基金管理活动，基金收益依据基金契约在当事人之间进行分配。基金持有人、基金管理人和基金托管人的权利、义务在基金契约中约定。基金持有人按其所持基金份额享受收益和承担风险。基金管理人、基金托管人依照基金契约的约定，履行受托职责。

四、产业基金的设立

（一）产业基金设立的程序

产业基金要符合国家的政策导向，属于限制类或禁止类产业设立产业投资基金一般不能获得批准。

产业基金一般由发起人或者基金管理公司牵头发起，首先需要起草基金设立方案和申请成立的请示材料。产业基金设立方案主要包括基金组织形式的选择、基金规模、经营期限、基金募集对象、基金管理团队的选择、基金投资方向、基金运作模式、权力利益分配、基金退出方案等。产业基金设立的请示主要包括产业基金成立的意义、必要性、可行性以及基金设立简要方案等内容。接下来，就可以拿着基金设立方案去寻找合作投资者，谈判并签协议，共同出资设立产业基金。如果规模比较小的产业基金到此时产业基金就成立了。如果规模比较大的产业基金需要报国家审批，核准后才能成立。

（二）产业投资基金的设立要点

1. 基金组织形式

公司型、契约型、信托型还是有限合伙型。公司型基金有独立法人资格，治理规范，管理直接，透明度高等优点；但需承受双重税赋，不可在银行间债券市场发行基金单位，无法实现利润100%分红。契约型基金设立简单，便于运作，经批准可在银行间债券市场发行基金单位，基金收入可以全部分配给基金份额持有人，基金本身无须缴纳所得税；但治理相对困难，对投资者的保护不如公司型基金。信托型基金对投资者保护好。有限合伙型决策效率高、税收优惠、不受资本金以及投资期限约束、清算程序简便，以及资金安排灵活等优势。基金组织形式根据投资者的偏好来选择。

2. 基金注册地

境内还是境外。在境内注册基金，无税收优惠政策，审批程序简单，投资者以境内保险公司和社保机构为主，期望回报率比债务融资高；在境外注册基金，法律环境较完善，可选择有税收优惠的境外地点注册，但审批程序较复杂，投资者群体广，期望的回报率较高。

3. 基金投资方向

确定基金定位是公益性或盈利性，以及拟投资行业的监管要求；分析投资者对收益率和资金期限结构的要求，选择的项目类别；测算不同项目的现金流、投资方向等。

从基金运作模式来看，出于规避风险的要求，投资可能分散在多个行业的不同阶段，可能分布在不同地域，并实施组合投资。

4. 基金规模与存续期

基金规模受拟投资项目的资金需求，监管要求、审批难易，潜在投资者的资金供给规模等影响。产业投资基金的规模根据具体情况确定。基金存续期受拟投资项目预计的资金需求期间、潜在投资者的资金供给要求、预期收益率等影响。国际私募股权投资基金的存续期一般 7~10 年。

5. 基金到期后处理方式

项目出售可由约定的投资者有优先购买权，出售价格按项目账面净值、基金成立时的收购价格，或市场价格进行。

6. 发起人认购比例

发起人根据基金预期收益率与其现有投资项目回报率，考虑资金来源等确定认购比例。契约型基金发起人对基金的认购比例可较低。

五、基金管理公司

（一）基金管理公司的职责

1. 基金的策划人。基金管理人根据专业分析和资源整合能力，结合经济社会和产业发展的需要，设计基金方案，提供给潜在投资人进行投资决策。

2. 基金牵头与设立。基金管理人作为基金的策划者，在基金方案获得认可后，牵头组织基金的融资募集工作。基金管理人作为基金的牵头出资人，需要出资，实现以小博大和管理人、投资人利益捆绑机制。基金管理人组织基金设立，包括：基金募集路演、确定出资意向、组织对设立文件条款的谈判、组织投资者创立大会，完成投资者出资和法律文件签署，帮助投资者选择确定基金托管人，组织投资者与托管人签署合作协议等。

3. 基金的管理运营。根据基金委托管理合同，寻找调研项目提供给基金进行投资决策，在通过投资决策之后，协调基金托管银行划拨投资款项。基金管理人向被投资项目派出产权代表，代表基金履行投资人权益，为项目提供增值服务。在每个财务年度，基金管理人提交基金年度报告和利润分配方案，接受基金董事会的评估和监事会的审计。

4. 基金的到期清算。在基金设立期限到期时，基金管理公司履行清算职责，帮助基金做好财产登记、资产评估和清算方案。在基金设立期限最后 2 年，完成所投项目的退出，最大限度回收现金，最大限度实现资产证券化。

（二）产业基金管理公司的素质

在产业基金的设立、融资阶段，基金管理人制定投融资计划，具备说服力和执行力，有良好的沟通技巧，组织路演，解答投资质疑，说服投资。

基金管理公司应具备的条件：

（1）要求有投资银行或者其他直接投资的经验，熟悉资本市场；（2）长期专注于某领域，是行业投资的专家；（3）对于行业或经济周期的判断有预测能力；（4）有创造价值的能力，通过资本运营、扩大规模、兼并小企业等手段，提升企业规模和盈利；（5）国际化背景，能够熟练和国际投资沟通。

（三）基金管理公司的治理结构

建立完善的法人治理结构，约束基金管理人的行为。

根据决策权、执行权和监督权相互分离、相互制衡的原则，建立现代公司治理结构，确保公司管理的科学性与规范化；公司董事会下设风险控制委员会，专职负责公司的风险控制，保证基金资产的安全性；在控制风险的前提下，通过对投资项目的筛选、价值评估、投资决策和投资管理，谋求基金收益的最大化。

确立股东、董事会和管理层三者之间的制约和制衡关系。在股权结构方面，降低个别股东的控股比例，增加产业投资基金管理公司的股东家数，增加股东大会决策的科学性。产业投资基金管理公司的股东在 5 个以上，每个股东的份额低于全部股份的 50%。避免大股东之间的力量对比悬殊，有利于民主和科学决策。

董事会负责规划公司发展目标，对重大事件决策，任命公司管理层。根据股东的出资数额进行董事会设计。董事人数大于 7 个，少于 15 个。适度引进独立董事制度。

（四）其他激励约束机制

1. 声誉

产业投资基金有一定的存续期，存续期终结时需要进行清盘。如果基金管理人在基金存续期间有损害投资者的行为，将在基金清盘时暴露，管理声誉会受损。如果基金管理公司同时经营数只基金，一只基金有损害投资者的行为，必将影响其他基金。基金管理公司要永久存续，就要设立新基金，老基金如果业绩不好或损害投资者利益，清盘后，基金管理公司很难募集新的基金。

2. 投资者阶段性注资

以私募为主的产业投资基金，单个投资者投资资金规模大，产业投资基金的投资对象是产业项目和企业．讲究投资项目的质量，可以通过阶段性注资协议约束基金管理人。

3. 报酬激励

产业投资基金管理人的报酬包括：基金管理费、业绩报酬。年管理费的提取比例一般为基金所管理资金规模的 1% ~3%；业绩报酬一般为基金投资实现回报的 15% ~30%。

4. 限制基金管理公司的投资行为

产业基金的投资者对基金的投资和管理人的行为进行限制，有助于基金管理公司更好地履行职责，减少运营风险，实现基金最大利益。

5. 强制性的信息披露制度

基金管理人要及时向投资者披露基金投资的状况和控制过程，以及基金资产的规模变化。通过强制信息披露，增强投资者对基金管理人投资的信心，保证基金管理人履行职责。

六、产业基金的投资运作管理

（一）投资准则

国际上私募投资机构的投资准则如下：

（1）市场规模：项目公司应在该行业中展现持续成长的能力。项目公司应有强大的市场规模及成长潜力。

（2）成长中的公司：基金只投资具备成长资本需求及寻求上市前战略投资合作的项目公司，不考虑处于创建期风险投资的项目。

（3）占有一定的市场份额且市场有成长的空间：对于景气反转时产生的各项市场风险，有领先市场占有率及强烈成长速度的公司相对具备较强应对能力。

（4）良好的经营管理：基金只投资在优良的管理团队，在经营成长中展现成功的管理记录。

（5）有一定的利润：明确项目公司税前获利目标。

（6）良好的现金流：良好的现金流代表有效的管理，也表示项目公司进入成长扩充阶段。

（7）可预见的退出机制：投资的资金应使用于资本支出、支付劳动扩充需要的现金流量以及资本结构的调整等。退场机制包括上市、战略性收购、股利发行或私募、执行卖回权等。

（8）投资规模：投资金额取决于交易的本质，投资规模还受基金规模和存续期的限制。

除了以上投资准则，选择投资项目还遵循以下两点：第一，不选择超过两种风险以上的项目。风险投资项目常见风险包括研究风险、生产风险、市场风险、管理风险和成长风险。如果项目存在两种以上风险，一般就放弃投资。第二，投资于产品市场最大的项目。在风险和收益相同的情况下，选择投资于产品市场更大的项目。

（二）产业基金投资运作流程

第一阶段，项目收集与筛选。收集足够数量、有潜力的相关项目。对项目进行初步筛选，过滤明显不适合投资的项目。

第二阶段，项目评估与决策。一是对于保留的项目，对项目（或企业）进行初步调研，与目标企业面谈，详细了解项目（或企业）的情况；二是可行性研究，从市场需求、资源供应、建设规模、工艺路线、设备选型、环境影响、资金筹措、盈利能力等方面分析项目；三是投资项目（或企业）价值评估，找出潜在投资风险，与所投资项目；（或企业）谈判，提交报价书和条款清单；四是尽职调查；五是谈判并签合同。

第三阶段，项目实施与控制。该阶段产业基金管理人实施投资决策委员会的投资决策，对投资项目（或企业）进行投资。基金管理人在所投资项目（或企业）运作后对其表现管理，并向投资决策委员会、投资人汇报。

第四阶段，项目退出。所投资项目（或企业）经过一段时间的成长后，产业基金考虑退出投资项目（或企业）。产业基金退出方式主要有上市、兼并收购、持有、破产清算，根据项目具体情况选择合适的退出方式。

如果项目不能满足某阶段的要求，将在那个阶段被基金管理人淘汰，不能进入下一个阶段。

（三）项目收集与初步筛选

1. 项目收集

收集投资项目是产业基金管理的第一步。项目的主要渠道：基金管理人在擅长的产业领域主动寻找有前景的项目、项目（公司）推荐和股东、合作过的银行家、会计师、律师等推荐。基金管理人花大量时间建立关系网络。那些没有经过介绍过的项目，通常很少通过基金管理人的评估而获得资金。

2. 项目初步筛选

根据产业基金的筛选标准过滤项目。常见的筛选标准：（1）产业性质，产业基金一般都规定了投资产业；（2）地理区域，主要是为参与管理，就近监督；（3）发展阶段不同的产业基金有不同的投资偏好；（4）资金需求规模，每笔投资项目都有投资上限和下限；（5）项目投资风险和预期报酬。

（四）项目评估和决策

项目评估和决策是产业基金投资重要的一环。

1. 初步调研并面谈

基金管理人审阅项目情况，邀请项目（公司）持有方领导者与待出售项目（公司）股东面谈，考察企业背景、创业团队、团队信誉；多途径收集信息，验证项目（公司）情况真实性，对项目深度判断。

2. 可行性分析

对项目内容、市场需求、资源供应、建设规模、工艺路线、设备选型、环境影响、资金筹措、盈利能力等，从技术、经济、工程等方面进行调研比较，对项目运行后可能的收益、风险及政策环境进行预测，提出具体意见。可行性研究重点包括：

（1）投资必要性。主要根据市场调查及预测的结果，以及产业政策、竞争力、营销策略等，论证项目投资的必要性。

（2）技术可行性。主要从项目实施的技术，合理性等方面，进行比选和评价。

（3）财务可行性。主要从项目及投资者的角度，设计财务方案、资本预算、现金流、股东收益、盈利能力等要素，进行投资决策。

（4）组织可行性。制定项目实施计划、设计组织机构、选择管理人员、建立协作关系、制定培训计划等。

（5）经济可行性。主要从资源配置的角度衡量项目价值，评价项目发展目标、经济资源、供应、就业、环境要求等。

（6）风险因素及对策。主要对项目的市场风险、技术风险、财务风险、组织风险、法律风险、经济及社会风险等进行评价，制定规避风险的对策。

投资项目的财务可行性评价。在对投资项目进行经济合理性分析时，一般采用净现值、现值指数、内部收益率、投资回收期等指标来进行评价。

（1）净现值法。净现值法指特定方案未来现金流入的现值与未来现金流出的现值之间的差额。按照这种方法，所有未来现金流入和流出都要按预定贴现率折算为它们的现值，然后计算它们的差额。其计算公式为：

$$NPV = \sum_{k=0}^{n} \frac{I_k}{(1+i)^k} - \sum_{k=0}^{n} \frac{O_k}{(1+i)^k}$$

其中：I_k 为未来第 k 期的现金流入量，O_k 为未来第 k 期的现金流出量。

如果 NPV 大于 0，表明该投资项目的报酬率大于预定的贴现率；如果 NPV 小于 0，表明该投资项目的报酬率小于预定的贴现率。该方法的主要问题在于如何确定贴现率，一种办法是根据资金成本来确定，另一种办法是根据企业要求的最低资金利润率来确定。

（2）现值指数法。这种方法是用未来现金流入现值与现金流出现值的比例作为评价方案的指标。现值指数是一个相对数指标，可以看成是 1 元的投资可获得的现值净收益，因而是反映投资的效率。现值指数法的主要优点是可以进行独立投资机会获利能力的比较。计算现值指数的公式：

$$\text{现值指数} = \sum_{k=0}^{n} \frac{I_k}{(1+i)^k} \div \sum_{k=0}^{n} \frac{O_k}{(1+i)^k}$$

现值指数大于 1，说明其收益超过成本，即投资报酬率超过预定的贴现率；现值指数小于 1 说明其报酬率没有达到预定的贴现率。对于两个相互独立的方案，选择现值指数大的。

（3）内部收益率法。也称内含报酬率法。是指项目在存续期内各年净现金流量的现值总和等于零时的贴现率。也就是使未来现金流入量现值等于现金流出量现值的贴现率。它是根据方案本身内含报酬率来评价方案优劣的一种方法。内部收益率是方案本身的收益能力，反映其内在的获利水平。其计算公式如下：

$$\sum_{k=0}^{n} (CI - CO)_t (1 + IRR)^{-t} = 0$$

其中：CI 为现金流入量，CO 为现金流出量，IRR 为内部收益率。

内部收益率是使上述等式成立时的收益率，一般用逐步测试法来求解。计算出各方案的内部收益率后，可以根据企业的资金成本或要求的最低投资报酬率对方案进行取舍。

（4）投资回收期法。回收期是指投资引起的现金流入累积到与投资额相等时所需要的时间。它代表收回投资所需要的年限。回收年限越短，方案越有利。可以用下面的公式来求回收期：

$$\sum_{k=0}^{n} I_k = \sum_{k=0}^{n} O_k$$

回收期法计算简便，且容易为决策者所正确了解。缺点在于不仅忽视了时间价值，而且没有考虑回收期以后的收益。有战略意义的长期投资往往早期收益较低，而中后期收益较高。回收期法优先考虑急功近利的项目，可能导致放弃长期成功的方案。因此，一般作为辅助方法使用，主要用来测定方案的流动性而非营利性。

通过对投资项目的技术经济可行性分析，可以得出该项目是可行还是不可行。对该阶段的要求较严格，各类数据力求精确，对投资总额和成本估计的准确程度要达到10%以内，所需的费用占到总投资额的1%左右。可行性分析使得影响投资决策的一些因素（比如技术上是否可行，是否盈利，投资回收期如何，未来市场如何等）更加明朗化，进一步为投资决策提供支持。

（五）项目（或企业）价值评估

项目可行性分析之后，要对项目（或企业）价值进行评估，以此提出对项目（公司）的收购股份和报价。

目前，国内外通用的价值评估模型[①]是折现现金流量法（DCF法）。基本思路是：通过预测项目（或企业）未来现金流量，并以反映风险的折现率将现金流量折算到评估的时点，求和即得出项目（或企业）的评估价值。折现现金流量法明确项目（或企业）评估价值与项目（或企业）资产的效用或有用程度密切相关，重点考虑企业资产未来的收益能力。

1. 估计项目（或企业）未来产生的现金流量

项目（或企业）资产创造的现金流量也称自由现金流，是在一段时期内由以

---

① DFC法适用范围很广，基本上对项目和企业都很实用。而给比较成熟的企业估值也可以采用市场盈率模型，即通常根据现有企业的财务状况，依据企业被投资当年的净利润乘以一个合适的乘数作为企业的基准价和，这个乘数便是企业的市盈率。

资产为基础的营业活动或投资活动创造的。这些现金流不包括与企业筹资活动有关的收入与支出。因此，企业在一定时期内创造的自由现金流为：

自由现金流量 =（税后净营业利润 + 折旧及摊销）-（资本支出 + 营运资本增加）

2. 确定折现率

确定能够反映自由现金流风险的要求回报率。现金流的回报率由正常投资回报率和风险投资回报率两部分组成，一般来讲，现金流风险越大，要求的回报率越高，即折现率越高。折现率的确定多采用以下两种方法：

（1）风险累加法。即：折现率＝行业风险报酬率＋经营风险报酬率＋财务风险报酬率＋其他风险报酬率。这种方法弹性很强。

（2）加权平均资本成本（WACC）法。加权平均资本成本模型是测算企业价值评估中折现率的一种较为常用的方法。该模型是以企业的所有者权益和长期负债所构成的投资成本，以及投资资本所需求的回报率，经加权平均计算来获得企业价值评估所需折现率的一种数学模型。其公式为：

加权平均资本成本率 = 债务资本利息率 ×（1 - 税率）（债务资本 / 总资本）+ 股本资本成本率 ×（股本资本 / 总资本）

股本资本成本率 = 无风险收益率 +β 系数 ×（市场风险溢价）

其中：无风险收益率计算可以以上海证券交易所交易的当年最长期的国债年收益率为准；β 系数的计算，可通过公司股票收益率对同期股票市场指数（上证综指）的收益率回归计算得来；市场风险溢价 = 中国股市年平均收益－国债年平均收益。

3. 计算项目（或企业）的价值

项目（或企业）的价值＝∑［第 t 期的自由现金流量 /（1＋折现率）^{t}］

（1）利用可行性分析阶段得到的一些信息，比如投资、利润等情况计算出自由现金流量，再另外计算出折现率，将自由现金流贴现到评估时点，便得到项目（或企业）的评估价值。有了项目（或企业）的评估价值作为基准，就可以进行后续的报价及谈判。

按照这种方法，所有未来现金流入和流出都要按预定贴现率折算为它们的现值，然后计算它们的差额。其计算公式为：

$$NPV=\sum_{k=0}^{n}\frac{I_k}{(1+i)^k}-\sum_{k=0}^{n}\frac{O_k}{(1+i)^k}$$

其中：I_k 为未来第 k 期的现金流入量，O_k 为未来第 k 期的现金流出量。

如果 NPV 大于 0，则表明该投资项目的报酬率大于预定的贴现率；如果 NPV 小于 0，则表明该投资项目的报酬率小于预定的贴现率。该方法的主要问题在于如何确定贴现率，一种办法是根据资金成本来确定，另一种办法是根据企业要求的最低资金利润率来确定。

（2）现值指数法。这种方法是用未来现金流入现值与现金流出现值的比例作为评价方案的指标。现值指数是一个相对数指标，可以看成是 1 元的投资可获得的现值净收益，因而是反映投资的效率。现值指数法的主要优点是可以进行独立投资机会获利能力的比较。计算现值指数的公式：

$$现值指数=\sum_{k=0}^{n}\frac{I_k}{(1+i)^k}\div\sum_{k=0}^{n}\frac{O_k}{(1+i)^k}$$

现值指数大于 1，说明其收益超过成本，即投资报酬率超过预定的贴现率；现值指数小于 1 说明其报酬率没有达到预定的贴现率。对于两个相互独立的方案，选择现值指数大的。

（3）内部收益率法。也称内含报酬率法。是指项目在存续期内各年净现金流量的现值总和等于零时的贴现率。也就是使未来现金流入量现值等于现金流出量现值的贴现率。它是根据方案本身内含报酬率来评价方案优劣的一种方法。内部收益率是方案本身的收益能力，反映其内在的获利水平。其计算公式如下：

$$\sum_{k=0}^{n}(CI-CO),(1+IRR)^{-t}=0$$

其中：CI 为现金流入量，CO 为现金流出量，IRR 为内部收益率。

内部收益率是使上述等式成立时的收益率，一般用逐步测试法来求解。计算出各方案的内部收益率后，可以根据企业的资金成本或要求的最低投资报酬率对方案进行取舍。

（4）投资回收期法。回收期是指投资引起的现金流入累积到与投资额相等时所需要的时间。它代表收回投资所需要的年限。回收年限越短，方案越有利。可以用下面的公式求回收期：

$$\sum_{k=0}^{n} I_k = \sum_{k=0}^{n} O_k$$

回收期法计算简便，且容易为决策者所正确了解。缺点在于忽视了时间价值，没有考虑回收期以后的收益。有战略意义的长期投资往往早期收益较低，而中后期收益较高。回收期法优先考虑急功近利的项目，可能导致放弃长期成功的方案。因此，一般作为辅助方法使用，主要用来测定方案的流动性而非营利性。

（六）尽职调查

如果与创业企业达成了投资共识，就进入尽职调查阶段。通过严格的审查程序对拟投资的企业的管理团队、市场潜力和技术水平进行审查，咨询推荐人、客户和供应商，倾听专家的意见。尽职调查包括：

（1）材料审查：获得项目公司的运营材料，对运营材料进行审查。

（2）业务审查：在于详细了解劳动模式、成功要件、战略、运行品质、管理团队目标等。

（3）财务调查：核实财务，隐藏性负债及资产价值等，发掘投资后的财务风险及控管措施。

（4）征信调查：联系公司的上下游营运操作及应采取的控管措施。

（5）征集调查：核实公司的营运及财务状况。

（6）法律调查：核实执照，诉讼及投资架构等。

（7）人事调查：核实管理团队的资质及纪录等。

（七）谈判与签合同

在签署了投资条款清单并通过尽职调查后，产业基金管理人会发正式报价书，包括主要的投资条款，尽职调查的结果说明，和双方谈判达成的一致意见。报价书没有法律约束力，但是显示了投资商对创业企业的商业计划的肯定和明确的投资意向。

被投资项目（或企业）一方收到报价书后，双方可能还要进行最后一轮谈判。律师根据双方达成的协议准备各种法律文件。交易双方要有代表律师，弄懂文件法律条款的含义。签署的文件包括（1）投资协议（或股权购买协议）；（2）雇佣协议与不竞争协议；（3）股东协议；（4）知识产权协议；（5）其他附属协议；（6）新的公司章程等。投资协议的签署一定要注意对投资人的保护，为后面项目实施过程中控制风险提供依据。为了便于对风险投资策略的比较和选择，笔者在项目控制与管理中加以系统说明。

（八）项目投资与控制

1. 项目投资与实施

签署了协议之后，基金管理人按照协议实际投资项目（或企业）。将资金划入项目（或企业），正式启动投资项目。对于已经形成公司来说，基金管理人不需要再建立公司，帮忙运转公司；而若是交易标的仅为单个项目，基金管理人还要将该项目进行单独处理，如新建公司或者直接将其纳入已有公司。项目启动初始，需要基金管理人参与项目（或企业）日常管理，给出专业咨询。

2. 项目控制与管理

投资之后，基金管理人需要监控投资项目进展，制定具体规划、跟踪、执行流程，确保监控顺利实施。

项目监控的内容包括宏观经济政策、市场行情、投资项目实际运营、财务状况、运营中的各种潜在风险等。

项目投资监控主要由基金管理人负责，董事会、监事会或投资决策委员会乃至投资者根据基金运转情况进行监控。

基金管理人要定期向基金投资人汇报基金运转情况。基金管理人每月需要提供营业情况、操作现状、财务状况、计划差异等。

当外部条件和环境发生变化时，需要采取应对措施缓解风险；当经营状况出现问题时，可以通过稀释对方的股权、整改、更换经营管理层、股权转让退出等方式，控制投资风险。

3. 风险控制策略

在基金投资中，投资方主要的风险控制策略包括在双方签署的投资协议中。投资协议是一份具有法律约束力的合同，其中合同制约的风险控制策略是制定投资人优先保护条款，这主要包括：陈述和保证（Representative and warranties）、承诺（Covenant）、违约补救等；控制风险还可以采取股份调整、更换负责人等方法。

（1）投资人优先保护的合同条款。

陈述与保证：是对企业过去的行为做出的保证，该条款明确规定融资企业所提供给投资人的所有财务和经营信息是真实、确定、充分、完全的，是按照有关标准制定的，这些信息涉及公司的资本、股东权益、资产，或有负债、未决诉讼、未定专利权等。这种书面保证的目的是明确所做出的决策从法律上来说取决于企业提供的资讯，对于投资人根据融资方提供的错误信息做出的投资决策，融资方必须承担相应的法律责任。这就为投资人提供了充分的保护，避免了融资方利用虚假或不确定的信息圈钱。

承诺：是对企业在融资后的营运模式、营运目标、应该做或不应该做的行为、目标、结果做出的肯定性和否定性条规。如肯定性条规中规定企业应定时提供详细的财务和经营报告，经审计的财务报表、销售月报、现金流量表，规定公司必须在不同时期达到一定的盈利目标，维持一定的流动资金、净资产和流动比率等；否定性条规中限制企业未经投资方同意做出变更企业经营性质和资本结构的交易，如企业并购、资产重组等。

违约补救：是指基金投资人有权对管理层施加压力，如果经营状况进一步恶化，甚至接管董事会，调整公司和管理层。由于在投资一开始，投资者一般处于少数股东的地位，而企业家处于控股地位。当企业管理层不能按照业务计划的各项目标经营企业时，基金投资人有权实施上述的违约补救措施，以实现投资风险的控制。基金投资人往往与企业家签订一份投票权协议给予基金投资在一些重大问题上的特别投票权。如果发现企业违反投资协议，或是提供的信息存在明显错误，或是疏忽成误导，或是发现大量负债，企业家要承担责任。同时基金投资人会对企业管理层提出更高的要求，并可能采取如下违约补救措施：调整优先股转换比例；提高投资者的股份比例，或减少企业家个人的股份；投票权和董事会席位转移到基金投资人手中；调整或解雇公司管理层。

（2）股份调整。控制风险的另一重要的策略是：股份调整。股份调整指在产业基金投资过程中，调整产业基金拥有企业的优先股转换比例或产业基金、企业家在公司股份中的比例等所有与股份变动相关的风险控制方法。其运用过程中，具体的方式包括：

反稀释股法：所谓股权稀释是指，当企业由于分段投资的策略再追加投资时，后期投资者的股票价格低于前期投资者，或产生配股、增转红股而没有相应的资产注入时，前期投资者的股票所包含的资产值被稀释了，即股权稀释。在投资过程中发生股权稀释时，必须增加前期投资成优先股转换成普通股时的最后所获得股票数来平衡，即调整转换比例，是前期投资者的股票价格与所有融资过程中所发行股票的加权平均价或最低价相同。在可能存在有后期投资者的情况下，投资家们通常都是采用反稀释股权法来防范自身股权被稀释的风险的。

变现方法调整：企业原本可以上市或被其他大的企业收购，企业家不愿意这么做。在这种情况下，投资者只能通过企业回购股票实现退出和变现，这时须调高优先股转换成普通股的比例。同时，企业必须允许投资人向企业出售更多的股份。通过变现调整法，投资方可以有效控制其投资的退出变现风险。

盈利目标法：将双方持股比例和股价的确定与企业经营的业绩挂钩。根据经营目标的完成情况，通过调整转换比率调整双方的持股比例。投资协议中可能规定企业达到的某一盈利目标，企业可以持有的最多股份或达不到目标时，投资家可以拥有的最多股份等，通过调整转换比率来调整双方最后的股份比例，因此实现了股份价格和双方比例与经营业绩和及时完成目标挂钩，实现了有效防范企业经营风险。

分段投资中的股份调整：是指前一轮投资后企业如果没有达到规定的盈利目标，下一轮投资的转换比例就增大。可以促使经营层在下一轮投资前全力经营，实现既盈利目标，也控制了投资方的风险。以上股份调整的策略配合使用，是鼓励企业家在寻求投资中做出客观现实的盈利预期、业务目标和预算方案，也激励创业企业家追求企业增长的最大化。

（3）其他策略。除了投资者优先保护条款及股份调整措施外，通常还使用如下风险控制的策略。

分段投资法：基金管理人所承诺的投资额不会一次性打入企业的账户，而是采取分阶段进入的方式，每一笔资金都有一个财务目标的实现为前提，随着财务目标的实现，投资的风险也逐渐降低。如果前一轮投资后企业达不到盈利目标，投资者有可能中止投资，即使继续投资，下一轮投资的转换比例也增大，即以更低的价格来获得投资。

组合投资：投资多个企业、产业链不同阶段企业来分散风险，避免因行业周期性和市场不可预测带来的风险。

联合投资：是指投资家为与其他投资家一起分享信息、评估考察企业、提高决策水准，充分利用几个产业基金的人力资源、网络资源和业务专长，以减小每家投资公司的资金压力，少量投资，多投资企业，通过组合投资来减小风险。

“基金的基金”（Fund of Fund）就是一种典型的联合投资形式，它是指在基金中募集基金已通过联合投资来实现风险最小化的投资组织创新形式。

管理咨询：产业基金的投资经理通过参与组建董事会或投资决策委员会、监控企业经营业绩、策划营销方案、追加融资和培育管理层监控企业经营，消除信息不对称和代理人风险，为企业提供增值服务，确保投资收益的实现。

在产业基金投资中，最关键的风险控制方法是遴选出真正具有投资价值的项目。

（九）退出策略

在进行任何投资前，基金经理有责任考虑退出策略，在合同中规定退出条款。基金管理人根据市场情况，所投公司的表现数据，确立正确的退出策略，确认相应候选计划。一般退出方式包括上市、兼并与并购、获取收益、破产清算等。

七、产业基金的退出机制

产业投资基金一旦投资，就要考虑退出。任何投资的根本目的和动机，都是为了获得高额投资回报。

产业投资基金退出的方式：

（一）公开上市

公开上市发行即第一次向一般公众发行一家风险企业的证券，通常是普通股票。IPO 是风险资本最理想的退出渠道，其投资收益也较其他方式高，大约占美国风险投资退出量的 30%。无论风险投资公司还是风险企业的管理层都比较欢迎 IPO 退出方式，但 IPO 退出周期长、费用高。目前，我国企业上市有直接上市和买壳上市两种途径。

1. 直接上市（IPO）

IPO 即首次公开发行上市，是指一家私人企业第一次将股份向公众出售。首次公开发行上市风险大，对市场行情与上市时机要求高，且企业承担全部费用。法律禁止投资银行以企业股票换取部分服务费用。

直接上市可分为境内直接上市和境外直接上市。境内上市可以在上海或者深圳交易所申请上市。境外直接上市即直接以国内公司的名义向国外证券主管部门申请发行的登记注册，并发行股票（或其他衍生金融工具），向当地证券交易所申请挂牌上市交易，如到香港（H 股）、纽约（N 股）、新加坡（S 股）直接上市。

2. 买壳上市

随着证券市场的发展，上市公司中分化出一批业绩不佳、难以为继的企业，这些企业仍保有上市资格，被称为“壳公司”。“壳公司”因拥有上市资格而成为欲进入证券市场企业利用的对象。买壳上市是指非上市公司按照法律规定和股票上市交易规则，通过协议方式或二级市场收购方式收购上市公司，并取得控股权实现间接上市。买壳上市通常由两步完成。第一步非上市公司通过收购上市公司股份的方式，绝对或相对地控制某家上市的股份公司；第二步资产转让，上市公司反向收购非上市公司的资产，从而将业务和资产注入上市公司，实现间接上市。

3. 创业板市场和柜台交易市场

由于主板市场门槛高，为促进中小企业的发展，为风险资本提供退出渠道，许多西方国家在主板市场外建立第二板市场（创业板），如美国的 NASDAQ 市场，欧洲的 EASDAQ 市场，英国的 AIM 市场，法国的 NourveauMarche 市场等，亚洲如日本、印度、泰国、新加坡、马来西亚等也建立二板市场。香港创业板市场于 2000 年启动。

（二）兼并与收购

兼并收购分两种，即一般收购和“第二期收购”。一般收购主要指公司收购与兼并：“第二期收购”指由另一家风险投资公司收购。

兼并收购是我国风险投资退出方式中操作性较强的方式。

（1）股份转让。股份转让是风险资本退出的另一条途径。当风险企业发展到一定程度，要想再继续发展就需要追加投资，风险投资者已不愿或不能继续投资，便可用产权转让方式把拥有的股份转让，从而收回全部风险资金，再投资于其他的风险企业。

（2）吸收合并。通常是中小企业创业者不愿意接受的方式。对于困境中的中小企业来说，卖断产权是一种选择。

股份赎回。把拥有的股份转卖给被投资企业。当被投资企业走向成熟时，风险减少，银行资本介入，被投资企业家希望由自己控制企业，可将股份转卖给被投资企业家，所卖价款可能比通过 IPO 少，但费用也少，时间短，便于操作。被投资企业可以个人资信作保，也可以即将收购的公司资产作担保，向银行或其他金融机构借入资金，将股份赎回，风险投资家则撤出，将资金投向更有前途的项目。

（三）持有股份

产业基金的投资者持有所投资公司的股份或者持有某个经营项目，在投资者打算将其转让之前（或者就准备长期持有该股份或者项目）可以获取公司或者项目经营的收益。采用这一退出方式的条件是基金或股东方有实力，完全有能力长期持有风险企业的股份。

（四）破产清理

风险投资的高风险反映在高比例的投资失败上，相当大部分的风险投资不很成功，且越是处于早期投资的风险投资失败率越高。对风险投资者来说，一旦确认风险企业失去了发展的可能，不能给予预期的高回报，就要果断退出。

4.2 产业基金运营

政府引导基金和产业基金等是地方政府采用较多的融资模式，也是地方政府探索推动的新型融资模式。

一、产业基金类别

我国政府引导基金分为创业投资引导基金、产业投资引导基金、基础设施和公共服务投资引导基金等类型。

（一）创业投资引导基金

创业投资引导基金指通过扶持创业投资机构，进而带动社会资本支持创新创业和支持中小企业发展。

支持创新创业。为了加快有利于创新发展的市场环境，增加创业投资资本的供给，鼓励创业投资企业投资处于种子期、起步期等创业早期的企业。如，北京中关村天使投资引导基金、重庆市天使投资引导基金。

支持中小企业发展。为了扶持中型、小型、微型企业发展，改善企业服务环境和融资环境，激发企业创业创新活力，增强经济持续发展内生动力。如，国家中小企业发展基金、北京市中小企业创业投资引导基金。

（二）产业投资引导基金

产业投资引导基金指以扶持重点产业发展为方向，培育新兴产业，促进企业做大做强的政府引导基金。

产业转型升级。各地政府为了支持产业转型升级和发展设立的产业转型升级引导基金。

战略新兴产业发展基金。各地政府为了落实国家产业政策，扶持重大关键技术产业化，引导社会资本增加投入，解决产业发展投入大、风险大的问题，推动经济结构调整和资源优化配置而设立的基金。如：国家战略新兴产业引导基金、国家科技成果转化引导基金。

产业结构调整引导基金。以支持产业结构调整为目标的引导基金。如，中国国有企业结构调整引导基金，天津市设立的京津冀产业结构调整引导基金。

（三）基础设施和公共服务投资引导基金

基础设施和公共服务投资引导基金主要是支持基础设施和公共服务领域。主要包括 PPP 发展基金、城镇化投资引导基金及各类以公共服务为导向的引导基金。

从引导基金的分类看，按照财政出资和投资区域划分，引导基金可以分为国家级、省级、地市级、区县及以下等层级。

（1）国家级引导基金

已设立的国家级引导基金主要来自两部分：一是国资委系统的国有企业，主要包括“中国政企合作投资基金”“中国国有资本风险投资基金”“中国国有企业结构调整基金”；二是财政部联合发改委、工信部、科技部发起设立，包括发改委主导设立的战略新兴产业引导基金，科技部主导设立的科技成果转化引导基金，工信部主导设立的中小企业发展基金。

（2）省级引导基金（含直辖市）

北京、上海、天津等各省级政府设立了各自的引导基金，如：北京市中小企业创业投资引导基金、上海市创业投资引导基金、重庆市产业引导股权投资基金、天津市创业投资引导基金、山东省政府引导基金。

（3）地市级及以下

各地市、县区及以下逐步探索和设立政府引导基金。其数量最大，规模低于部委和省级引导基金。从发展趋势看，地市级和县区级行政单位逐渐成为政府投资基金设立主力。

二、政府基金适用范围

政府基金指由地方政府出资引导设立，按市场化方式运作的政策性基金，其宗旨在于发挥地方政府财政资金的杠杆放大效应，推动财政资金、产业资本与金融资本结合，促进地方经济结构调整和产业转型升级。

适用范围包括：政府基金、政府基金投资的子基金，以及政府基金直接投资的重点扶持发展的项目、产业。

三、基金规模、来源和投向

基金规模。政府设立政府引导基金总规模，根据重点项目类别和财力支付能力，充分考虑社会融资的政策限制、实施难度等因素，进行单只政府引导基金总规模和下设的子基金规模的测算与设立。政府可以设立引导基金，吸引社会资本合作，共同设立若干支母基金，再通过设立若干子基金，最终形成总规模满足项目开发需要的子基金群。

引导基金的资金来源。包括但不限于如下渠道：

（1）各类财政资金；

（2）日常管理机构的出资；

（3）基金运行产生的收益；

（4）基金投资的退出资金；

（5）金融机构或国有企业投资；

（6）社会捐赠（捐助）资金；

（7）其他资金来源。

基金投向。政府设立的引导基金主要投向包括但不限于以下重点领域：

（1）重点领域：基础设施、市政工程和公共服务领域；环境建设和社会治理领域。

（2）重点产业：生态旅游和文化创意产业；体育休闲、科技服务、健康养老等新兴产业；产业转型升级和发展。

（3）政府认可的其他领域或新兴产业。

四、基金运营机构及日常职责

当地政府负责政府基金使用的决策、监督和管理，按照《关于切实做好传统基础设施领域政府和社会资本合作有关工作的通知》等规定，组织实施。基金设独立法人公司，由发改、财政部门作为名义出资代表对外行使基金的权益，承担相应义务与责任。

设立基金理事会作为决策机构，行使基金的指导、决策、督促、协调和管理职责。理事会由政府领导和发展改革委、财政、国资委、审计、监察等相关部门组成，同时邀请相关行业专家列席或参加会议。政府基金投资决策等重大事项经由理事会审议后提请政府常务会或专题会决策。

基金委托新设专业公司作为日常管理机构，负责落实理事会的决策事项以及基金的日常管理运作事务。理事会办公室设在日常管理机构。日常管理机构承担如下的管理运营职责：

（1）承担理事会办公室工作，组织召开理事会会议，发布基金申报指南，组织评审委员会会议，执行理事会审定的参股设立投资企业的方案及股权退出方案等；

（2）拟定基金申报指南、评审委员会组建方案及评审规程；

（3）受理投资机构参股设立子基金申报，完成尽职调查报告，拟定投资方案；

（4）对基金投资形成的股权进行管理，适时提出股权退出方案；

（5）提出拟向参股设立投资企业委派的董事、监事或合伙委员会成员等人选；

（6）编制基金年度执行情况报告，定期向理事会汇报基金的运作情况和效果，发现基金出现异常情况随时报告；

（7）理事会委托的其他事项。

基金投资原则及方式：

基金坚持“安全、稳健”的投资理念，按照“政府引导、市场运作、科学决策、防范风险”的原则进行投资运作。

基金的投资运作可采用以下模式：

（1）甄选有产业优势及产业基金管理经验的国内外优秀的产业基金管理团队，合作设立、公开募集投资于重点扶持项目或产业的子基金；

（2）投资拟重点扶持的基础设施项目、生态旅游项目等。

发改委委托名义出资代表与合作投资机构签署相关法律文件，履行工商登记手续。经理事会批准后，日常管理机构向子基金派驻董事、监事或合伙委员会成员。

基金参股设立的子基金，投资一般竞争性领域，政府投资比例不高于子基金资金总规模的一定百分比；投资公益性基础设施建设领域，政府投资比例不高于子基金资金总规模的一定百分比。

子基金存续期由基金出资人协商确定。

五、政府基金申请和评审

政府拟设母基金的审批流程：

（1）基金申报。母基金管理人向日常管理机构提交母基金设立的申请及方案等材料；

（2）尽职调查。日常管理机构依照本办法的规定，对申报人（母基金管理人）的资质及提交方案进行尽职调查并撰写尽职调查报告；

（3）专家论证。由日常管理机构组织专家论证，拟定引导基金出资建议方案；

（4）投资决策。理事会依据尽职调查和专家论证，对选定的母基金管理人及设立方案进行决策；

（5）母基金设立后，由母基金管理人负责管理，也可以与日常管理机构合作管理。

子基金的申报审批流程：

（1）基金申报。子基金及子基金管理团队向日常管理机构提交子基金设立的申请及方案等材料；

（2）尽职调查。日常管理机构依照本办法的规定，对申报人的资质及提交方案进行尽职调查并撰写尽职调查报告；

（3）专家论证。由日常管理机构组织专家论证，拟定子基金出资建议方案；

（4）投资决策。理事会依据尽职调查和专家论证，对选定的子基金管理人及设立方案进行决策；

（5）子基金设立后，由子基金管理人负责管理。

基金设立的一般竞争性领域审查标准：

（1）积极引导社会资金参与一般竞争性领域的基金投资。一般竞争性领域要符合本暂行办法规定的重点产业方向；

（2）投资设立一般竞争性领域的子基金为常年受理，受理、决策机构为日常管理机构；

（3）投资设立一般竞争性领域的子基金需要进行盈利预测及可行性分析，并确保国有资本的保值增值。

公益性领域审查标准：

（1）公益性领域要符合地方政府规划确定的产业方向；

（2）投资设立公益性领域了基金，需根据地方政府、发改委等集中受理，受理机构为日常管理机构，决策机构为理事会；

（3）投资设立公益性领域的子基金需要进行可行性分析，有助于促进本地经济发展和改善人民群众生活水平。

子基金管理团队的基本资格：

（1）主要从事投资管理活动，实收资本金应在一定金额以上或日常管理的投资资金不低于一定金额，投资者均以货币形式出资；

（2）除国家、基金和朝阳区级政府出资外的其他出资人数量应多于 3 个（含），不超过 15 个（含），且其他单个出资人出资不低于一定数额；

（3）至少有几名具备 5 年以上投资或相关业务经验的专职高级管理人员；

（4）高级管理人员至少有一定成功案例，投资所形成的股权年平均收益率不低于一定数额，或股权转让收入高于原始投资一定比例以上；

（5）管理和运作规范，具有严格合理的投资决策程序和风险控制机制，已建立健全业绩激励机制；

（6）按照国家企业财务、会计制度规定，有健全的内部财务管理制度和会计核算办法；

（7）没有受过行政主管机关或者司法机关重大处罚的不良记录；

（8）应参股子基金或认缴子基金份额，且实缴出资额不得低于子基金总额的一定百分比。

评审委员会组成。评审委员会由理事会聘请政府有关部门、产业专家及投资专家组成。评审委员会成员人数为单数，其中产业专家及投资专家不得少于半数。基金申请机构人员不得作为评审委员会成员参与评审。

六、风险控制与退出

1. 政府基金的风险控制

地方政府基金募资、投资、投后管理、清算、退出等通过市场化运作。地方发改、财政部门指导基金建立科学的决策机制，确保投资基金政策性目标实现，一般不参与基金日常管理事务。

地方政府基金在运作过程中不得从事以下业务：

（1）从事融资担保以外的担保、抵押、委托贷款等业务；

（2）投资二级市场股票、期货、房地产、证券投资基金、评级AAA以下的企业债、信托产品、非保本型理财产品、保险计划及其他金融衍生品；

（3）向任何第三方提供赞助、捐赠（经批准的公益性捐赠除外）；

（4）吸收或变相吸收存款，或向第三方提供贷款和资金拆借；

（5）进行承担无限连带责任的对外投资；

（6）发行信托或集合理财产品募集资金；

（7）其他国家法律法规禁止从事的业务。

地方政府基金各出资方应当按照“利益共享、风险共担”的原则，明确约定收益处理和亏损负担方式。

不得向其他出资人承诺投资本金不受损失，不得承诺最低收益。国务院另有规定的除外。

地方政府建立基金风险监测大数据平台，用于基金投资全流程数据的收集、整合、分析与共享，实现对基金投资全流程的实时扫描监控和定期评估，及时对可能存在的风险发出预警，为决策提供科学的依据。

2. 政府基金的终止和退出

地方政府基金应在存续期满后终止。确需延长存续期限的，应当报经本级政府批准后，与其他出资方按基金章程（合伙协议）约定的程序办理。

政府基金终止后，应当在发改委、财政部门的监督下组织清算，将政府出资额和归属政府的收益，按照财政国库管理制度有关规定及时足额上缴国库。

政府基金中的政府出资部分一般应在投资基金存续期满后退出，存续期未满如达到预期目标，可通过股权回购机制等方式适时退出。

其他出资人如有违反《政府投资基金暂行管理办法》及本办法、基金章程（合伙协议）的行为，日常管理机构可要求违约出资人或基金管理人及时整改，整改无效时可要求其回购基金相应份额。

日常管理机构应与其他出资人在基金章程（合伙协议）中约定，有下述情况之一的，政府出资可无需其他出资人同意，单方决定退出基金；如无法实现退出，则政府基金应当进入清算程序：

（1）基金方案确认后超过一年，未按规定程序和时间要求完成设立手续的；

（2）政府出资拨付投资基金账户一年以上，基金未开展投资业务的；

（3）基金投资领域和方向不符合政策目标的；

（4）基金未按基金章程（合伙协议）约定投资的；

（5）其他不符合基金章程（合伙协议）约定情形的。

政府基金在运营过程中出现下列情况之一时，应终止运营并清算：

（1）超过三分之二以上基金份额的股东或合伙人要求终止，并经股东大会或合伙人会议决议通过、理事会同意；

（2）基金发生重大亏损，无力继续经营；

（3）因基金出现重大违法违规行为，被监管机构责令终止。

日常管理机构应与其他出资人在基金章程（合伙协议）中约定，当基金清算出现亏损时，由出资人按现行法律法规及协议约定方式承担，区各级财政出资以出资额为限承担有限责任。

政府出资从投资基金退出时，应当按照基金章程（合伙协议）约定的条件退出；基金章程（合伙协议）中没有约定的，应聘请具备资质的资产评估机构对出资权益进行评估，作为确定投资基金退出价格的依据。对于按约定价格实行协议退出的，应报经理事会审核批准。

七、预算管理与监管责任

1. 政府基金的预算管理

地方政府出资设立政府基金，由财政部门根据基金章程（合伙协议）约定的出资方案将当年政府出资额纳入年度政府预算。乡镇政府和社区街道申请设立政府基金，应事先提交上级政府审核、审批，由上级政府统一设立，并严格审批和拨付使用。本级政府产业基金等对外融资总额不能超过上级政府核定的债务风险控制规模及控制比例。

政府部门与社会资本共同出资设立的政府专项基金，由政府审核并同意，由财政部门根据基金章程（合伙协议）中约定的出资方案、项目投资进度或实际用款需求以及年度预算安排情况，将资金拨付到该政府基金。

财政部门向政府基金拨付资金时，增列当期预算支出，按支出方向通过相应的支出分类科目反映；收到投资收益时，作增加当期预算收入处理，通过相关预算收入科目反映；基金清算或退出收回投资时，作冲减当期财政支出处理。

政府基金参与投资的子基金，根据公司章程和财务管理制度予以组织实施。

2. 监管及法律责任

政府基金应当接受发改、财政、审计部门的监督、审计。

理事会对政府基金运行情况进行监督，定期对基金的政策目标、政策效果及投资运行情况进行绩效评估，并将结果报本级政府。

日常管理机构每季度结束后 15 个工作日内，将基金投资运作报告提交理事会，抄报发改委；每年度结束后 4 个月内，将基金年度工作报告和经会计事务所审计的年度会计报告提交理事会，抄报本级发改委。

发改部门会同有关部门对政府基金运作情况进行年度检查，严格执行风险控制制度。对于检查中发现的问题按照预算法和《财政违法行为处罚处分条例》等规定予以处理。涉嫌犯罪的，移送司法机关追究刑事责任。

政府基金下设子基金的，参照本办法制定公司章程和重大事项决策制度，提交本级发改、财政等部门联合审核并批准后执行。

4.3 特色小镇基金

国家发改委、中国城镇化促进会、中国企联等发布的《关于实施“千企千镇工程”推进美丽特色小（城）镇建设的通知》、住建部与农发行发布的《关于推进政策性金融支持小城镇建设的通知》、国家发改委和国开行发布的《关于开发性金融支持特色小（城）镇建设促进脱贫攻坚的意见》、住建部和国开行联合下发的《关于推进开发性金融支持小城镇建设的通知》等政策性文件均提到了发行特色小镇基金等金融支持的内容。

《关于推进开发性金融支持小城镇建设的通知》中明确了国开行将研究设立特色小镇产业基金，对特色小镇的融资支持。

《关于实施“千企千镇工程”推进美丽特色小（城）镇建设的通知》要求国家开发银行、中国光大银行把特色小（城）镇建设作为推进新型城镇化建设的突破口，对带头实施“千企千镇工程”的企业等市场主体和特色小（城）镇重点帮扶，优先支持，从土地、资金、行政管理方面，研究成立国家新型城镇化建设基金，并向特色小镇领域倾斜。

海南省政府印发《海南省特色产业小镇发展基金设立方案》。根据该方案，按照政府引导、市场主导、融资融智、多元参与原则，采用国际上通行和市场上普遍采用的有限合伙制形式，海南省将设立特色产业小镇发展基金，基金总规模为 200 亿元。该基金的设立旨在通过基金投入和国家开发银行、光大银行贷款相结合的方式，重点支持基础设施类、公益类等政策性项目和商业类市场化项目等两类项目。在该基金的设立中，国开金融有限责任公司承诺对外募集资金 179 亿元，在基金中占比 89.5%；政府出资 21 亿元，在基金中占比 10.5%。基金成立后，首期规模 67 亿元，政府出资 7 亿元，国开金融有限责任公司募集 60 亿元。后期资金根据基金投资与运作情况分期到位。基金存续期 10 年，其中 8 年投资期，2 年退出期。经全体合伙人同意，基金期限可继续延长[①]。以下是某特色小镇基金示例。

---

① 特色小镇哪些基金可以申请，本报记者范颖华，来源：中国企业网 2017-06-29。

一、基金设立背景

通过完善扶持政策，吸引更多民间资本，培育和扶持养老服务机构和企业发展。各级政府要加大投入，安排财政性资金支持养老服务体系建设。金融机构要加快金融产品和服务方式创新，拓宽信贷抵押担保物范围，积极支持养老服务业的信贷需求。积极利用财政贴息、小额贷款等方式，加大对养老服务业的有效信贷投入。加强养老服务机构信用体系建设，增强对信贷资金和民间资本的吸引力。逐步放宽限制，鼓励和支持保险资金投资养老服务领域。开展老年人住房反向抵押养老保险试点。鼓励养老机构投保责任保险，保险公司承保责任保险。地方政府发行债券应统筹考虑养老服务需求，积极支持养老服务设施建设及无障碍改造。《国务院关于加快发展养老服务业的若干意见》（国发〔2013〕35号）

发展养老服务企业，鼓励连锁化经营、集团化发展，实施品牌战略，培育一批各具特色、管理规范、服务标准的龙头企业，加快形成产业链长、覆盖领域广、经济社会效益显著的养老服务产业集群。

健康养老、休闲医疗等特色小镇是地方政府积极推进的新型业态，具有较好的市场需求和政策扶持。

“十三五”规划纲要提出，加快新型城镇化步伐，提高社会主义新农村建设水平，努力缩小城乡发展差距，推进城乡发展一体化。加快发展中小城市和特色镇。“因地制宜发展特色鲜明、产城融合、充满魅力的小城镇。”

选址规模：城市50公里以内、驾车1小时内，面积1000~5000亩，气候舒适宜居，能满足万名以上老人的衣食住行等日常所需（旅游、居住、娱乐、养生、养老）。

二、基金架构

基金结构：基金采用有限合伙形式。

存续期：5+2年，普通合伙人可依情形决定两次，每次延长1年。

基金管理人GP：政府控股公司

主要投资人LP：上市公司；大型央企/国企；银行或其他类金融类等机构投

资者。

基金管理：普通合伙人行使基金设立和管理事务；有限合伙人以认缴资金为限承担有限责任。

托管银行：根据基金设立结构依据法律法规和托管合同规定的业务事项，基本业务、增值服务、托管费用进行比价方式选择。

基金规模：总规模 100 亿元；首期 40 亿元。

认购起点：认购起点为 2000 万元（原则上不低于）。

被投企业和领域：休闲旅游，生态农庄、健康医养等特色小镇；森林特色小镇；其他投决会通过的产业以及企业。

基金费用：按所有投资人总认缴出资额的 1%/ 年支付管理费。

分配比例：按出资额分配净收益。

GP 业绩提成：6% 以下不分成；6%~12%（含）按照收益的 20% 分成；12%~25%（含）按照收益的 25% 分成；25%~30%（含）按照收益的 30% 分成；超过 30% 部分按照收益的 40% 分成。

分配时间：每年分配一次。

基金架构：案例如图 4–1 所示。

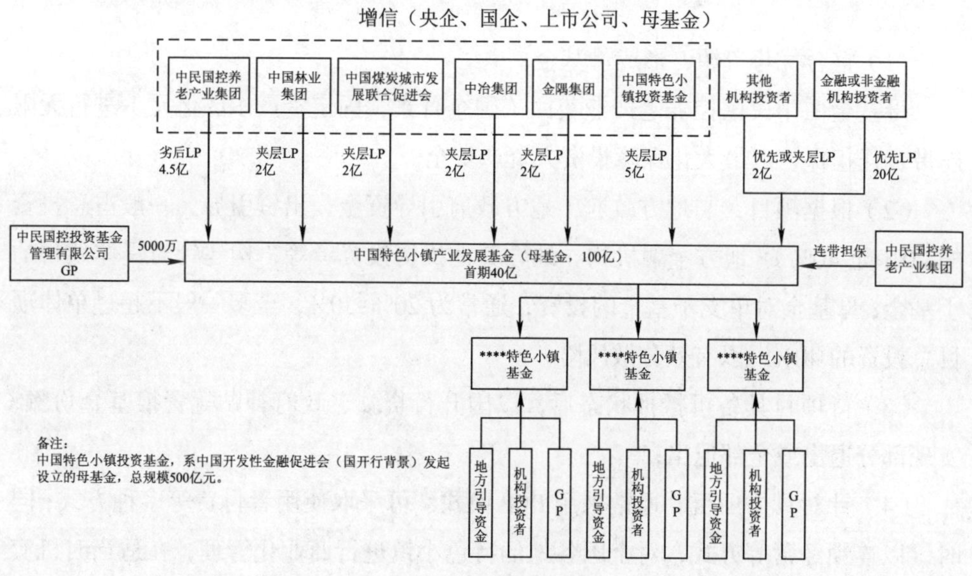

图 4–1　基金架构

三、风控措施

（1）中民国控养老产业集团有限公司（固定资产 103 亿元）提供无限连带责任担保；

（2）中民国控养老产业集团有限公司提供劣后资金 4.5 亿元；

（3）中民国控养老产业集团有限公司的股东：中国林业集团、中国煤炭城市发展联合促进会，以及合作伙伴：中冶集团（央企）、金隅集团（上市公司）等作为夹层 LP 参与进来；

（4）母基金对单支子基金或某一单体项目的投资不超过该单支子基金总投资的 40%；

（5）引入外部专家决策参与者，且实行多数原则（与会投票人的过半数）；

（6）份额置换：

基金前期投入后，待项目具备可抵押状态，或获得贷款，或获得补贴等款项足以支付等额基金份额后，以贷款置换基金份额，实现基金的全部退出或部分。

四、商业模式

（1）整合优势资源，形成母基金；

母基金由中民国控养老产业集团（国企背景，固定资产 103 亿元）进行无限连带责任担保，以最大化保障投资人资产安全；

（2）根据项目，与地方政府（地方政府引导资金，出资引导，一般占总投资的 20% 至 40%）、地方金融机构、地方其他机构投资者等，构建针对具体项目的子基金；母基金对单支子基金的投资，通常为 20%~30%，至多一般不超过单体项目总投资的 40%，以有效分散风险；

（3）待项目具备可抵押状态后，以国开行贷款、政府补贴等置换基金份额，实现部分退出或全部退出；

（4）针对具体项目，通常采用 PPP 模式，可采取使用者付费等多种方式；同时，以连锁经营等方式，对全国各地的特色小镇进行商业化管理，在适当时机实现项目上市、连锁运营公司的上市等。

五、基金运作

主要与银行等金融机构（或其他核心机构投资者）协调配资，其余向大型国企、上市公司等（优势品牌公司）募集。

合格投资者标准须符合证券投资基金法和证券投资基金协会的相关法律、法规及行业自律性文件等的要求。

优先遴选大型产业投资、央企与国企、金融机构合作，主导优中选优原则，严格避免与问题企业合作。

严格执行基金法要求，向所有投资者书面提示投资风险和相关事宜。

主要投资领域及方向：

健康医疗特色小镇、生态农庄、森林公园、休闲旅游特色小镇等。

投资决策委员会人数：

共 5 至 9 人。基金公司代表 1 人；合伙人代表 3 至 5 人；专家 1 至 3 人（或有）。

投资决策委员会权限：

基金管理、项目投资、项目管理、基金退出。

如何决策：

投资决策：3/5，或 5/9；增加投资或放弃：4/5 或 6/9；退出：4/5 或 6/9。

基金管理：如图 4-2 所示。

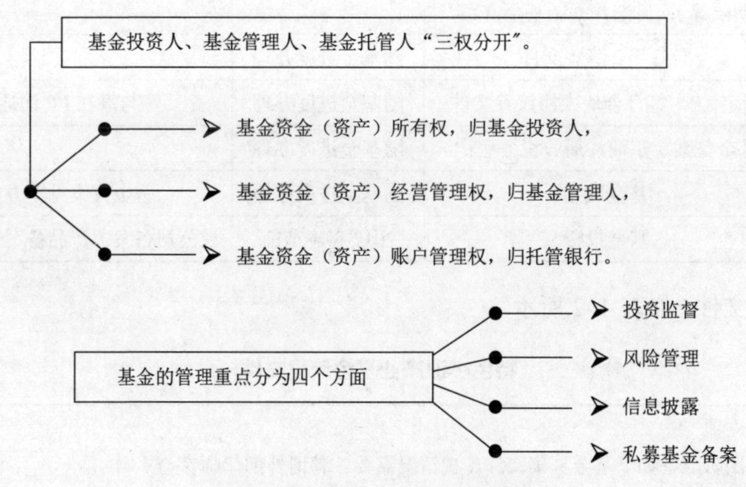

图 4-2　特色小镇基金管理流程

基金退出：如图 4–3 所示。

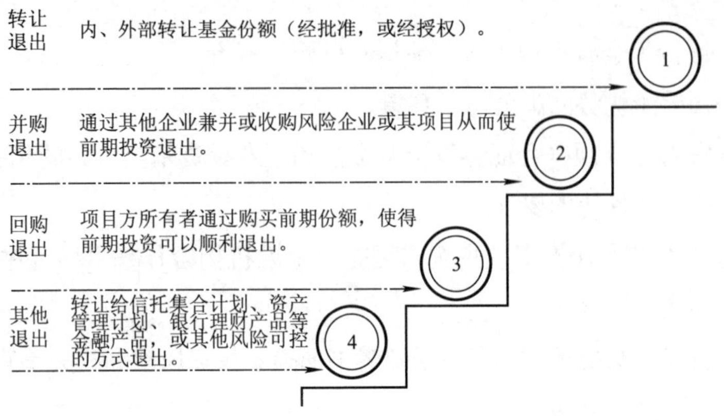

图 4–3　特色小镇基金退出流程

六、基金组建安排

基金组建建时间：如表 4–1 所示。

特色小镇基金组建时间　表 4–1

	事项	时间	备注
1	确定基金管理公司和基金（金额、期限等），讨论并编制基金方案	2017.10—2017.11	现阶段主要开展的工作
2	准备基金募集文件	随基金进度办理	
3	确定 LP，签订合伙人协议等文件	随基金进度办理	与潜在 LP 沟通
4	基金备案、工商注册、税务登记	随基金进度办理	
5	基金成立	随基金进度办理	基金方案见本方案
6	基金投资	2017 年春节前	视公司备案、产品备案进度而定

流程文件：如表 4–2 所示。

特色小镇产业基金流程文件　表 4–2

（1）筹备立项 （2）管理团队准备如下基金募集文件（视情况需要，聘请外部律师参与） √《募集资金备忘录》：其作用相当于 IPO 中的招股说明书；

续表

√《保密协议》: 在与潜在 LP（有限合伙人）签订保密协议； √《投资意向书》: 确定投资意向后，与 LP 签订投资意向书； √《有限合伙协议》: 其作用相当于公司章程，确定 LP 和 GP 的权利与义务； √《基金资产管理协议》: 基金依该协议委托 GP 运营； √《基金议事规则》: 在有限合伙协议基础上，就合伙人会议和投资决策委员会等会议规则详细约定； √《基金认购协议和认购承诺书》: LP 确定投资后必须签署认购协议和承诺书，确定其出资义务； √《基金资产托管协议》: 基金与银行签订资产托管协议，确定基金运作过程中的资金托管事宜； √《其他相关文件》。 （3）管理团队与潜在 LP 接触，签署保密协议。 （4）管理团队与潜在 LP 进行谈判，确定投资的，签署基金份额认购协议和认购承诺书。 （5）GP 与所有 LP 签署有限合伙协议。 （6）确定基金资产托管银行、签署资金托管协议。 （7）完成基金首期出资和验货程序。 （8）完成工商注册程序，领取基金的营业执照。

案例 1：北京市房山区夏厂村特色小镇：项目位于长阳镇，占地面积 1373 亩，建筑面积 230 万平方米的养老综合体；打造 5 分钟生活圈以满足老人的日常生活所需，同时，充分水系特征在小镇核心区域打造 AAA 级公园。

案例 2：辽宁省盘锦市清河湾旅游养老特色小镇：项目紧临大洼区西湖公园（815 亩），距国家 4A 级风景区红海滩风景区仅 25 公里。

占地面积 1200 亩，规划床位 7100 张，设有养老中心、老人日间照料中心、卫生服务中心、老年文化活动中心、商业服务中心等，总投资人民币亿 13 亿元。小镇集住宅、商业于一体。购物商圈、配套学校、医院、305 国道多维交通网络，不出小镇即可满足住户大部分生活需求。人文、生活气息浓厚，生态环境优美。

4.4 REIT 房地产投资信托基金

房地产投资信托基金是以发行收益凭证的方式汇集特定多数投资者的资金，由专门投资机构进行房地产投资经营管理，投资收益按比例分配给投资者的一种信托基金。世界第一只 REITs1960 年诞生于美国，美国法律对 REIT 的资产运用和收入、财产性质、收入分配等有严格规定。REITs 可以封闭运行，也可以上市交易流通，类似于我国的开放式基金与封闭式基金，该类融资业务有避税的功能。

一、基本概述

（一）基本概念

房地产投资信托（简称 REIT）指由房地产投资信托基金公司负责对外发行受益凭证，向投资者募集资金，将资金委托给房地产开发公司，由其负责房地产开发、管理及出售，所获利润在扣除一般房地产管理费及买卖佣金后，由受益凭证持有人分享的一种新型融资模式。

（二）主要分类

房地产投资信托主要有：权益型、抵押型、混合型、固定期限型。

二、条件与流程

（一）申请条件

我国的房地产投资信托是契约型，信托投资公司推出信托计划，由投资者与信托公司签订信托合同，每份合同有最低的认购金额。

（二）主要特征

1. 混合的组织

REIT 的组织形式灵活，可以是信托组织、公司、未注册团体，它享有类似合伙组织的税收优惠，股东享有公司制的有限责任和股份高度流通性。

2. 消极的投资行为

房地产公司不直接进行房地产管理和运作，只是对房地产管理业务进行决策，信托资产管理聘请独立的房地产投资顾问或承包商实施。

3. 严格的资产结构

（1）优惠的税收

REIT 可以获得税收待遇，避免了双重纳税。

（2）证券化的模式

采取股票或受益凭证等证券化的模式，吸收投资者资金，允许上市交易，流通性好。

（三）基本流程

签订合同并报批：房地产投资信托公司在募集基金前，先与基金保管银行签订房地产投资信托合同并报证券交易委员会批准；

编制公开募集说明书：依规定编制公开募集说明书，其受益凭证委托证券承销商负责办理；

签订投资委托合同：房地产投资信托公司与建筑管理公司或特定专业公司签订房地产投资委托合同；

委托保管银行：经发行受益凭证所募集的信托基金，委托基金保管银行并由其设立房地产投资信托基金专户代为保管；

投资评估：建筑管理公司按合同规定对各种房地产证券的投资安全性、盈利性、证券组合及其价值进行评估；

产权登记：将所取得的房地产投资标的产权登记在房地产投资信托基金专户名下；

专业建议：公司方面提供专业建议并指示保管银行执行信托基金运用的有关事宜；

收益专户保管：房地产投资信托基金标的所获得的投资信托收益，也并入基金资金纳入专户保管；

支付费用：由保管银行根据委托合同从基金专户支付建筑管理公司的委托费用，保管银行依据房地产投资信托合同收取基金保管费；

收益分配：保管银行按照房地产投资信托合同将基金收益按时分配给凭证持有人。

三、案例：盛鸿大厦信托项目

北京国投公司计划发行盛鸿大厦项目的信托业务，主要操作步骤：

元鸿公司将其开发、建设的房地产项目——北京盛鸿大厦（市场价值人民币约 4.1 亿元）委托给北京国投，设立盛鸿大厦财产信托。元鸿公司取得该信托项下全部受益权。

元鸿公司将其享有的受益权分级为优先受益权和普通受益权，并将其享有的优先受益权（人民币约 2.5 亿元）以转让或质押的方式进行处置。北京国投作为独家代理人代理其转让行为。投资人受让优先受益权后成为优先受益人。

北京国投作为盛鸿大厦财产信托的受托人，将处置信托财产所得全部收入存入北京国投开立的信托专户并管理，优先用于支付优先受益人本金和收益，在优先受益人未取得全部本金和收益前，其他信托受益人不参与任何分配。

该项目的方案设计运用了超额资产担保和优先一次级受益结构等增信手段。北京国投作为财产信托的受托人，履行受托人的义务。北京国投作为受益权转让项目的代理人，除了完成代理转让义务外，不负任何直接责任。但是由于受益人转换，北京国投为最终受益人的最大利益管理信托财产。

点评：

北京国投公司发行的信托计划，由房地产投资信托基金公司负责对外发行受益凭证，公开募集资金。信托专户优先用于支付优先受益人本金和收益，优先受益人未取得全部本金和收益前，其他信托受益人不参与任何分配。

房地产投资信托作为新的房地产投资工具，是需要房地产业和金融业相结合的市场配置资金的投资产品。

引入房地产投资信托基金有助于分散与降低系统性风险，提高金融安全，避免单一融资体系下银行产业政策对房地产市场的冲击，减缓某些特定目的的政策对市场的整体影响。

4.5 资产证券化

资产证券化起源于 20 世纪 60 年代末美国的住宅抵押贷款市场。研究资产证券化分类、融资流程和典型案例，有助于推动重点产业的繁荣和国民经济的可持续发展。

一、基本概述

（一）基本概念

证券化指将缺乏即期流动性但能够产生可预见的、稳定的未来现金流收入的资产进行组合和信用增级，并依托该现金流在金融市场发行可以流通买卖的有价证券的融资活动。

根据《信贷资产证券化试点管理办法》，信贷资产证券化指银行业金融机构作为发起机构，将信贷资产信托给受托机构，由受托机构以资产支持证券的方式向投资机构发行受益证券，以该财产所产生的现金支付资产支持证券收益的结构性融资活动（图 4-4）。

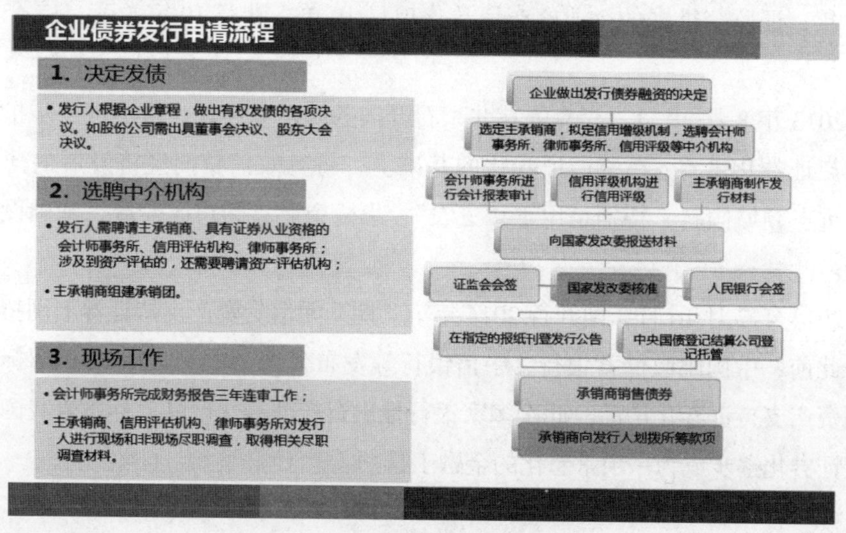

图 4-4　企业债券发行申请流程图

（二）产品演变

资产证券化诞生于 20 世纪 70 年代，主要是化解美国当时的系统性金融危机。

在满足两个前提的条件下，它能在任何地方正常运作：（1）司法系统支持市场惯例行为；（2）风险衡量系统如实反映证券的风险和价值。

最早的证券化产品以商业银行房地产按揭贷款为支持，故称为按揭支持证券（MBS）；随着可供证券化操作的基础产品增加，出现了资产支持证券（ABS）；混合型证券（具有股权和债权性质），CDOs（Collateralized Debt Obligations）概念代指证券化产品，并细分为CLOs、COMs、CBOs等。近年采用金融工程方法，利用信用衍生产品构造出合成CDOs。

2003年，中国证监会颁布《证券公司客户资产管理业务试行办法》使该业务的法律实现了系统化。我国资产证券化的运作形式分为信贷资产证券化和企业资产证券化。信贷资产证券化受央行和银监会主管，由银行或资产管理公司发起。企业资产证券化由证监会主管，通过证券公司以专项资产管理计划的形式发行的企业资产证券化产品（资产支持受益凭证），在沪深证券交易所挂牌交易。2005年我国设立第一单专项计划业务“中国联通CDMA网络租赁费收益计划”。截至2013年，证监会批准的企业资产证券化项目19单，涉及10家券商，17个原始权益人。

2013年8月28日，李克强在北京召开国务院常务会议，决定进一步扩大信贷资产证券化试点；在资产证券化的基础上，将有效信贷向经济发展的薄弱环节和重点领域倾斜，特别是用于“三农”、小微企业、棚户区改造、基础设施等建设。

2014年7月16日，国开行2014年第4期开元信贷资产支持证券上网招标发行。此前，中国邮政储蓄银行、中信银行等发布公告，定于7月22日招标发行一期资产支持证券化产品。此次多家银行推出资产证券化产品，标志着我国信贷资产证券化逐步成为一项常态化的金融工具。

（三）广义资产证券化分类

根据运营模式的不同，广义的资产证券化可以分为：

（1）实体资产证券化：实体资产向证券资产的转换，是以实物资产和无形资产为基础发行证券并上市的过程。

（2）信贷资产证券化：将一组流动性较差信贷资产，如银行贷款、企业应收账款等，经过重组形成资产池，使这组资产所产生的现金流收益比较稳定并且预计今后仍将稳定，在配以相应的信用担保，在此基础上把这组资产所产生的未来现金流的收益权转变为可以在金融市场上流动、信用等级较高的债券型证券进行发行的过程。

（3）证券资产证券化：证券资产的再证券化过程，就是将证券或证券组合作为基础资产，再以其产生的现金流或与现金流相关的变量为基础发行证券。

（4）现金资产证券化：指现金的持有者通过投资将现金转化成证券的过程。

（四）狭义资产证券化分类

狭义的资产证券化，指将流动性较差但能够产生可预见的稳定现金流的各种资产，通过一定的结构安排，对资产中风险与收益要素进行分离与重组，转换成为金融市场上可自由买卖的证券的过程，它是创新的融资技术和制度安排。与资本市场和货币市场发行商业票据、债券或股票的一级证券化不同，是将具备稳定未来现金流的现有资产进行证券化，也称为二级证券化。

按照证券化的基础资产不同，将资产证券化分为不动产证券化、应收账款证券化、信贷资产证券化、未来收益证券化、债券组合证券化等。

按照资产证券化发起人、发行人和投资者所属地域不同，将资产证券化分为境内资产证券化和离岸资产证券化。国内融资方通过在国外的特殊目的机构（Special Purpose Vehicles，SPV）或结构化投资机构（Structured Investment Vehicles，SIVs）在国际市场上以资产证券化的方式向国外投资者融资称为离岸资产证券化；融资方通过境内 SPV 在境内市场融资称为境内资产证券化。基础资产是指资产证券化中作为支持的资产，一般是贷款或债券等债权类资产，也可以是未来现金流等其他形式的资产或权益。

按照基础资产的性质，资产证券化产品可以分为资产支持证券（Asset - Backed Securities, ABS）和住房抵押贷款支持证券（Mortgage-Backed Securities, MBS）。

MBS 是资产证券化发展史上最早出现的证券化类型。资产池由不动产业抵押贷款构成，分为个人住房抵押贷款支持证券（Residential Mortgage-Backed Securities, RMBS）和商业不动产抵押贷款支持证券（Commercial Mortgage-Backed Securities, 简称 CMBS）。

其他 MBS 以外的证券化产品称为 ABS，其资产池一般由同质资产或者其他债务工具构成，分为基于消费贷款、应收账款和税收收入等资产的狭义 ABS 以及基于债券、贷款和各种证券化产品等债务工具的抵押债务凭证（Collateralized Debt Obligations, CDO）。

CDO 根据用来担保 CDO 价值的资产性质可以分为两类：CLO（Collateralized Loan Obligations）和 CBO（Collateralized Bond Obligations）。CLO 背后支撑的绝大部分为银行贷款债权；CBO 的群组资产中绝大部分是债券。

目前商业银行或其他金融机构开展的信贷资产证券化种类包括：公司贷款、商业房产抵押贷款、个人按揭住房抵押贷款、中小企业抵押贷款、汽车消费贷款、不良贷款（NPL）等。

（五）资产证券化的参与者

发起人。发起人也称原始权益人，是证券化基础资产的原始所有者。发起人要确定用于证券化的基础资产并将其真实出售给 SPV，从而获得融资。企业资产证券化的发起人是非金融机构性质企业，信贷资产证券中的发起人是金融机构。

原始债务人。原始债务人是基础资产未来现金流的原始提供者，按照相关合同规定，定期向服务商支付现金收入，作为对投资者的还本付息的资金来源。

特定目的机构或特定目的受托人（SPV）。指接受发起人转让的资产，或受发起人委托持有资产，并以该资产为基础发行证券化产品的机构。资产证券化的交易活动围绕 SPV 展开，它是连接投资人与发起人的桥梁。选择特定目的机构或受托人时，通常要求满足所谓破产隔离条件，即发起人破产对其不产生影响。

承销人。承销人指负责证券设计和发行承销的投资银行。如果证券化交易涉及金额较大，可能会组成承销团。

托管机构。为保证资金和基础资产的安全，特定目的机构通常聘请信誉良好的金融机构进行资金和资产托管。托管机构代表投资者利益，充当投资者和服务商的中介，对服务商进行约束和激励，对基础资产实施有效监督。

服务商。服务商负责基础资产的日常管理，定期收取证券化资产产生的现金流并按照约定划转，确保投资者能够定期获得约定收益；同时服务商还负责提供基础资产的相关信息和管理报告。服务商通常由原始权益人或其附属公司担任，并定期获取管理费用。

信用增级机构。此类机构负责提升证券化产品的信用等级，为此要向特定目的机构收取相应费用，并在证券违约时承担赔偿责任。有些证券化交易中，并不需要外部增级机构，而是采用超额抵押等方法进行内部增级。

信用评级机构。如果发行的证券化产品属于债券，发行前必须经过评级机构进行信用评级。资信评级机构从基础资产的收益质量和证券化结构安排等角度出发，对资产支持证券的信用状况进行评级，揭示其风险。初始评级后，资信评级机构还跟踪评估证券存续期内的信用状况，适时调整信用等级，以确保投资者的利益。

投资者。证券化产品发行后的持有人，包括各种类型的投资者—商业银行、共同基金、保险基金、养老基金等。投资者作为证券化产品的购买者，对不同风险收益程度的证券有不同的偏好。

（六）资产证券化管理规定

1. 业务原则

从事信贷资产证券化活动，遵循自愿、公平、诚实信用的原则，不得损害国家利益和社会公共利益。

2. 基本规范

受托机构因承诺信托取得的信贷资产是信托财产，独立于发起机构、受托机构、贷款服务机构、资金保管机构、证券登记托管机构及其他为证券化交易提供服务的机构的固有财产。

受托机构、贷款服务机构、资金保管机构及其他为证券化交易提供服务的机构因特定目的信托财产的管理、运用或其他情形而取得的财产和收益，归入信托财产。

发起机构、受托机构、贷款服务机构、资金保管机构、证券登记托管机构及其他为证券化交易提供服务的机构因依法解散、被依法撤销或者被依法宣告破产等原因进行清算的，信托财产不属于其清算财产。

受托机构管理运用、处分信托财产所产生的债权，不得与发起机构、受托机构、贷款服务机构、资金保管机构、证券登记托管机构及其他为证券化交易提供服务机构的固有财产产生的债务相抵销；受托机构管理运用、处分不同信托财产所产生的债权债务，不得相互抵销。

受托机构、贷款服务机构、资金保管机构、证券登记托管机构及其他为证券化交易提供服务的机构，应当恪尽职守，履行诚实信用、谨慎勤勉的义务。

中国银行业监督管理委员会（以下简称中国银监会）依法监督管理有关机构的信贷资产证券化业务活动。有关监管规定由中国银监会另行制定。

中国人民银行依法监督管理资产支持证券在全国银行间债券市场上的发行与交易活动。

3. 发起机构与特定目的信托

信贷资产证券化发起机构是指通过设立特定目的信托转让信贷资产的金融机构。

发起机构在全国性媒体上发布公告，将通过设立特定目的信托转让信贷资产的事项，告知相关权利人。

发起机构与受托机构签订信托合同，载明下列事项：信托目的；发起机构、受托机构的名称、住所；受益人范围和确定办法；信托财产的范围、种类、标准和状况；赎回或置换条款；受益人取得信托利益的形式、方法；信托期限；信托财产的管理方法；发起机构、受托机构的权利与义务；接受受托机构委托代理信托事务的机构的职责；受托机构的报酬；资产支持证券持有人大会的组织形式与权力；新受托机构的选任方式；信托终止事由。

在信托合同有效期内，受托机构若发现作为信托财产的信贷资产在入库起算日不符合信托合同约定的范围、种类、标准和状况，应当要求发起机构赎回或置换。

4. 特定目的信托受托机构

特定目的信托受托机构是因承诺信托而负责管理特定目的信托财产并发行资产支持证券的机构。受托机构由依法设立的信托投资公司或中国银监会批准的其他机构担任。

受托机构依照信托合同约定履行下列职责：发行资产支持证券；管理信托财产；持续披露信托财产和资产支持证券信息；依照信托合同约定分配信托利益；信托合同约定的其他职责。受托机构必须委托商业银行或其他专业机构担任信托财产资金保管机构，依照信托合同约定分别委托其他有业务资格的机构履行贷款服务、交易管理等其他受托职责。

（七）基本要素

1. 破产隔离（Bankruptcy- remote）

它要求发起人破产清算时，证券化资产权益不作为清算财产，所产生的现金流仍按证券化交易契约规定支付投资者，达到保护投资者利益的目的。证券化资产由与发起人分离的独立信托机构（SPV）持有，并由该实体发行证券。如发生发起人破产清算，证券化资产将不列为破产清算范围，以确保证券化资产和由其产生的现金流免受原始权益人任何不测事件所造成的不利影响，从而达到破产隔离的目的。为此，出售给特设机构的资产以及由这些资产产生的现金流必须是有效的，特设机构对于资产的权益必须是完全的，并享有超越其他权益的优先地位，使特设机构对证券化资产拥有完全的控制权。

2. 真实交易（True Sale）

资产证券化基本运作程序的第一步是原始权益人向发行人出售资产。作为向发行人过户资产的交换，资产出售者将获得证券化的发行收入。在其交易过程中资产的转移必须是一种“真实销售”行为，即出售后的资产在原始权益人破产时不作为法定财产参与清算。

3. 信用增级

信用增级指运用各种有效手段和金融工具，确保发行人按时支付投资利息，是提高 ABS 交易质量和安全性的重要手段。

一是构造 ABS 结构，将资产出售过户给 SPV。使得 SPV 进行 ABS 融资时，其融资风险仅涉及项目未来现金收入的风险，降低了 SPV 的融资风险，提高其信用级别。

二是划分优先和次级票据。即根据投资者对风险和回报的不同偏好划分不同评级的投资交易。优先票据本息回报的支付责任先于次级票据，期限也较次级票据短。一般地，付清优先票据本息之前次级票据仅付息，待付清优先票据本息之后才支付次级票据本金。由此可见，优先票据信用因风险较低而获增级，但回报也相应较低，次级票据回报则相应较高。

三是金融担保。金融担保是由信用级别高的专业金融担保公司提供保证 ABS 交易履行按期按量支付本息的义务。在这种条件下，较低的信用级别可提升到金融担保公司的保险级别。

二、条件与流程

（一）申请条件

资产支持证券的承销可采用协议承销和招标承销等方式。承销机构应为金融机构，并须具备下列条件：

注册资本不低于 2 亿元人民币；

具有较强的债券分销能力；

具有合格的从事债券市场业务的专业人员和债券分销渠道；

最近两年内没有重大违法、违规行为；

中国人民银行要求的其他条件。

（二）基本流程

发起机构选择适于证券化的基础资产并组建资产池；

设立 SPV；

发起机构将资产转移或出售给 SPV；

SPV 聘请评级机构为证券进行信用评级和增级；
SPV 在中介机构的帮助下发行证券；
发行收入支付给发起机构；
按期支付投资者利息和偿还本金。

（三）银行操作流程

资产池构建；
银行尽职调查；
方案设计；
产品定价；
准备报批文件；
路演和发行；
贷款管理服务。

（四）主要特征

资产证券化的主要优点：

1. 风险资本释放

将不同风险的资产进行证券化，用最小的成本释放资本占用、提高银行的资本充足率。

2. 资产组合管理

降低资产负债期限不匹配程度。将流动性较差的中长期资产证券化，解决资产与负债流动性、期限和利率的错配问题。

3. 收入结构调整

获取资产管理服务费、资产转让利得并通过持有次级证券获取投资收益，将利差收入模式转变为服务费收入模式。

4. 增强流动性

将流动性较差的不良贷款、不动产等资产证券化，能够获得发起人核心业务发展所需的资金。

4.6 IPO上市

首次公开募股（Initial Public Offerings，简称 IPO）指一家企业或公司第一次将它的股份向公众出售（首次公开发行，指股份公司首次向社会公众公开招股的发行方式），募集用于企业发展资金的过程。

一、IPO的本质和特征

（一）IPO 的本质

上市融资的本质是公司通过公开发行股票获取资本，通过公司股权换取资金的行为。首次公开上市完成后，公司成为上市公司。

（二）股权融资特征

（1）属于权益性融资，与债券融资相比，股权性融资（优先股除外）无固定的还本付息压力，没有固定的到期日，利用权益性融资风险较小；

（2）股本资本的所有权归属于企业的所有者，企业对股权资本依法享有经营权，除优先股股本可以通过一定的赎回条款提前赎回之外，股权资本一般视为企业的“永久性资本”；

（3）股权融资成本较高：由于投资者以股权投资企业后，投资期限不固定，且不能获取稳定的利息（优先股除外），有较高的风险，投资者要求更高的投资收益率，公司需要长期支付较高的融资成本，吸引投资者长期持有本公司股票；由于股权融资支付的红利只能在税后净利润中支付，缺少抵税效应，相应增加了股权融资的成本。

（三）IPO 的基本特征

（1）建立长期的资本融通渠道，形成稳定的资本来源，在更大范围内筹措资本，这是 IPO 最主要的功能；

（2）有助于提升公司的知名度，有助于公司形象的提升；

（3）提高公司股票的流动性和变现性，便于投资者认购、交易，同时增加原始股股东的资产流动性；

（4）有助于公司建立产权清晰、权责明确的现代企业制度，促进股权社会化；

（5）有助于挖掘企业的潜在价值，让资本自由流动到有未来发展潜力的公司。

二、IPO成本与条件

（一）股票上市成本

（1）履行信息披露的义务，成为公众公司，上市公司按照有关规定，及时公布公司财务状况、公司经营方面的重大事项等，信息公开可能有损公司的商业秘密；

（2）监管更为严格，公司上市后，按照证监会相关规定，公司董事会须设有独立董事进行监督，同时接受股东大会、监事会、媒体、证监会及派出机构、交易所等监督；

（3）支付维持成本，除上市支付的手续费等费用，还要支付包括律师费、审计费、公关费、交易所费用等后续维持费用；

（4）面临股价波动的风险。公司经营业绩的好坏直接反映到股价，股民一旦丧失信心，便会选择“用脚投票”，引起公司股价的下跌，为公司后续经营带来压力；

（5）增加被收购的风险，股价下挫时公司会面临被收购的风险，可能引起控制权的转移，甚至恶意收购。

IPO 基本条件

根据 2014 年 5 月修订发布的《首次公开发行股票并在创业板上市管理办法》，公司在我国深圳交易所创业板首次公开发行股票应当符合下列条件：

（二）基本条件

（1）发行人是依法设立且持续经营三年以上的股份有限公司。有限责任公司按原账面净资产值折股整体变更为股份有限公司的，持续经营时间可以从有限责任公司成立之日起计算。

（2）最近两年连续盈利，最近两年净利润累计不少于1000万元；或者最近一年盈利，最近一年营业收入不少于5000万元。净利润以扣除非经常性损益前后孰低者为计算依据。

（3）最近一期末净资产不少于2000万元，且不存在未弥补亏损。

（4）发行后股本总额不少于3000万元。

（三）董事、监事和高级管理人员不得具有的情形

（1）被中国证监会采取证券市场禁入措施尚在禁入期的；

（2）最近三年内受到中国证监会行政处罚，或者最近一年内受到证券交易所公开谴责的。

（3）因涉嫌犯罪被司法机关立案侦查或者涉嫌违法违规被中国证监会立案调查，尚未有明确结论意见的。

（4）发行人及其控股股东、实际控制人最近三年内不存在损害投资者合法权益和社会公共利益的重大违法行为。

（5）发行人及其控股股东、实际控制人最近三年内不存在未经法定机关核准，擅自公开或变相公开发行证券，或者有关违法行为虽然发生在三年前，但目前仍处于持续状态的情形。

（6）发行人募集资金应当用于主营业务，并有明确的用途。募集资金数额和投资项目应当与发行人现有生产经营规模、财务状况、技术水平和管理能力等相适应。发行人应当建立募集资金专项存储制度，募集资金应当存放于董事会决定的专项账户。

（四）其他条件

发行人具有完善的公司治理结构，依法建立健全股东大会、董事会、监事会以及独立董事、董事会秘书、审计委员会制度，相关机构和人员能够依法履行职责。

发行人应当建立健全股东投票计票制度，建立发行人与股东之间的多元化纠纷解决机制，切实保障投资者依法行使收益权、知情权、参与权、监督权、求偿权等股东权利。

（五）IPO 发行条件

（1）主体资格

根据《首次公开发行股票并上市管理办法》规定，发行人应当是依法设立且合法存续的股份有限公司。经国务院批准，有限责任公司在依法变更为股份有限公司时，可以采取募集设立方式公开发行股票。

发行人自股份有限公司成立后，持续经营时间应当在 3 年以上，但经国务院批准的除外。有限责任公司按原账面净资产值折股整体变更为股份有限公司的，持续经营时间可以从有限责任公司成立之日起计算。

发行人的注册资本已足额缴纳，发起人或者股东用作出资的资产的财产权转移手续已办理完毕，发行人的主要资产不存在重大权属纠纷。发行人的生产经营符合法律、行政法规和公司章程的规定，符合国家产业政策。发行人最近 3 年内主营业务和董事、高级管理人员没有发生重大变化，实际控制人没有发生变更。发行人的股权清晰，控股股东和受控股股东、实际控制人支配的股东持有的发行人股份不存在重大权属纠纷。

（2）独立性

发行人应当具有完整的业务体系和直接面向市场独立经营的能力。

发行人的资产完整。生产型企业应当具备与生产经营有关的生产系统、辅助生产系统和配套设施，合法拥有与生产经营有关的土地、厂房、机器设备以及商标、专利、非专利技术的所有权或者使用权，具有独立的原料采购和产品销售系统；非生产型企业应当具备与经营有关的业务体系及相关资产。

发行人的人员独立。发行人的总经理、副总经理、财务负责人和董事会秘书等高级管理人员不得在控股股东、实际控制人及其控制的其他企业中担任除董事、监事以外的其他职务，不得在控股股东、实际控制人及其控制的其他企业领薪；发行人的财务人员不得在控股股东、实际控制人及其控制的其他企业中兼职。

发行人的财务独立。发行人应当建立独立的财务核算体系，能够独立做出财务决策，具有规范的财务会计制度和对分公司、子公司的财务管理制度；发行人不得与控股股东、实际控制人及其控制的其他企业共用银行账户。

发行人的机构独立。发行人应当建立健全内部经营管理机构，独立行使经营管理职权，与控股股东、实际控制人及其控制的其他企业间不得有机构混同的情形。

发行人的业务独立。发行人的业务应当独立于控股股东、实际控制人及其控制的其他企业，与控股股东、实际控制人及其控制的其他企业间不得有同业竞争或者显失公平的关联交易。发行人在独立性方面不得有其他严重缺陷。

（3）规范运行

发行人已经依法建立健全股东大会、董事会、监事会、独立董事、董事会秘书制度，相关机构和人员能够依法履行职责。发行人的董事、监事和高级管理人员已经了解与股票发行上市有关的法律法规，知悉上市公司及其董事、监事和高级管理人员的法定义务和责任。

发行人的董事、监事和高级管理人员符合法律、行政法规和规章规定的任职资格，且不得有下列情形：被中国证监会采取证券市场禁入措施尚在禁入期的；最近 36 个月内受到中国证监会行政处罚，或者最近 12 个月内受到证券交易所公开谴责；因涉嫌犯罪被司法机关立案侦查或者涉嫌违法违规被中国证监会立案调查，尚未有明确结论意见。

发行人的内部控制制度健全且被有效执行，能够合理保证财务报告的可靠性、生产经营的合法性、营运的效率与效果。

（4）财务与会计

发行人资产质量良好，资产负债结构合理，盈利能力较强，现金流量正常。发行人的内部控制在所有重大方面是有效的，并由注册会计师出具了无保留结论的内部控制鉴证报告。

（六）发行人的条件

（1）最近 3 个会计年度净利润均为正数且累计超过人民币 3000 万元，净利润以扣除非经常性损益前后较低者为计算依据；

（2）最近 3 个会计年度经营活动产生的现金流量净额累计超过人民币 5000 万元；或者最近 3 个会计年度营业收入累计超过人民币 3 亿元；

（3）发行前股本总额不少于人民币 3000 万元；

（4）最近一期末无形资产（扣除土地使用权、水面养殖权和采矿权等后）占净资产的比例不高于 20%；

（5）最近一期末不存在未弥补亏损。

发行人依法纳税，各项税收优惠符合相关法律法规的规定。发行人的经营成果对税收优惠不存在严重依赖。发行人不存在重大偿债风险，不存在影响持续经营的担保、诉讼以及仲裁等重大或有事项。

发行人申报文件中不得有下列情形：故意遗漏或虚构交易、事项或其他重要信息；滥用会计政策或者会计估计；操纵、伪造或篡改编制财务报表所依据的会计记录或者相关凭证。

三、募集资金运用

募集资金应当有明确的使用方向，原则上应用于主营业务。除金融类企业外，募集资金使用项目不得为持有交易性金融资产和可供出售的金融资产、借予他人、委托理财等财务性投资，不得直接或者间接投资于以买卖有价证券为主要业务的公司。

募集资金数额和投资项目应当与发行人现有生产经营规模、财务状况、技术水平和管理能力等相适应。

募集资金投资项目应当符合国家产业政策、投资管理、环境保护、土地管理以及其他法律、法规和规章的规定。

发行人董事会应当对募集资金投资项目的可行性进行认真分析，确信投资项目具有较好的市场前景和盈利能力，有效防范投资风险，提高募集资金使用效益。募集资金投资项目实施后，不会产生同业竞争或者对发行人的独立性产生不利影响。发行人应当建立募集资金专项存储制度，募集资金应当存放于董事会决定的专项账户。

四、发行程序

发行人董事会应当依法就本次股票发行的具体方案、本次募集资金使用的可行性及其他必须明确的事项做出决议，并提请股东大会批准。

发行人股东大会就本次发行股票做出的决议，至少应当包括下列事项：

（1）本次发行股票的种类和数量；

（2）发行对象；

（3）价格区间或者定价方式；

（4）募集资金用途；

（5）发行前滚存利润的分配方案；

（6）决议的有效期；

（7）对董事会办理本次发行具体事宜的授权；

（8）其他必须明确的事项。

发行人按照中国证监会的有关规定制作申请文件，由保荐人保荐并向中国证监会申报。特定行业的发行人应当提供管理部门的相关意见。中国证监会收到申请文件后，在5个工作日内做出是否受理的决定。中国证监会受理申请文件后，由相关职能部门对发行人的申请文件进行初审，并由发行审核委员会审核。

中国证监会在初审过程中，将征求发行人注册地省级人民政府是否同意发行人发行股票的意见，并就发行人的募集资金投资项目是否符合国家产业政策和投资管理的规定征求国家发展和改革委员会的意见。自中国证监会核准发行之日起，发行人应在6个月内发行股票；超过6个月未发行的，核准文件失效，须重新经中国证监会核准后方可发行。

发行申请核准后、股票发行结束前，发行人发生重大事项的，应当暂缓或者暂停发行，并及时报告中国证监会，同时履行信息披露义务。影响发行条件的，应当重新履行核准程序。

股票发行申请未获核准的，自中国证监会做出不予核准决定之日起6个月后，发行人可再次提出股票发行申请。

五、信息披露

发行人应当按照中国证监会的有关规定编制和披露招股说明书。招股说明书内容与格式准则是信息披露的最低要求。不论准则是否有明确规定，凡是对投资者做出投资决策有重大影响的信息，均应当予以披露。

发行人及其全体董事、监事和高级管理人员应当在招股说明书上签字、盖章，保证招股说明书的内容真实、准确、完整。保荐人及其保荐代表人应当对招股说明书的真实性、准确性、完整性进行核查，并在核查意见上签字、盖章。

招股说明书中引用的财务报表在其最近一期截止日后 6 个月内有效。特别情况下发行人可申请适当延长，但至多不超过 1 个月。财务报表应当以年度末、半年度末或者季度末为截止日。招股说明书的有效期为 6 个月，自中国证监会核准发行申请前招股说明书最后一次签署之日起计算。

申请文件受理后、发行审核委员会审核前，发行人应当将招股说明书（申报稿）在中国证监会网站预先披露。发行人可以将招股说明书（申报稿）刊登于其企业网站，但披露内容应当完全一致，且不得早于在中国证监会网站的披露时间。

发行人应当在发行前将招股说明书摘要刊登于至少一种中国证监会指定的报刊，同时将招股说明书全文刊登于中国证监会指定的网站，并将招股说明书全文置备于发行人住所、拟上市证券交易所、保荐人、主承销商和其他承销机构的住所，以备公众查阅。

保荐人出具的发行保荐书、证券服务机构出具的有关文件应当作为招股说明书的备查文件，在中国证监会指定的网站上披露，并置备于发行人住所、拟上市证券交易所、保荐人、主承销商和其他承销机构的住所，以备公众查阅。

4.7 新三板上市

新三板，也称为“代办股份转让系统”，股票来源有：主板退市股票、原法人股市场关闭后转来的股票、一些直接上该板的科技公司股票。

全国中小企业股份转让系统（以下简称全国股份转让系统）是经国务院批准

设立的全国性证券交易场所。股票在全国股份转让系统挂牌的公司为非上市公众公司，股东人数可以超过 200 人，接受中国证券监督管理委员会（以下简称中国证监会）的统一监督管理。

一、全国股份转让系统公司职能及转让方式

（一）全国股份转让系统公司的职能

（1）建立、维护和完善股票转让相关技术系统和设施；

（2）制定和修改全国股份转让系统业务规则；

（3）接受并审查股票挂牌及其他相关业务申请，安排符合条件的公司股票挂牌；

（4）组织、监督股票转让及相关活动；

（5）对主办券商等全国股份转让系统参与人进行监管；

（6）对挂牌公司及其他信息披露义务人进行监管；

（7）管理和公布全国股份转让系统相关信息；

（8）中国证监会批准的其他职能。

（二）转让方式

挂牌股票转让可以采取做市方式、协议方式、竞价方式或证监会批准的其他转让方式。

二、新三板挂牌与主板上市的区别

（一）服务对象不同

全国股份转让系统主要为创新型、创业型、成长型中小微企业发展服务。这类企业规模较小，尚未形成稳定的盈利模式。在准入条件上，不设财务门槛，申

请挂牌的公司可以不盈利，股权结构清晰、经营合法规范、公司治理健全、业务明确并履行信息披露义务即可申请，经主办券商推荐。

（二）投资者不同

主板市场以中小投资者为主，全国股份转让系统以机构投资者为主，这类投资者具有较强的风险识别与承受能力。

（三）服务目的不同

全国股份转让系统是中小微企业与产业资本的服务平台，主要为企业发展、融资与退出服务，不是以交易为主要目的。

三、新三版主要功能和条件

（一）新三版的功能

（1）规范公司治理；
（2）塑造良好品牌；
（3）带来财富效益；
（4）流通套现；
（5）成本较低；
（6）挂牌审批快；
（7）定向融资；
（8）提供转主板的条件。

（二）新三版的上市条件

（1）依法设立且存续满两年。有限责任公司按原账面净资产值折股整体变更为股份有限公司的，存续时间可以从有限责任公司成立之日起计算；

（2）业务明确，具有持续经营能力；

（3）公司治理机制健全，合法规范经营；

（4）股权明晰，股票发行和转让行为合法合规；

（5）主办券商推荐并持续督导；

（6）全国股份转让系统公司要求的其他条件。

4.8 四板交易

一、基本概念

四板是区域性股权交易中心，天津、上海、山东淄博、北京等逐步设立，如：天津股权交易所、浙江股权交易中心、深圳前海股权交易中心、北京股权交易中心、重庆股权转让中心、齐鲁股权托管交易中心等。

二、申请条件

四板市场（以浙江股交所为例）：《浙江股权交易中心股权业务暂行管理办法》规定，公司申请在本中心融资挂牌，应具备以下条件：

（1）股份有限公司成立满 12 个月；有限责任公司按原账面净资产值折股整体变更为股份有限公司的，持续经营时间可以从有限责任公司成立之日起计算；

（2）主营业务明确；

（3）治理机制健全；

（4）股东大会通过申请股权融资挂牌交易的决议，同意公司到本中心挂牌、登记存管并接受监管，承诺履行有关信息披露义务。

北京市“四板”全称为北京股权交易中心有限公司，注册资本 2 亿元，是为企业提供股权、债券的转让和融资服务的私募市场。2013 年正式启动，“四板”计划 3 年内实现为不少于 2000 家企业提供登记托管服务，为 2000 多家企业提供挂牌交易和挂牌展示服务；每年向“新三板”、创业板、中小板等输出不少于 50 家转板企业，为 300 家以上企业提供不少于 100 亿元的直接融资服务。

4.9 科技创新板

科技创新板于 2015 年 12 月 22 日推出，拟试点推动全国科技金融改革创新。2018 年 11 月 5 日，借助首届中国国际进口博览会开幕之际，上海证券交易所设立“科创板”并试点注册制的消息获得确认。

科创板将参照拟实施的股票发行注册制改革有关要求，建立以信息披露为中心的挂牌审核机制。由挂牌企业和中介机构保证信息披露的真实性、准确性和完整性，信息披露审核的重点是披露信息的齐备性、一致性和可理解性。

在注册程序上，科创板将提供简易的注册程序，只需满足：形式审查，即公开拟挂牌公司的信息，规定时间内无异议即可挂牌；最近 12 个月内取得推荐机构不低于 200 万元投资，而且推荐机构不成为企业第一大股东或者实际控制人，同时投资锁定期为一年。

4.10 美国上市

中国企业在美国上市融资，主要有纽约证券交易所（NYSE）、美国证券交易所（AMEX）证券交易所，以及纳斯达克自动报价与交易系统（NASDAQ）、柜台电子公告榜（OTCBB）等柜台交易市场。

一、纽约证券交易所

纽约证券交易所（NYSE）是美国最大的全国性证券交易所，也是世界上最大的股票市场，其资金筹集数位居全球股市之首。在纽交所上市的公司需要符合最严格的上市要求。

纽交所上市的优点：获得雄厚的资金；提高全球知名度；提供并购平台；提升企业管理水平。

（一）对美国国内公司上市的要求

公司最近一年的税前赢利不少于250万美元；社会公众拥有该公司的股票不少于110万股；公司至少有2000名投资者，每个投资者拥有100股以上的股票；普通股的发行额按市场价格例算不少于4000万美元；公司的有形资产净值不少于4000万美元。

（二）对非美国公司上市的要求

上市条件较美国公司更为严格，主要包括：社会公众持有的股票数目不少于250万股；有100股以上的股东人数不少于5000名；公司的股票市值不少于1亿美元；公司必须在最近3个财政年度里连续赢利，且在最后一年不少于250万美元、前两年每年不少于200万美元或在最后一年不少于450万美元，3年累计不少于650万美元；公司的有形资产净值不少于1亿美元；对公司管理等有一定要求；其他条件，包括：公司所属行业的稳定性，公司的行业地位，公司产品市场情况，公司前景，公众对公司股票认可等。

二、纳斯达克证券交易所

纳斯达克（英语：NASDAQ），全称国家证券业者自动报价系统协会（National Association of Securities Dealers Automated Quotations），是美国的电子证券交易机构，是由纳斯达克股票市场公司所拥有与操作的。NASDAQ是全国证券业协会行情自动传报系统的缩写，创立于1971年，是全美国也是全世界最大的股票电子交易市场，是首家电子化的股票市场。

对于非美国公司，纳斯达克提供可选择的上市标准如下：

财务要求：有形净资产不少于400万美元；最近一年（或最近三年中的两年）税前盈利不少于70万美元，税后利润不少于40万美元，流通股市值不少于300万美元，公众股东持股量在100万股以上或在50万股以上且平均日交易量在2000股以上，但美国股东不少于400人，股价不低于5美元。

有形净资产不少于 1200 万美元，公众股东持股价值不少于 1500 万美元，持股量不少于 100 万股，美国股东不少于 400 人；税前利润无统一要求；公司须有不少于 3 年的营业记录，股价不低于 3 美元。

在纳斯达克上市的主要途径：IPO 和反向收购（借壳上市）。

IPO 上市：一般采取曲线 IPO 的形式：境内企业在海外设立离岸公司或购买壳公司，通过资本安排和契约设计将境内资产或权益注入壳公司。以壳公司的名义在海外证券市场上市筹资。通常，离岸公司注册在英属维京岛、巴哈马、开曼群岛、百慕大群岛、巴拿马等避税岛，享受税收优惠，规避企业海外上市的严格规制。

反向收购（借壳上市）在纳斯达克上市：反向收购上市指国内企业在海外购买一家上市公司作为"壳"，由上市公司反向兼并中国大陆或大陆外的企业法人，由壳公司实现再融资功能。反向收购上市资产注入难度、风险较大，短期内很难实现再融资。

一般而言，中国公司纳斯达克上市的操作步骤：提出申请、等待答复、取得法律认可、招股书的 Redherring（红鲱鱼）阶段、路演与定价，招股与上市阶段。

中国企业在纳斯达克上市的一般条件：

先决条件：经营生化、医药、宽频、信息、光纤、通信、制造（含传统行业）等公司经济活跃期满 1 年以上，且具有高成长性的发展潜力。

消极条件：有形资产净值须达到 1500 万美元以上。最近一年或最近三年中，近两年的税前收入达 100 万美元以上。IPO 股票发行须超过 110 万股。上市证券挂牌市值须在 800 万美元至 1800 万美元之间。每股最低挂牌价 5 美元。

积极条件：SEC 及 NASD 审查通过后，需有 400 人以上的公众持股人才能挂牌，公众持股人的持有股数需要在整股以上，美国的整股为基本的流通单位 100 股。

诚信原则：纳斯达克证券市场流行一句俚语："Any Company Can Be Listed, But Time Will Tell The Tale."，任何公司都能上市，但时间会证明一切。只要申请的公司秉承诚信的原则，最终就能上市。

三、企业海外上市优点

获得海外资金，利用资金开展业务；海外证券市场监管规范，企业操作严谨；

规范国内上市企业行为，为出台相关法规提供借鉴；提高企业在国际市场的知名度和市场占有率；提高企业竞争力。

中国企业美国上市融资的优点：

一是满足不同企业的融资要求。在美国场外交易市场（OTCBB）柜台挂牌交易对企业没有任何要求和限制，只需3个券商愿意为股票做市即可，企业可先在OTCBB买壳交易，筹集到第一笔资金，等满足了纳斯达克的上市条件，可申请升级纳斯达克上市。二是美国证券市场规模巨大。三是美国股市极高的换手率，市盈率；大量游资和风险资金；股民崇尚冒险的投资意识。

四、企业海外上市缺点

优质企业在海外上市，不利于打造中国世界级金融中心；中国大企业海外上市，不利于国内股民投资；国内海外上市企业和国外投资者之间沟通不畅；海外上市导致国内资本市场恶化和空心化；海外上市对中国经济发展造成不良影响，大量优质大型企业海外上市，直接影响中国宏观经济的内外均衡；IPO定价低导致国有资产流失；超大型国有企业海外上市，国外股东分红导致财富转移。

企业在美国上市的主要缺点：中美在地域、文化和法律差异与障碍；企业在美国获得的认知度有限；上市费用高。

五、基本流程

对公司进行上市前尽职调查，协助企业整理规范账目，指导企业完成企业内部重组和调整，帮助企业完善法律文件和完成财务整改，保证企业通过美国会计师和律师事务所的审计；

编制企业招股说明书；

帮助企业在海外注册公司；

寻找符合条件的壳公司，对将要收购的壳公司尽职调查，帮助公司完成对壳公司的反向收购；

按美国财务审计要求，配合美国会计师和律师的事务所完成对企业的财务和法律审计；

将审计的企业资料上报美国证监会（SEC），纽约国际与审计所、律师、企业共同回答美国证监会 SEC 的提问；

完成企业在美国 OTCBB 上市工作，原壳公司股票代码更为企业股票代码；

上市后通过二级市场的合法做市，保持交易活跃；

帮助企业定期、及时向 SEC（美国证监会）提交报告（季报，年报），披露有关信息，维持上市资格；

帮助公司引入海外知名人士担任企业独立董事，满足美国上市法律要求；

免费为公司建立英文网站，建立国际品牌；

指定资深美国分析师撰写企业研究报告，向机构投资者进行企业推介，通过增发新股，实现企业持续以少部分股权，高市盈率融资；

帮助企业实现由 OTCBB 到主板市场的升级；

帮助企业实现海外多地上市和以高市盈率融资；

通过合法向 SEC 注册，帮助企业原始股东进行股票套现。

六、工作内容

尽职调查和财务整改阶段（1~3 个月）。财务人员协助企业整理规范账目，确保顺利通过国际审计师审计；投行人员对企业尽职调查，确保按时完成符合美国证监会要求的英文《招股说明书》。

国际审计师和国际律师工作阶段（1~2 个月）。审计师在财务人员配合下完成审计报告；律师在投行人员配合下完成股权转换操作；投行人员完成《招股说明书》。美国证券公司协助企业向美国证监会上交《审计报告》和《招股说明书》；美国证券公司与审计所、律师、企业共同回答美国证监会的提问。

4.11　企业 IPO 示例

首次公开募股（Initial Public Offerings，简称 IPO）指一家企业或公司（股份有限公司）第一次将它的股份向公众出售（首次公开发行，指股份公司首次向社会公众公开招股的发行方式）。上市公司股份是根据证监会出具的招股书或登记声明中约定的条款通过经纪商或做市商进行销售。一般来说，一旦首次公开上市完成后，这家公司就可以申请到证券交易所或报价系统挂牌交易。有限责任公司在申请 IPO 之前，应先变更为股份有限公司。照依法行政、公开透明、集体决策、分工制衡的要求，首次公开发行股票的审核工作流程分为受理、见面会、问核、反馈会、预先披露、初审会、发审会、封卷、会后事项、核准发行等主要环节，分别由不同处室负责，相互配合、相互制约。

IPO 发行资格，主要包括：

股票经国务院证券管理部门核准已公开发行，公司股本总额不少于人民币 3000 万元，公开发行的股份占公司股份总数的 25% 以上，股本总额超过 4 亿元的，公开发行的比例为 10% 以上，公司在三年内无重大违法行为，财务会计报告无虚假记载。

企业实施 IPO，申请公司上市融资，需要委托专业机构编制可行性研究报告，提交证监会予以专家评审。这里简要介绍笔者 2011 年负责编制、并提交证监会的福建省南威软件 IPO 营销网络体系建设项目方案。

南威公司在我国电子政务领域取得了优异成绩，业绩持续增长，成为国内政务应用软件研发和系统集成服务的重要建设力量。从最初泉州市的业务拓展到公司所有核心业务覆盖福建全省，到如今在全国多个省市设立分公司（子公司）。从地方到全国，南威的业务发展方式就是把总部成功的销售模式不断复制扩展，在各地建设分公司。通过销售模式的复制，目前浙江、北京、福州、南京分公司业绩快速增长，发展势头强劲，四川、河南、江西等分公司运营初见成效，业绩稳步增长。随着各地分公司陆续建设运营，公司业绩持续增长，市场份额不断扩大，南威品牌优势更加突显。

建设南威销售网络体系，提升业务能力和扩大业务覆盖面。升级现有的北京、杭州、南京分公司，将当地市场做强；并在业务尚未延展到的区域新设立区域分公司，复制现有成功的分公司运营模式，依托南威的品牌优势、技术优势和成熟的管理模式，开拓新市场，形成南威全国销售网络体系。

南威销售网络体系建设项目拟总投资 ×× 万元，根据现有分公司运营情况，按照市场需求及业务发展情况，预计升级分公司和新建分公司，建成后第一年营

业收入 ×× 万元，利润 ×× 万元；第二年营业收入 ×× 万元，预计利润 ×× 万元，2 年实现静态投资回收。

IPO 项目方案包括：

1. 项目基本情况

主要包括项目背景介绍和项目建设内容等方面。

2. 项目实施的必要性

主要说明：本项目建设符合我国软件与信息服务业发展导向，本项目建设是电子政务市场需求快速增长的需要和本项目建设是提升公司综合竞争力，提高服务水平的需要。

3. 本项目实施的可行性

如：建设销售网络体系不会对公司日常经营现金产生不利影响，建设销售网络体系可有效增加公司销售收入，建设销售网络体系是对现有销售体系的复制，原有经验借鉴等。

4. 投资估算

具体需要根据项目财务数据进行测算。

5. 风险及防范措施

包括但不限于：市场风险及防范措施，经营管理风险及防范措施，如：完善销售管理体系，打造高绩效团队，建立信息化支撑等。

6. 经济效益分析

主要分析项目实现的收入、成本、风险控制、资金来源，以及实现利润和税收等。

4.12　中小企业债偿债风险评估

中小企业集合债券指通过牵头人组织，以多个中小企业构成的集合为发债主体，发行企业各自确定发行额度分别负债，使用统一的债券名称，统收统付，向投资人发行的约定到期还本付息的企业债券形式。它是以银行或证券机构作为承销商，由担保机构担保，评级机构、会计师事务所、律师事务所等中介机构参与，并对发债企业进行筛选和辅导以满足发债条件的新型企业债券形式。

其主要特点是：

统一组织。中小企业集合债券一般由某个政府部门作为牵头人，在债券的发行工作中，负责统一组织协调。

统一冠名。中小企业集合债券使用统一的债券名称，形成总的发行规模，而不以单一发行企业为债券冠名。

统一担保。中小企业集合债券将由资质卓越的第三方为债券提供统一担保，从而实现债券信用增级，提高债券的市场认可度。

分别负债、集合发行。中小企业集合债券由多家中小企业构成的联合发行人作为债券发行主体，各发行企业作为独立负债主体，在各自的发行额度内承担按期还本付息的义务，并按照相应比例承担发行费用。

中小企业私募债不公开发行的特点让市场参与者难以掌握企业信用，也缺少客观、公开的信用评级作投资参考。在私募债的发行过程中，承销商面临营销渠道和偿还风险等困难。发行集合债券或者集合票据的中小企业面临发行周期较长、发债程序繁复和对当地支持政策的依赖等风险。

银行信贷投放、理财资金的项目投入等是基金、信托等资本市场的重要资金来源之一，也是信托和债券购买的主要资金渠道之一。在银行和证券公司的发债业务等具体合作中，银行投资到信托、债券等领域的理财产品和资金也遇到了贷款规模管理、投资项目亏损、融资金融产品内容不实导致的资金回收、偿还困难等风险，已经引起了监管层、地方政府、银行和媒体等方面的高度重视。

银证合作转战中小企业债偿债风险挑战监管

2013-08-27　来源：中国企业报（北京）

从监管层出台《关于规范银信理财合作业务有关事项的通知》（简称“72号文”）叫停传统信贷类银信合作，到进而出台《关于规范商业银行理财业务投资运作有关问题的通知》（简称“8号文”）让银行理财资金通过信托通道发行的信托计划“踩刹车”，再到银证合作的票据买断式业务遭监管层清理，银行试图挣脱总体信贷规模的限制，将资金投向多种渠道，增加利润的努力似乎处处遇阻。

然而，银行实现曲线放贷的决心未改。《中国企业报》记者调查发现，去年才开启的中小企业私募债正成为银行的一条新的放贷通道。

一、银行借道中小企业私募债

近日，在银监会“8 号文”出台 4 个月以后，银监会开始对银行执行效果进行阶段性“验收”。数据显示，截至 6 月末银行理财资金余额 9.08 万亿元，其中非标业务资产余额 2.78 万亿元，比“8 号文”出台前下降 7%。

在银信合作受限之后，银证合作的通道业务便风起云涌。

2012 年是通道业务集中爆发的开始，从年初的不到 2000 亿元迅速增加到 2013 年 1 月的 2 万亿元。而银监会 2012 年四季度开始已经在升级票据业务的监管要求，不允许买断式票据融资；已经存在的要逐步清理。

在这种局面下，中小企业债逐步沦为银行的另外一种通道。银行将原先通过信托机构作为通道发行的信托计划，改作以券商或基金子公司作为通道发行中小企业私募债。

二、银行隐形担保风险凸显

银行借道中小企业私募债做曲线贷款的操作过程，便是银行将原有授信客户的信贷项目打包成中小企业私募债，借助券商发行后，用自己的理财资产进行购买。业内人士顾颉（化名）向《中国企业报》记者透露，银行根据客户群体了解情况后，与券商合作，进行包装以后，上报到交易所，申请中小企业私募债备案。备案通过后，其备案的资金可能就是通过银行的理财资金进行对接。

由于中小企业私募债属于标准化资产，不受银监会“8 号文”限制，以私募债对接理财资金的操作相对简单易行，除浦发等股份制银行外，目前城商行、四大行都开始已经涉足相关领域。

“8 号文规定非标资产是无法在银行间和交易所市场交易的资产，那么规避的方式自然是通过对接这两种平台的产品，曲线的将资产标准化。”天津银行内部人士向《中国企业报》记者表示，“银行间市场的灵活性较低，目前多数银行都把注意力集中在了交易所，例如以理财资金对接交易所的私募债。”

业内人士表示，银行对存量“非标”产品主要采取产品到期自动终止或出售非标债权的方式，但也有银行试图通过增加标准化债权投资、做大分母，以满足“非标”投资不超过理财产品余额 35% 的监管要求。理财资金对接授信客户发行的私募债，可以不占用表内额度。

业内人士指出，银行做通道业务，风险在于银行本身，其中“授信”的过程内存隐形担保。

三、监管层无明确表态

有业内人士认为，银行把中小企业私募债作为变相放贷的新通道有监管套利之嫌，若形成规模，亦将加剧该类理财业务的不确定性。

“随着金融管制的放开，跨机构的产品和渠道已经成型，但目前的风控和监管仍是各自为政，要防范系统风险的爆发，还是应该尽早打破监管部门之间的条条框框。”刘晓鸥在接受《中国企业报》记者采访时表示。

然而，面对上述模式，监管层并未给出明确表态。

“对券商来说，低迷的市场使得传统的经纪和承销业务收入大幅下滑，迫切需要开拓新的收入来源。而2012年下半年以来，证监会鼓励券商创新，放松了各项业务的审批限制，使得银证合作业务得以顺利开展。”工信部副研究员吴维海称，“我想这是监管层还没做出任何表态的直接原因。”

“券商平台的高附加值应体现在投资管理能力和风险定价能力，严格规范行业发展会使其更集中精力发展真正具有价值的创新业务，像股票质押式回购业务等。”吴维海认为，对银证业务的严格监管应是大势所趋。

4.13 信托基金风险监管

信托基金也叫投资基金，是“利益共享、风险共担”的集合投资方式。指通过契约或公司的形式，借助发行基金券的方式，将社会投资者不等额的资金集中起来，形成一定规模的信托资产，由投资机构按资产组合原理进行分散投资，获得的收益由投资者按出资比例分享，并承担相应风险的一种集合投资信托制度。基金包括信托投资基金、单位信托基金、公积金、保险基金、退休基金，各种基金会的基金登。证券市场的基金，包括封闭式基金和开放式基金，有收益性功能和增值潜能的特点。

房地产信托投资基金（REITs）是房地产证券化的重要手段。房地产证券化就是把流动性较低的、非证券形态的房地产投资，直接转化为资本市场上的证券资产的金融交易过程。房地产证券化包括：房地产项目融资证券化和房地产抵押贷款证券化两种基本形式。REITs 最早出现在美国 20 世纪 60 年代初的美国，目的是使中小投资者以较低门槛参与不动产市场，获得不动产市场交易、租金与增值带来的收益，在亚洲最早出现在日本。

根据组织形式，REITs 分为公司型、契约型。

公司型 REITs 以《公司法》为依据，通过发行 REITs 股份筹集的资金用于投资房地产资产，REITs 有独立的法人资格，自主进行基金的运作，面向不特定的投资者筹集基金份额，REITs 股份的持有人最终成为公司的股东。契约型 REITs 以信托契约成立为依据，通过发行受益凭证筹集资金而投资于房地产资产。契约型 REITs 本身不是独立法人，是一种资产，由基金管理公司发起设立，其中基金管理人作为受托人接受委托对房地产进行投资。二者区别在于设立的法律依据与运营的方式不同，契约型 REITs 比公司型 REITs 更灵活性。公司型 REITs 在美国占主导地位，英国、日本、新加坡等契约型 REITs 较为普遍。

根据投资形式，REITs 分三类：权益型、抵押型与混合型。

权益型 REITs 投资于房地产并有所有权，权益型 REITs 用于房地产经营活动，REITs 与传统房地产公司的区别在于，REITs 主要目的是作为投资组合的一部分对房地产进行运营，而不是开发后转售。

抵押型 REITs 是投资房地产抵押贷款或房地产抵押支持证券，其收益主要来源是房地产贷款的利息。

混合型 REITs 介于权益型与抵押型 REITs 之间，自身拥有部分物业产权的同时也从事抵押贷款的服务。市场上 REITs 绝大多数为权益型，权益型 REITs 能够提供更好的长期投资回报与流动性，市场价格也更稳定。

根据运作方式，分封闭与和开放型。

封闭型 REITs 的发行量在发行之初被限制，不得任意追加发行新增的股份；开放型 REITs 可以随时追加发行新的股份，投资者也可以随时买入，不愿持有时可随时赎回。封闭型 REITs 一般在证券交易所上市流通，投资者不想持有时可在二级市场转让卖出。

根据基金募集方式，分公募与私募型。

私募型REITs以非公开方式向特定投资者募集资金，募集对象是特定的，且不允许公开宣传，一般不上市交易。公募型REITs以公开发行的方式向社会公众投资者募集信托资金，发行时需要经过监管机构审批，可以进行宣传。私募型REITs与公募REITs的主要区别：投资对象方面，私募型基金一般面向资金规模较大的特定客户，公募型基金的购买对象不确定；投资管理参与程度方面，私募型基金的投资者对于投资决策的影响力较大，公募型基金的投资者没有投资决策的影响力；在法律监管方面，私募型基金受到法律及规范的限制相对较少，公募型基金受到的法律限制和监管较多。

REITs的一般特点：

收益主要来源于租金收入和房地产升值；收益的大部分用于投资分红；REITs长期回报率高，与股市、债市的相关性较低。

REITs有门槛低、分红比例高、流动性强等特点，已成为中小投资者间接投资房地产的有效途径。REITs与股票、债券市场的相关性较低，在投资组合中配置一部分不动产基金，可优化投资组合，分散单一投资证券市场的风险。国内投资者通过参与境内基金公司发行的专注于房地产投资的QDII基金，可以间接投资海外房地产项目。

上市交易的REITs会受不动产周期性波动和股市整体周期波动的影响。在不动产景气度较低或股市系统性风险较高的情况下，会影响基金的收益水平。投资者可能面临其他境外投资的特定风险，主要包括：汇兑风险、外汇管制风险、境外税法风险等。

基金认购、回购的计算方法。

基金认购计算公式：

认购费用＝认购金额×认购费率。

净认购金额＝认购金额－认购费用＋认购日到基金成立日的利息认购份额。

基金申购计算公式：

申购费用＝申购金额×申购费率。

申购份额＝（申购金额－申购费用）÷申请日基金单位净值。

基金赎回计算公式：

赎回费＝赎回份额×赎回当日基金单位净值×赎回费率。

以下是吴维海接受中国企业报采访对 REITS 发展的预测。

REITS 试水惹争议，专家称最佳时机未到

2013 年 06 月 25 日 来源：中国企业报

难产多年的房地产信托投资基金近期有望落地。据悉，证监会已经完成了推出 REITs 的可行性研究和准备工作，并将择机公开发布相关规则征求意见稿。在借鉴我国证券投资基金的发展经验和教训的基础上，结合其他国家和地区的 REITs 模式，监管层将对资产要求、结构设计、参与方的职责等方面进行监管。

业内人士指出，REITs 是房地产金融走向成熟的必然选择，但是风险评估和未来走势并不明朗。亟须完善 REITS 相关立法，与信贷、投资、价格管理、税收等多项政策的修订同行。

一、REITs 试水在即

所谓 REITs，是指开发商将旗下的以租金回报为主的商用物业打包为信托基金，然后向投资者兜售，投资者获得每年较固定的租金回报，而开发商则可以成功套现该商业项目。

早在 2013 年 2 月，证监会公布《证券公司资产证券化业务管理规定（征求意见稿）》，允许包括企业应收款、信贷资产、信托受益权、基础设施收益权等财产权利，商业票据、债券、股票等有价证券，商业物业等不动产财产均可作为可证券化的基础资产。分析人士认为，这实际上是在为推出 REITs 铺路。

渤海证券有限公司资产管理部高级研究员邱世磊在接受《中国企业报》记者采访时表示，REITs 是房地产金融走向成熟的必然选择，它可以避免单一融通体系下银行政策、宏观调控对房地产市场的硬冲击，减缓特定目的政策对整个市场的整体冲击。

二、REITs 推出专家态度审慎

但是，眼下推出 REITs 是否恰逢其时，专家意见不一。

“发 REITs 的风险是管理风险、价格体系不成熟的风险，不发 REITs 是流动性风险，带来的问题很严重。”资深信托人士刘擎建议监管层在政策推出时，宜

从制度层面上倾向于投资者，发行价格不宜太高，以解决REITs推出初期的管理风险、价格体系不成熟风险，应让投资者赚钱，吸引更多的投资者加入。

“现在不是发REITs的好时机，包括REITs在内的很多证券市场的创新应该缓行。”中国政法大学资本研究中心主任刘纪鹏则指出，REITs基本上没有治理结构，监管难度很大；此外，还分流股市资金，对A股不利、对解决历史遗留问题不利。该人士建议监管层先解决存量问题，再进行证券市场的创新。

“现有关于房地产金融的问题，不必通过REITs解决，像万达这种优质商业地产可以允许其通过上市进行融资，也可以通过资产证券化或发公司债来做。”邱世磊向《中国企业报》记者表示。

而一位资产证券化研究者则表示，监管层应该关注的问题还有：中国现在的优质房地产，普遍有银行贷款，本身是银行抵押物，REITs将这些优质资产作为标的物打包发行，一旦无法归还银行贷款，抵押物被拍卖，投资者的权益如何保护？

而工信部副研究员吴维海在接受《中国企业报》记者采访时则表示，从控制房价的角度看，银行信贷收缩控制，发行REITs可解决部分房地产资金问题。但是风险评估和未来走势并不明朗。目前，中国地产融资困难，产业价格高涨，行业风险颇大。该政策出台亟待信贷、投资、价格管理、税收等多项政策的修订和完善先行。

三、首支保障房REITs至今未获批

此前有业内人士指出，保障房REITs是REITs发行的最佳突破口。

早在2012年8月，北京市住房和城乡建设委员会委员、北京市住房保障办公室常务副主任邹劲松曾宣布，拟试点发行REITs，缓解公租房所面临的资金紧张问题。

券商中，中信证券更是花费了近乎5年的时间筹备一单REITs产品，但至今未获批发行。据了解，此单REITs产品的标的资产同样是针对保障房项目。

“据我所知，现在还没有一个产品获批。”中融信托内部人士王科对《中国企业报》记者表示，境内市场上的首例REITs，需要提交审批的部门较多，而其中程序较为复杂。但最大的障碍在于目前国内对于发行REITs的法律基础不

够完善。

中英益利资产管理资产有限公司内部人士指出，如果国内主体要发行真的REITs产品，必然解决法律方面的问题，而且涉及的部门也比较多，最终谁来审批也是个问题。

4.14　农村牧渔资本运作

农村产业培育，特别是农牧渔产业是关系国计民生的传统产业，这些行业市场竞争力弱，技术水平总体不高，资本市场投资热情不高。但是，经济结构调整和三产融合需要大力发展这些产业。因此，研究资本市场的投资趋势事关经济发展和民生改善。

农村牧渔只占上市公司2.5%，证监会政策加码

2012年10月16日 10:08　来源：中国企业报王莹

日前，证监会副主席姜洋的一番表态让农业企业为之一振。姜洋称，未来证监会将进一步落实“十二五”规划和全国金融工作会议有关部署，全面加强资本市场与现代农业的对接。相关人士表示，这或将使得一向缺钱的农业企业迎来新的发展机遇。

随着中国工业现代化和城镇化的深入发展，农业现代化的短板现象愈加突出。与国外相比，中国农业产业化步伐明显滞后，而制约农业健康快速发展的主要因素就是资金不足。

分析人士表示，资本市场作为优化资源配置的重要平台，将对促进农业产业化发展起到至关重要的作用。

一、农业企业缺钱，技术创新落后

曾经，总资产只有49亿元人民币的汇源集团，通过授权资本，巧妙地将汇源果汁（01886）推向国际资本市场。此后，通过全资控股的汇源控股，坐收超过74亿港元的股份出让款。而这过程中新疆德隆并购汇源果汁，而后逐渐由于德隆体系的资金链断裂而分解，汇源果汁获得了独立，再到汇源果汁引入风险投

资和上市，无不体现了资本的巨大作用。

刘永好的新希望（000876）同样在资本的推动下得到快速发展。同时，刘永好投资民生银行，获得了巨大的资本市场回报，反过来推动了农业板块的发展。

河南省农业产业化龙头企业雏鹰农牧（002477），2010年9月在深交所上市，首发融资超过10亿元，成为“中国养猪第一股”。三门峡生态养猪项目正是该公司利用资本市场融资之后，继续扩大产业化规模的范例。

但是，并不是所有的农业企业都能获得资本的垂青。

“筹资渠道太过单一，加上承贷条件较为苛刻，资金紧张的矛盾实在很突出”。日前，湖南某农业龙头企业的相关人士向《中国企业报》记者透露。

由于融资困难，农业企业在创新研发方面投入非常有限，多数农业公司实力较弱。据来自深圳证券交易所的信息显示，深交所现有的1537家上市公司中，农林牧渔企业仅31家，这些企业与国外农业龙头企业相比，实力较弱。如在深交所上市的8家种子公司，在研发上的投入总共才2亿元，而国外大企业往往在10亿美元以上。

“如果按照以农产品制造和加工为主的农业上市公司的口径，农业类上市公司比例不高，并且规模不大，并且管理规范性有待提升，跨国经营的比例不多，上市和融资相对困难。”工信部副研究员吴维海告诉《中国企业报》记者。

融资难导致企业发展受困，扩张减速，融资成本过高，甚至存在因使用过高的民间借贷而导致企业破产的现象。

二、赢利不高致融资上市遇阻

据了解，造成农业企业融资困难的一个主要原因就是农企上市存在瓶颈。专家指出，农业企业的盈利性不高，导致资本运作的难度加大。国家层面的农业企业扶持机制相对较少；地方政府的财政实力不足；金融机构的发展和风险管理制度导致农业企业获得信贷的难度和成本增加。

据了解，目前资本市场和农业企业的配合并不默契。资本市场对农业企业重视不够，大多数上市企业是非农业企业；另一方面，直接融资市场如银行贷款、发债等对农业企业的融资条件苛刻，农业企业的贷款利率和抵押都高于工业和服务业。

“而地方财政和专项资金对于农业企业的扶持也较少，加之农业企业资本运营的理念和能力不高，这些都制约着资本市场与现代农业的对接。”吴维海向《中国企业报》记者透露。

吴维海指出，“非上市农业公司面临的瓶颈最突出的是人才、资金和品牌问题，还有产品的竞争性和差异化、市场定位、公司扩张问题，跨地区经营的地域限制和地方保护等问题。”吴维海指出。

三、多方合力打造资本市场农业板块

今年以来，证监会、地方证监局、证券交易所和商品交易所，开展了大量资本市场服务“三农”的调研工作。

记者了解到，近几个月，深交所、上交所相继举办了有关现代农作物种业、涉农上市企业的研讨会，10 月份以后，证监会还将召开涉及农业的会议。

专家指出，亟待多方合力打造资本市场农业板块。“国家应出台更多的优惠政策，减轻农业企业的财税等负担；另外，国家要投入更多的扶持资金和专项资金，发行财政债券；地方给予土地和税收等支持，并在人才软环境等方面提供好的基础。”

专家指出，农业企业的自身要提升管理和改善盈利水平、提高信用。农业企业和产业链条中的工业企业加强融合、相互持股，实现跨产业链的资本合作和项目运作。

了解，今年 3 月，深交所已与我国唯一的农业高新技术产业示范区—陕西杨凌国家农业高新技术产业示范区签订了共建农业企业培育服务基地合作备忘录，以加快推动国内农业企业上市进程。

4.15 银行系基金业务

银行系基金是我国基金市场的重要组成部分，也是银行机构从单纯的存贷款业务，向多元化金融产品拓展与创新，实现银行自身转型升级的重要路径。近年来，银监会逐步放松了银行机构设立基金业务的监管门槛。

银行系基金扩容，首批城商行系基金将亮相

中国企业报，2011年

日前，银监会官网公布，银监会已同意兴业银行、北京银行投资设立基金公司事宜，且两家银行正在履行其他行政许可程序。此举将推进银行的发展转型，提高银行资产管理业务发展能力；同时，继续拓宽储蓄资金向资本市场有序转化的渠道，为商业银行探索跨业经营运作积累经验，为搭建综合经营框架、推进业务发展模式和盈利模式的转变铺路。

第三轮试点扩容在即。此前，北京银行、兴业银行、上海银行、南京银行、宁波银行设立基金公司事宜已经过银监会批复。按照流程，上述五家银行还需获得证监会批复方能设立基金公司。完成证监会审批程序，须经过递交申请材料、现场检查、召开设立评审会等环节。

“监管部门推动商业银行设立基金公司程序快、力度大，试点扩大将对商业银行、基金行业带来相互促进的作用，同时还将为资本市场带来更多的增量资金。”资深业内人士表示。背靠银行渠道的天然优势，银行系基金公司的规模已在短短几年内快速扩张。

“中国的利率市场化程度实际上远比通常认为的要高。受此影响，商业银行的负债和资产业务结构发生了深刻变化，竞争压力激增，盈利能力面临巨大挑战。”工行内部人士向《中国企业报》记者说道。

以存贷款为主的业务模式是商业银行转型要解决的首要问题。必须加快业务转型，寻求新的利润增长点。

“银行设立基金试点的再扩容为商业银行探索跨业经营运作积累经验，搭建综合经营框架、推进业务发展模式和盈利模式的转变铺路。”工信部副研究员吴维海告诉《中国企业报》记者。

亚洲联合资本合伙人刘克清指出，在过去10多年剧烈演进的金融市场环境里，国内银行的传统经营管理模式受到无情挑战。

4.16 申报国家项目与融资策略

国家重点项目和专项资金是贯彻国家战略和部委政策，引导地方产业转型、推进优势企业发展、项目顺利投产的重要手段，也是各级政府、地方企业和部委智库应该研究和积极争取的重要资金来源。

研究政府融资和企业融资，争取部委和地方项目资金支持是各级政府和产业园区招商引资的重要工作内容，也是各类产业园和卓越企业应该主动探索和策划，实现自身高质量发展的积极探索。

一、国家部委资金项目

国家各部委、地方政府会根据各自的政策需要和战略部署，研究并确定不同类型的项目资金和产业基金等，根据各自职责分工进行重点项目设计、政策文件发布、主要项目申报的统一管理和专项资金发放等，用于支持国家或地方重点鼓励的产业、企业或项目。

从部委来看，国家财政部、国家发改委、农业农村部、国家科技部、工业和信息化部、文化和旅游部、自然资源部、生态环境部等都有各自的政策文件和项目支持重点领域等。并且每年根据各自的管理需求和国家战略等，进行调整与优化，组织申报、管理和发放等。

二、国家项目资金类别

从政策性资金类型看，包括：直接投资、投资补助、资本金注入、贷款贴息、外国政府转贷、政府采购、扶贫资金等。其中：

直接投资项目资金一般包括：国防军事、基础邮政、减灾防灾、江河治理、生态环境、公共教育、农村基础设施、煤炭安全等领域。

政府注入类项目一般包括：资源垄断性项目、高速公路、高铁、供水、广播电视、公交系统、自然垄断项目，以及明显带有公益性的其他项目。

投资补助的项目一般包括：高科技项目、农业综合开发项目、农林水利、中小企业创业投资项目、国家鼓励的能源和交通、欠发达地区产业扶持等项目。

国家贴息类项目一般包括：公共基础、环保、欠发达地区项目、公共基础设施项目等。

政府转贷项目一般包括：农业项目、CDM 机制等新能源项目、节能环保领域等扶持项目。

政府补贴项目一般包括：落后地区企业产品、本国产品、节能环保产品、自主创新产品等重点项目。

三、国家部委项目申报策略

（一）研究国家部委职责和文件出处

这是申请项目资金的基础。根据部委文件和资金要求，进行项目选择与资金规模等确定，提高项目申报的针对性、准确性和匹配性。

一般来说，研发类项目益科技部等为主，成果转化类项目根据各部委分工，分别由国家财政部、工业和信息化部、生态环保部等具体负责，产业应用类项目分别由国家发改委、住建部、农业农村部、文化和旅游部、商务部等分工负责。如：国家发改委重点扶持的资金项目包括但不限于：高技术产业化项目、中小企业发展专项、工业中小企业技术改造项目、重点振兴产业和技术改造项目、中央预算内投资备选资源类项目等。

（二）分析各类项目名称和资金特点

根据各部委政策文件和申报要求，研究并确立各类项目资金的特点、申报条件和申报流程，组织专业人才或者邀请外部专家辅导政策申请和策划等等，提高申请成功的概率。如：国家发改委关于节能减排资金有具体政策文件和要求，要对照分析，针对性整理文件和资料，确保满足申报的基本要求。如：国家科技部的火炬计划，主要安排相关重点技术领域的高技术项目、开发区建设和培训等，以推动我国高新技术产业化。

（三）项目申请报告要有亮点和高度

要成功申报部委项目，项目申请方案或报告要符合国家产业政策和环保要求，表达方式要规范、语言简洁和有体系，要前后呼应，观点明确，数据完整，并且要有项目或申报企业的亮点和独有优势，要有政策性、前瞻性、层次性和操作性等，要体现项目的高度和政策匹配性，同时，要有针对性和自己的亮点，才能得到各级政府部门和国家部委的更多认可。

（四）项目申请要注意流程规范

国家部委项目和资金申请的流程和条件必须满足，地方政府和企业要经常登录国家部委网站，获得项目申报信息，或者，委托专业智库，进行特定项目研究和方案编制委托、申报流程辅导等。具体流程见图 4-5。

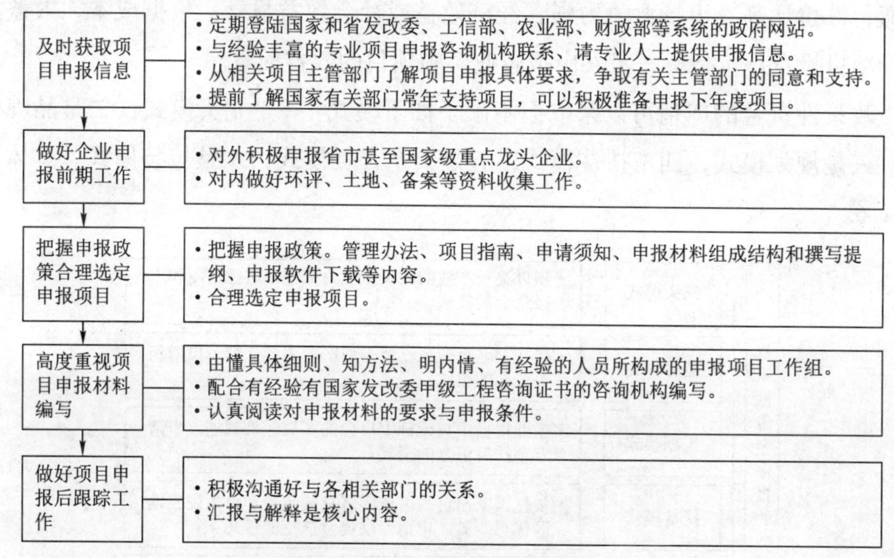

图 4-5　国家部委项目资金申报流程

各类部委项目资金的具体方案和申报基本规范，往往各不相同。

申报单位要根据部委文件和具体文件要求，组织专业人员进行学习、辅导和专业撰写，按规定填写和送达有关部委，并提供申报文件资料，按规定时间和要求予以提报。

四、科技项目申报要凸显引领性和应用性

部委科技资金项目的申请是各级政府和相关企业项目申报的重要工作。申报方案和文件一般要尽可能体现关键性（你轻我重）、独占性（你无我有）、真实性（你虚我实）、突破性（你抄我创 ）、先进性即优势性（你低我高）、专业性（你泛我专）、好评性（自说他说）、价值性（你小我大）等。其中：

独占性指技术创新必须符合新的要求，要经得起专利查新的考验，提供专利、发明专利、国家发明专利证书，证明技术发明具有独占性、真实性、排他性。

关键性、突破性指申报项目要阐明创新的是关键技术或核心技术 ，是突破性进步，要阐明技术突破的原理与思路。

效益性指支持具有竞争力、市场前景好的研究开发项目，要求项目有较高附加值，性价比高、市场竞争力强，经济效益或社会效益显著。根据成本、效益测算和项目投资评价指标，考察申报企业实施项目的效益前景。

政策性资金的申请可以采取但不限于如下模式：一是龙头模式，二是品牌模式，三是规划模式，四市扶贫模式，五是央企合资模式，六是包装模式。具体见图 4–6。

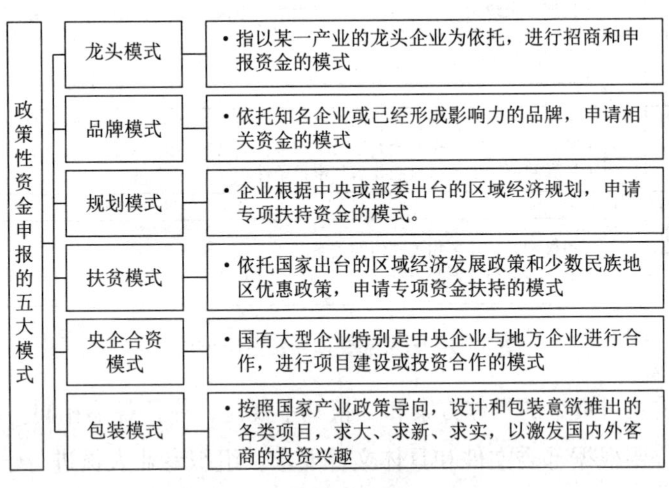

图 4–6　政策性资金申请模式

第5章 PPP运营

地方政府与企业转型、新旧动能转换是重大的国家战略，它依赖我国金融市场和金融工具的驱动。在党中央、国务院、国家发改委、财政部等推动下，PPP模式在解决国家重点项目、地方基础设施建设资金等方面，发挥着越来越重要的作用。通过鼓励和倡导PPP项目，引进社会资本，降低地方债务水平，可以优化资本要素配置，实现地方基础设施建设和社会公共服务等重大工程与项目。

5.1 PPP项目运营模式与操作

PPP项目是各地政府大力推动的基础设施融资新模式，需要系统研究。在当前形势下，研究PPP运营模式（图5–1）和操作流程很有意义[①]。

图5–1　吴维海撰写的《PPP项目运营》

一、PPP主要类型

广义的PPP模式，主要包括：外包类、特许经营类、私有化类三大类型[②]。外包类PPP项目由政府投资。在特许经营类项目中，公私部门可通过一定的合作机制实现项目风险的分担及最终收益的分享。私有化类PPP项目由社会资本负责项目

① 吴维海.PPP项目运营［M］.北京：中国金融出版社，2017。

② 吴维海.政府融资50种模式及操作案例［M］.北京：中国金融出版社，2014。

的全部投资。在私有化类 PPP 项目运营中，社会资本通过向使用者付费收回投资。

其中：

外包类包括 MC 管理合同和 BT（建设—移交）等；特许经营类包括：BOT（建设—拥有—移交）、TOT（转让—运营—移交）、BOOT（建设—拥有—经营—移交）、ROT（更新—拥有—移交）等；私有化类包括：BOO（建设—拥有—经营）、BBO（购买—建设—经营）等。PPP 模式的主要类型[①]，具体介绍如下：

（一）建造、运营、移交（BOT）

BOT（Build -Operate-Transfer）融资，指政府将基础设施项目的特许权授权给承包商，由承包商在特许期内负责项目的设计、投资、建设、运营，并收回成本，偿还债务、赚取利润，特许期结束后将所有权移交给地方政府。BOT 融资开发模式之下的整个项目期间一般分为立项、招标、投标、谈判、履约五个阶段。私营部门的合作伙伴被授权在特定的时间内融资、设计、建造和运营基础设施组件（和向用户收费），在期满后，转交给公共部门的合作伙伴。

（二）民间主动融资（PFI）

PFI 是对 BOT 项目融资的优化，PFI 融资是私人主动融资模式，指政府主动向私营机构长期购买高质量公共服务，私营机构每年从政府得到一定的费用作为投资回报的一种融资模式。这种模式一般由政府发起，私人和私营机构的项目公司负责特定项目的筹资、设计、开发、建设等。

（三）建造、拥有、运营、移交（BOOT）

私营机构为设施项目进行融资并负责建设、拥有和经营这些设施，待期限届满，私营机构将该设施及其所有权移交给政府方。

① 吴维海．企业融资 170 种模式及操作案例 [M]. 北京：中国金融出版社，2014 年。

（四）建造、移交（BT）

私营机构与政府方签约，设立项目公司，以阶段性业主身份负责某项基础设施项目的融资、建设，并在完工后交付给地方政府。

（五）建设、移交、运营（BTO）

私营机构为基础设施融资并负责其建设，完工后将基础设施的所有权移交给政府方；政府方再授予其经营该设施的长期合同。

（六）重构、运营、移交（ROT）

私营机构负责既有设施的运营管理以及扩建/改建项目的资金筹措、建设及其运营管理，期满将全部设施无偿移交给政府部门。

（七）设计建造（DB）

在私营部门的合作伙伴设计和制造基础设施，以满足公共部门合作伙伴的规范，往往是固定价格。私营部门合作伙伴承担所有风险。

（八）设计、建造、融资及经营（DB-FO）

私营部门的合作伙伴设计，融资和构造新的基础设施组成部分，以长期租赁的形式，运行和维护。当租约到期时，私营部门的合作伙伴将基础设施转交给公共部门的合作伙伴。

（九）建造、拥有、运营（BOO）

私营部门的合作伙伴融资、建立、拥有并永久的经营基础设施。公共部门合作伙伴的限制，在协议中声明，并持续监管。

（十）购买、建造及营运（BBO）

一段时间内，公有资产在法律上转移给私营部门的合作伙伴。建造、租赁、营运及移交（BLOT）。

（十一）只投资

私营部门的合作伙伴，通常是一个金融服务公司，投资建立基础设施，并向公共部门收取使用这些资金的利息。

（十二）PPP

PPP（Public-Private-Partnership）融资，也称供公共私营合作制模式，指地方政府、营利性企业与非盈利性组织就某个项目形成相互合作关系的一种财政投融资模式。

狭义的 PPP 是政府与私人部门组成特殊目的机构（SPV），引入社会资本，共同设计开发，共同承担风险，全过程合作，期满后再移交政府的公共服务开发运营方式。

（十三）BOST

BOST（Build - Operate-Subsidized-Transfer）融资是企业规划并开发建设那些由地方政府授权许可的特殊项目，财政给予一定的补贴，到期移交给地方政府的融资项目。由投资者建设项目，政府给予一定年限的特许经营，如果收入总额达不到最低收益部分由政府补偿给投资者。

（十四）BDO

BDO（Build-Develop-Operate）。建设 - 发展 - 运营：指社会资本向政府租赁

或购买现有设施，投入自身资本将设施整修、扩建或现代化改造，然后，根据和政府签订的合同进行经营和管理。

（十五）DF

DF（Developer Finance）。发展商融资：指社会资本为建造或扩建公共设施提供资金，换取在该地建设住宅楼宇、商铺或者工业设施的权利。在社会资本监督下，社会资本提供一定的资金并参与经营管理，有权使用该设施及从使用者支付的费用中获取收益。

（十六）TOT

TOT（Transfer -Operate-Transfer）融资，移交—经营—移交：是 BOT 融资的创新模式，指政府或企业将建设好的项目的一定时期产权和经营权有偿转让给投资人，由其运营管理。投资人在有限的期限内，通过经营收回投资并获得合理的回报，在期限满之后，再交给政府或者原有单位的一种融资模式。

阳光私募 TOT（Trust of Trusts）指投资于阳光私募证券投资信托计划的信托，该产品可以帮助投资人选择合适的阳光私募基金，构建投资组合，并适时调整，获得中长期超额收益。TOT 是企业并购常用的融资模式，也是境外资本投资国内项目的重要方式[①]。

按照 PPP 所有权益不同，可以分为以下四类[②]：

1. 外包类模式

所有权归属政府，政府部门从中受到的激励作用最大；所有权在项目生命周期中不发生转移，交易成本最小。

2. 特许经营类项目

BOT 模式与 TOT 模式所有权归属政府部门，政府从中受到的激励作用相较于

① 吴维海 . 企业融资 170 种模式及操作案例 [M]. 北京：中国金融出版社，2014。

② 尹台玲 . PPP 模式适用项目识别与选择路径探究 [D]. 杭州：浙江财经大学，2015 年。

私人部门更大。从交易成本看，BOT 模式中，政府在 PPP 项目建设运营特许经营阶段给予私人企业收益权（虽然有限制），企业在特许运营期结束时将项目所有权归还政府，所有权发生了一次转移；TOT 模式中，政府先将项目所有权转移给私营机构并由私营机构运营，私营机构在运营期满后将所有权再转移给政府，所有权发生了两次转移。

3. 回租回购类

所有权激励方面，政府回购模式、私营机构回租模式及私营机构租赁模式，最终所有权归政府所有，并且从中受到的激励作用大于私营机构受到的所有权激励。

采用政府回租模式的项目所有权归属于私营机构所有，私营机构受到的激励效应较大。从交易成本考虑，政府回购是私营机构对项目进行建设，在这个过程中拥有所有权，建设完成后转移给政府，所有权发生一次转移。政府回租模式中，私营机构对项目进行设计、建设，并拥有所有权。项目建设完成后，政府向私营机构付费使用设施，所有权归属私营机构并且未发生转移。

采用私营机构租赁模式，私营机构在对项目修复运营期拥有所有权，期满后最终所有权归属政府部门，所有权由政府部门转移至私营机构再转移至政府；私营机构回租模式中，私营机构负责项目建设，完成后所有权归属政府，私营机构支付项目设施使用费，所有权由私营机构转政府。

4. 私有化类模式

所有权部分或全部转移给私营机构，具体激励情况应考虑双方对项目所有权的占比，所有权份额占比越大，所有权激励效果越明显。完全私有化模式中，私营机构的所有权激励作用比部分私有化模式中私营机构的激励作用更加显著。从交易成本看，完全私有化和部分私有化模式，所有权从政府部门转移给私营机构或双方共享，发生一次转移。据此，从交易成本和所有权激励方面考虑所有权综合效益，按照“激励优先，兼顾交易”的原则，从大到小的排序为：所有权归属于政府且未发生转移（外包类模式）、最终所有权归属于政府部门且发生一次转移（BOT 模式、政府回购、私营机构回租）、最终所有权归属政府部门且发生两次转移（TOT 模式、私营机构租赁模式）、最终所有权归双方共享且发生一次转移（部分私有化）、最终所有权归属私营机构共享且发生一次转移（完全私有化模式）。

二、PPP项目操作流程

为推广政府和社会资本合作模式（PPP），国家财政部、国家发改委等颁布PPP政策文件，为PPP项目实施提供了政策依据。

PPP项目运行流程的严谨、规范、前瞻和高效，是项目实施与风险控制的基本保障。PPP项目运行的一般流程包括：项目识别、项目准备、项目采购、项目执行和项目移交等重点环节。具体如图5-2所示。

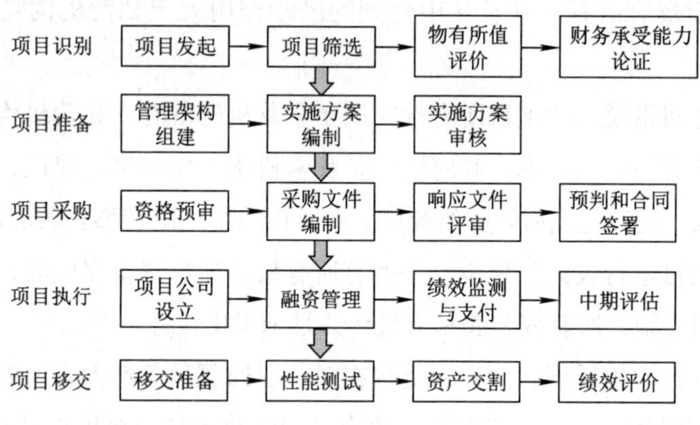

图5-2　PPP项目运行流程

如图5-2所示，PPP项目运行流程包括项目识别、项目准备、项目执行、项目移交等环节。各阶段的工作流程和关键内容。

在PPP模式的运行流程和对应实施主体的关系，如图5-3所示。

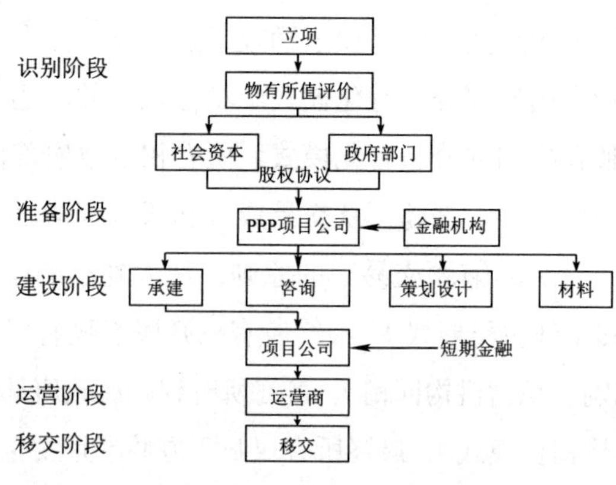

图5-3　PPP模式的运行流程

收益性政府项目在应用 PPP 模式时，融资阶段、建设阶段、运营阶段三个阶段通过相关的运作流程进行统一衔接，其运作流程包含五个阶段；项目识别、项目准备、项目采购、项目执行、项目移交[①]。

5.2 PPP 与房地产投资

PPP 是各级政府大力推进的融资模式，也是地方重大项目和基础设施建设的重要资金来源。房地产市场前几年出现三四线城市房地产过度开发和库存过大的现象。受到国家大力控制一线城市房价暴涨、全面压缩房地产库存的政策影响，预计未来几年，我国各地区的银行信贷、产业基金等投资到房地产领域的行为将受到较为严格的约束和监控。这里是证券日报采访笔者的媒体报道。

中国式 PPP 迎来高增长期 明年将适度约束房地产投资

2016 年 12 月 27 日 07:34 来源：证券日报

国家发改委副主任胡祖才表示，营造良好的民间投资环境，需要深入推进减少审批、降低制度性交易成本工作，将政府职能由审批，转向市场公平竞争监管和提供良好服务。要营造公平竞争的市场环境，特别是对民间投资要给予一视同仁的投资环境。民间投资的参与方式，应当有所创新，发挥社会资本的作用。

一、中国式 PPP 迎来高增长期

2017 年落地规模或达 3.8 万亿元

伴随两部委 PPP 库不断扩容，推介力度加大，项目落地率、签约率稳步上升。根据财政部公布的第三季度 PPP 季报，截至 2016 年 9 月末，财政部 2014 年第一批 PPP 示范项目 26 个，2015 年第二批示范项目 206 个，共 232 个，总投资额 7866.3 亿元。2016 年第三批示范项目 516 个，投资额为 1.17 亿元。

截至目前，国家发改委已推介了三批 PPP 项目，总规模达 6.37 万亿元。有

① 黄莹 . PPP 模式在收益性政府项目应用研究 [D]. 南京：东南大学，2016。

关专家表示，在今年10月份政策轮番出台的背景下，无论是项目总量还是签约项目均持续增长。截至10月末，全国PPP综合信息平台入库项目10685个，总投资额为12.73万亿元。中国式PPP迎来了跨越式发展。从数据可以看出，在不到三年的时间内中国已成为世界上最大的PPP市场。预计2017年PPP项目落地规模或达3.8万亿元，将迎来落地高峰期。

2017年固定资产投资总额将增加。

二、民生保障项目空间巨大

中央经济工作会议要求，明年的经济发展要“稳中求进”。国家发改委国际合作中心研究员、执行总监吴维海在接受《证券日报》记者采访时表示，根据中央经济工作会议的精神，从政府投资来看，明年可能重点投资于关系国计民生的社会保障性项目，如社保、医疗、教育，生态环境治理，以及公共基础设施项目，如城市轨道交通、能源资源供给等。

吴维海表示，固定资产投资可能重点投资于城市和农村基础设施和重大交通项目，以及基于供给侧结构性改革的重大工程或支柱性产业，如：传统制造业产业转型、各类技术改造、新能源和新材料等战略性新兴产业项目开发，以及航空航天、智能机器人等高精尖技术研发和空气质量与土壤修复等环境治理类项目等。

“从中央政府和各地区固定资产投资规模看，2017年受到国家货币政策和财政政策的直接、间接影响，各地区固定资产投资规模将保持必要的、适度的增长，全年投资总额将会增加。”吴维海告诉记者。

三、抑制房地产泡沫

预计2017年房地产投资增速为5%

华夏幸福产业研究院产业研究总监徐光瑞在接受《证券日报》记者采访时表示，从整体上看，2017年我国固定资产投资增速不会大幅回落，预计全年在8%左右。

徐光瑞表示，从结构上看，考虑到明年国家要深入推进“三去一降一补”取得实质性进展，同时要抑制房地产泡沫并防止出现大起大落，因此预计2017年房地产投资增速在5%左右，制造业投资增速保持在4.5%左右的水平。同时，基建将继续成为稳定投资乃至稳定增长的主要力量，结合今年相继发布的文件来看，

2017 年基建投资增速将保持在 20% 左右的水平，整体规模预计在 16 万亿元左右。（责编：李易、伍振国）

5.3 轨道交通 PPP 模式

城市轨道交通（Rail Transit）指具有运量大、速度快、安全、准点、保护环境、节约能源和用地等特点的交通方式，包括地铁、轻轨、磁悬浮、市域铁路、有轨电车、新交通系统等。“十三五”时期，我国各地区轨道交通建设项目总规模巨大，各地资金缺口很大。很多政府希望通过 PPP 模式实现重大项目的 PPP 融资。

2016 年 12 月 26 日，笔者受邀参加中交集团组织召开的“轨道交通项目 PPP 模式研究”课题验收会。对清华大学王守清教授团队编制的轨道交通项目 PPP 方案进行了专家评审与论证。

会议由区域总部总经理、党工委书记赵晖主持。青岛地铁集团副总会计师陈洪顺、清华大学教授王守清、国家发改委国际合作中心研究员吴维海博士、中咨集团副总经理张德芬、华东投资公司总会计师王艳丽等参加了会议。

赵晖对中国交建基本情况、发展现状及课题进行了简单介绍，赵晖指出：为了跟上市场发展的潮流，把握拓展市场的先机，轨道交通项目 PPP 模式研究很有必要，不论是对于中国交建的市场开发，还是地方政府选择轨道交通项目的合作模式均具有现实的意义。

王守清从立项背景、研究目标、技术路线、成果形式、写作单位分工和报告完成进度等方面对课题进展情况及目前的研究成果进行了汇报。

评委专家与课题组成员就研究的角度和定位、成果的推广性、融资模式的选择特别是配套土地一级开发模式可行性，运营商的选择等进行了沟通和讨论。吴维海博士提出，清华与中交集团课题组应优化和调整本课题的研究架构，强化 PPP 风险指标分析，加大对融资额度及投资评估等政府关心的重点领域的深度研究。与会评委专家总体认为，该课题涉及面宽泛，研究内容具体、体系深入，切合实际，希望课题研究成果有良好的推广价值，利于各地政府的投资决策。

“轨道交通项目 PPP 模式研究”课题由中交集团区域总部和青岛地铁集团以已开展合作的青岛地铁 13 号线项目为基础，联合国内顶尖学术机构清华大学，三方合作进行创新性研究。青岛地铁13号线项目是中国交建进入青岛轨道交通市场的第一个项目，也是青岛市对于轨道交通PPP模式的探索，具有一定创新性和可借鉴性。

青岛地铁集团有限公司、区域总部综合管理部、财务部，清华大学相关人员参加了会议。

5.4 轨道交通项目PPP模式

青岛市近年来轨道交通事业发展迅猛。青岛市区多条轨道交通线路已经全面开通并实现运营。最近几年的新建轨道建设项目也在推出和筛选合作伙伴。为此，笔者受邀参加了青岛市轨道交通项目PPP模式研究论证会，并进行了现场调研。以下是媒体报道。

2017年3月9日至10日，中交集团华东区域总部组织“轨道交通项目PPP模式研究”课题组赴青岛地铁集团和青岛轨道交通13号线工程项目总经理部考察调研（吴维海博士等专家、学者受邀本次参加了PPP方案论证、现场调研和工作座谈）。

图5-4 青岛轨道交通项目论证会

3月9日下午，调研组在青岛地铁大厦召开座谈会（图5-4），区域总部总经理、党工委书记王永强，副总经理朱守祥、华东投资有限公司总会计师王艳丽，青岛市财政局 PPP 中心王键，经建处杜明，清华大学教授王守清及国家发改委国际合作中心研究员、政府 PPP 顾问吴维海博士等专家出席会议。会议由青岛地铁集团副总会计师陈洪顺主持。

王永强对中国交建整体情况，大型综合项目开发经验特别是轨道交通项目开发经验做了介绍。王永强指出，中国交建具备良好投资施工能力和丰富经验，希望在 PPP 模式中与地方政府实现共赢。

陈洪顺介绍了青岛市轨道交通发展进程，王守清、王键和杜明分别从各自的角度谈了对 PPP 模式理解，各专家评委围绕合作模式、运营问题发言。吴维海对地方地铁项目采用 PPP 模式的融资创新和风险控制等谈了自己的建议和看法。

调研期间，课题组听取了青岛地铁 13 号线项目总经理部对项目基本情况介绍，专家评委与项目总经理部就施工中具体问题进行沟通交流，并实地察看了青岛地铁 13 号线施工现场和地铁 3 号线。

青岛地铁集团、清华大学，华东区域总部市场开发部、财务部、山东省部、青岛地铁 13 号线工程项目总经理部相关人员参加活动。

本研究课题获得“接触项目管理研究奖”（图 5-5）。在 2016 年 11 月 26 日至 27 日举行的 2016 中国项目管理大会上，中交华东投资有限公司、青岛地铁集团有限公司、清华大学与中国公路工程咨询集团有限公司合作研究的《城市轨道交通 PPP 模式应用研究—以青岛地铁 13 号线二期为例》课题成果斩获“中国项目管理成就奖—杰出项目管理研究奖”。（来源：本信息由中交集团提供，2017 年）

图 5-5　接触项目管理研究奖

5.5 PPP 融资与结构设计

一般来讲，PPP 有广义和狭义之分。广义的 PPP 泛指公共部门与私人部门为提供公共产品或服务而建立的各种合作关系，狭义的 PPP 可以理解为一系列项目融资模式的总称，包含 BOT、TOT、DBFO 等多种模式。狭义的 PPP 强调合作过程中的风险分担机制和项目的衡量值（ValueForMoney）原则。从全球来看，PPP 模式可以在公共产品和服务全生命周期的各环节实施。因此，可以依据社会资本在 PPP 项目的参与程度、项目资产产权归属、投融资职责分配、商业风险归属（社会资本承担的风险大小）等因素对 PPP 项目进行分类。

一、PPP模式一般结构

PPP 结构一般是地方政府通过政府采购形式与中标机构组建的特殊目的公司签订特许合同（特殊目的公司一般是由中标的建筑公司、服务经营公司或对项目进行投资的第三方组成的股份有限公司），由特殊目的公司负责筹资、建设及经营。

PPP 完整链分为 3 个环节：SPV 的设立、项目的运作程序和公共产品（服务）的社会供给。基础性交易结构存在三方的法律主体：私营机构、政府部门和社会公众。银行、保险、律师等参与其中，并承载了项目的辅助职能。

PPP 交易结构的设立程序，主要有 3 个步骤：

（1）政府部门、私营机构对基础设施建设和公共产品（服务）的供给，签署一系列"特许权协议"为核心的法律合同与协议文本，并成立 SPV 专门负责项目运作。

（2）私营机构与银行、保险等签订贷款、保险等合同并支付对价，由银行、保险等机构针对 SPV 项目运作，进行承保，提供贷款。其中，政府部门发挥了项目贷款、承保等合作协议签订的协调者、推动者的作用。SPV 运作过程涉及很多环节，需要材料供应商、建筑商和运营商之间签订项目供应合同、承建合同和运营合同等，建立合规的法律关系，保障项目的持续、安全和稳定。

（3）项目产品（服务）的提供直接影响 PPP 项目的社会评价和公众满意度。PPP 项目的目的是提供价低质优的公共产品。

二、PPP模式结构图

在 PPP 实施过程中，各地政府通常与提供贷款的金融机构达成直接协议，向借贷机构承诺按照与特殊目的公司签订的合同支付有关费用。这个协议使特殊目的公司能获得金融机构的贷款。

PPP 模式的一般结构图，如图 5-6 所示。

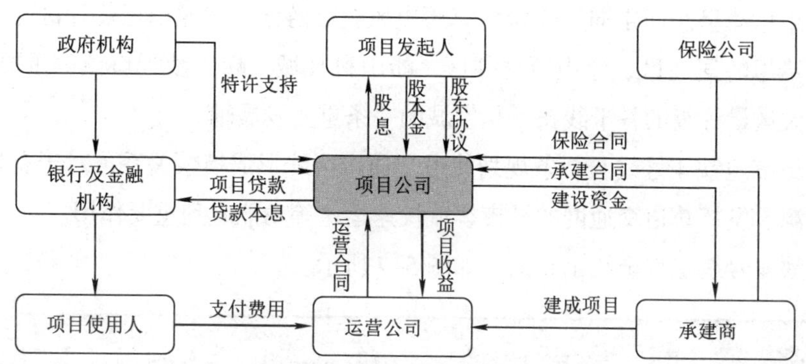

图 5-6　PPP 模式的结构分析

通过图 5-6 可知，各地政府机构引导和参与，赋予特许权等政策支持，由政府授权机构、民营等社会资本作为 PPP 项目的发起人，联合设立 PPP 项目公司，并通过保险公司提供必要的担保、商业银行和融资租赁公司、信托机构、证券机构等金融机构参与 PPP 项目贷款等融资模式，共同推动 PPP 项目实施。由特定承建商参与招标程序，并根据与项目公司签署的承建合同，进行项目开发和工程建设。运营公司按照运营合同的有关约定，组织团队和负责建成后的特定工程或项目运营，项目适用人支付费用，运营公司通过与项目公司签订运营合同并获得约定的项目收益。项目公司按期支付金融机构的借款本息。在项目运行期内，各方按照约定和合同、协议等，各司其职，共担风险，共享盈利和相关的权利义务。

5.6 青岛地铁 PPP 案例

PPP 项目经常被用于市政工程、棚户区改造和产业转型等领域。其中轨道交通、公路建设、自来水和医院等项目，采用 PPP 模式的比例很高。青岛地铁在建设过程中就采用了 PPP 模式。

一、项目概况

青岛市地铁 4 号线为主城区东西向的骨干线，连接了市南区、市北区、崂山区，线路总体呈东西走向，连接前海历史风貌旅游区、伏龙山居住片区、中央商务区、错埠岭居住区、浮山所居住区、崂山科技城、崂山沙子口镇等重要片区，定位为大运量等级的骨干线路，是主城的一条重要发展轴。

青岛市地铁 4 号线与 7 条规划轨道交通市区线形成换乘关系，对于有效利用网络资源、发挥轨道交通网的城市客流快速运送等功能起到重要作用。

地铁 4 号线工程全线示意图，如图 5-7 所示。

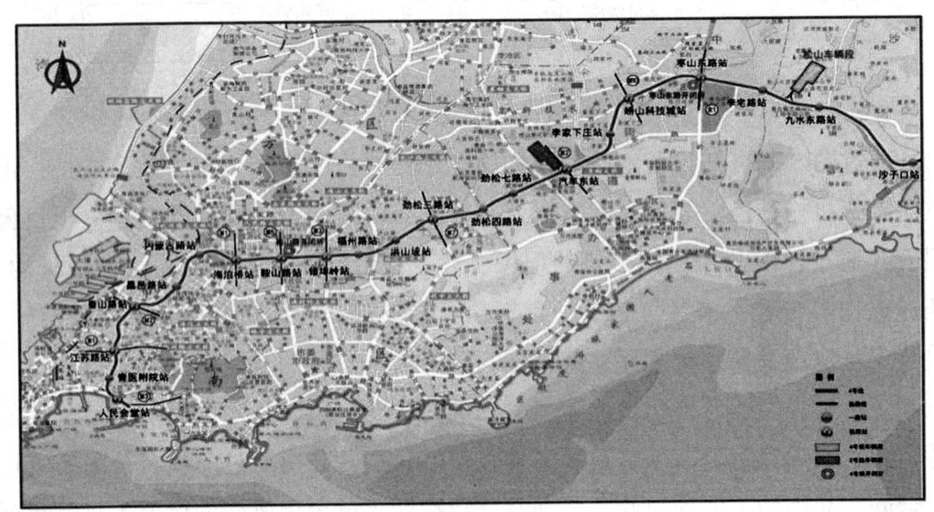

图 5-7　地铁 4 号线工程全线示意图

地铁 4 号线沿线规划用地功能分析图，如图 5-8 所示。

建设内容和规模。地铁 4 号线近期建设工程线路全长约 26km，共设车站 22 座，线路连接老城区、东部新区以及崂山区沙子口镇。计划建设工期 4 年，预计 2021 年初工程完工。可研批复投资总额为 172.76 亿元。

重要事项节点及进展。采用竞争性磋商方式完成了青岛市地铁 4 号线 PPP 项目（A 包）社会资本投资人的采购工作，确定“重庆国际信托股份有限公司与中国人寿资产管理有限公司联合体”为 A 包中标人。采用公开招标方式完成了青岛市地铁 4 号线 PPP 项目（B 包）的招标采购工作，确定中国铁建股份有限公司为牵头

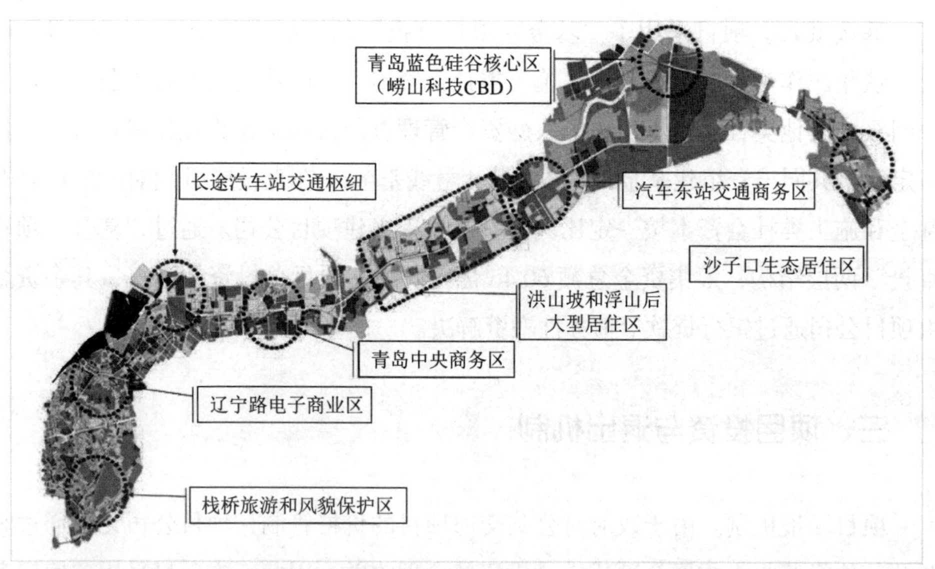

图 5-8　地铁 4 号线沿线规划用地功能布局

人的 22 家公司联合体为 B 包中标人，施工总承包合同于 2016 年 12 月份签署完毕。

2016 年 12 月取得了青岛市城乡委颁发的《地铁 4 号线工程施工许可证》，并于当月实施了地铁 4 号线工程的开工建设。

二、4号线PPP项目运作模式设计及交易构架

PPP 模式。4 号线项目采用“股权合作 +BOT” PPP 合作模式。具体设计如下：

由政府资本与社会资本合作成立项目公司，项目公司以 BOT 模式建设青岛地铁 4 号线项目，政府资本由青岛市人民政府授权地铁集团担任。社会资本由公开招标方式确定，与政府资本共同出资成立项目公司。项目公司成立后，青岛市政府和项目公司签署 PPP 项目合同，青岛市政府授权项目公司特许经营期 25 年，其中建设期 5 年，运营期 20 年。在特许经营期内项目公司负责项目融资、建设和运营，履行建设单位职责，承担项目法人主体责任。项目建成后，项目公司拥有特许经营期内项目资产的所有权及使用权。在特许经营期内，由项目公司运营管理，负责项目资产的维护、维修和更新。特许经营期满后，项目公司将项目资产完好、无偿移交给市政府或市政府指定机构。

基金模式。项目采用了“基金 + 项目直投”的多层交易结构：在基金层面，由地铁集团作为劣后级投资人，施工类社会资本（中国铁建股份有限公司）作为中间级，其他类社会资本（中国人寿资产管理有限公司）作为优先级投资人，按一定比例共同出资组建基金（青岛地铁 4 号线基金）；在直投层面，再由地铁集团、基金和施工类社会资本按一定比例，直接投资组建项目公司。通过“基金 + 项目直投”两层结构，筹集资金总额 60.46 亿元，约占项目总投资的 35%，其余资金由项目公司通过银行贷款等债务性融资解决。

三、项目投资与退出机制

项目回报机制。由于政府对公共交通项目的价格管制，项目公司无法通过客票及其他经营收入收回全部成本、投资及合理收益。因此，本项目采用“使用者付费 + 可行性缺口补助”的回报机制。本项目使用者付费的主要来源包括客票收入和非客票收入两部分。客票收入是指项目公司运营本项目乘客购买车票所获得的收入，也是项目公司的主营业务收入。客票价格采用政府定价，并按照市物价局、交通运输委与财政局等相关部门拟定的青岛市轨道交通票制票价方案进行动态调整。非客票收入是指项目公司在 4 号线项目设施范围内自行或允许他人从事包括零售、商铺、广告、报纸杂志、通讯服务、提款机服务等经营活动，并获得一定的非客票收益。可行性缺口补助可覆盖社会资本投资成本及合理回报、债务性资金本息、日常运营亏损等，可行性缺口补助纳入政府年度预算管理。

项目退出机制。地铁 4 号线项目对生命周期内的各项风险充分进行了分析，对社会资本退出方式进行了约定。对社会资本股权投资及持有的基金份额的转让做出限制，社会资本投资保持期不低于 10 年，保障了项目公司建设期及运营前期资本结构的稳定。社会资本投资满 10 年后股权转让开放，社会资本可通过减资、股权转让、资产证券化等方式实现资本退出。

四、青岛地铁PPP项目主要创新点

青岛地铁 4 号线项目 PPP 模式在运营机制、融资方案、风险分担、政府补贴、回报及退出机制等方面，进行了大胆创新与探索，主要体现在如下方面：

一是通过“直投 + 基金”的分层设计，引入财务类和施工类社会资本，增加了项目公司股权层面的社会资本多样性。

二是创新性设计了 A 包 +B 包不同的采购模式，A 包用竞争性磋商方式采购了财务出资人作为社会资本方，B 包通过公开招标采购了施工类社会资本方，B 包出资条件完全响应 A 包中选社会资本相关条款，符合法律法规的要求，解决招标环节“两标合一标”问题。

三是施工类投资人直接投资项目公司，参与项目工程建设，进一步保障项目工程施工质量。

四是通过基金分层设计，各层具有不同的特点，发挥各类社会资本的投资优势。吸引了更多社会投资人的参与，减轻了项目中单一投资人的出资压力。

五是本项目 PPP 模式稳定，在项目竞争性磋商环节吸引近十家社会资本方参与，得到认可。确保了项目进展，加快了项目工程建设进度，为实现项目开通运营奠定了基础。

5.7 南京市丰子河 PPP 项目

一、项目基本情况

（一）地理位置与交通等情况

南京市浦口区丰子河路建设工程 PPP 项目（以下简称“本项目”）为新建道路项目，起点为现状西江路，终点为桥林大道，全长约 13.254km，道路红线宽 60m，两侧各有 20m 宽绿化带，桩号 K3+340~ 终点约 10km 与宁和城际一期共线（宁和城际在建）。

本项目位于江北新区城市发展轴上，北起西江路南至桥林大道，是江北新城主干路网的重要组成部分，连接桥林新城及浦口中心城。与本项目相接的浦滨路，北已建成至珍珠南路，远期将向北沟通，贯穿整个江北新区，形成江北新区重要的城市发展轴。同时本项目贯穿整个桥林新城，是桥林新城“五横七纵”

主干路网中的一横，主要承担着桥林新城与浦口方向以及宁合、宁连高速公路的联系，同时服务桥林新城内部的交通需求。

（二）项目招商方

项目招商方为江苏省南京浦口经济开发区管理委员会（以下简称“浦口经济开发区管委会”），行政上归江苏省南京市浦口区管辖。

南京2015年末人口823.59万人，GDP为9721亿元，较上年增长9.3%；一般公共预算收入1020亿元，较上年增长12.9%；一般公共预算支出1045亿元，较上年增长13.5%。江北新区为国内第13个、江苏省首个国家级新区。

2015年，浦口区实现地区生产总值（GDP）713.69亿元（表5-1），较上年增长10.5%，位列全市各区排名第5名，财政总收入173.82亿元，其中一般预算总收入93.6亿元，同比增长11.6%。城镇居民人均可支配收入4.37万元，比上年增加3398元，增长8.4%。2015年，浦口板块政府性基金收入749792万元，同比增长19%，其中土地出让收入667772万元。根据现行财政体制，考虑上下级结算事项、上年结转收入和上级专项补助后，浦口板块政府性基金财力778990万元；政府性基金支出702402万元，结转下年76588万元，专款专用。

2013—2015年浦口区GDP及财政情况　　表5-1

项目 / 年份	2013年	2014年	2015年
GDP（亿元）	524.94	635.96	713.69
GDP同比	12.7%	10.9%	10.5%
财政总收入（亿元）	112.96	127.92	136.60
财政总收入同比	11.3%	13.3%	6.8%
一般预算总收入	93.68	83.09	75.37
一般预算总收入同比	10.7%	10.2%	14.9%
政府性基金（亿元）		630,717	749,792
政府性基金同比			19%

（三）项目内容

本项目主要建设内容包括道路工程、桥梁工程，排水工程、照明工程、交通安全设施工程、绿化工程、管廊工程及其他综合管线工程等。本项目用地面积约1353 亩（道路红线扣除宁和城际征地）。根据项目招标文件，本项目静态投资估算总额为 458497 万元，其中工程建安费 322389.85 万元，征地拆迁费 74415.00 万元，工程前期费 13551.25 万元，工程其他费 19690.39 万元，工程预备费 28450.52 万元。

1. 道路工程

本项目道路工程北起西江路，南至桥林大道，全长约 13.254km，一般道路红线宽为 60m，本项目道路等级为一级公路兼城市主干路功能，设计速度为 60km/h。

道路工程建设包括路面工程和路基工程，其中路面工程建设包括机动车道、非机动车道、人行道、路缘石；路基工程建设包括土方工程、边坡防护（植草）、挡墙防护。

2. 桥梁工程

本项目共新建桥梁 10 座，跨径总长 2658.6m（含坡道桥），其中新建大桥 3 座，跨径总长 2489.6m；新建中小桥 7 座，跨径总长 169m。

3. 排水工程

本项目排水工程采用雨、污分流制，全线雨、污水管道双侧布置，共计 4 根管线。其中雨水管道就近排向现状河道或规划河道。污水管为该片区主管道，兼顾收集片区污水，污水最终流向新星大道污水管网内。

4. 照明工程

本项目机动车道路灯拟选用单臂路灯，单臂路灯布置在道路两侧侧分带上，双侧对称布置，非机动车道灯具拟选用庭院灯，庭院灯分别布置在道路两侧人行道上，对称布置。交会区路灯选用宽角泛光灯。

5. 绿化工程

本项目绿化设计范围全长约 13.254 km，包括道路红线范围内中分带、侧分带及人行道树，绿化总面积约 25.9 万 km^2。

6. 管廊工程

本工程包含 8.65km 长综合管廊和 1 座控制中心。综合管廊主线为 3 舱断面，分别为电力舱、水信舱和燃气舱。综合管廊标准断面的外尺寸为 10.8m 宽 ×3.7m 高，一般段落覆土厚度 2.5m，下穿穿越 7 处河道。电力舱和燃气舱均划分为 45 个防火分区，水信舱划分为 23 座防火分区，每个防火分区设置一个进风口、一个排风口、二个（人员出入口）逃生口，每 400m，左右设置一个吊装口。配建一座控制中心，用于后期维护、运行管理。控制中心位于秋韵路交叉口的公园绿地内，地上建筑面积 1500m^2。

根据项目实施方案数据，工程建安费 322389.85 万元主要为：路面工程 35534.70 万元，路基工程 64319.12 万元，雨污水工程 20858.38 万元，桥梁工程 80586.64 万元，涵洞工程 1432.90 万元，照明工程 3754.29 万元，交叉工程 8050.00 万元，交通工程 3048.42 万元，绿化工程 14245.00 万元，公交站台 2275.00 万元，管廊工程 82196.90 万元，管综工程 6088.50 万元。

（四）项目进展

2016 年 4 月，上海林同炎李国豪土建工程咨询有限公司出具了浦口区丰子河路（西江路—桥林大道）建设工程的项目建议书，项目可行性研究报告处于编制阶段。

2016 年 4 月 29 日南京市浦口区人民政府第 4 次常务会议纪要，浦口区政府已经同意实施南京市浦口区丰子河路建设工程 PPP 项目并批准了本项目实施方案。

2016 年 5 月 27 日，咨询机构通过南京市政府招标采购网公布资格预审公告。为顺利入围，扩大竞争优势，明确以中国交建名义参与项目资格预审。

2016 年 6 月，上海林同炎李国豪土建工程咨询有限公司出具了本项目建设工程的项目可行性研究报告。

2016 年 7 月 8 日组织了资格预审评审，共 3 家单位通过，分别为：中国交通建设股份有限公司、中国建筑股份有限公司和中国中铁股份有限公司。

2016 年 7 月，本项目选入 PPP 项目江苏省省库及 2016 年度 PPP 省试点项目。

2016 年 9 月 13 日，南京浦口经济开发区管理委员会通过南京市政府招标采购网公布本项目招标公告，本项目进入招标采购程序。

2016 年 10 月 11 日开标，经评审中国交建综合排名第一。

2016 年 10 月 13 日发布公告确定中国交建为预中标人。

二、南京市丰子河PPP项目风险管理

（一）项目风险管理

项目风险管理一般包括风险识别（风险因素识别）—风险评估（风险度测量）—风险应对—风险监控四个阶段，这种管理过程是相对静态的风险管理过程。当前的项目风险管理都是采用动态的风险管理方法，就是在项目实施的各个阶段不断跟踪、检查，及时对出现的风险因素进行有效管理。针对南京市丰子河 PPP 项目，中国交建拟采用动态与静态相结合的风险管理方式进行项目风险管理。具体的管理流程如图 5-9 所示。

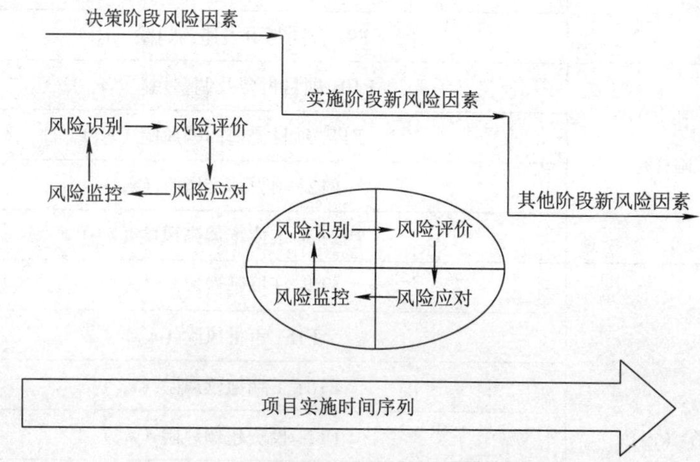

图 5-9　丰子河项目风险管理流程图

（二）项目风险识别

PPP 项目投资规模大、周期长、项目参与方多、合同组织关系复杂，与相关

社会公共利益密切相关，风险多且风险后果损失大。针对南京市丰子河 PPP 项目面临的风险因素进行识别，邀请了中交集团内部专家委员会对南京市丰子河 PPP 项目的风险因素进行识别。经过多轮数据整理和统计，直到专家们对风险因素的意见趋于统一，汇总得到南京市丰子河 PPP 项目风险因素清单表（表 5-2）。

南京市丰子河 PPP 项目风险因素识别表 表 5-2

第一层风险	第二层风险
政治风险（r_1）	F1：政府信用风险（r_{11}）
	F2：政策法律变更风险（r_{12}）
	F3：政府决策延误风险（r_{13}）
	F4：政府干预风险（r_{14}）
经济风险（r_2）	F5：通货膨胀风险（r_{21}）
	F6：利率变更风险（r_{22}）
	F7：汇率变动风险（r_{23}）
合同风险（r_3）	F8：合同条款约定不明确风险（r_{31}）
	F9：合同当事人违约风险（r_{32}）
运维期风险（r_4）	F10：项目付费及调整风险（r_{41}）
	F11：项目提前回购风险（r_{42}）
	F12：项目移交风险（r_{43}）
	F13：运维成本偏高风险（r_{44}）
建设风险（r_5）	F14：征拆延误风险（r_{51}）
	F15：审批风险（r_{52}）
	F16：工期拖延风险（r_{53}）
	F17：投资超额风险（r_{54}）
	F18：设计变更风险（r_{55}）
	F19：施工安全风险（r_{56}）
	F20：施工质量风险（r_{57}）
管理风险（r_6）	F21：合作保障风险（r_{61}）
	F22：各方沟通协调不畅风险（r_{62}）

1. 政治风险

（1）政府信用风险

政府信用风险主要表现在政府方及其授权实施机构对项目合同的履行能力和契约意识，是社会资本决定参与本项目的首要考虑因素。该风险主要关系到政府能否按约定支付服务费用，关系到社会资本能否顺利收回投资成本及回报。

（2）政策法律变更风险

本项目属于市政道路桥梁类基础设施项目，政策法律变更主要涉及项目建设及运营方面的工程质量、土地、税务、环保标准、产品 / 服务收费等方面，从而对项目的正常建设和运营带来损害，导致社会投资人成本与收益的测算发生变化，从而影响项目的利润和回报的取得，甚至直接导致项目的中止和失败的风险。

（3）政府决策延误风险

由于 PPP 项目在我国的发展时间不长，政府部门相关经验的缺乏，导致实际运用能力、项目控制能力、得不到有效的信息以及前期准备和办事效率低下，会造成浦口区政府以及实施机构对丰子河 PPP 项目的决策时间会较长。

（4）政府干预风险

政府各职能部门根据行政职权对本项目享有法定监督管理权力，但如果监管界限不清，过渡干预社会资本的日常经营管理，必然影响社会资本投资管理能力的发挥，降低项目运行效率，违背政府与社会资本的合作初衷。

2. 经济风险

实施 PPP 项目很大的原因是因为其经济效益的优势，可以使政府和社会资本在经济上共赢，政府可以减少因基础设施和公共设施建设而带来的巨大财政负担，就社会而言可以通过投资来获得合理的收益，说到底 PPP 模式也是一种经济行为。因此，同其他的经济活动一样，它同样面临着不可避免的经济风险。

（1）通货膨胀风险

我国在 21 世纪初期阶段的经济发展中一个重要的特征就是通货膨胀，同时伴随着世界经济的下滑。这会直接影响到项目融资、投资、建设以及运营维护的成本。此外，政府为应对通货膨胀所采取的宏观调控经济政策，给经济带来了巨大的震荡，直接影响南京市丰子河 PPP 项目的经济收益。

（2）利率变动风险

政府的宏观调控政策主要包括货币政策和财政政策。而利率调整就是重要的货币政策，如果在南京市丰子河 PPP 项目实施期间经济发展不平稳，政府需要调节利率来保证经济平稳发展。所以，利率的变动会直接影响项目的收益以及成本的变化。

（3）汇率变动风险

该风险包括外汇汇率波动风险和外汇兑换风险，汇率的变动和我国当时经济发展形势有关，汇率变化大，说明国内经济发展形势发生了很大变化，这会对南京市丰子河 PPP 项目产生很大影响。

3. 合同风险

南京市丰子河 PPP 项目会签订很多新合同，项目参与方的权利和义务都是通过合同条款约定的，该项目参与方多，合同关系复杂，所以合同条款是否完备直接影响到该项目的实施。

（1）合同条款约定不明确风险

PPP 项目在我国的发展时间不是很长，可以借鉴的成功案例也不多，更没有比较权威的合同模板可以参照，相比较一般项目，南京市丰子河 PPP 项目可利用的合同文件也不是很多。正因如此，含同文件出现错误、权责模糊不清、条款设计缺乏弹性等现象是在所难免的，其中包括实施机构与社会资本风险分担会不合理、责任与义务界限模糊等风险。

（2）合同当事人违约风险

南京市丰子河 PPP 项目参与方多，合同关系复杂，建设周期长，就必然导致不确定性因素太多，而且具有很大的突发性。此外参与方的目标利益不同，当合同参与一方发现不能得到自己的目标利益就会出现违约的现象。如果一方违约，对该项目将带来相应的损失。

4. 运维期风险

（1）项目付费及调整风险

项目付费及调整关系到项目的收益回报，决定了社会资本的投入是否能够达到预期收益。根据 PPP 项目的付费主体不同，项目付费机制可以分为三类，即政府付费机制、使用者付费机制、可行性缺口补助机制。

本项目属于不向用户收费的市政道路工程，采用政府付费机制。合同明确约定政府付费与项目公司运维绩效评价挂钩，如果项目公司未能达到约定的绩效标准，则会扣减政府付费总额。

（2）项目提前回购风险

PPP 项目合作期限较长，引起政府提前收回项目的因素很多，需要从多个角度考虑各方的责任（哪一方违约导致提前终止）、项目建设情况（建设期还是运营期，项目设施是否已经可直接使用）、项目融资情况等，并需要计算提前终止补偿款的问题。如果项目被政府提前回购，虽然政府会给予一定的补偿，但仍然会造成社会资本的投资损失。

（3）项目移交风险

PPP 项目移交既可采取资产移交，也可采取股权移交。在资产移交的方式中，重点可能涉及资产转让相关税收的风险。而采用股权移交的方式，由于往往是将股权转让给政府的平台公司或国有企业，因而还需考虑是否符合国有资产管理相关法规的风险。

丰子河 PPP 项目约定采用资产无偿移交的方式，社会投资方的合理投资收益已经通过前期政府的支付及补贴收回，无偿移交避免了相关税收的风险。另外，移交过程中应注重资产移交范围、移交时间、各种资产移交标准及需要提供与本项目后期安全运营所需要的其他事项，减少移交风险。

（4）运维成本偏高风险

本项目运用维护风险主要表现为，社会资本或项目公司在项目运营期间，能否按照国家有关技术规范、行业标准的规定和谨慎运营惯例，对本项目道路工程、桥梁工程、排水工程、结构工程、照明工程、绿化工程等进行维护养护在内的服务，确保各项设施正常使用。

南京市丰子河 PPP 项目建设完工交付使用后，运维范围较广，需要运营和维护的人员较多，随着我国劳动力成本逐年提升，会使得运营维护阶段成本势必会很高。

5. 建设风险

在建设阶段遇到的突发事件最多，相应风险也较多，与建设有关的风险在项目建设阶段都有可能会出现。

（1）征拆延误风险

征地拆迁是南京市丰子河 PPP 项目不可避免的程序，而征地拆迁阶段的时间长短，会直接影响项目工期，拆迁户对拆迁费用的期望较高往往会导致政府部门或项目公司与拆迁户之间签署的补偿协议比较高，这也会直接影响到项目的成本。

（2）审批风险

南京市丰子河 PPP 项目规模大，建设单位和施工单位需要办理各种复杂审批手续。我国处于市场经济的发展阶段，各种流程的简化需要改革，这是一个比较漫长的过程，所以该项目的建设阶段审批延误现象也会在所难免。本项目涉及的审批内容主要为城市基础设施的基本建设程序相关审批，审批完成时间难以控制，存在不能按照预定时间开工建设的风险。政府不承担由于国家宏观政策、区域战略规划等非地方政府可控因素致使其审批受阻、延误的风险

（3）工期拖延风险

南京市丰子河 PPP 项目规模大，施工技术比较复杂，建设工期紧张。由于前面所述的风险因素，以及结和我国的实际情况，工期拖延很可能会发生。

（4）投资超额风险

在我国工程建设项目经常会出现“三超”问题。就是设计概算超投资估算，施工预算超设计概算，竣工结算超施工预算。所以总的投资超出预期是很有可能发生的。国家体育场项目工期紧，质量要求高，投资超额风险还是比较大的。本项目涉及的工程建设投资额较大，对于工程造价的控制至关重要。其风险主要来自工程量增加、工期延长，人工、材料、机械台班、各种费率、利率的提高，从而增大投资，形成一定投资风险。

（5）设计变更风险

在项目建设过程中设计变更是不可避免的，由于在勘察阶段不能完全摸清当地的自然环境，导致设计工作出现问题，到施工阶段不能正常施工。同时项目周期长会有很多新的情况发生，比如新的技术应用、勘测是未发现的地质情况以及交叉施工等，这些都会涉及设计变更。

（6）施工安全风险

建设项目安全管理是工程项目管理的一个重要方面，施工项目只有安全地进

行才能保证建设人员的生命和财产。南京市丰子河 PPP 项目建设内容有道路及综合管廊，会增加项目的危险性，因此，在项目管理中应做好安全管理。

（7）施工质量风险

施工质量管理是建设项目管理中的重要一项工作，建设项目质量等级关系到后期使用和维保，丰子河项目中建设道路、桥梁和综合管廊，对质量有着较高要求，质量的好差在于施工过程，所以应该做好施工过程中的质量控制工作。

6. 管理风险

建设项目的成功实施离不开科学的管理，PPP 项目也是一种建设项目，只有对工程科学的管理才能达到预期的效益。南京市丰子河 PPP 项目对管理者的要求是很高的，所以在工程管理的层面上，该项目面临的风险也不会小。

（1）合作保障风险

南京市丰子河 PPP 项目需要各个参与方的合作，认真履行合同条款才能使项目得到成功实施。在项目的实施过程中，各参与方的合作是非常重要的，在合作的过程中会出现各种情况，所以就需要各个参与方的共同协作管理。

（2）各方沟通协调不畅风险

南京市丰子河 PPP 项目参与单位较多，这位项目管理这的沟通协调造成了很大困难，一个建设项目如果没有良好的沟通，各个参与方各自为政，信息不能很好地公开，不仅会使项目的推进造成困难，甚至会导致项目的失败，所以说对项目来说，良好的沟通协调是成功实施项目的保障。

三、项目风险度测量及评估

采用物元评估法和层次分析法对风险因素进行评估。

（一）确定指标和权重

采用邀请专家和问卷的形式取定各风险因素的指标权重，具体数据如表 5–3 所示。

丰子河项目风险因素权重表 表 5-3

第一层风险	第二层风险	发生可能性的大小	应对难易度	影响危害性的大小
政治风险（r_1）	F1：政府信用风险（r_{11}）	10	85	80
	F2：政策法律变更风险（r_{12}）	30	65	55
	F3：政府决策延误风险（r_{13}）	50	40	45
	F4：政府干预风险（r_{14}）	85	80	80
经济风险（r_2）	F5：通货膨胀风险（r_{21}）	45	50	65
	F6：利率变更风险（r_{22}）	45	40	45
	F7：汇率变动风险（r_{23}）	55	30	20
合同风险（r_3）	F8：合同条款约定不明确风险（r_{31}）	85	70	75
	F9：合同当事人违约风险（r_{32}）	30	40	20
运维期风险（r_4）	F10：项目支付及调整风险（r_{41}）	20	60	75
	F11：项目提前回购风险（r_{42}）	10	70	70
	F12：项目移交风险（r_{43}）	30	40	50
	F13：运维成本偏高风险（r_{44}）	50	60	50
建设风险（r_5）	F14：征拆延误风险（r_{51}）	90	80	75
	F15：审批风险（r_{52}）	45	20	40
	F16：工期拖延风险（r_{53}）	65	85	55
	F17：投资超额风险（r_{54}）	75	50	40
	F18：设计变更风险（r_{55}）	65	55	45
	F19：施工安全风险（r_{56}）	20	80	30
	F20：施工质量风险（r_{57}）	20	45	45
管理风险（r_6）	F21：合作保障风险（r_{61}）	10	75	75
	F22：各方沟通协调不畅风险（r_{62}）	35	50	30

设风险等级域为 D，风险特征指标集为 B。

则 $D=[d_1, d_2, d_3, d_4]$

d_1= 一级风险，d_2= 二级风险，d_3= 三级风险，d_4= 四级风险。

$B=[b_1, b_2, b_3, b_4]$

b_1= 发生可能性的大小，b_2= 应对难易度，b_3 影响危害性的大小。

其中，一级风险、二级风险在项目实施过程对应的后果为严重、较严重，是项目实施过程中必须重视的风险因素，并需要采取合理相应措施应对，三级风险、四级风险在项目实施过程中对项目的影响相对较小，但是也不能忽视，必要时需要采取措施应对。

丰子河项目风险因素指标属于各个独立指标，可以设各级风险指标的范围在 0~100 之间。

对于 b_1 来说，数值越高表示风险发生的可能性就越大，则风险等级越高；

对于 b_2 来说，数值越高表示处理应对的难度就越大，则风险等级越高；

对于 b_3 来说，数值越高表示影响的危害性就越大，则风险等级越高。

可以把经典域表示如下：

$$R_{01}=\begin{bmatrix} \text{一级风险} & b_1 & (80,95) \\ 0 & b_2 & (80,95) \\ 0 & b_3 & (80,95) \end{bmatrix} R_{02}=\begin{bmatrix} \text{二级风险} & b_1 & (55,80) \\ 0 & b_2 & (55,80) \\ 0 & b_3 & (55,80) \end{bmatrix}$$

$$R_{03}=\begin{bmatrix} \text{三级风险} & b_1 & (25,55) \\ 0 & b_2 & (25,55) \\ 0 & b_3 & (25,55) \end{bmatrix} R_{04}=\begin{bmatrix} \text{四级风险} & b_1 & (5,25) \\ 0 & b_2 & (5,25) \\ 0 & b_3 & (5,25) \end{bmatrix}$$

可以把节域表示如下：

$$R_D=\begin{bmatrix} \text{项目风险} & b_1 & (0,100) \\ 0 & b_2 & (0,100) \\ 0 & b_3 & (0,100) \end{bmatrix}$$

标注：当某一风险数值不在 0~100 内不做讨论；

当某一风险数值大于 95 时，表明该风险因素会导致项目失败，是不可接受的风险因素；

当某一风险数值小于 5 时，表明该风险因素不会对项目产生什么影响，可忽略不计。

（二）风险评估指标量化处理

待评估事件的物元表示如下：

（1）政治风险

$$R_{11}=\begin{bmatrix} r_{11} & b_1 & 10 \\ & b_2 & 85 \\ & b_3 & 80 \end{bmatrix} R_{12}=\begin{bmatrix} r_{12} & b_1 & 30 \\ & b_2 & 65 \\ & b_3 & 55 \end{bmatrix}$$

$$R_{13}=\begin{bmatrix} r_{13} & b_1 & 50 \\ & b_2 & 40 \\ & b_3 & 45 \end{bmatrix} R_{14}=\begin{bmatrix} r_{14} & b_1 & 85 \\ & b_2 & 80 \\ & b_3 & 85 \end{bmatrix}$$

其他风险因素的物元表示同上。

通过咨询专家，确定评估指标对项目影响的权重为：

$$\sigma_1 = 0.4\sigma_1 = 0.2\sigma_1 = 0.4$$

（三）物元模型关联度计算

以 r_{11} 为例

$$K_1(r_{11})=\frac{\left|10-\frac{95+80}{2}\right|-\frac{95-80}{2}}{\left|10-\frac{100+0}{2}\right|-\frac{100-0}{2}-\left(\left|10-\frac{95+80}{2}\right|-\frac{95-80}{2}\right)}=-0.875$$

上式中 $K_1(r_{11})$ 表示风险因素 r_{11} 与风险等级 d_1 的关联度。同理，可以计算出风险因素 r_{11} 另外两个特征向量关于 d_1 的关联度以及 r_{11} 的各个特征向量关于 d_2，d_3，d_4 的关联度。

按照以上步骤计算其他风险因素的关联度。

确定待评估风险因素 r_{11} 关于四个风险等级 j 的关联度：

$K(r_{11}) = (-0.875) \times 0.4 + 0.5 \times 0.2 + 0 \times 0.4 = 0.25$

同理：$K_2(r_{11}) = -0.221K_3(r_{11}) = -0.596K_4(r_{11}) = -0.027$

由 $j\epsilon(1,2,3,)^{MAX}K_j(r_{11}) = -0.027$，确定 r_{11} 的风险等级为 d_4，同理可以计算其他风险因素的关联度，由关联度确定各风险因素的风险等级。

丰子河项目风险因素等级判别表 **表 5-4**

第二层风险	等级判别	第二层风险	等级判别
F1：政府信用风险（r_{11}）	四级	F12：项目移交风险（r_{43}）	三级

续表

第二层风险	等级判别	第二层风险	等级判别
F2：政策法律变更风险（r_{12}）	三级	F13：运维成本偏高风险（r_{44}）	二级
F3：政府决策延误风险（r_{13}）	三级	F14：征拆延误风险（r_{51}）	一级
F4：政府干预风险（r_{14}）	一级	F15：审批风险（r_{52}）	三级
F5：通货膨胀风险（r_{21}）	三级	F16：工期拖延风险（r_{53}）	三级
F6：利率变更风险（r_{22}）	三级	F17：投资超额风险（r_{54}）	三级
F7：汇率变动风险（r_{23}）	四级	F18：设计变更风险（r_{55}）	二级
F8：合同条款约定不明确风险（r_{31}）	一级	F19：施工安全风险（r_{56}）	三级
F9：合同当事人违约风险（r_{32}）	三级	F20：施工质量风险（r_{57}）	三级
F10：项目付费及调整风险（r_{41}）	四级	F21：合作保障风险（r_{61}）	四级
F11：项目提前回购风险（r_{42}）	四级	F22：各方沟通协调不畅风险（r_{62}）	三级

（四）第一层风险因素指标权重确定

对于第一层风险因素权重的确定，可以采用层次分析法，通过上文二级风险因素风险等级确定，可以确定丰子河 PPP 项目风险等级。本次风险因素权重的确定是在通过向专家发放问卷和现场咨询的方式确定的，所咨询的专家都是在行业领域具有丰富的工作经验（表 5-5~ 表 5-11）。

政治风险各子风险因素判断矩阵　　表 5-5

政治风险				
r_1	r_{11}	r_{12}	r_{13}	r_{14}
r_{11}	1	1/3	1/3	1/5
r_{12}	3	1	1/2	1/3
r_{13}	3	2	1	1/3
r_{14}	5	3	3	1

经济风险各子风险因素判断矩阵　　表 5-6

经济风险			
r_2	r_{21}	r_{22}	r_{23}
r_{21}	1	3	5

续表

经济风险			
r_{22}	1/3	1	3
r_{23}	1/5	1/3	1

合同风险各子风险因素判断矩阵　表 5-7

合同风险		
r_3	r_{31}	r_{32}
r_{31}	1	5
r_{32}	1/5	1

运维期风险各子风险因素判断矩阵　表 5-8

运维期风险				
r_4	r_{41}	r_{42}	r_{43}	r_{44}
r_{41}	1	1	3	5
r_{42}	1	1	2	5
r_{43}	1/3	1/2	1	3
r_{44}	1/5	1/5	1/3	1

建设风险各子风险因素判断矩阵　表 5-9

建设风险							
r_5	r_{51}	r_{52}	r_{53}	r_{54}	r_{55}	r_{56}	r_{57}
r_{51}	1	5	5	3	4	3	5
r_{52}	1/5	1	1	2	3	4	2
r_{53}	1/5	1	1	3	5	2	1
r_{54}	1/3	1/2	1/3	1	3	4	2
r_{55}	1/4	1/3	1/5	1/3	1	3	1
r_{56}	1/3	1/4	1/2	1/4	1/3	1	3
r_{57}	1/5	1/2	1	1/2	1	1/3	1

管理风险各子风险因素判断矩阵　　　　表 5-10

管理风险		
r_6	r_{61}	r_{62}
r_{61}	1	3
r_{62}	1/3	1

南京市丰子河 PPP 项目风险因素判断矩阵　　　　表 5-11

项目风险						
r	r_1	r_2	r_3	r_4	r_5	r_6
r_1	1	2	3	7	5	6
r_2	1/2	1	2	6	4	5
r_3	1/3	1/2	1	5	3	4
r_4	1/7	1/6	1/5	1	1/3	1/2
r_5	1/5	1/4	1/3	3	1	2
r_6	1/6	1/5	1/4	2	1/2	1

以南京市丰子河项目中政治风险为例计算权重系数（表 5-12）。

政治风险各子风险因素判断矩阵求和计算结果　　　　表 5-12

政治风险					
r_1	r_{11}	r_{12}	r_{13}	r_{14}	
r_{11}	1	1/3	1/3	1/5	$\sum = 1.867$
r_{12}	3	1	1/2	1/3	$\sum = 4.833$
r_{13}	3	2	1	1/3	$\sum = 6.333$
r_{14}	5	3	3	1	$\sum = 12$
$\sum = 25.033$					

其判断矩阵 A 记为

$$\begin{bmatrix} 1 & 1/3 & 1/3 & 1/5 \\ 3 & 1 & 1/2 & 1/3 \\ 3 & 2 & 1 & 1/3 \\ 5 & 3 & 3 & 1 \end{bmatrix}$$

特征向量为：

$$\omega_1 = 1.867/25.033 \quad \omega_2 = 4.833/25.033$$

$$\omega_3 = 6.333/25.033 \quad \omega_4 = 12/25.033$$

故 $w =$ （0.0750.1930.2530.479）

一致性检验

$$\begin{bmatrix} 1 & 1/3 & 1/3 & 1/5 \\ 3 & 1 & 1/2 & 1/3 \\ 3 & 2 & 1 & 1/3 \\ 5 & 3 & 3 & 1 \end{bmatrix} \times \begin{bmatrix} 0.075 \\ 0.193 \\ 0.253 \\ 0.479 \end{bmatrix} = \begin{bmatrix} 0.319 \\ 0.703 \\ 1.023 \\ 2.19 \end{bmatrix}$$

计算 $\lambda_{max} = 4.133$

C.I.=0.044

$\frac{C.I.}{R.I.} = \frac{0.044}{0.89} = 0.05 < 0.1$，一致性检验通过，该权重系数有效。

R.I. 通过查表可知为 0.89

根据第二层风险因素关联度的计算结果和第一层风险因素关于第二层风险因素权重为基础，可以求出丰子河项目各层风险因素的风险等级以及整个项目的风险等级。

以政治风险为例计算：

$$E_1 = A_{11} \times D_{11}$$

$$= (0.075\ 0.193\ 0.253\ 0.479) \times \begin{bmatrix} -0.25 & -0.221 & -0.596 & -0.027 \\ -0.453 & -0.102 & 0.036 & -0.324 \\ -0.425 & -0.425 & 0.19 & -0.311 \\ 0.2 & -0.28 & -0.28 & -0.28 \end{bmatrix}$$

$$= (-0.118\ ,\ -0.278\ ,\ -0.124\ ,\ -0.277)$$

则：$E_1(r) = \underset{P_i \in (1,2,3)}{MAX} E_1 = (-0.118\ ,\ -0.278\ ,\ -0.124\ ,\ -0.277)$

其他计算结果如表 5-13、5-14 所示：

丰子河项目风险因素等级表 表 5-13

风险因素	子风险集	子风险权重	子风险关联度判断矩阵				关联度计算结果				风险等级
			d_1	d_2	d_3	d_4	k_1	k_2	k_3	k_4	
r_1	r_{11}	0.075	−0.25	−0.221	−0.596	−0.027	−0.118	−0.278	−0.121	−0.277	一级
	r_{12}	0.193	−0.453	−0.102	0.036	−0.324					
	r_{13}	0.253	−0.425	−0.425	0.19	−0.311					
	r_{14}	0.479	0.2	−0.28	−0.28	−0.28					
r_2	r_{21}	0.605	−0.359	0.107	0.114	−0.269	−0.296	−0.048	0.201	−0.245	三级
	r_{22}	0.291	−0.066	−0.267	0.469	−0.3					
	r_{23}	0.103	−0.575	−0.345	−0.04	−0.05					
r_3	r_{31}	0.75	0.15	−0.02	−0.493	−0.69	−0.05	−0.141	−0.34	−0.512	一级
	r_{32}	0.25	−0.65	−0.503	0.12	0.021					
r_4	r_{41}	0.391	−0.433	−0.083	−0.262	−0.08	−0.465	−0.174	−0.182	−0.047	四级
	r_{42}	0.352	−0.5	−0.203	−0.44	−0.04					
	r_{43}	0.189	−0.5	−0.409	0.372	0.021					
	r_{44}	0.068	−0.367	0.109	0.067	−0.077					
r_5	r_{51}	0.325	0.333	−0.227	−0.6	−0.76	−0.128	−0.191	−0.103	−0.497	三级
	r_{52}	0.165	−0.525	−0.362	0.247	−0.165					
	r_{53}	0.165	−0.163	−0.033	0.222	−0.533					
	r_{54}	0.14	−0.163	−0.033	0.222	−0.533					
	r_{55}	0.077	−0.367	0.06	−0.25	−0.416					
	r_{56}	0.071	−0.55	−0.436	−0.031	−0.373					
	r_{57}	0.057	−0.563	−0.364	0.092	−0.031					
r_6	r_{61}	0.75	−0.467	−0.127	−0.484	0.013	−0.483	−0.091	−0.282	0.001	四级
	r_{62}	0.25	−0.531	0.018	0.326	−0.035					

丰子河项目风险因素等级表 表 5-14

风险因素	子风险集	子风险权重	子风险关联度判断矩阵				关联度计算结果				风险等级
			d_1	d_2	d_3	d_4	k_1	k_2	k_3	k_4	
r_6	r_1	0.345	−0.118	−0.278	−0.124	−0.277	−0.186	−0.167	−0.09	−0.312	三级

续表

风险因素	子风险集	子风险权重	子风险关联度判断矩阵				关联度计算结果				风险等级
			d_1	d_2	d_3	d_4	k_1	k_2	k_3	k_4	
r_6	r_2	0.266	-0.296	-0.048	0.201	-0.245	-0.186	-0.167	-0.09	-0.312	三级
	r_3	0.199	-0.05	-0.141	-0.34	-0.152					
	r_4	0.034	-0.465	-0.174	-0.182	-0.047					
	r_5	0.097	-0.128	-0.191	-0.103	-0.497					
	r_6	0.059	-0.483	-0.091	-0.282	0.001					

从上表数据可以看出，南京市丰子河 PPP 项目总体风险等级为三级，其中一级风险有政治风险和合同风险，三级风险有经济风险、建设风险，四级风险有市场风险和管理风险。本项目整体风险等级不是很高，项目风险因素在可控范围之内，主要对项目一级风险因素进行重点控制。

四、项目风险应对

通过计算可看出南京市丰子河 PPP 项目总体风险等级为三级，其中政治风险和合同风险为一级风险，经济风险和建设风险为三级风险，运维期风险和管理风险为四级风险。项目整体风险等级不高是可控的。但是在项目实施过程中没有采取有效措施应对风险，将会导致项目没有获得很好的收益。

丰子河项目中涉及的 22 个风险，风险等级计算结果如下：一级风险有政府干预风险、合同条款约定不明确风险和征地、拆迁延误风险；二级风险有运营维护成本偏高风险和设计变更风险；三级风险有政策法律变更风险、政府决策延误风险、通货膨胀风险、利率变动风险、合同当事人违约风险、项目移交风险、审批风险、工期延误风险、投资超额风险、施工安全风险、施工质量风险、各方沟通协调不畅风险；四级风险有政府信用风险、汇率变动风险、项目支付及调整风险、项目提前回购风险、合作保障风险。

一级、二级风险对于项目管理者来说是必须要特别注意的，如果应对不合理很可能会导致整个项目的失败。三级、四级风险对项目的影响相对较小，在项目实施过程中给予一定的重视程度即可。项目风险应对策略包括风险利用、风险回避、风险转移、风险分散、风险缓解、风险自留，对于丰子河项目的风险可采取某一种应对策略或者是几种方式组合的应对策略。

五、项目风险监控

风险监控是贯穿于项目风险管理的始终，在项目的各个阶段都会有风险监控的工作。在风险管理的过程中，可以说某些特定的情况下，风险控制的工作往往比其他风险管理工作更重要。对南京市丰子河 PPP 项目进项有效的风险管理就需要有效的风险监控工作，就更需要建立风险监控预警机制。对项目风险因素进行提前识别和判断，根据丰子河项目风险评估结果，针对不同的风险以及造成不同的后果，进行分级预警，以便采取有效措施，把风险降到最低。风险预警框架如图 5–10 所示。

该风险监控预警的流程框图反映了风险事前监控的思想，从开始设定应对方案再到风险分析后的应对方案，就表现出来事前控制的思想。所以在项目公司中应成立专门机构，由专人负责风险监控工作。随着项目不断推进，风险监控需要积极配合风险识别、风险评估、风险应对等工作，根据风险监控流程图，在风险还未发生时提出预警，提醒项目管理者采取措施，保证项目丰子河项目进行。

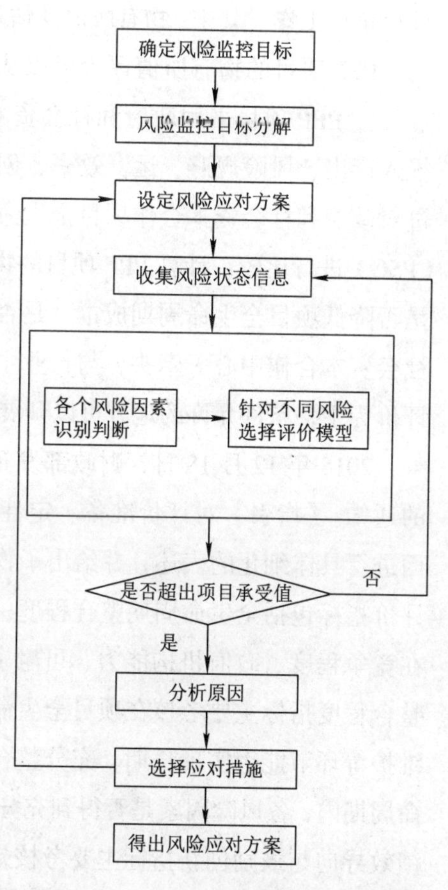

图 5–10 丰子河项目风险监控流程图

5.8 PPP 物有所值评价和财务承受力论证

物有所值评价和财务承受力论证是 PPP 项目实施的重要环节，也是确立项目能否立项的关键。

一、物有所值评估

物有所值（Value for Money，VFM）指一个组织运用可用资源获得的长期的最大利益。VFM 评价是国际上普遍采用的一种评价传统由政府提供的公共产品和服务是否可以运用 PPP 模式的评估体系，目的是要实现公共资源配置效率的最大化。该模式目前被广泛利用在西方国家的公共采购审计中。物有所值可以用 3E 描述，即：经济型、效率和效能。

VFM 在 PPP 项目体系中主要体现为经济性、效率、效能和合作。国际上常用的 VFM 的评价方法，包括：成本效益分析法、公共部门比较基准。

项目识别的阶段，要做好项目发起、项目筛选、物有所值评估、财力承受论证等重点工作。其中：物有所值评估是各级政府需要测算和组织评价的重要内容。

PPP 项目的物有所值评价可以从定性和定量两方面展开。其中：定性评价重点关注 PPP 项目采用政府和社会资本合作模式与采用政府传统采购模式相比的投入产出、风险规避、运营效率、创新与竞争等是否有所改善。定量评价主要通过对政府和社会资本合作项目全生命周期的政府支出成本现值与公共部门比较值（PSC）进行比较，计算 PPP 项目的物有所值量值，判断政府和社会资本合作模式是否降低项目全生命周期成本，是否有操作性。该评价一般由财政部门（政府和社会资本合作中心）牵头，与行业主管部门一起组织实施。物有所值评价以定性评价为主，条件允许的地方可以开展定量评价工作。

2015 年 12 月 18 日，财政部发布关于印发《PPP 物有所值评价指引（试行）》的通知。《指引》对评价准备、定性评价、定量评价、评价报告和信息披露等方面进行具体细化的表述，并给出了物有所值评价工作流程图和专家打分表。定性评价指标包括全生命周期整合程度、风险识别与分配、绩效导向与鼓励创新、潜在竞争程度、政府机构能力、可融资性等六项基本评价指标。其中：全生命周期整合程度指标主要考核在项目全生命周期内，项目设计、投融资、建造、运营和维护等环节能否实现长期、充分整合。风险识别与分配指标主要考核在项目全生命周期内，各风险因素是否得到充分识别并在政府和社会资本之间进行合理分配。绩效导向与鼓励创新指标主要考核是否建立以基础设施及公共服务供给数量、质量和效率为导向的绩效标准和监管机制，是否落实节能环保、支持本国产业等政府采购政策，能否鼓励社会资本创新。潜在竞争程度指标主要考核项目内容对社会资本参与竞争的吸引力。政府机构能力指标主要考核政府转变职能、优化服务、依法履约、行政监管和项目执行管理等能力。可融资性指标主要考核项目的市场融资能力。项目本级财政部门（或 PPP 中心）会同行业主管部门，可根据具体情况设置补充评价指标。补充评价指标主要是六项基本评价指标未涵盖的其他影响因素，包括项目规模大小、预期使用寿命长短、主要固定资产种类、全生命周期成本测算准确性、运营收入增长潜力、行业示范性等。

物有所值定性评价专家打分表　　表 5–15

指标		权重	评分
基本指标	全生命周期整合程度		
	风险识别与分配		
	绩效导向与鼓励创新		
	潜在竞争程度		
	政府机构能力		
	可融资性		
	基本指标小计	80%	
补充指标			
补充指标			
	补充指标小计	20%	
合计		100%	

专家签字：

		年 月 日	

二、财政承受能力论证

为确保财政中长期可持续性，要进行财政承受力论证。通过测算 PPP 项目全生命周期内的财政支出、政府债务等因素，对部分政府付费或政府补贴的项目，进行财政承受能力论证和评估。

财政承受能力论证指清晰识别、测算 PPP 项目中的各项财政支出责任，科学评估项目实施对各个年度财政收支平衡状况的影响，为 PPP 项目财政预算管理提供依据。PPP 项目全生命周期的不同阶段对应的财政支出责任不同，主要包括股权投资、运营补贴、风险承担和配套投入等。地方政府财政部门在对单个 PPP 项目的财政支出责任进行识别和测算后，汇总年度全部实施或拟实施的 PPP 项目，进行财政承受能力论证。财政承受能力论证采用定性分析和定量分析两种方法。

财政部门根据项目全生命周期内的财政支出、政府债务等因素，对部分政府付费或政府补贴的项目，开展财政承受能力论证。每年政府付费或政府补贴等财政支出不得超出当年财政收入的一定比例。通过对特定 PPP 项目的财政承受力测算，得出基本的结论，测算和评估需要承受的当地财政负担，确保每年政府付费或政府补贴等财政支出不得超出当年财政收入的一定比例。

开展财政承受能力论证是 PPP 项目可持续发展和政府有能力履约的重要保障，有利于规范 PPP 项目财政支出管理，有效防范和控制财政风险。通过对 PPP 储备项目的物有所值和财政承受能力论争与测算，如果达到了物有所值评价和财政承受能力论证要求，该项目就可以进入项目准备阶段[①]。

① 吴维海 . PPP 项目运营 [M]. 北京：中国金融出版社，2017。

第 6 章　时事点评

国家兴亡，匹夫有责。家事、国事、天下事，事事关心。对全球政治、经济变化、百姓疾苦和热点跟踪，是国家部委、高端智库和专家学者应该关注的社会问题。这里筛选了吴维海近年来国际形势、社会热点、商场变化、健康养老、房地产价格等领域的时事点评。

6.1 父亲节的感悟

父亲，在每人的心中无比神圣。父亲，对于子女的关爱是无私、博大的，似海深、如山稳。对于父亲来说，对于子女的呵护，从出生到老去，从不间断，从不索取。岁月的无情，让父亲（们）渐渐老了，原先挺直的脊背慢慢驼了，曾经红光的脸庞皱纹一天天多了，如夕阳般，父亲的身影逐渐模糊，随着夕阳慢慢远去，留下的是无尽的回忆、缅怀、愧疚和感恩。父亲健在的人们，应该多一些对父亲的看望，时时问候与关心；失去了父亲的朋友，多些浓浓的父爱回忆，追忆如山的父爱。谨以此文祝愿全国的父亲（与母亲）身体健康[①]。

父亲是个乐观勤苦的人。经历了生活的艰辛与各种磨难，但是从不悲观，对待我和姊妹也是宽容，爱护，记忆中的父亲每天是开心的。

小时候，家境贫苦，姊妹几个，还没有到上学的年龄，就要参加田里锄地和拔草等劳动，或者，开荒种地，和小伙伴们、哥哥姐姐去田间地头拔野菜，拾鸡鸭粪，用于养猪、养兔子、养鸡和家中自留地的肥料。

那时，小伙伴们玩耍、打架，兄弟姊妹携手劳动、做家务，亲情浓浓。大家偶尔相约河边，捉螃蟹，到水中捞鱼，到山上拾柴。快乐的、无忧无虑地踩着潺潺的小溪流水，倾听太阳落山后的蛙鸣，在入夜之后的风声中入睡。

一般每到吃饭的时候，才能和劳作了一天父母在一起吃饭，饭桌上多是煮地瓜、窝窝头，或者是煮地瓜干和当时感觉很是奢侈的玉米掺地瓜面的山东煎饼，脆脆的，甜甜的。当时，处于大集体农业生产时代，生产大队统一组织耕种、集体分配工作和挣工分，村里多是旱地，小麦等种植面积少，大队每年交了公粮，所剩无几。一年到头，日子过得紧紧巴巴，各家各户分到的小麦一年只有几十斤，最多百余斤，需要磨成面，还要计划着过年做饺子面，招待正月串门的亲戚做馒头，用自家蒸的馒头作为正月串门的珍贵礼物。面食在当时极为珍贵和短缺。父母通常日子不舍得做白面馒头和饺子，孩子们平日也没有多余的白面来品味和享受。只有在过年过节，或者生日的特殊日子，才可能吃上白面馒头或水饺。煮地瓜、窝窝头和煎饼，是儿时和中学时期的伙食“标配”。

---

① 吴维海《父爱如山》，2016 年父亲节撰文。

等到了上小学的年龄，父母为了我们上学，东拼西凑，借学费和课本费，让我们有书读。这在当时的农村非常不易。为了买上学的笔、纸，为了缴学杂费，父亲母亲艰难的东借西凑，凑够买本子和纸笔的钱，一分分的，角票攒在一起，一张张清点，那种心情，不亚于今天百元大钞的感觉。

为了给姊妹买学习用的本子，父亲到村里唯一的联社（集体性质的小卖部）买来草纸（用麦秸制造的粗纸张，黑黑的）之后，用剪刀割成 B5 的大小，一张张叠起来，然后用粗糙、磨出老茧的双手，使用线绳在纸张的顶端穿成孔，订成本子，再买只铅笔，这就是我们宝贝的不得了的学习本。为了省钱，总是先用铅笔正反面使用，再用钢笔二次做演算使用，重复利用。那时，当地总体经济很是困难，百姓普遍生活清贫甚至窘迫，各个家庭没有自有经济和收入来源，每个家庭都很穷苦。子女上学没有多余的钱购买石板、蜡笔等学习用品，父亲就找了一片废弃的瓦片磨平作为我们上学用的石板（可以重复擦掉字迹，重复使用，用蜡笔写字）。

小学的路途遥远，坑坑洼洼，条件艰苦，还要承担公办老师的一日三餐（学校没有食堂，公办老师在学生家里轮流派饭，每个学生轮流给公办老师带饭），上学的记忆已模糊，但是很不易，家庭的负担很重，当时的农村生活清苦。记得小学在 2 里之外的东山顶，就是六间房，一个年级一间房子（小学五个年级，还有一间房屋是老师办公室），窗子没有玻璃（村集体经济不好，没有钱安装玻璃窗子）。厕所是露天的土坑。每天上学约了小伙伴，走沟爬坡，曲曲折折，有时候还要走过幽幽的坟地，小时候心里对于鬼怪传说的恐慌难以言表，惶惶地跑过坟地，唯恐被鬼怪它们抓住，留下一个个恐慌的脚印。

在小学上夜自习，更是艰辛。带着自制的煤油灯，走出很远，才到学校，点上煤油灯，背对着到处透风的窗户，在昏暗的灯光下开始了夜自习。冬季的日子更是难熬，由于窗户没有玻璃，屋内没有火炉子，很多同学都冻得双手长疮，为此，母亲给缝制了自制的手套，但是，不太管用，寒冷包裹着我们……

每到下大雨的时候，村边的小溪河水暴涨，非常危险。这是父母揪心的日子，如果村里不开工（出工），父亲就早早的等着送我们去学校，他总是挽起裤腿，披上油纸（塑料布，家里穷，没有雨伞），带着我们，走过村东头的汹涌流水的小河，到河对岸，送我们过河上学，然后冒雨回家。

初中在镇上教学最好的初级中心联中度过，住在教室内或者在周边的亲戚家走读，带着从家里送来的煎饼和咸菜，就是一周的口粮。

高中的日子，在县城一中度过，住宿条件简陋，宿舍是平房下的通铺，上下两层，虱子无处不在，高中同样清苦过，还是煎饼加咸菜的伙食条件，尽管学校有食堂和白馒头、炒菜，但是，那是城里同学的专利，多数同学吃不起（家中没钱）。大家忙着学习，上课，这时候班级有了体育生和音乐特长生，有了《外婆的澎湖湾》《妈妈的吻》以及《冬天里的一把火》，有了追梦的一些人。农村来的孩子周末还要回家帮助父母做农活，周末看书的时间要挤出来。这时，与父亲的沟通时间减少了。记得父母整天忙农活，做事情，维持和改善家庭生活，为子女的学习和工作忙碌……

大学时在外地度过。整天忙着上课，放假、回家、农活、开学、上课、再放假……没有玩的念头和经济支撑。大学后按照专业和计划分配了工作，进入了社会，成了一名“社会人”。

大学期间和工作之后，每逢假期回家看父亲，帮助做农活，渐渐地回家的时间少了，工作压力大了，沟通交流得也少了，帮父母干活也少了，人也有些对农活懒惰了。更多是父亲母亲偶尔问问我们学习、工作和生活……

这么多年，东奔西走，工作和学校的折腾，与老人聚少离多。父亲做人做事勤恳、厚道，踏实、忠诚，不善言辞，不与人争。回想起来，日常的点滴，父爱如山。小时的一日三餐，父亲总把好吃的留给我们姊妹，每次吃饭，父亲总是默默地夹起桌上最难吃的饭菜（比如：吃咸鱼父亲爱吃鱼头，把鱼身子留给我们。长大之后才体会到：那时父亲把最好的留给子女吃，他自己不舍得吃），同时，父亲也是我们姊妹剩饭的清洁工和兜底的。记得那时候人民公社，大队经常安排每家每户义务出工，到外地修路、建水库。那时出工的工地统一安排吃饭，当时劳动量很大、生活很辛苦，没有菜，吃饭就是煎饼、窝头或者火烧配着比例吃（我们所在地区小麦和白面很少，粗粮为主）。父亲为了给孩子们带点好吃的（当时吃个白面馒头、火烧就是最大的口福），父亲自己吃工地分的窝窝头，还吃不饱，饿着肚子。父亲把悄悄节省的白面火烧攒在一起，等工程结束，带回家给我们吃。看到父亲带回来发霉了火烧被我们快乐分享，父亲脸上乐开了花。殊不知，这些火烧的分量是背后父亲浓浓的情、心酸，与父亲的大爱，时代的无奈（当时我们年少，不懂得父亲的艰辛和心情）。

每当孩子们生日时，父母总想着法子给过生日的小寿星煮个鸡蛋，包顿饺子祝贺生日，从不忘记。心细的父母，粗心的子女（我们常常忙得不能回家给父母祝寿，或者有些懒惰）形成了鲜明的对比。上大学和工作之后，每当个人有困难时，父亲总是挂在心上，尽可能帮助，总是惦记着我们，唠唠叨叨问个不停。在父亲的心里，子女是永远长不大的孩子。

家庭的艰辛，时代的烙印，给了父亲很多的磨难，父亲年轻时为村集体，为子女付出太多，每日操劳，勤俭持家。为了换点家庭零花钱，父亲曾推着独轮车去 100 多里的邻县淄川买煤，那时交通不便，到县城过弥河时，为了走近路，没有过河的大桥，只能走小路，在冰冷的河边，父亲脱掉鞋子，背着沉重的煤炭过河。满满的一车煤炭，一点点挪过河的对岸，真不知道当时父亲是怎么将煤炭运过河，运到河对岸的。一车车煤，凝聚了父亲多少艰辛、汗水、希望和操劳。那车煤，仿佛就是孩子的学费，就是家庭油盐酱醋和全家希望。尽管辛苦，但是，父亲从不埋怨，只是努力前行。

为改善家庭状况，让孩子们有学上，有饭吃，父母也做了当时条件下的积极尝试和最大努力。父亲在农闲时，晚上起来加班做豆腐、做面条，卖豆腐、卖面条，赚点零钱，补贴家用。父母还联系邻县亲戚，推着独轮车到一百里之外的县城，投奔亲戚，到当地买盐，回到本地销售，还要躲避检查（当时不让个人私下买盐），万般辛苦，只是为了几分钱一斤的差价。为了生计，父母提前约好回来的行程和时间，半夜三更，没有钟表，没有电话，无法联系，那时，姊妹年龄很小，帮不上忙。年轻的母亲，只能硬着头皮，赶着毛驴，在夜色中，看着星星的方位，盘算着父亲到达约定地点的时间，在孤独的、漆黑的夜晚，迎着凛冽、呼啸的山风，克服独自出门的恐惧（沿路天黑沟多，坟地多。有时候大雪覆盖路面，小路崎岖难行），估摸约好的时间，大着胆子，牵着毛驴，攀过几公里远的山路，迎接父亲的小推车（用小毛驴拉车上山），共同拉过高高的山岭，克服严寒和长途劳顿，回到小山村。当时，真不知道父母是怎么度过的那段艰苦岁月。生活的艰辛，人生的磨难，现在想来，历历在目，不堪回想。

随着自己的成长、成家和久居外地，工作忙碌等，回家探望父母亲的次数越来越少。每次电话中，父亲母亲从不埋怨，都是问寒问暖，关切满怀。每次春节、长假回家，看见日渐年迈的父母，逐渐的驼背身影，大不如从前的健康状况，愧疚之心油然而生，鼻子总是酸酸的，感叹岁月无情，欲哭无泪。

有时候静下来想想：每天自己忙碌，往往疏忽了对父母的问候和探视。总觉得时间很多，恍惚之间，父母年事已高。多年以来，父母对子女并无所求，没有任何埋怨和要求，只是问候和关爱，而子女回报太少，这是我们愧疚的。

父亲的年代，经济拮据，家庭生活压力大，作为家中的长子，学习对他来说是个奢侈品，参加高考更不可能。与我们这代人相比，他们失去更多，相比而言，我们这代还算是幸运的。有次到县城的高中母校，查看校友通讯录，猛然发现，父亲和我是同校——本地一中的知名中学。后来，才知道父亲当时学习很好，为了家庭和老人（爷爷），他放弃了更深的学习和考试机会，于是，个人命运被改写，家境好的城里同学都成了大小的政府官员，生活悠闲舒适，并有社会地位，而父亲却做了辛苦劳作的农民，面朝黄土背朝天，一生操劳，没有地位，没有生活保障。对于生活的恩怨，父亲从来没有埋怨，乐观开朗，默默地承受，认真做好每件事，坦诚对待每个人，孝敬父母，善待乡邻。父亲对于爷爷的孝顺，远近闻名，父亲是个大孝子。对于子女，疼爱无限，尽管不善言语，但是记忆中父亲从来没有打过子女，总是尽其所有，呵护子女，维系着浓浓的亲情。

父亲是座山，每个家庭父亲的形象各不相同，但是大多数家庭父亲是伟大的，父亲对子女是无私的爱和人生的导师。父亲是儿女心中的神，是儿女人生的榜样，尽管多数父亲的人生平凡，无官无职，没有轰轰烈烈的事迹。但是，踏实、勤勉，待人热忱、自尊，这些品质，激励着我们不懈努力和向前。

近些年，随着经济发展和子女的成长，家境渐好，大家也算孝敬，全家经济明显改善，父母基本衣食无忧。但是，父亲仍保持勤俭的本色，吃穿简单，从不挑剔，每天到果园转转，剪枝、疏果，帮助别人，不想闲下来。父亲喜欢果树、种花生、核桃，不习惯休闲无事的生活，不愿别人照顾，不想给子女添麻烦。在父亲心底，仍然不服老，总想努力照顾好自己，做个坚强的人，不愿意给子女带来任何负担和压力。这就是父亲，一个倔强、操劳、勤俭，宽厚、乐观的老人。

当我们渐渐长大、岁月流淌的时候，猛然意识到，多年以来，父亲，在点滴之间，对子女付出了满满的爱，父亲的生活充满了对子女的宽容和关爱，这是子女成长的力量。

斗转星移，岁月匆匆，人生易老。一年年，一天天，我们在成长、在变老。父亲日渐憔悴，父亲的身影不再挺拔，年轻时过度劳累和营养不良等诱发的疾病渐显。时光流逝，在父亲身上、脸上烙下了岁月的沧桑……

古语说：父母在，不远游。父母在，家就在，亲情更浓。对于父母的付出来说，子女给予父母的照顾，太少、太少。

转眼之间，又到年中。有段时间没有回故乡探望父亲了。

今天，是父亲节。遥望故乡，百感交集。回首人生道路，感慨颇多。此时此刻，只想对远在故乡的老父亲，对全天下的父亲们，道一声：父亲节快乐。感恩有你！祝福您：永远健康、幸福。

每个游子，身在外地，行色匆匆，忙忙碌碌，有时候忘记了自己和时间，忽视了对父母的关心。生活中，工作中，我们身处大城市，每个人都有太多的压力和苦闷，有太多孤独和困惑。我们要学会坚强、独立，要笑对困难，挺直腰杆，做大写的人，要有尊严，有骨气，有目标，有情有义。

从人类的长河来看，人生短暂，短暂到没有时间回忆和迷茫。无论多忙，无论身处何地，无论多么不易，多么辛苦，做子女的都要反思，要经常关注和问候父母。要花些时间，带着家人，常回家看看。多给父母打个电话，报个平安，要大声对父亲说：在人生中，感恩您的抚养和陪伴。祝您健康、长寿。

父亲，有您在，家就在，情永驻。您，就是我（们）的天。（吴维海，2016 年 6 月 19 日，父亲节有感）

6.2　爹妈的唠叨挺好

唠叨，是年轻人最烦的事，尤其是爹妈（父母）的唠叨，估计 99% 以上的子女会皱眉头、撇撇嘴，表示出厌烦的情绪。

“唠”按照我的理解：是指与他人（包括子女）聊聊工作或劳动的烦心事、经验或教训；“叨”是总结人生的教训，对有风险的事提出看法，或。对子女婚姻、工作等提点建议或意见。

“唠叨”与“良药苦口”一脉相承，由于父母等谈的观点年轻人可能一时理解不了，或者，只有子女自己栽了跟头才体会到其中的真谛和教训，因此易引起子女的不爽，甚至反感。于是，经常的场景是：父母焦虑地为子女的婚姻、事业操碎了心，并提出忠告，子女却不理不睬，或者认为父母落伍。有些事情，当局者无法判断，有些父母的观点也可能陈旧，但是，从经验看，很大比例的建议或观点，还是人生和阅历的积累，还是适合“姜还是老的辣”的古语：经验和教训在很多时候是财富，尤其是对子女的借鉴。

今天是母亲节，很多忙碌的子女可能忘记了问候母亲或长辈。母亲十月怀胎，给了子女生命，无论多忙碌，确实不应该忘记自己的母亲。

从人类几千年的文明来看，父母与子女，是血脉相连的冤家，又是前世修来的缘分，这种连接，无法阻断。

天下的父母，都为子女操碎了心，从他（她）诞生的那一刻，孩童、幼儿园、小学、中学、高考、考研、实习、工作、恋爱、结婚、生子而晋升为爸妈级别，乃至自己做了祖父祖母级，一路操心下去，直到生命终止。这，就是中国父母对于子女的情结：在父母眼里，孩子永远长不大，不管他（她）多大，不管职位过高，不管是否独立和成熟，情之切，心所寄，全在子女的一言一行中。无怪乎，古人有“慈母手中线，游子身上衣”的感慨，还有“父母在，不远游”的古训。

人类进入 21 世纪，互联网和大数据等实现了信息泛在化。五四运动和“文化大革命”对儒家思想的运动式破坏、思想动荡、欧美文化的侵蚀等，导致了我国传统文化的萧条与历史传承的某些衰败，城市化、信息化、大数据、自我为中心的新思潮、新人类，现代文明与传统文明的矛盾等彻底改变了亲情关系：当代子女自小接受各种西方思潮和信息，由于计划生育政策导致的现有家庭子女数量变少，各自父母逐渐变老，或者，那个年代的知识渐渐过时，或者所谓的代沟（新名词），如今，70 后步入中年，80 后即将进入中年时代，90 后开始接管青春的鸣奏，00 后进入大学或者开始工作，新人类、新技术、新思潮等，一切来得太快，一切都在变化中，中国经济的发展、城乡的变化伴随着浮躁焦虑和打碎旧时代的狂热与时代符号，让年轻人时时感受到城市生活的浮躁、工作的焦虑，人际交往的冷漠，父母子女交流的珍贵和短缺，或者说，骨肉情的空间隔离，心与心受到外界的蹂躏与干扰，母与子之间可能都感觉好累，似乎坐下来手挽手的时间都没了，静下来聊聊生活的烦恼，工作不顺的耐心更难觅。

新时代，父母的豁达，子女灵魂的独立，父母渐老，孩子大了，十八岁后父母不能干涉等似乎成了合理合法的时髦。裹挟着这种时髦，父母与子女的情感变淡，彼此的心更孤独和易受伤，父母纵然心里很多苦，眼里噙着泪，也强装坚强与不在乎，彼此不愿服软与很难花点时间，依偎在各自的肩膀、臂弯里倾诉和贪心，唯有暗自垂泪和孤独。

是时代裹挟了亲情？还是忙碌成为了借口？亦或新时代的托辞漠视了心灵交融？使得父母子女之间的牵挂开始变淡、相互深爱的人变得不易理解、缺少包容？往往不经意一句话、一个音调高低，就让对方不开心，不愿敞开心扉，使得最亲的双方各自心碎？最亲的人彼此包容变得越来越难，为什么？

回想人类历史、民族繁衍、区域文化、家族兴衰与亲情演变，与经济发展，对外开放，价值观变化，以及法律法规、社会导向等关系巨大。人类从猿进化，旧石器时代，新石器时代，到逐步农耕，到城市的出现，从母系氏族社会的以女性为核心，繁衍进化，到逐步确立父系社会和血缘传承，从一母多父，父兄不分的人类繁衍，逐步进化到劳动分工更加精细，家庭和宗族的出现，乃至城市、乡村和国家的建立，从封建社会到半殖民地半封建社会，再到近代、现代社会的革命，从夏商周开始的封建帝王，到辛亥革命，到 1949 年中华人民共和国建立，婚姻法的改革与确立，从“人多力量大”的一家多子到 20 世纪 80 年代开始的“一对夫妇一个孩”的强制性计划生育，再到近年的鼓励“二胎”，都是与婚姻、伦理、家庭、宗族、社区、社会等紧密相关，也与传统文化、家庭伦理、父母子女关系、生活工作价值观等紧密联系。社会等级的出现和经济、政治、文化的分层，对不同的人、不同的家庭，不同学历、阅历和工作经历的父母子女带来了不同的教育、体验和判断，这些判断与行为指导与各自的年龄、经验、教训、判断，以及社会价值的预测、就业前景和职业生涯等评估有关，也与人的成长阶段知识或阅历的限制或者不成熟，或者冲动有关，至于对错，一段时间难以预期，但是，机会一旦失去，往往终生遗憾，并且无法弥补。

于是乎，生活中常见爸妈的唠叨，子女的不耐烦，两代人、三代人交流和融合，形成大智慧或者满意解的情景愈加困难。对于唠叨的父母，可能基于自己人生教训或遗憾，希望给子女好的建议或职业规划，子女往往认为自己更加聪明，已经看够人生、参悟了事业的轨迹和未来目标，总认为老一辈（爹妈）的工作或走过的路并不是自己想要的，或者认为父母老了，观点和建议都是错的。这样的纠结或情节，往往造成了彼此沟通与职业选择等差异。是对是错，要靠人生的趋势，或者子女的教训或成功等验证，而一旦选错，就会失去更多机会，这也是爹妈（父母）担心的。同时，人在不同年龄，都有其特征和缺陷。年轻气盛是20多岁年轻人的特点，但是易一时冲动。做番事业是30岁的目标，40岁的人看透了社会和工作，于是才有20岁年轻气盛，感觉天下都是自己（这一辈）的。三十而立（需要有自己的事业），40不惑（看透了很多）的古语。20岁的年轻人充满梦想，喜欢闯荡，也易走入歧途，丧失人生发展的机会。父母都是那个年龄走过的，父母年轻时犯过的错和丧失的机会，到了成熟的年龄才发现，但是没有后悔药，只有硬不认错和心底懊恼，或者希望子女不会再走老路，才能心安。于是才有了更多的唠叨。

二十世纪四十或五十年代的人已经成了祖辈，他们给予子女的关爱和沟通、学习和工作帮助等受到当时条件、经济发展、教育和开放程度等影响，局限性大，子女们往往经历过了磨难和挫折；六七十年代父母经历了很多磨难和困惑，他们的子女开始步入社会，逐渐成为主力，并且出现了层级分化和职业分化，这代人的经验、教训、积累和职业判断等对子女有一定的帮助和借鉴，特别对于生存生活不是问题、挣钱不是首要、目标应该更高的家庭和90后、00后的子女来说，可能有更多好的选择。这，可能是父母焦虑，子女价值观、职业选择容易有冲突的地方。但是，这一代子女也有更多的想法和忙碌，交流和倾听就显得更加珍贵。

城市生活的压力，乡村的经济压力与文化变迁，让父母子女交流和相聚变得更难与珍贵。城市节奏的加快，工作忙碌与辛苦，不应该成为家庭交流、亲情互动和生活、工作选择的借口。

“唠叨”，就要诉说工作的繁忙，也要谈谈婚姻、工作和事业的风险与建议，更是通过爹妈与子女的交流，把亲情更好展示，让血脉再相连，让经验和教训更少，让家庭更幸福，让人生少一些遗憾。

只有小家幸福，爹妈开心，子女没有遗憾，事业顺畅了，14亿人口的大家和国家才更昌盛。

母亲节到了。无论再忙，请停下手头的事，一个电话，一条温馨的祝福，一张车票，到你我的爹妈身边或耳边，深情道一声：“母亲节快乐！”“爹、妈，我想你”。

说这句话，不难吧？

父母在，是子女的福气。有爹妈的感觉，真好！

听听爹妈唠叨，挺好！！

祝天下的爹妈（父母）长寿，祝愿天下的子女生活幸福，职场通达，人生更绚丽。

请动动手，动动身，带着思恋，带着唠叨，转发这篇文章，祝福爹妈（父母）吧。（吴维海写于 2019 年 5 月 12 日母亲节，北京）。

6.3　商人基因的马云和特朗普

马云自称不喜欢钱、王健林确定 1 个亿的小目标和撒贝宁声称自己当初不情愿被录入北京大学，成为当下新闻界的几大忽悠和卖点。近日，美国总统大选尘埃落定，马云在美国拜访了特朗普先生，宣称给美国带去几百万人的就业，特朗普很是高兴，两人相谈甚欢。一系列事件和新闻报道，触发了对马云和特朗普关于商人基因方面的思考。

回头来看，马云，从互联网起家，逐步一统江湖，他是个精明的商人，也是个善辩、能演讲的企业家[①]。马云是成功的知名商人，他的财富排名靠前："阿里帝国"逐步占据了中国电商的江湖地位，经常号令江湖，指点产业趋势和引导动向，在电商等行业和商业圈侃侃而谈，经常到全国、海外各地，受到地方政府和企业家等重视、接见和仰慕，马云已成为成功人士和年轻人效仿的标杆。在海外、各国城市走访，马云也得到各国政要、商业名流、媒体等的接见、采访、互动、鲜花。近期马云与特朗普见面和亲切交流，享受到了特朗普极高的礼遇和评价，更是令人羡慕。

近期，马云在媒体上大谈自已"不喜欢钱"，声称对钱没有任何兴趣，引起了老百姓的羡慕和猜想：一个对钱不感兴趣的商人，的确很少听说，也很难得。有人就问：马云目前进军医院和金融领域，在大力拓展的商业帝国，既然不是挣钱，目的是什么？难道马云是为了造福人类？马云及其平台获得了巨大利润，是

① 吴维海，商人基因的马云和特朗普，微信公众号：发改大讲堂 2017 年 .

要捐给政府公益事业和救济贫困人群？估计有些社会福利机构开始对马云充满了幻想和捐款的期待：尽管还没有看到马云捐出大笔资金做慈善，但是，有期待总是好事。

从商人的角度看，马云是个生意人，精明、善辩，会经营，擅长人脉整合，从卖黄页广告到现在的阿里集团、到江畔大学，业务覆盖全国和开始走向世界，甚至承诺给特朗普安排百万个就业岗位，应该说是爱心满满，胸怀世界，让特朗普认可和点赞。从阿里集团的商业帝国版图看，马云和他的职业经理人一直在全国、全球布局、谋划和拓展商业帝国，从互联网到医疗、金融等，高盈利和未来产业都加速布局，业务领域无所不包，有大利而趋之。据媒体报道，马云曾说过：每一笔生意必须挣钱，免费不是好策略，它付出的代价会非常大。既然马云是生意人，不是慈善家，他就不可能不挣钱。那么，马云标榜自己对钱没有兴趣，估计只是说说而已，大可不必当真，福利院也不要把筹款计划放在马云的捐赠上。

关于马云和宗庆后等实体经济的争论，前阵被媒体炒得沸沸扬扬，在 2016 年 12 月 25 日央视财经频道《对话》栏目中，宗庆后关于如何看待马云提出的“新零售、新制造、新金融、新技术和新资源”五大变革，宗庆后表示：“除了新技术，其他都是胡说八道。（马云）本身不是（从事）实体经济的，（能）制造什么东西？”他认为，新技术是实体经济应该追求的，能帮助制造业从中低端走向高端。同一节目中，TCL 集团董事长李东生说，对实体经济而言，不能简单认为“新的”一定是好的。格力电器董事长董明珠也现场表示，马云的“五个新”，去掉“新”字都是以前存在的。马云的“新理论”被实业家宗庆后等批驳，马云则以宗庆后的观念落伍来批判制造企业家等思维和观点落后。无论马云的观点是否有道理，至少，从管理理论和经验来看，宗庆后的看法是有道理的，是宗庆后几十年的企业体验，拉长时间的轨迹来看，实业和制造企业本身一直在追求创新，追求技术改造、追求新的营销模式、追求新的融资模式和新的原材料替代，产品从手工到机械、到自动化、智能制造和机器人等，并不是以互联网为核心的，只是不同的人、代表不同行业利益的企业家有不同的看法和观点而已。同时，新和老，不以企业家的年龄来划分，马云和宗庆后比较，是年轻一点，但是并不代表马云说的、做的都是对的，也不代表马云的绝对权威不容挑战，也不代表马云不犯错，永远代表时代潮流，也不代表宗庆后和李东升等企业家说的和做的事都是错的，是没有任何前途的。管理是相通的，做事、做企业的道理也是相对的，是动态变化的。这一点，与个人的财富多少关系不大，并不是拥有了商业帝国和财富，就可以否定一切，包括合理的、传统的东西。在经济学家和企业家看来，实体企业是很重要的，虚拟企业、互联网经济、大数据等是相互补充的，要统筹考虑。要不，特朗普一再强调：美国要制造业回归，要给美国人创造更多的就业机会？特朗普是精明的商人，也是全球关注的政治人物，并且是全球最大经济体、最大军事集团的领袖，他如此看重制造业，必有其道理和长远眼光。因此，关于实体经济的发展和新技术、新资源等，学者和企业家应系统研究、坦承交流和辩论，才能相互启发，相得益彰。

特朗普是商人，并且是成功的美国商人。就个人商业帝国的收入看，特朗普比马云收入要少，但是，他成功运作成了美国总统，这一点，马云很难做到。马云是商人，与特朗见面后谈论的也是商业和生意：马云承诺百万美国人的就业机会，特朗普很受用，估计各行业对马云的承诺心里有各自的见解。或许，马云是为了提前在美国营造阿里集团的商业环境，或许，马云从未来的商业利益的角度做出的承诺，或许，马云为了加强中美合作而对特朗普做出的承诺，或许，马云是为了发扬国际主义精神而对美国人民的担当，或许商人马云与商人特朗普的会面是成功的，至少从马云和阿里集团的商业利益看，这是一次加分的商业交往，马云有了自己的商业帝国而多了更多自信和谈判砝码。未来几年，中国和美国的商业竞争、贸易冲突可能加大，特朗普可能运用商人的精明，对中国、欧盟等发起贸易冲突和推动制造业回归美国本土，同时，也会对中国的制造业等产生新的压力和对决：我国产品出口难度将加大，在美国销售产品的成本可能增高。这对于从事电商平台、新金融等的马云来讲，应该是好消息，也可能有不利的商业竞争。马云的屁股坐在哪边，人们拭目以待。

从国内外的商业竞争看，一段时间以来，“马云们”受到很多企业和消费者等的质疑：一些人认为：马云们的电商扩张过快，冲击了实体销售店，大量假货在电子平台低价销售，形成了“劣币驱逐良币”现象，冲击了实体企业和店铺的客户，导致了大量实体企业和商超的关门。同时，海外产品通过“马云们”的电商大量涌入中国，挤占了中国市场和消费者，挤压了民族企业的销售与空间，降低了国内企业的盈利和竞争力。也有一些人呐喊并支持马云们，认为电商开放了中国市场，倒逼实体企业降低成本和提高技术含量。客观来讲，这两方面的观点都有道理，就看“度”如何把握。还有人担心：电商过于集中和被阿里巴巴等个别企业垄断市场，削弱了国内行业发展和竞争，形成了垄断利润；并且，电商的商品产地、销售税收、产品价格等监督困难，税收等与实体店等差别待遇，无实体经营压力等，在某种程度上导致了传统制造业、实体店等的成本相对增大和不平等的竞争，假货冲击正品，劣币驱逐良币现象在某些领域出现，导致了皮鞋、服装、餐饮等行业企业关门、品牌超市和百货企业、制造业等破产，服装、鞋业等行业趋向萧条，大批工人失业。另一方面，海外产品大量集聚和进入国门，使其雪上加霜，国内不少中小企业，甚至大企业生产经营难以为继。受其影响，部分农民的收入减少（如奶业、农产品行业），城乡收入差距在某些方面逐步加大，等。这些现象已经引起地方政府和一些高段智库、学者的关注，引起了行业协会、企业的担忧，如何评估、化解、界定，有待于持续研究和进行政策决策。

从全球化的趋势看，供应链的全球一体化是基本趋势。从商人和美国总统特朗普的口号和动作看，美国将可能采取增加贸易壁垒，保护美国企业，引导制造业回归，压制中国商品进入美国市场等政府举措。美国和欧盟不承认中国的市场经济地位，日本对中国经济也是虎视眈眈，采取新的贸易竞争和限制政策。我国的出口可能变得更加困难，国内市场相对固定，增加国内消费也是难度很大。相对的市场需求如何分配？政府是有步骤地留给国内企业，逐步开放，还是主动地向全球开放共享我国的市场？低技术、高成本的国内企业和行业如何生存和转型？这些关系经济发展、国际竞争和企业生死存亡的大事情，容不得马虎和决策失误，需要各级政府、相关机构积极参与研究，系统设计和逐步应对、解决。从国家利益来看，似乎应该更多地关注和研究美国、欧盟等将来的政治、经济政策与贸易风险，主动研究对我国民族企业和区域经济采取适当的保护和扶持政策，包括研究和应对电子商务与实体经济的平衡性和长期影响，研究中国跨境电商等对美国、欧盟等产品在我国倾销的作用、国家的税收保护和行业管理政策等。做到保护与开放统筹考虑，发展与就业一体化布局。从商人马云等的电商等行业看，似乎应平心静气地与制造业、与宗庆后等老一辈企业家开展坦诚、换位的交流和互动，换位思考和全局统筹，主动把传统产业和互联网的融合，国家经济的统筹、国家利益、行业利益、企业利益和跨行业的平等竞争、融合发展等关系经济长久发展和百姓就业等热点问题讨论明白，给消费者、给政府决策以更多的积极参考和正向、客观的建议，更好地跟踪和应对商人 + 美国总统特朗普等将采取的全球贸易、制造产业回归、市场保护和针对中国制造业等的竞争政策。应该以国家利益为先导，以人民就业和有更多幸福感为目标，主动发挥企业的社会责任，“对钱不感兴趣”，义利兼顾，在坚持社会责任的同时，积极统筹所在行业利益和各自企业利益，不以口头之争，不以新老之辩，不做、少做任何可能损害国家经济转型、全球布局和提升全球国家竞争力的决策和企业布局。同时，积极融合到国家“一带一路”倡议和国家全球战略当中，不遗余力地携手推动互联网 + 高端制造、品牌企业 + 大数据、全球供应链和全球新技术的研发和应用中，以产业统筹、创新融合和开放共享的心态与价值观，积极实施跨行业协同，一起应对全球商业竞争和对外开放、合作，主动开展全球战略布局，以抱团发展、开放共享的心态，积极做好制造业和新技术等融合、协作，主动增加就业，主动提供高质量、低成本的产品和服务，兼顾国内企业和行业的转型和可持续发展，让企业获得更好，让人民有更多获得感、幸福感，让民族企业走得更长、更远，以企业家的开放胸怀和民族责任感，为实现“中国梦”而做出应有的、积极的贡献。（来源：微信公众号：发改大讲堂，吴维海，2016 年）

6.4 财政预算管理体制研究

财政预算管理是政府的重要职能，对国民经济的健康运行至关重要。财政预算是经法定程序审批的、政府在一个财政年度内的基本财政收支计划。财政预算规范和安排着财政活动，直接体现着政府的政策意向，直接关系到社会经济运作的质量，需要预先做出周密的计划和规划。如何对财政预算进行科学、规范的管理，是衡量一国财政管理现代化水平的重要标志之一。

财政管理体制有广义和狭义两种含义，广义的财政管理体制包括预算管理体制、税收管理体制和财务管理体制等；狭义的财政管理体制仅指预算管理体制。

我国现行的预算管理体制是1994年起实行的分税制财政体制。分税制财政体制是在中央与地方各级政府之间，根据各自的职权范围划分税源，并以此为基础确定各自税收权限、税务机构和协调财政收支关系的一种制度。我国从1994年开始实施以分税制为核心内容的预算管理体制。分税制财政体制的主要内容包括：

划分中央、地方的支出范围。中央财政主要承担国家安全、外交和中央国家机关运转所需经费、调整国民经济结构、协调地区发展、实施宏观调控所必需的支出以及由中央直接管理的事业发展支出。具体包括：国防费，武警经费，外交和援外支出，中央级行政管理费，中央统管的基本建设投资，中央直属企业的技术改造和新产品试制费，地质勘探费，由中央财政安排的支农支出，由中央负担的国内外债务还本付息支出，以及中央本级负担的公检法支出和文化、教育、卫生、科学等各项事业费支出。地方财政主要承担本地区政权机关运转所需支出以及本地区经济、事业发展所需支出。具体包括：地方行政管理费，公检法支出，部分武警经费，民兵事业费，地方统筹的基本建设投资，地方企业的技术革新和新产品试制经费，支农支出，城市维护和建设经费，地方文化、教育、卫生等各项事业费，价格补贴支出以及其他支出。

按税种划分中央与地方收入。将维护国家权益、实施宏观调控所必需的税种划为中央税，主要有关税、消费税、进口产品消费税和增值税、中央企业所得税等；将同经济发展直接相关的主要税种划为中央与地方共享税，主要有增值税、资源税、证券交易税等；将适合地方征管的税种划为地方税，主要有营业税（不含铁道部门、各银行总行、各保险总公司集中交纳的营业税）、地方企业所得税、个人所得税等，并充实地方税税种，增加地方税收入。2002年国家对所得税划分进行了调整，自2003年起，将企业所得税和个人所得税改为中央与地方共享税。

确定中央财政对地方税收返还数额。按照1993年地方实际收入以及税制改革和中央与地方收入划分情况，核定1993年中央从地方净上划的收入数额（即消费税+75%的增值税－中央下划收入）。1993年中央净上划收入，全额返还地方，保证现有地方既得财力，并以此作为以后中央对地方税收返还基数。1994年后，税收返还额在1993年基数上逐年递增，递增率按全国增值税和消费税的平均增长率的 1∶0.3 系数确定，即上述两税全国平均每增长 1%，中央财政对地方税收返还增长 0.3%。如若 1994 年以后净上划中央的收入达不到 1993 年基数，则相应扣减税收返还数额。关于国家账本的资金如何开支，媒体记者作了采访和报道。

国家账本里的“加减法”

——国家“钱袋子”怎么花？

中国建筑报，本报记者王茜，2017 年

十二届全国人大五次会议即将闭幕，这几天来，忙碌的代表们除了审议 2017 年政府工作报告外，还审议了一份同样重要的报告——《关于 2016 年中央和地方预算执行情况与 2017 年中央和地方预算草案的报告》(下称《预算草案报告》)。

对于去年国家“钱袋子”的钱到底花在哪儿了，今年又将怎么花，国家账本里的“加减法”让我们看得明明白白。

《预算草案报告》显示，2017 年，财政政策将更加积极有效，继续实施减税降费政策，进一步减轻企业负担。突出保障重点，加大对基本民生保障等重点领域的投入。继续加大中央基建投资力度，进一步优化支出结构。

一、税收减法：财税改革除烦苛之弊

《预算草案报告》显示，2017 年的财政工作重点，一是大力实施减税降费政策，二是深入推进财税体制改革，三是继续调整优化支出结构，四是统筹盘活财政存量资金，五是积极防范化解财政风险。

记者查阅资料发现，去年，我国实行大规模减税降费，全面推开营改增试点，将试点范围扩大到建筑业、房地产业、金融业、生活服务业，并将所有企业新增不动产所含增值税纳入抵扣范围，新增试点行业全部实现总体税负只减不增的预期目标，前期纳入试点的行业和原增值税行业因可抵扣进项税增加也实现了减税，全年降低企业税负 5736 亿元。取消、停征和归并一批政府性基金，扩大 18 项行政事业性收费免征范围，推动地方清理规范涉企行政事业性收费，减轻企业和个人负担 460 多亿元。调整房地产交易环节契税、营业税政策，加强对居民自住和

改善性住房需求的支持，推动化解商品房库存。专项转移支付项目数量进一步减少到94项，一般性转移支付占比提高至60.6%。

《预算草案报告》显示，今年，政府将继续实施减税降费政策，进一步减轻企业负担。完善营改增试点政策，释放更大减税效应。扩大享受减半征收企业所得税优惠的小微企业范围，年应纳税所得额上限由30万元提高到50万元，争取全年再减少企业税负3500亿元左右。同时，《预算草案报告》还指出，2017年，将发挥好工业转型升级专项资金作用，支持智能制造、工业强基、绿色制造和制造业创新中心建设，加快实施《中国制造2025》。

二、民生加法：民生领域补贴幅度加大

今年，中央预算除了在税收领域做减法外，在民生领域继续做加法。新的一年，为了让更多人住有所居，棚户区住房改造将新开工600万套，继续推进农村危房改造和公租房等保障房建设，建立购租并举的住房制度。

《预算草案报告》显示，去年，我国加强基本住房保障，支持棚户区改造开工606万套，农村危房改造314万户，均完成年度任务。棚改货币化安置比例达到48.5%，比上年提高18.6个百分点。

财政部部长肖捷在3月7日举行的记者会上曾表示，近年来，尽管财政收支矛盾较为突出，但民生始终是财政保障和支持的重点。以过去一年为例，各级财政安排的民生支出占一般公共预算支出的比重达70%以上，特别是与老百姓密切相关的住房保障等支出占比约为40%，比上年提高了将近1个百分点。今年，我国仍将把新增财力及调整出的存量资金更多地用于保障民生。

《预算草案报告》也显示，2017年，政府将大力支持棚户区改造，继续推行公租房等保障房及配套设施建设，完善棚改安置和公租房分配方式，推动房地产库存量大的城市提高货币化安置比例。继续推进农村危房改造工作，中央财政补助资金集中用于低保户、农村分散供养特困人员、贫困残疾人家庭和建档立卡贫困户的危房改造，同时适当提高补助标准。

记者查阅《预算草案报告》发现，以全国一般公共预算收入为例，168630亿元的“财政大蛋糕”主要用于保障和改善民生、推动经济社会发展、维护国家安全、维持国家机构正常运转等方面。

三、投资加法：基建投资小幅增加

今年国家账本里的另一道加法题则是在投资领域。《预算草案报告》显示，2017 年，中央基建投资安排 5076 亿元，进一步优化支出结构，减少对小、散项目的投资补助，集中用于易地扶贫搬迁、重大水利工程及灾后水利重建、城市排水排涝设施建设、新一轮农网改造升级、中西部铁路建设、棚户区改造等方面。

据记者了解，去年上半年，国家发改委批复了一系列铁路、公路、城市轨道交通等基础设施建设项目，投资总额近 8000 亿元。7 月、8 月两个月又密集批复 12 个基建项目，总投资规模达 2849 亿元。1~8 月，国家发改委累计批复基建投资项目逾万亿元。

今年，国家还将继续加大中央基建投资力度。李克强总理在政府工作报告中强调，2017 年，要完成铁路建设投资 8000 亿元、公路水运投资 1.8 万亿元，再开工 15 项重大水利工程，继续加强轨道交通、民用航空、电信基础设施等重大项目建设。

值得关注的是，今年，总理特别提出，要统筹城市地上地下建设，再开工建设城市地下综合管廊 2000 公里以上，启动消除城区重点易涝区段三年行动，推进海绵城市建设，使城市既有“面子”，更有“里子”。毫无疑问，海绵城市、城市地下综合管廊领域仍将成为 2017 年基建投资的重要方向。

国家发改委国际合作中心研究员吴维海在接受媒体采访时曾表示，2017 年，固定资产投资可能重点投资于城市和农村的基础设施、重大交通项目及基于供给侧结构性改革的重大工程或支柱性产业。

6.5 我国养老金制度缺陷

养老金制度是国家为保障特定公民在退休或丧失劳动能力之后能够维持正常生活水平而实行的退休养老的福利制度。公民在劳动者年老或丧失劳动能力后，根据国家有关文件规定及对社会所作的贡献和具备的享受养老保险资格或退休条件，按月或一次性以货币形式支付的保险待遇，主要用于保障公民退休后的基本生活需要，解除公民养老担心，对社会的和谐与稳定、减缓社会贫富差距加大的矛盾有重要意义。当前，我国养老金制度存在基金征缴收支赤字增加，养老金支付存在较大缺口；个人账户空账运行，养老保险的历史债务很大；企业补充养老保险发展较慢，多层次养老保险制度尚未完善等缺陷和问题，亟待研究和解决。关于养老制度缺口话题，媒体做了有关采访和报道。

养老金制度缺陷形成黑洞事业单位欠费至少数百亿

来源：中国企业报日期：2012-09-25

"中国今后38年累积养老金总缺口的现值相当于目前GDP的75%。"近日，德意志银行大中华区首席经济学家马骏在国际金融论坛2012学术报告会上发表了这样的观点。他认为，中国国家资产负债率最大的风险是养老金问题。

有资料显示，截至2011年底，全国60岁及60岁以上的老年人口接近1.85亿人，占到总人口的13.7%。而我国人口老龄化程度还将进一步加深。到2030年，中国65岁以上人口占比将超过日本，成为全球人口老龄化程度最高的国家。随着人口老龄化趋势的不断强化，养老基金的支付压力将越来越大。

一、老龄化撕大养老金缺口

老龄化社会状态下老年人口的激增是撕大养老金缺口的重要力量。根据联合国教科文组织制定的标准，养老金制度被视为是中国政府为应对人口老龄化的关键与核心之举。这一制度所设定的基本框架是，养老保险由社会统筹和个人账户两部分组成，社会统筹由单位负担缴费，目前为单位职工工资总额的20%，个人账户则由职工个人缴费，缴费比例为个人工资的8%。

而与之相关的养老保障体系于20世纪90年代开始逐步建立以政府养老、企业年金、个人养老为三个支柱的养老保障体系，中国的现状是只有社保这一根柱子高高挺立。大都会人寿中国首席执行官贝克俊介绍，在美国，养老金总资产20多万亿美元中，政府养老金占比12.5%，企业年金占比64%，个人退休账户占比23.5%。而到2010年底，中国的养老金总资产2万多亿元人民币中，政府养老金占比89.5%，企业年金10.5%，个人退休账户几乎没有。

中国保监会副主席陈文辉透露，近10年来，中国基本养老保险的财政补贴已经超过了 1 万亿元，老年人口的抚养比到 2011 年末已经上升到 122.23%。

二、养老保险制度存设置漏洞

在工信部研究院高级经济师吴维海看来，享受养老保险人群数量剧增并不是养老金缺口主因。吴维海向《中国企业报》记者透露："真正的原因是养老金保险制度设计本身，造成养老金缴存和增值保值的不足、养老金管理的浪费和漏洞等。养老基金缴存的数量不足和实施时间短，很多临近退休或享受养老保险的人没有缴纳足够的保险金；加上养老保险金使用困境等导致养老保险金不足。"

另外，当前养老保险制度实质上是机关、企业和农村"三轨制"，资金的缺口来源大部分是制度设置而产生的后遗症。

吴维海表示，"全国现有财政供养的公职人员不下 5000 万人，也有说法是近亿人。平均计算，若他们一人月工资按 3000 元，一年一人应该缴养老金保险费 7200 元（其中个缴 2280 元），扣除人数、工资演变等因素，仅以近 20 年概算，全国机关事业单位欠缴养老金保险费至少在数百万亿元以上。事业单位和公务员不交费，但是退休后拿的养老金高于企业；同时财政无资金投入，加上养老金增值机制不健全等因素，导致养老金缺口巨大。"

三、专家：优化养老保障结构

曾有专家指出，养老金一旦出现缺口，可以通过财政预算进行弥补。实际上，许多国家对社会养老保险制度实行财政兜底。例如，2011 年，巴西社保基金缺口 400 亿雷亚尔，赤字部分由政府财政来平衡；2012 年，俄罗斯退休金缺口达到 1.75 万亿卢布，国家财政进行补助；2012 年，法国养老保险缺口 52 亿欧元，政府对社保赤字进行财政补贴；墨西哥规定，对符合条件的职工，在个人账户积累资金不足以达到国家确定的社会最低养老金 300 美元时，由国家财政补足。

但对于中国而言，当前养老保险制度所面临的挑战，不光是资金缺口，还有养老保障结构的调整。

吴维海认为，可根据预测的人口基数，运用动态倒退解决策略进行解决。"如逐步实行公务员和事业单位缴纳养老保险或财政补贴解决其保险规模；加强养老保险管理机构监督与管理；提高养老保险的增值和保值管理与监督；提高在职人员的保险比例和单位承担比例等。"

同时，还可以探索社会融资参股的保险实体经济运行高收入的重大项目；给予保险资金特殊政策，如允许参股银行等高收入行业或国家重点项目，提高保险投资的回报等。

此外，专家认为，尽快推出个人税收递延型养老保险试点也可解决长远的养老财政负担。

6.6 准备战争才能换来和平

安全这根弦时刻要绷紧。在公共安全方面、在防灾防火方面，在交通出行方面，在与敌对国家的军事斗争方面，不要心存侥幸和幻想，否则，就会出大麻烦，甚至惨痛的校训。由前驻法大使吴建民先生的事故，让人得到很多警示[①]。

据报道，（2016年）6月18日凌晨，外交学院前院长、前驻法国大使吴建民先生在武汉不幸车祸去世，国人为之惋惜。据悉，事发地武汉市二环线梨园地下通道南出口，距离武汉天河机场近40公里，再有10分钟车程，便可到达吴建民一行的目的地武汉大学。

后来警方的车祸调查发现，车祸的原因可能是：飞机晚点，司机疲劳驾驶，吴建民教授没有系安全带，并且在睡眠中（长途跋涉，疲劳，没有意识到潜在危险），没有及时采取应对措施等。

吴建民作为我国外交领域的知名人士，他的去世，令人惋惜。同时，也引来了很多评论和话题，有人回忆起鹰派和鸽派的争论，中央电视台专门做了车祸话题的栏目，针对吴建民事故进行了分析和解读。学术界、军界和社会对吴建民先生的事故深表惋惜的同时，也会深刻思考吴建民先生的观点和争论，以及车祸映射的战争与和平。

对吴建民遇难表示哀悼的同时，也应该从另一个角度审视这个特殊的人物、特殊的时刻、特殊的场景、特定的车祸孕育的警示，那就是：

时刻准备战争，才能换来和平。

为什么这么说呢？

---

① 来源：微信公众号：发改大讲堂。战争才能换来和平，吴维海2016年6月24日。

吴建平作为中国鸽派的代表人，始终反对战争和剧烈对抗，他与罗援将军的辩论和不同的观点等，长期以来有很多争议，有赞成的，有反对的，这里不评价观点的对错。但是，从这次车祸来看，吴建民事故孕育着很多警示和潜在的危险因素，才导致了车祸的发生。

首先，车祸与战争类似，不是你不想打仗就不会开战。战争的威胁始终存在。回想当年日本偷袭珍珠港，日本发动侵华战争，美国轰炸伊拉克、我国驻南大使馆被炸等，哪个是提前打招呼的？哪个是事后承认错了？在强权社会，美国军国霸权主义仍在，冷战思维复活。打就打了，美国、英国发动的战略、八国联军对我国侵略等战争，战争发动者从来不会道歉，被打的国家和人民承担战争的侵害。这些战争的其中，也有被侵略国家的和平思想、弱小备战，以及幻想和平、思想麻痹、投降主义等思想导致。吴大使的这次车祸，是个悲剧，也有类似的原因：飞机晚点，没有做好处理可能危险的心理和安全准备，凌晨 4 点，司机长期等待可能疲劳。在路途当中，吴大使的和平与天下太平的麻痹思想在交通过程中可能存在，没有做好安全的准备：系安全带——睁眼不睡觉——观察司机的驾驶状态（更高的视角看，是没有做好与车祸“战斗”的准备）。与此道理相同，从国家安全看，我国的南海、东海等已经是美国军舰压境，美日、澳大利亚、菲律宾等军事联盟和军演成为常态，美国军队长官甚至直言要与中国开战……在这样的严峻环境下，强敌环伺，磨刀霍霍，如果我们寄希望每天不开战的自我陶醉和不做战斗的准备，将军和士兵如果每天歌舞升平，麻痹大意，不做战斗的准备，就可能成为下一个“日本突袭珍珠港”和侵华战争的牺牲者。

其次，没有“战争”类似的敏锐性和防范意识，可能导致了这次车祸。吴建民凌晨到武汉，车马劳顿，司机疲惫，尽管有陪同的，但是，估计坐在前排的迎接人员也没有高度警示和持续交流，没有在车内形成安全的警示和团队意识，吴大使和迎接他的武汉工作人员都没有在行驶的路上一再提醒和陪伴司机，努力避免司机的瞌睡，没有让司机停下来休息一下再开车等，由于麻痹大意和习以为常，把责任和安全的弦松了，认为天下无贼，天下太平，把安全责任都给了司机。没有尽到提醒和关注、控制的义务。结果，由于司机疲劳驾驶等原因，加上车速过快等可能：超过正常的速度，一不留神，出了车祸，导致了事故。我国周边环境和中国、美日等关系和这次车祸的环境类似：常年太平，每次都觉得战争很远，很多人认为沟通、慈爱，就会让对手认输、不会战争，等。稍有不慎，或者擦枪走火，或者个别好战分子的有意为之，如“九·一八”日本侵华事件，就可能出现本次车祸类似不愿意看到的结果。

准备战争是职责所在，言战才能避免战争。司机开好车是职责所在，军队准备开战是职责所在。军队的职责就是保家卫国，不准备打仗的军队怎么会赢得战争？怎么能换来和平？有哪些和平是完全靠嘴巴换来的，恐怕没有，和平其背后是时刻准备的战斗，是强大的军队和不怕牺牲的精神。同时，只有时刻准备战争，不怕牺牲，才会让对手害怕，不敢轻易发动战争。武汉车祸，司机的职责没有履行好：超速或快速行驶，疲劳和没有保持良好的驾驶状态，是交通法不允许的，也是不负责任的——对自己、对他人。如果，我们说如果：司机早点休息，保持了清醒，如果司机低速行驶，如果司机和辅助驾驶的人聊天避免瞌睡，一切都会改变！是麻痹，不和安全驾驶做好“战争”的准备，没有危险永远存在的“和平”心理，没有绷紧安全开车的弦，才导致了武汉车祸，导致了吴大使等逝去。当前，国家的经济发展处在转型期，各种内外部利益集团和外部妄图颠覆我国的势力蠢蠢欲动，包括外国势力收买的卖国者，美国、日本的军舰、大炮和航母等游弋在我们的国家领土周边和家门口，磨刀霍霍，我们在这种危机和威胁压境的情况下，军队不做好战争的准备，全国不做好战争的预案，对于可能的战争熟视无睹，人为敌人不存在，都是好朋友，天下太平和一团和气，怎么能不再次发生悲剧呢？我们的国门和经济怎么会有固若金汤的安全保障呢？因此，武汉事故，对于个人是个悲剧，从另一个角度看，对于我国军事和战争，也是一个活生生的警示，道理类似。

战争是时刻存在的，危险时刻存在。我们的军队和国家要倡导安全，也要做好战争的动员和全面准备，要在第一时间，能够反击和消灭侵略者（车祸危险）。

吴大使作为著名的鸽派，推崇和平，推崇不开战，对民族主义坚决反对，这些观点不管对错。有一点要注意，不开战不等于不做好战争的准备（车辆行驶的潜在危险，如司机的状态和疲劳程度，有无提前预警、操作流程和控制风险？等），美国的军舰在南海横行，美国人已经宣布随时准备压制中国，形成常态的军事化。箭在弦上，我们的国防怎么办？钓鱼岛、黄岩岛，还有许多的被占领的国土，是否要维护领土完整？退一步讲，即使我们一再示弱，美国人就满意吗？日本等军国主义就会消失吗？恐怕不是这样的！

历史已经证明：没有战争的准备，国家将陷入危险之中：没有做好战争的准备，只有被动挨打和受到新的侵略！

如果军人不随时展示肌肉和保家卫国、不畏牺牲的决心、精神，不在军队第一时间内把那些敢于开战的敌人消灭在国门之外，打掉他们的侵略器张气焰和侵略的军舰、航母，中国就可能发生新的“车祸”、新的国家耻辱（火烧圆明园、南联盟大使馆被炸等）。这些，是从这次车祸中想到的，也是这次车祸发生的重要原因之一：出门注意安全，守疆土时刻要树立战争的思维，时刻提高军队战斗的能力，时刻做好战争的准备，中国人不喜欢战争，但是我们不惧怕战争，随时准备战争。将军和士兵要做好各种战争的应对之策，要从战略的高度，做好应对敌人发动战争的策略，敌人胆敢来犯，就让他受到应有的惩罚。

毛主席说的好：人不犯我，我不犯人，人若犯我，我必犯人？这已经给了我们最好的答案。

这，才是军人和强大国家需要做到的，也是必须思考与推动的。

追求世界和平（不打仗）和交通安全（驾车安全）是可贵的，但是，只有让军队和国家时刻准备战争，时刻做好驾驶安全的保障（按照规程驾驶，不疲劳驾驶，保持驾驶的技术和良好的状态等）更重要。只有备战，国家才会避免战争，我们的领土才会不再被侵略，人民才会安居乐业。和平时代，需要有做好战争的勇气和准备，而不能仅仅将其看作鹰派或者民族主义。

此次车祸的警示是：

和平时期孕育着风险和战争，危险和战争无处不在；

避免战争的措施是时刻准备战争，不惧怕战争；

军人的职责是战争，保家卫国，不要一味退让和麻痹（不遵守交通安全规则，疲劳驾驶等也是一种麻痹）；

调动团队（包括驾驶司机、军队）的积极因素，研究安全与和平、做好战争的准备，才能确保和平与安全（避免车祸，避免战争）；

绷紧战争的弦，时刻准备战争；

不战则已，一旦开战，必须打赢。

期盼和平的阳光永照中华大地！

这是个美好的祝愿，但是，需要时刻做好战争来保障它。

在缅怀吴大使的同时，千万不要忘记战争的准备，并确保一旦开战，我方必胜。（注：2017 年 7 月 10 日，印度蓄谋已久，悍然入侵中国洞朗地区，盘踞不退。中国面临新的选择：战还是和？需做出战略抉择）。

6.7 王石事件的大众心态研究

当今社会，明星、企业家、政治人物等的喜怒哀乐，八卦消息，占据了媒体绝大部分的版面。这种社会现象折射了大众的娱乐心态和某种文化的趋势。近期，多个媒体持续追踪报道了王石和女星田朴珺的情感碎片与各种花边新闻、相关动态。笔者撰写了本杂文①。

王石，在很多人看来，是个谜团，无法透彻解读，理更乱。

硬汉王石

大凡优秀企业或个人品牌，在品牌的塑造与管理过程中，无外乎要通过企业或特定个人有意识的、科学的中长期品牌规划或策划，对外界利益相关者或媒体的系列推广和包装，辅之内部的信息传递和行为的展示，让关注者和外部公众知晓和提炼你的核心价值、你的精神寄托、你的行为规范、你的外部展示。

地产大亨王石在 2012 年 10 月份前，给很多人是“硬汉”的个人形象。王石和他赖以立足的万科集团，经过多年的苦心经营和包装，很好的塑造了万科地产领袖与王石作为行业领导者的个人品牌。

王石管理的万科，是国内知名的地产企业。多年来，万科经营业绩良好，赈灾助学，奉献社会，企业形象良好。王石本人也以言行独特、坦诚无畏等特征，而被人熟知。

王石喜欢爬山，挑战极限，不惧危险，勇敢的融入大自然，多次征服雪山高峰，成为企业家争相效仿的偶像。这些，已经在地产业内和管理界塑造了“硬汉王石”的形象。

---

① 来源：吴维海，王石，让人看不透，新浪博客，2012 年 11 月 12 日。

学者王石

学习型组织、学习型团队是企业和管理者个人喜欢打造的良好品牌形象。王石也似乎钟情于此，似乎是这种类型的企业家。

从有关报道和王石的企业家活动反馈看，王石善于学习、思考，言论尖锐，独出心裁，很有见地，令媒体和企业界折服。王石善于悟和提炼企业管理的灵感，在各类会议和演讲中，语出惊人，逐渐成为媒体追捧的偶像人物和管理大师。

为了提升和塑造个人品牌，或者说，为补充和吸收先进的管理知识（部分媒体的说法），王石参加了长江商学院EMBA学习。在60岁前后，做出了新的惊人之举：毅然脱产到美国学习，每天与10多岁的孩子在一起，或蜗居在校园里，或静心思考…

这些超出一般人的好学和善于思考的行为，曾令人钦佩和引来诸多欣赏，也成为媒体人争相报道的焦点。追求事业的一些人，开始崇拜王石，追随或效仿他的轨迹。

王石，曾几何时，在管理界和媒体看来，勤勤恳恳，谦虚好学。

“神秘”王石

品牌危机很大程度来源于突发事件和负面新闻。王石事件也不例外。

随着飒飒秋风，长城内外，天寒乍凉。钓鱼岛事件、美国飓风海啸，也挡不住媒体对王石的报道以及相关绯闻。新闻事件女主角的传闻令人大跌眼镜，并且带有娱乐的成分。在一些人眼里，这事情见怪不怪。

近段时间，王石离婚的传言甚嚣尘上。紧接着，某些私密微博和媒体关于女演员田朴珺的报道和长江商学院的是是非非，以及王石巧遇和“恋情”。再后来，企业家潘石屹的“红烧肉”博客。谷儒网创始人李晨在微博贴出王石和田朴珺1月7日同搭飞机的照片，并称：“老王与邻座女孩关系有些暧昧，女孩帮老王脱外衣，头靠着老王肩头睡觉，心想难道是老王女儿吗？”。

种种关于女演员田朴珺的花边新闻见诸报端。于是，有网友惊呼：王石离婚之事“冰冻三尺非一日之寒”。

绯闻给王石的事业成功带来了疑问和爆料“新闻”，小报炒作的相关事件对当今的婚姻观冲击更大，也给世间纯情和追求传统婚姻观的世俗男女造成了心灵震撼和婚姻茫然与怀疑：有媒体爆料：现年61岁的王石，20世纪70年代末与父亲战友、广东省委书记之女王江蕙结婚，王石的事业成功有人认为很大程度依赖于妻子的家庭背景和关系，具有不可复制性（这些传闻有待考究）。

王石事件使得王石在很多人眼里成了神迷人物，他的言行和近年情感变化，更为大家关注，通过媒体报道，逐步引爆了男人和女人对婚外恋的深层次思考，一些女人可能认为：男人都感情易变，爱情和婚姻天荒地老是美好的传说。还有花心的男人可能梦想：自己老了以后，是否也能有类似（王石）这样的春天（隔代美女之恋）呢。

曾经有个中国流传的对有钱和有权人的说法："外面彩旗飘飘，家中红旗不倒"，"糟糠之妻不可弃"。王石的所作所为，在某些人看来，似乎打破了这些道德底线和粉碎了这些已有说法。

王石事件，激起了人们对于EMBA和美女经济、商学院高级培训班的各种猜测和遐想。更有甚者，据说很多富翁的妻子在该事情媒体披露之后，坚决拒绝和反对老公到名校的EMBA班读书，她们担心苦心经营多年的婚姻因此而"亮红灯"。

王石，在特定时间和一些人看来，似乎感情是迷雾重重。

王石事件，也使得人们对王石形象开始了重新定位。

明天，王石

品牌危机是优秀企业和名人时刻面对和妥善处理的大事。品牌危机处理技巧很多，包括：危机预警、危机识别、危机沟通、危机恢复和风险控制等。其中的操作要点是：找到品牌危机的传播者和关注者，采取针对性的化解危机的有效策略。

面对铺天盖地的绯闻和各种猜测，王石品牌如何勾画，是个难题。估计王石也不会太淡定。但是，王石毕竟有大气魄，临危不乱，近期他发出微博展示悠闲和学习的思考。采取的应对策略是否有效，从品牌管理的角度看，值得好好研究和解读。

首先，王石采取了侧面释放消息和试探反馈的手法，朋友放风，透露王石和女演员的点滴，释放爱情演绎的信号，观察百姓和主流媒体反应，慢慢让大家接受。其次，王石微薄描述了自己在哈佛的学习和生活感悟，看似闲庭信步，有助于转移媒体视线。再次，保持沉默：对与女演员的爱情不发表任何言论，试图让时间慢慢减退媒体和百姓关注与热情。目前看，这些措施有了一些成效，但是，事件造成的影响和危机远没结束，各种猜测和议论还在持续。

从媒体和博客观点看，读者和老百姓关注王石，有的谴责弃妻之举，有的怀疑选择年轻貌美、相差 30 岁的女演员的情感基础和动机。还有人在怀疑和追踪：王石和新人是有真爱？他对患难妻子的情感怎样？

更有人担忧：一旦王石失去了金钱、地位，年轻的女演员是否对其有真情？是否能携手到老？等等。

关于王石独白，以及好友解读，在一些人来看来，是苍白的。很多人在遇到超出传统观念和道德底线事情时，往往同情弱者，怀疑和质问富人—尽管王石与女演员的结合可能是真爱的结果。还有人会问；王石依靠发妻的长期支持和各种基础取得了成功，在发妻慢慢变老的时候，怎能忍心抛弃呢？他们愤愤不平：这是中国好男人吗？王石在这些人的心中，形象和品牌已被粉碎。

王石和女演员的爱情新闻在一段时间受到媒体和百姓的关注，这是必然的，诸多猜测和疑问，有待时间、行动解读和证明。

王石的爱情故事，可能成为某些经典，王石的硬汉和企业家形象，是很多人关注和研究的。

王石究竟是什么样的？在新的环境下，需要时间和行动重筑。

面对王石的是非，怀有善良愿望的人可能相信：王石和女演员，是追求真爱，挑战世俗，是合情合理的，也是无可厚非的，不必要猜测和关注。

无论如何，人们衷心祝愿：王石，明天的房地产事业和需决策的事很多，一路走好。（来源：吴维海，新浪博客，2012 年 11 月 12 日）

6.8　农村贫困引发的社会思考

农业、农村和农民是我国政府和社会各界关注的重大经济话题。城乡差别和农村贫困现象每年都是政府关注的焦点和难点，也是各类媒体时时跟踪报道的重点领域。对于多数农村和大部分农民家庭来说，每年的家庭收入水平也就1~2万元，整体水平不高。多数地区的农村道路和污水处理等基础设施建设水平总体很低，农民的出行、穿衣、做饭、洗漱、如厕等与城里人的基础条件比较，有很大的差距。农村生活观念、居住、生活水平和生活方式对于很多城里人来说，很不习惯。如果农村小伙和城市姑娘谈恋爱、结婚，中间的生活习惯、理念、城乡差别和饮食偏好等，更是一大阻碍和沟壑。在春节时，媒体报道了江西省的农村男孩带着上海市的女友回老家看父母，上海女孩将男朋友家精心准备的饭菜和厕所等图片，上传媒体，表示不习惯和不适应，很快逃离了农村，逃离了男朋友。这一事件，看似小事，实际上承载了沉重的社会问题、严峻的城乡差别与深层的社会矛盾。笔者为此撰写了《揪心的贫穷与担忧》[①]。

春节期间，一个上海女孩，随着江西男朋友到农村过春节，由于看到农村生活的困境和生活条件的窘迫（这应该是江西男朋友的父母家中一年中最丰盛的一餐）而抛弃爱情和男友，决然逃离农村的新闻占据了媒体和微信的篇幅。期间，有为“上海女”叫好的，有感叹爱情不再，物欲横流的社会，有为“江西男”不平和宽慰他要振作的，也有一些看客和无动于衷者。

看到这则新闻，心在痛，为男孩，为爱情的苍白无力和不堪一击，为农村的生活和无数的贫困家庭，为无法说出的原因和结果……欲哭无泪。遂成此文，以呼吁社会各方重视和改进。

“上海女”展示出的江西农村图片，似曾相识，也是农村中极平常的图片。我们平时由于工作和研究的关系，经常到贫困省份，贵州、云南、广西、内蒙古等地，看到这类情景和事情很多。在很多农村，情境都是相似的，如农村厕所、家庭三餐等，东部沿海地区的多数农民家庭可能比他们好一些，但是，有不少农民家庭的三餐还不如图片的江西农民年夜饭丰盛（这是江西男的家庭一年中最丰盛的“豪宴”）。总体来说，我国各地农民的生活水平不高，家庭收入和公共服务水平低，特别是在农村。要直面这一现实，要研究和解决问题。

看看全国农民收入和经济数据，实际上，我国多数农村和农民的生活水平还是很低的，需要不断提升。2015年全国居民人均可支配收入21966元，比上年名

① 来源：吴维海，揪心的贫穷与担忧，微信公众号：发改大讲堂，2016年。

义增长 8.9%，扣除价格因素实际增长 7.4%。按常住地分，城镇居民人均可支配收入 31195 元，比上年增长 8.2%，扣除价格因素实际增长 6.6%；农村居民人均可支配收入 11422 元，比上年增长 8.9%，扣除价格因素实际增长 7.5%。城乡居民人均收入倍差 2.73，比上年缩小 0.02。全国居民人均可支配收入中位数 19281 元，比上年名义增长 9.7%。从上述数字看，我国农村和农民收入很低，还不考虑个别地区的数字水分。农民的收入还要盖房子、子女学费、老人和家庭医疗费、家庭养老保险保障、社会人情费用，以及说不清的各种开支和花销。

上述新闻的惊诧和不同反应，从另一个侧面反映了不少媒体和公众长期缺乏对贫困和农村真实情况的报道与追踪，一些媒体追逐明星、花边新闻、个别暴富者和社会名流，不愿意或者有意忽视 8 亿农民的大多数，忽视农村和农民生活的困境，这是一个不可忽视的社会问题。

走入城市的不少“农二代”，如你我他，如身边的多数人，包括部分长期在城市工作和生活过的农民工等，也有些麻木和忽视了农村老人和根基，大家追逐城市的喧嚣，而对于农村的老人、父母，农业和农村，长期缺少关注。某些地方政府，由于业绩导向和功利主义，不愿意将资金投向农村建设和农民致富，偏好于城市基础建设大项目、大工业、大园区，大的形象工程……某些地方的农村政策和产业政策，往往重视工业和服务业而忽视农业，财政资金、产业扶持资金的预算和投向，又有多少投入到了农村和农民的身上，这些也是需要深刻反思和前瞻性统筹考虑、不断改进、提升的。

农村走出来的每一人，可能还在留恋儿时的蓝天、碧水，小桥和农村的美好点滴。20 世纪 60、70 年代的“农二代”，相聚在一起，经常回忆儿时的辛苦和劳动，贫苦的生活，交通的不便，农活的劳作，同时又有些美好与留恋……

如今，单纯从饮食上、居住上，比 20 世纪 80 年代好多了，但是，城乡二元结构，城乡差距，原有农村水利基础设施的成建制破坏和废弃，过度开发和工厂污染导致的地下水、空气等污染和农村癌症等患者的急剧增加，农村水库和河流的破坏河干涸，大量开采河沙等导致的农业的严重威胁，农药等过量使用导致的蔬菜、肉食等严重污染和激素、农药残留等成为“新常态”，这些，在一些地方和乡村情况非常严峻，而且长期存在，个别地方政府官僚严重，对其麻木和熟视无睹，一切都是为了自己的政绩和短期行为。他们或者不管，或掩饰，或遮掩应付，留给农村和当地的，是百年无法治理的地下水和土壤的污染，是盘中餐饮的农业和激素无法避免，是大量的癌症和其他污染产业导致的病症的乡亲……

疾病和食品污染、人情开支等导致更多农村病人和家庭开支，农民的花销增大了，加上不断增长的教育开支、医疗花销、不断膨胀的农村红白喜事开支等，使得本来就收入不多的农民的收支赤字加大，一些家庭的日常开支就更加困难。在出差、探亲等行程中，耳中听到的，新闻报道的，各种农村的开支五花八门，让城里人都难承受。什么娶媳妇的见面礼、改口费、定亲费、房子、汽车、新生孩子礼物、老人生日喜酒、人故去的随礼等，一个家庭加起来，一般一年也要几千元，更有甚者，个别村干部火上浇油，故意哄抬礼金，增加各种请客的理由，有的村里换届拉选票，家族垄断村支部和党员等现象时有发生。上级政府发给特定贫困农民的资金等被村干部雁过拔毛的现象媒体经常报道，具体情况无法言明。

在经济还算不错的地区的一些农村和农民，家庭也不富裕。有的农民盘算了一笔账，一个家庭一亩地左右，一年种一季，由于蔬菜等降价，他们只能种玉米，刨除直接成本，一亩地的年收成不足 400 元（全部时间在农村的农户）。对于农村老人来说，这基本上就是一年的全部收入，有的老人年纪大了，这可怜的一亩地也种不了，只有靠子女的资助。子女经济好、孝顺的还好一些。那些经济不好、不孝顺的，老人基本上吃饭都困难，生活质量就没有保障。还有一种现象，不少的农村，出现了年轻人不给自家老人资金支持的问题，这既有复杂的社会原因，也有受到当下某些媒体等过度传播拜金主义的影响，传统的孝道亟需弘扬和鼓励。

有农村朋友算了一笔账，并不乐观：不种地的农民在当地就近打短工，有不连续性和总体收入不多，一年下来，收入不多，几万块钱就是好的。在外地工厂背井离乡出去打工的，面临企业产能过剩和关闭的失业威胁，再加上城市住房、教育等高成本，每年剩余收入也不多。种地的农民，由于蔬菜、养殖等市场波动和销售困难，有的家庭一年忙到头，算下来是亏损的。这样，一年开支或者是花以往积蓄，或者是借钱度日。目前，借钱不容易，没有钱开支，人情关系和婚丧嫁娶等开支，压得喘不过气来，亲戚关系等只能断掉，其结果更加悲催。由于收入渠道和经济来源不足，不少农民无法过上富裕、悠闲的满足生活。

案例说明，如果农村家庭有人生病了，日常开支更困难、窘迫。平时村里和亲戚的往来礼金，如结婚、生孩子、白公事、过生日等，在农村都是攀比和随份子，每年金额都在增加。如果拿不出钱来，你在村里和家族就没有了地位和尊严，就会受到无形挤压和乡邻嘲讽，人情冷漠和拜金主义盛行，这也是突出的农村社会问题。到城里打工的年轻人，面临产业过剩、城市生活成本、农村开支等多重压力，很多人经济也是不乐观。这些农民工由于知识、技能等单一，加上随着年龄老化，未来也是一个隐患，一些家庭没有能力照顾留守老人，更加导致了农民的生活不稳定。

从农民的日常生活来看，每天餐饮的丰盛还有很多的经济和便利方面的压力，特别是食品结构、食品安全问题和无法达到高大上的程度，从现有的全国农民收入看，不少农民还是生活不容易，我们看到和熟悉的山东省等很多农村，冬季取暖，能用燃煤的还是好家庭，好多家庭为了省钱，不舍得生炉子，只有靠身体抵抗严寒，更谈不上使用低污染的煤炭和天然气，谈不上环保治理。对于农村的公厕，很多家庭连旱厕都没有，有的在原来养猪养鸡的猪圈作为厕所，其条件还不如“上海女”晒的厕所条件。

由于一些农村在村集体的土地家庭承包之后，基础设施保护政策不配套，乡镇工业和过量采沙等长期影响，加上原有农田水利缺少保护和地方重视不够，20世纪 70 年代的农田水利设施、水区等很多遭到破坏，很多可用水库等被人为填埋和作为房地产等过度开发，农业种植靠地下井的模式较为普遍，污染和过度开采的地下水，为农业发展带来了高成本、污染的粮食作物，对于大规模的设施建设，单个农民没有积极性也没有能力实现，使得土地种植的水利成本和外部环境呈现不稳定，很多原来是水浇便利的土地也成为了靠天吃饭，产量和收入下降很大。有时，走过农村，看到满眼的圈起来的空荡荡、长满蒿草的开发区，看着浓烟的工厂烟囱，看着胡乱栽种了杨树的耕地，看着凋零的农村和用了激素或农药的蔬菜、鸡鸭，看着日渐老去的乡邻，悲从心来，欲哭无泪。那青山、那绿水，那鸟鸣，那青蛙叫，去哪里了？农民的保障和农业的振兴需要尽快全面提升。

人在城市，常常怀念儿时的农村。青山绿水，亲情相邻，苦并快乐着。“锄禾日当午，汗滴禾下土，谁知盘中餐，粒粒皆辛苦。”那情景，经常萦绕着心头。家乡，农村，有着太多的眷恋和回味。

一个农村简陋的旱厕所，一顿无法丰盛的“江西男”的年夜饭，没有表面看到的那么简单，它沉重而紧迫，复杂而叠加。“上海女”看到清贫的农村，可以跑掉，可以抛弃"江西男"。而农村的父母和老人，8亿的农民，你们的老年生活，怎么度过？佝偻的背影和一生一世的辛苦，在不能提篮耕种后，面临怎样的凄惨？一个农村老人，遇到孝顺、能挣点钱的城市儿女——"农二代"，或城市打工的农民工，还是幸运的。那些没有学问、没有挣钱能力，或不孝顺的子女，其父母谁来关心和关爱？他们有没有幸运地在春节的晚上，能享受一顿哪怕是被网友和"上海女"逃离和责难的"江西男"的"丰盛年夜饭"？这或许也是奢望。

"上海女"逃离"江西男"，不单是个嫌贫爱富的城市女子的故事，更是个沉重的农村、农业和农民话题。14亿人口，8亿农民，农业和农民是国家安全的根基。

佝偻的老人、期盼的双眼、打工的儿女、进城的"农二代"，渐渐弃去的农村老屋，在城里失业和彷徨的农民工，慵懒种植的耕地，金属、化工和激素污染的水土，仿佛在诉说着凄凉的歌……各种场景，交织且叠加，痛苦中有期望，国家已经有了各种政策和导向，需要的是地方政府官员扎扎实实地贯彻和用心来呵护、为民谋利，让中央的政策落地，让农民有改革成果的分享和获得感。

造成上面问题的原因很多，有政策的，有历史的，有体制的，有地方政绩考核的，有产业发展滞后的，有某些农村自治家族化、机构化和贪腐问题，有社保和就业机制不健全，有农业基础设施投入不够等，都需要解决。

老吾老及幼吾幼。新型城镇化、美丽乡村、城乡一体化，让"上海女"不再逃离，让"江西男"安心在大城市工作。让留守农村老人不再为一餐一衣而奔波、无助，而流下凄凉的眼泪。

让农村尽快改变贫穷落后的面貌，让"中国梦"尽快顺利、全面实现。让每个农民或农民的子女感到满足和自豪。

我们期待这一天。

6.9 张全景论经济工作

早就听说张全景（中组部原部长）是一位党性强、党纪严、扎根基层、平易近人的老部长，一直没有机会当面求教。2017年8月，笔者在整理了多年在政府规划、企业管理、金融创新等领域的研究成果、政府授课等文稿之后，携带文稿，与北京朋友一起，上门拜访并请教了张全景（老）部长。

老部长热情地接待了我（们），就像多年不见的老友，没有任何官架和生疏感。客厅坐定，张部长关心地询问了我的工作和学习情况，咨询了山东沂蒙山区等经济情况。老部长尽管 80 多岁高龄，但是身体硬朗，思维敏锐，待人谦逊。张部长在交流中谈到了全球形势、宏观经济，提到了党中央的反腐成果、回顾了党的光辉历程等，盛赞党中央决策的正确、前瞻的战略部署；与我（们）探讨了政府规划思路、地方经济特点，以及干部培养、绩效考核等改革方向。

座谈期间，张部长赠送了《百年湖》《神州》《瞭望》等杂志给我，勉励我空闲时间多读书，多做一些务实的经济研究，多关注民生，懂民情，传播正能量，做一名有为的学者。

老部长记忆力很好。听说我老家是沂蒙山区，他回忆起几十年前沂山调研的情景，问起我山东老家的经济与民生，称赞沂蒙山区的革命贡献，勉励我珍惜智库学者的角色，跟踪党和国家战略，不忘初心，砥砺前行，聚焦经济痛点，发挥专业特长，多做“接地气”的研究成果。

从朋友处得知，张全景部长为官清廉、勤政有为，心中装着人民群众和基层。他严格自律，组织原则很强，他禁止身边人员违反纪律牟取私利。张部长非常看重和呵护学者。在阅读了我拟出版的《新时代大国战略》系列专著的初稿之后，张部长提出了很多中肯的修改与完善意见，并欣然为专著做序，希望系列专著能够为国家和地方经济发展、为企业腾飞增添智慧与动力，提供系统的、积极的、前瞻的借鉴。

张部长的教诲，令人感动，备受鼓舞。张部长对基层人民、对革命老区的关爱，体现了我党高级干部的典范。张部长对于我，一名从事规划与金融实践的学者，进行了高屋建瓴的指导，体现了张部长博学、爱民、情系经济和基层的宽大胸怀，激励着我们更加努力向前，勇于担当，永不懈怠。

后 记

中国进入了社会主义现代化强国建设的新时代。跟踪全球政治和经济形势，坚定道路自信、理论自信、制度自信、文化自信，研究确定金融创新和社会信用体系建设的新思路、新模式、新渠道，不断满足地方政府和企业发展的需要，尽快解决人民日益增长的美好生活需要和不平衡、不充分的发展之间的矛盾，提高国际竞争力和影响力，是智库学者义不容辞的责任，也是各级政府和城市决策者完善和发展中国特色社会主义制度、推进国家治理体系和治理能力现代化，实现未来 30 年宏伟目标的重要支撑。

《新时代大国战略》系列专著之《新时代金融创新战略》，聚焦党的十九大提出的建设小康社会、社会主义现代化强国建设等目标，以全球视野，活泼的文风，经典的案例，汇集了笔者及部委领导、专家学者的研究与成果，系统进行了我国社会信用体系建设、金融创新模式、风险管控与资本运营等研究。努力体现社会信用、金融创新与各地区、企业需求相结合，希望本专著为地方政府、产业园、卓越企业、行业机构、党政干部和在校研究生等从事金融创新、信用建设、融资设计、PPP 融资和上市发债等，提供可操作、前瞻性、系统化的实践借鉴。

本书受笔者水平和精力限制，可能有不少缺陷，请批评指正。

吴维海

2019 年 9 月